ALEXANDRE LENOIR

SON JOURNAL
ET LE
MUSÉE DES MONUMENTS FRANÇAIS

PAR

LOUIS COURAJOD

TOME III

PARIS
HONORÉ CHAMPION, LIBRAIRE
15, QUAI MALAQUAIS, 15
1887

ized by Google
ALEXANDRE LENOIR

SON JOURNAL

ET LE

MUSÉE DES MONUMENTS FRANÇAIS

PARIS. — IMPRIMERIE PILLET ET DUMOULIN
5, RUE DES GRANDS-AUGUSTINS, 5

ALEXANDRE LENOIR

SON JOURNAL

ET LE

MUSÉE DES MONUMENTS FRANÇAIS

PAR

LOUIS COURAJOD

TOME III

PARIS
HONORÉ CHAMPION, LIBRAIRE
15 QUAI MALAQUAIS, 15
1887

LE FUTUR MUSÉE

DE LA

SCULPTURE DU MOYEN AGE

DE LA

RENAISSANCE ET DES TEMPS MODERNES

AU LOUVRE

AVERTISSEMENT

Le Musée de la sculpture du moyen âge et de la Renaissance, au Louvre, n'est et ne peut être autre chose qu'une conséquence de l'existence préalable du Musée des Monuments français si malheureusement disparu en 1816. En effet, l'idéal d'un musée de ce genre fut atteint du premier coup en France, à la fin du dix-huitième siècle, à la suite des événements politiques et des bouleversements sociaux amenés par la Révolution. J'ai retracé, dans le premier volume de cet ouvrage, l'historique de la fondation du Musée de la sculpture du moyen âge et de la Renaissance au Dépôt des Petits-Augustins. J'ai entrepris, dans le tome II et dans le tome III, d'esquisser le développement de la pensée de Lenoir, ou plutôt une partie de la destinée actuelle de son institution.

Point de départ du grand mouvement historique dont notre siècle est le témoin, l'œuvre d'Alexandre Lenoir fut détruite avant que les idées qu'elle était venue apporter à l'Europe occidentale fussent assez fortes pour la défendre contre l'indifférence de la foule ou des passions politiques sans intelligence. Maintenant que les esprits sont universellement gagnés et convertis aux doctrines historiques et archéologiques, il faut, pour assurer à l'œuvre inaugurée par Lenoir le développement dont elle est susceptible, commencer par revenir au berceau de cette œuvre. Ce n'est point là rétrograder. Jamais des conditions d'économie politique et sociale ne permettront en France la formation d'un musée comme celui qu'a fondé Lenoir, et nous ne pourrons jamais mieux travailler pour l'avenir que d'essayer, en la matière qui nous occupe, de reconstituer l'état du passé.

Je n'hésite donc pas à insérer mon projet et mes études sur le futur Musée de la sculpture du moyen âge et de la Renaissance au milieu de mes recherches sur le Dépôt des Petits-Augustins au temps de Lenoir. Je démontre ainsi l'utilité pratique de ces recherches. L'avenir de tout un grand département des collections du Louvre est absolument inséparable de la connaissance de ses origines. Les apports nouveaux, comme on le verra ci-après, ne feront que combler en apparence d'innombrables lacunes qui, du reste, ne sont pas toutes absolument irréparables.

Depuis 1816, on a certainement enrichi, par de judicieuses acquisitions, le fonds des musées nationaux en ce qui concerne la sculpture nationale; je suis prêt à le reconnaître, je m'appliquerai à le constater, et je m'honore d'avoir concouru à cet accroissement continu. Mais on a, comme à plaisir, négligé trop souvent de recourir à la source principale de nos richesses, c'est-à-dire aux débris partout dispersés du Musée des Monuments français. Si féconde, comme on peut le remarquer déjà dans le musée actuel, cette source prouvera, par de nouvelles contributions au futur musée, qu'elle est loin d'être épuisée et qu'elle est, en quelque sorte, inépuisable. Le moment, d'ailleurs, est venu de faire rentrer au bercail toutes les brebis égarées, et, devant la formation rapide et la concurrence redoutable des musées rivaux de l'étranger, de faire appel aussi bien à nos glorieux vétérans qu'à nos récentes recrues.

De nouvelles salles ont été mises récemment à la disposition du Département de la sculpture du moyen âge, de la Renaissance et des temps modernes. Ces salles, au nombre de trois, sont contiguës à la salle de la cheminée de Bruges et à la salle des Anguier. Une d'entre elles, très basse de plafond, car elle est située au-dessous de l'escalier du musée égyptien, se prêtera avantageusement à l'exposition des figures couchées du moyen âge. C'est là, croyons-nous, qu'il y a lieu de reporter les trop rares monuments gothiques déposés actuellement dans l'étroit corridor d'entrée, où ils seraient remplacés par des inscriptions du moyen âge s'éclairant à jour frisant, et composant, par leur belle épigraphie et leur vieux style lapidaire, une digne introduction aux monuments de la sculpture. Ces trois nouvelles salles contiendraient, avec les statues du corridor actuel, la plupart des monuments du moyen âge et de la Renaissance dont on trouvera l'énumération ci-après et tous les monuments de l'école française renfermés dans la salle de Michel Colombe. Cette dernière salle, après avoir changé de nom, pourrait être affectée désormais à la suite des monuments italiens que la salle de Michel-Ange ne suffit plus à exposer.

D'autres remaniements, indiqués au cours de notre travail, sont devenus depuis quelque temps nécessaires dans les salles de la sculpture moderne situées de l'autre côté de la cour du Louvre, au pavillon de Beauvais.

Je ne sais qui aura l'honneur de disposer, dans les nouvelles salles du Louvre, les monuments découverts ou reconquis depuis douze ans au siège des musées nationaux, dans leurs annexes et dans les établissements dépositaires des débris du Musée des Petits-Augustins; j'ignore même si les obstacles de différentes natures, que j'ai rencontrés depuis que je me consacre à cette œuvre, n'empêcheront pas mon effort d'aboutir immédiatement. Mais, quoi qu'il arrive, j'ai confiance dans l'avenir. Le Musée des Monuments français renaîtra. Les pages qui vont suivre assureront le succès définitif de l'œuvre et défendront, s'il en était besoin, les droits de l'ouvrier.

L'ANCIEN FONDS DU MUSÉE

COMMUNICATION

FAITE A LA SOCIÉTÉ DES ANTIQUAIRES DE FRANCE

LE 30 JUILLET 1884[1].

J'ai déjà eu l'honneur d'entretenir plusieurs fois la Société des Antiquaires d'un projet de formation, au Louvre, d'une collection complète de sculptures originales de l'école française et de la reconstitution — autant qu'elle est possible — de l'ancien Musée des Monuments français au siège principal des musées nationaux[2]. Il est inutile d'insister ici sur l'intérêt que présente une telle entreprise. Ce n'est pas aux yeux de mes confrères que j'ai besoin de justifier, en 1884, la concentration et la classification méthodique des monuments capables, disait un directeur du Louvre, dès 1816, de « professer un cours vivant d'histoire de la sculpture nationale ». La Société a déjà prêté à nos efforts le concours de son autorité. Grâce à ses réclamations[3], les chantiers de Saint-Denis, où tant d'œuvres importantes se détruisaient sans profit pour la décoration de la basilique, ont été enfin ouverts. Ce n'est point sa faute si le Louvre n'a pas été appelé le premier à choisir parmi les morceaux

---

1. Quelques passages de ce mémoire ont été insérés dans la *Chronique des Arts* en août, septembre et octobre 1884.
2. Voyez notamment le *Bulletin de la Société des antiquaires de France*, année 1882, p. 291.
3. Voyez *Bulletin de la Société des antiquaires de France*, année 1876, p. 189 et 190; année 1877, p. 129, 142 et 207; année 1881, p 178 et 194.

sans emploi. Quoi qu'il ait pu résulter du rang dans lequel le Musée national est venu recueillir les ouvrages ou les fragments demeurés inutiles, l'enrichissement du Louvre a été tel qu'il n'y a rien à regretter. J'ai déjà signalé plusieurs monuments de premier ordre retrouvés par moi à Saint-Denis, et abrités au Louvre depuis le mois de septembre 1881[1]. Une première étude sur cette importante acquisition a été commencée dans la *Gazette des Beaux-Arts* en juillet 1882[2]. Elle sera reproduite plus loin; mais il reste encore bien des choses à révéler, car la liste complète des monuments rapportés à Paris n'a pas été publiée, et on aurait tort de croire, malgré certains dédains, que les objets entrés au Louvre ne soient que des pièces de rebut. Ces monuments, dont les principaux ont été ou seront prochainement décrits et gravés dans la *Gazette des Beaux-Arts*[3], contribueront à remplir les salles nouvelles que la Direction des musées nationaux a mise à la dispositions du département de la sculpture moderne. En attendant l'ouverture de ces salles, qu'afin d'éviter de dispendieux remaniements on ne peut installer avant d'avoir sous la main tous les monuments appelés à y figurer, je désire initier la Société aux lents mais incessants progrès de l'entreprise. Je la prie, en même temps, de croire que les retards dans l'exposition annoncée sont moins causés que subis par nous.

[1]. *Bulletin de la Société des Antiquaires*, séances des 1ᵉʳ février et 6 septembre 1882.
[2]. Tome XXVI, 2ᵉ période, p. 37 et suiv.
[3]. Le second travail a paru en juillet 1885.

CHAPITRE PREMIER

MONUMENTS CONSERVÉS AU LOUVRE

MAIS ACTUELLEMENT DÉPLACÉS OU INCONNUS

Ce n'est pas un historique complet des sources principales du musée du Louvre que j'entreprends d'écrire aujourd'hui. Ce volumineux chapitre de notre *Histoire du département de la sculpture du moyen âge, de la Renaissance et des temps modernes*[1] sera publié, avec tout le développement qu'il comporte, dès que nous aurons trouvé un éditeur. Je veux seulement indiquer ici quelques pièces méconnues, oubliées ou déclassées que le vieux fonds du Louvre sera prêt à nous fournir au moment du remaniement prochain des collections.

Sollicité depuis longtemps, l'agrandissement du local affecté dans le Louvre aux collections de sculptures du moyen âge et de la Renaissance nous a permis de reprendre enfin le mouvement de concentration et de la classification commencé jadis par Léon de Laborde, de 1850 à 1853. Les monuments de la Renaissance, restés au pavillon de Beauvais, dans les anciennes salles du musée d'Angoulême après le départ du marquis de Laborde, seraient établis depuis longtemps à leur place rationnelle s'il ne dépendait que de nous d'opérer leur transport[2]. Ils finiront cependant

1. Quelques fragments de ce travail ont été publiés dans l'*Art* en février et mars 1886.
2. Sur ces monuments, voyez *La Part de l'art italien dans quelques monuments de sculpture de la première Renaissance française*, p. 9 et 10, et *Alexandre Lenoir, son Journal et le Musée des Monuments français*, t. II. p. 90. Sur la galerie d'Angoulême, voyez *l'Art*, nos des 15 février, 1er et 15 mars 1886.

par prendre le chemin qu'ont déjà suivi deux bas-reliefs en marbre (M. R. 1650 et 1651), ouvrages de la Renaissance provenant de la collection Borghèse, originairement de Saint-Pierre de Rome, morceaux illustres dont nous allons rapporter les vicissitudes.

I

En 1881, à l'occasion d'un nouvel aménagement, au Louvre, des salles de sculptures du moyen âge et de la Renaissance, deux bas-reliefs italiens du quinzième siècle sont venus se fixer dans la salle de Michel-Ange. Le musée les possédait depuis longtemps, et ils étaient exposés précédemment dans les salles des sculptures antiques, au milieu de marbres romains avec lesquels ils offraient de l'analogie par le sujet, bien que leur exécution eût été reconnue moderne dès leur entrée dans les collections françaises[1]. Voici la description du premier bas-relief : Deux génies ailés et drapés supportent une guirlande de fleurs et de fruits. Au-dessus de cette guirlande, un masque de Méduse entouré de rinceaux. A droite et à gauche, deux têtes de lions portant des anneaux dans la gueule. Le lion de droite est le produit d'une restauration moderne. Marbre blanc. Hauteur, 0^m,58 ; largeur, 2^m,58.

Second bas-relief. Même sujet et même décoration que dans le précédent. La tête de Méduse, placée ici au-dessus de deux cornes d'abondance, porte, sur le front et dans les cheveux, deux cordons de perles enfilées. Les lions n'ont pas d'anneaux dans la gueule et on aperçoit une de leurs pattes près de leurs têtes. Marbre blanc. Hauteur, 0^m, 58 ; largeur, 2^m,60.

Les deux monuments ont été catalogués par M. Fröhner sous les numéros 349 et 350 de la *Notice de la sculpture*

---

1. Catal. Clarac, n°s 71 et 82.

antique et déclarés œuvres de la Renaissance. Ils avaient précédemment été signalés et décrits par Visconti et Clarac sous les numéros 71 et 82 de leurs notices. Ils sont mentionnés et gravés dans le *Musée de sculpture antique et moderne* (texte, tome II, page 799; atlas, tome II, pl. 229). Ils viennent, avons-nous dit, de la collection Borghèse et ont été apportés à Paris après l'acquisition de cette collection.

La place nouvelle que ces monuments occuperont désormais au milieu des œuvres d'art leurs contemporaines attirera sur eux l'attention et appelle dès maintenant une

Fragment de la décoration du tombeau de Paul II, à Saint-Pierre de Rome, par Mino da Fiesole. (Musée du Louvre.)

étude plus approfondie que celle qui leur avait été précédemment consacrée. Le premier bas-relief est incontestablement une œuvre de Mino da Fiesole. Les petits génies sont composés et drapés comme l'artiste florentin avait l'habitude de les sculpter sur un grand nombre de monuments sortis indiscutablement de sa main. La tête de l'enfant de gauche, dans le bas-relief du Louvre, reproduit un type qui fut affectionné par Mino et qui est bien caractéristique. C'est le type du petit saint Jean provenant de la collection His de la Salle que son auteur a répété à satiété. Même construction de tête; même arrangement et même traitement des cheveux. Le visage fin et sec de la Méduse se rapproche aussi absolument de la manière du maître et présente la plus grande ressemblance avec la tête de femme, signée au revers : OPVS MINI, qui est conservée au Cabinet des médailles de la Bibliothèque nationale de Paris. Enfin l'exécution de cette sculpture est bien celle de Mino.

Le second bas-relief, également intéressant, mais moins beau, n'est pas de la même main. Il est absolument contemporain du premier, qu'il était évidemment destiné à accompagner, et il jouit depuis longtemps d'une célébrité qui s'explique comme conséquence d'une exposition publique. Un artiste inconnu du dix-septième siècle, peut-être un

Fragment de la décoration du tombeau de Paul II, à Saint-Pierre de Rome.
Sculpture du quinzième siècle, attribuée à Dalmata.
(Musée du Louvre.)

Français, qui nous a laissé de très nombreux dessins d'après les monuments de Rome, a constaté dans le croquis [1] ci-joint la notoriété plus de deux fois séculaire de notre marbre. En effet, il était placé à la portée de l'admiration, dans un endroit facilement accessible de la villa Borghèse, et fixé sur le mur du jardin réservé des orangers au-dessus d'un sarcophage et au-dessous d'une fenêtre, à la gauche du spectateur qui s'avançait vers la façade. Il faisait, par conséquent, partie de la décoration de l'extrême droite du palais. Voici comment le décrit Iacomo Manilli en 1650 [2] :

1. Ce croquis fait partie d'un recueil précieux de dessins reliés en album, donné, en 1880, au musée du Louvre, par le colonel Krag, de Copenhague. Il se trouve au folio 52.
2. *Villa Borghese fuori di porta pinciana descritta da Iacomo Manilli romano,* guarda robba di detta villa. Rome, 1650, in-8°, p. 29.

« Sopra'l pilo è aperta nel muro del giardino segreto de' melangoli una mezza finestra medesima con un festone grande di marmo, retto da due putti, e con due mascheroni tondi. »

Le premier bas-relief était placé, en pendant de celui-ci, de l'autre côté de la façade du palais, c'est-dire à l'extrême gauche. Manilli nous l'apprend encore, page 35 : « Nella

Fragment de la décoration du tombeau de Paul II, à Saint-Pierre de Rome. Dessin du dix-septième siècle. (Musée du Louvre.)

terza parte di questa medesima faciata, cioè verso tramontana, son' alzate, in correspondenza dell' altra, sopra piedestalli simili, le statue di Marco Aurelio e d'un Partho prigione. Tra queste due statue è posto un pilo antico di marmo, opera di Christiani. Sopra il pilo e sotto la finestra del giardino segreto, si vede un festone di marmo, sostenuto da due putti, etc. »

Cependant la description laissée par Manilli et les renseignements trop sommaires fournis par l'estampe insérée dans son ouvrage pourraient légitimement paraître insuffisants aux personnes méticuleuses, et je risquerais d'être démenti dans mon assimilation par ceux qui nient imperturbablement tout ce qu'ils n'ont pas découvert, si je ne pouvais subsidiairement invoquer un témoignage absolument irrécusable. En 1700, Domenico Montelatici a vu nos deux bas-reliefs, qui se trouvaient toujours à la même place, et il nous en a transmis un signalement détaillé. On lit dans la *Villa Borghese fuori di porta pinciana con l'ornamenti che si osservano nel di lei Palazzo e con le figure delle statue più singolari*, par Domenico Montelatici. Rome, 1700, in-12, page 136 : « Principiando dunque dalla prima faciata incontro a ponente.... nelle prima parte del lato destero... Le scolture sono, cioè di sotto alla medesima fenestra, un festone di frutti con una maschera e due cornucopie in mezzo, retto nei lati da due amorini, quasi di tutto relievo, con due teste di leoni acanto in due tondini; opera di marmo, tutta d'un pezzo.... » Et le même auteur dit plus loin, page 149 : « Sopra di esso pilo vien' aperta nel muro una picciola fenestra di travertino, guernita di sotto con un festone di marmo sostenuto da due puttini alati, con una maschera in mezzo, e, dalle bande, con due teste di leoni. » Plus de doute maintenant, les deux bas-reliefs du Louvre sont bien ceux de la villa Borghèse.

Une considération s'impose avant tout à la pensée. Ce n'est ni fortuitement ni pour la première fois qu'à Rome, comme à Paris, ces deux bas-reliefs se sont trouvés rapprochés par un classement méthodique. L'épaisseur des blocs dans lesquels ils sont taillés, les dimensions énormes et égales de leurs surfaces, la concordance du motif ornemental de part et d'autre prouvent surabondamment que les deux marbres proviennent non seulement d'un monument considérable, mais encore d'un même monument et de la même décoration architectonique. A quel édifice de la Rome moderne cette frise, ces parapets, ou, si l'on veut, ces deux extrémités de balcon, cette base, ont-ils pu appartenir avant d'être fixés sur les murs de la villa Borghèse, d'où ils ont été détachés pour venir à Paris? L'histoire de la construction du casino Borghèse peut nous l'apprendre, et nous n'avons qu'à évoquer le souvenir de sa fondation.

On était en 1616, et sous le pontificat de Paul V. Le cardinal-neveu Scipion Borghèse bâtissait sa villa et désirait l'orner extérieurement de ces fragments de sculpture qui forment la décoration obligée de tout palais romain. Il s'adressa au pape régnant et se fit accorder quelques-uns des nombreux monuments qui encombraient les grottes du Vatican, depuis qu'en 1604 on avait démoli les derniers restes de l'ancienne basilique[1]. C'est là que se trouvait accumulé tout ce qui avait survécu à la décoration du Saint-Pierre du quinzième siècle. C'est là que gisait la statue équestre de Roberto Malatesta érigée par ordre de Sixte IV. Telle était la mine précieuse, la carrière de chefs-d'œuvre que Scipion Borghèse obtint d'exploiter. Torrigio nous a raconté dans ses *Grottes Vaticanes* comment le Robert Malatesta, qui était la pièce la plus importante de ces démolitions, fut tiré en sa présence des dépôts de Saint-Pierre pour être conduit, hors la porte du Pincio, à la villa du Cardinal. Si Torrigio n'a pas parlé de nos bas-reliefs, c'est qu'ils lui ont paru ne pas en valoir la peine. Mais, par son témoignage, nous sommes informés que Scipion Borghèse fut autorisé à puiser à pleines mains dans les Grottes du Vatican pour la décoration de son Casino. Dès lors nous pouvons avancer et on peut conclure avec beaucoup de vraisemblance que nos deux bas-reliefs du Louvre doivent provenir de Saint-Pierre de Rome.

Ce point établi, il nous reste à déterminer à quelle partie de la basilique vaticane nos deux fragments sculptés ont dû appartenir. La chose est possible, car nous avons des points de repère certains. Tout d'abord ces monuments, par le

---

[1]. Voyez Torrigio, *Sacre grotte Vaticane* 1639, p. 601. — Seroux d'Agincourt, *Histoire de l'art par les monuments*, t. III, texte, sculpture, pl. 34, n° 7.

caractère massif des matériaux employés, semblent plutôt destinés à une construction importante qu'à un ouvrage intérieur de simple et mince placage. D'autre part, une des sculptures étant indiscutablement un travail de Mino doit être contemporaine du séjour de cet artiste à Rome, séjour qui, commencé vers 1454, se termina avant 1464[1]. Le livre de M. Müntz est là pour nous signaler immédiatement quel est le travail entrepris par les papes à Saint-Pierre de nature à concorder avec les données du problème. C'est l'établissement de cette fameuse tribune, ou loge de la bénédiction apostolique, qui a tant préoccupé quatre papes, Nicolas V, Pie II, Paul II et Alexandre VI. Presque tous les documents qui concernent cette œuvre ont été publiés. Les noms des artistes qui l'ont érigée sont connus, et, précisément, parmi ces noms, figure celui de Mino. Voici le texte principal, datant du 5 juillet 1463, que M. Müntz m'avait obligeamment communiqué dès 1876 : « Honorabilibus viris magistris Pagno et Mino scultoribus de Florentia fl. auri de camera quinquaginta pro eorum salario et mercede laborerii per eos facti pro pulpito quod noviter fabricatur in dicta basilica [Sancti Petri] super quo sanctissimus dominus noster papa dabit benedictionem. »

Un second texte, daté du 24 août 1463, et communiqué également par M. Müntz, nomme d'autres collaborateurs de Mino, désigne la nature des travaux des sculpteurs, et révèle l'emplacement de la construction : « Magistro Pagno de Florentia, scarpellino, et Jacobo de Petra Sancta, marmoraro, videlicet Pagno florenos auri de camera quadraginta pro parte solutionis et mercedis laborerii per eum facti in basis et cornicibus pulputi quod fit super scalis dicte basilice ubi sanctissimus dominus noster dabit benedictionem et Jacobo predictis florenos similes decem

---

1. Eug. Müntz, *les Arts à la cour des Papes*, t. 1er, p. 251-252. Cf. également *Musée archéologique*, t. II, 1877, p. 67 et suiv.

etiam pro parte ejus salarii et mercedis, mensurendo et componendo dictam basame et cornices ac mensurendo laborerium dicte fabrice. » On trouvera dans l'excellent ouvrage de M. Müntz le nom de tous les sculpteurs qui ont travaillé avec Mino à la loge de Saint-Pierre de Rome, et c'est parmi ces artistes, croyons-nous, qu'on devra chercher l'auteur du second bas-relief du Louvre.

Je m'exprimais ainsi dans la *Gazette des Beaux-Arts* en 1882. Depuis, M. le docteur Hugo von Tschudi, partageant mon sentiment au sujet du lieu de provenance des deux bas-reliefs du Louvre, a démontré dans le *Kunstfreund* du 1ᵉʳ février 1885, pages 39 à 42, que le second bas-relief était l'œuvre de Giovanni Dalmata et que les deux marbres, celui de Mino et celui de Dalmata, avaient été destinés à servir de soubassement ou de socle au tombeau du pape Paul II dans la basilique de Saint-Pierre telle qu'elle existait au quinzième siècle.

II

On voit actuellement, dans la même salle de Michel-Ange, la *Louve* en rouge antique (M. R. 1649), naguère dans la salle des Cariatides. A défaut de mes efforts demeurés jusqu'ici sans effet, la force inévitable de la logique se chargera de tirer de cette dernière salle et de ramener dans le giron de la sculpture française le *Mars* et la *Cérès*, dont j'ai retrouvé et démontré les origines [1].

Clarac, dans son *Musée de sculpture antique et moderne* [2], a décrit ainsi la cheminée de la salle des Cariatides : « La cheminée actuelle, d'une grande beauté dans l'ensemble et dans les détails, a été ajustée avec un goût exquis par

1. *La Cheminée de la salle des Cariatides au musée du Louvre*. Paris, 1880.
2. Texte, t. Iᵉʳ, p. 456; Atlas. t. Iᵉʳ, pl. 41 et 42. Voyez aussi Percier et Fontaine, *Recueil de décorations intérieures*, Paris, 1812, pl. LXXII.

MM. Percier et Fontaine, qui ont réuni des fragments de sculptures du temps de François Ier et de Henri II, pour en former cette riche et élégante composition. Les morceaux qui manquaient ont été remplacés avec une adresse qui ne permet pas de distinguer ce qui a été refait et ajouté aux parties anciennes, et il est difficile de trouver une réunion d'ornements de tout genre combinée avec plus d'art et d'une exécution plus achevée. La cheminée elle-même, entièrement moderne, a été exécutée dans les ateliers de M. Belloni, habile mosaïquiste du musée royal, et on lui a donné tout le caractère de celles du seizième siècle. Les deux statues de Bacchus et de Cérès accompagnent bien cette riche composition, et l'on dirait qu'elles ont été faites pour occuper la place qu'on leur a donnée. Il n'en est pourtant rien, et l'on ne sait même pas l'endroit où elles étaient autrefois, ni la manière dont elles y étaient disposées. Il paraîtrait cependant, par l'analogie de leurs poses, qu'elles ont été destinées à se servir de pendants, et qu'en les restaurant, car elles étaient très mutilées dans toutes leurs parties, lorsqu'on les trouva à terre dans cette salle au milieu de débris, on a saisi la pose qu'elles devaient avoir lorsqu'elles étaient dans leur intégrité. Il serait trop long et inutile de détailler toutes les dificultés que l'on a rencontrées lorsqu'on a voulu faire entrer ces statues dans la composition de cette cheminée, et il a fallu que les combinaisons des architectes aient été bien secondées par l'adresse de M. Lange, à qui cette restauration difficile avait été confiée. La manière dont on les a placées est tout à fait d'accord avec le style d'ornement noble et sévère employé autrefois dans la décoration des cheminées des grands appartements.

« Il y a lieu de croire, d'après leur style, que ces deux statues sont de Jean Goujon ou de son école. La Cérès ou la Flore, car c'est à la restauration qui a suppléé la

Salle des Cariatides.

FIGURES par Jean Goujon. CHEMINÉE COMPOSÉE DE DIVERS FRAGMENTS, par MM. Percier et Fontaine.

CHEMINÉE DE LA SALLE DES CARIATIDES
Fac-similé et réduction de la planche donnée par Clarac (*Musée de sculpture antique et moderne*, Atlas, t. I, pl. XLI).

tête [1] qu'elle doit ce caractère, est charmante de souplesse et de grâce, du moins de cette grâce que Goujon s'était créée, qui n'est pas celle de l'antique, mais qui a plus de naturel et moins d'affectation que ce qu'on trouve dans les ouvrages florentins, etc., etc. »

Je n'ai rencontré nulle part aucune mention de ces figures avant l'an VII [2]. Vers cette époque, elles furent, ainsi que nous l'apprend Clarac, « trouvées à terre, dans la salle des Antiques, au milieu de débris ». Cette indication est de nature à mettre sur la trace de la vérité. Quand même les statues auraient été tirées de quelque magasin situé à vingt lieues de Paris, je n'hésiterais pas, par des raisons d'analogie, à y reconnaître des fragments appartenant à l'ensemble de la décoration de l'escalier du Louvre, de la salle des Cariatides ou d'autres salles du même palais, aujourd'hui détruites, mais qu'on sait avoir été construites dans le même temps et avec le même goût. Ce sont les mêmes pierres, la même disposition de guirlandes de fruits, le même travail de ciseau que dans les parties conservées du Louvre de Henri II. Mais, comme on le voit, nous ne sommes pas réduits à n'invoquer exclusivement qu'un argument d'évidente analogie. Le lieu où nos sculptures furent remarquées pour la première fois doit nous fournir en outre des éclaircissements sur leur provenance, et cette provenance justifiera à elle seule l'origine que nous leur assignons.

Bien que quelques fragments de sculpture moderne soient entrés directement au Louvre pendant la période révolutionnaire, en général le Muséum et ses magasins

---

1. C'est une erreur. La tête primitive de la statue a été conservée, comme le prouve la gravure de Baltard, reproduite ci-après, qui nous montre l'état dans lequel les fragments furent trouvés.

2. Voyez un extrait du registre des délibérations du conseil d'administration des musées nationaux, à la date du 25 fructidor an VII, reproduit ci-après.

restèrent rigoureusement fermés à tout ce qui n'était pas la peinture des différentes écoles ou la sculpture antique [1]. Les rares morceaux qui se glissèrent plus ou moins temporairement dans les collections nationales ont tous laissé des traces dans les procès-verbaux du conservatoire du Musée ou dans des pièces d'archives. Or je n'ai rien trouvé sur les figures qui nous occupent. La conclusion nécessaire est qu'elles ne furent pas apportées au Louvre par la Révolution, mais qu'elles ont été recueillies, vers l'an VII, sur le lieu même où elles avaient toujours séjourné.

Cette opinion, à laquelle je suis conduit par l'examen attentif du monument et des documents qui y sont relatifs, était déjà celle de Baltard au commencement de ce siècle. Cet architecte, en les dessinant et en les gravant pour son grand ouvrage, *Paris et ses Monuments*, dans l'état où elles avaient été découvertes, a dit qu'elles provenaient d'une cheminée qui existait dans la salle des Cariatides [2]. Baltard a peut-être été trop affirmatif. Surtout, il me paraît avoir dangereusement précisé le lieu de la provenance originelle en l'absence de tout renseignement exact, qu'on chercherait vainement dans Ducerceau, dans Blondel et dans les autres descriptions du Louvre. L'ouvrage de Ducerceau contient même un document qui rend improbable, sinon impossible, l'hypothèse de Baltard. On voit, dans une planche des *Plus excellents bâtiments de France*, le fond de la salle des Cariatides, appelée alors *le Tribunal* [3], et la cheminée extrêmement simple qu'on y remarque diffère absolument de forme avec celle qu'on

---

1. Voyez *Alexandre Lenoir, son Journal et le Musée des Monuments français*, t. 1er, Introduction, *passim*.
2. *Paris et ses monuments*; le Louvre, p. 3 et 4 des notes. La salle des Cariatides servait alors aux séances de l'Institut.
1. On lit cette inscription gravée sur la planche de Ducerceau : « Le tribunal estant en la grand' salle. »

y aperçoit aujourd'hui. Quoi qu'il en soit, s'il a connu réellement la vérité par des moyens qui nous échappent, Baltard a eu tort de ne pas motiver son opinion ; car cette opinion, pour avoir été reproduite depuis, avec trop de confiance, ne manque pas moins toujours de bases solides. Mais un fait demeure acquis. Baltard a vu les figures vers 1800 [1], et quand il a dit, à cette époque, qu'elles provenaient du Louvre, il a évidemment répété ce qu'il tenait de ceux qui les avaient découvertes.

Quelque dix ans plus tard, les architectes Percier et Fontaine, dans leur *Recueil de décorations intérieures* [2], se sont expliqués ainsi sur la restauration de cette cheminée qui était leur œuvre : « Les deux statues qui forment le sujet principal de cet ajustement ornoient autrefois la cheminée de la salle des gardes du Louvre. Elles sont de la main de Jean Goujon, qui a fait les quatre belles cariatides portant la tribune que l'on remarque à l'autre extrémité, en face. Des changemens de construction avoient occasionné le déplacement de ces deux beaux ouvrages. Ils étoient déposés en magasin. Lorsque le Louvre a été restauré et les salles basses consacrées à l'exposition des chefs-d'œuvre de la sculpture antique, on a cru devoir profiter de l'occasion qu'offroit l'achèvement de cette salle pour rétablir, autant qu'il a été possible de le faire, les choses dans leur état primitif et rappeler dans la décoration de la cheminée, comme dans toutes les autres parties, le goût des arts au tems de Henri II. C'est pourquoi on a puisé les motifs des ornemens nouveaux dans les ouvrages de Jean Goujon et de Pierre Lescot, artistes justement célèbres, qui, sous Henri II, furent chargés des constructions du Louvre et

---

1. Je fixe approximativement cette date à l'exécution des dessins de Baltard, car si le premier volume de *Paris et ses monuments* est de 1803 et le second de 1805, il est bien certain que les dessins qui s'y trouvent gravés étaient prêts longtemps avant l'apparition d'un ouvrage aussi considérable.

2. Paris, 1812, in-folio ; table explicative, p. 42, pl. LXXII.

MARS ET CÉRÈS

Figures de la cheminée de la salle des Cariatides, telles qu'elles furent trouvées au Louvre, en l'an VII.

(Fac-similé et réduction d'une planche de Ballard.)

auxquels on doit ce que ce palais a de plus remarquable. »

Plus tard encore, les auteurs du texte qui accompagne l'*Œuvre de Jean Goujon* [1], gravé par Réveil, tout en confirmant, pour nos statues, d'une manière générale, l'indication de provenance précédemment signalée, ont remarqué ce que pouvait avoir d'inexact l'affirmation trop catégorique de Baltard, maintenue également par Percier et Fontaine, et ils ont justifié ainsi leurs judicieuses réserves : « Comme si tout devait être matière à contestation dans ce monument, on n'est pas même bien certain de sa situation primitive. Tandis que beaucoup de personnes croient qu'il a toujours occupé la même place, d'autres affirment qu'il a été déplacé. MM. Percier et Fontaine, en parlant de ces figures, dans leur *Recueil des décorations intérieures*, disent qu'elles ornaient autrefois la cheminée de la salle des Gardes. Comme nous avons établi, il n'y a qu'un instant, que la salle des Cariatides avait autrefois porté ce nom, il se pourrait encore une fois que le changement supposé n'existât que dans les termes. Mais il est vrai, d'un autre côté, que la grande salle située au premier étage, précisément au-dessus de cette dernière, a également porté le nom de salle des Gardes du roi; il se pourrait donc que ces figures y aient fait partie d'une décoration primitive qui a totalement disparu. Au reste, elles ont subi, dans leurs extrémités inférieures, d'assez notables restaurations, pour autoriser la supposition d'un déplacement. »

On voit par ces citations que, si, dans leurs appréciations, les auteurs contemporains de la découverte diffèrent légèrement sur le lieu précis où les statues furent originairement placées au Louvre, ils sont unanimes pour déclarer qu'elles proviennent de ce palais. Il importe donc de constater que la tradition la plus sérieuse, transmise par les

[1]. Paris, 1827-1844, in-8 p. 76.

artistes mêmes chargés de la restauration de ces monuments, concorde pleinement avec les conclusions dictées par la discussion rétrospective et critique de leurs origines.

Rien de plus facile maintenant que d'expliquer la trouvaille de ces sculptures dans les environs de la salle des Cariatides, de l'escalier du pavillon Sully et des appartements de Catherine de Médicis et de Henri II. La partie du Louvre construite sous ce roi a été tant de foi remaniée ! L'escalier fut plus ou moins retouché sous Louis XIII, à l'époque où Lemercier ajouta son pavillon. La salle des Cariatides ne fut jamais terminée avant 1806[1], et a pu attendre des ornements, sans les avoir effectivement possédés en place, ou les perdre après les avoir reçus. L'ensemble des salles voisines qui, aux deux étages, formaient les appartements des reines, dut être profondément altéré quand Marie de Médicis[2] et plus tard Anne d'Autriche[3] firent, celle-ci à plusieurs reprises, aménager les salles affectées à leur résidence. L'appartement de Henri II, et notamment les deux vestibules qui en faisaient partie, furent modifiés même avant Louis XIV[4].

Quand je fais remonter aussi haut le déplacement du monument original, on pourrait m'objecter que Sauval, dans sa description du Louvre et du magasin des Antiques[5], ne dit rien de ces sculptures. Mais la contradiction apparente et d'ailleurs toute tacite de cet auteur n'est pas telle qu'elle doive nous arrêter. Sauval en effet ne parle que de ce qui était exposé et visible de son temps. Les fi-

---

1. Clarac, *Musée de sculpture*, texte, t. Ier, p. 488.
2. Sauval, *Histoire et recherches des antiquités de la ville de Paris*, t. II, p. 34, et Clarac, *Musée de sculpture*, texte, t. Ier, p. 494.
3. Sauval, *Histoire et recherches des antiquités de la ville de Paris*, t. II, p. 34, et Clarac, *Musée de sculpture*, texte, t. Ier, p. 498, 499 et 503.
4. Berty, *Topographie historique du Vieux Paris*, région du Louvre et des Tuileries, t. Ier, p. 229.
5. *Histoire et recherches des antiquités de la ville de Paris*, t. II, p. 33, 34, et t. III, p. 15 à 20.

gures alors, tout en se trouvant déjà dans la salle des Cariatides, pouvaient être retournées la face contre terre, murées dans quelque obscur cabinet, enfouies sous le pavage ou noyées dans quelque remblai. Combien de monuments du moyen âge ou de la Renaissance ont été et seront encore retrouvés ainsi !

Donner la provenance de nos statues, c'est presque en nommer l'auteur ou, tout au moins, désigner l'école à laquelle elles appartiennent. On sait, à l'aide des *Comptes des Bâtiments du Roi*, publiés par le marquis Léon de Laborde, que Jean Goujon a travaillé au Louvre en dehors de la sculpture des cariatides de la salle du rez-de-chaussée. On lui attribue les tympans des pavillons de la cour. L'escalier de Henri II, d'un goût si charmant, est bien digne de lui, et émane indiscutablement de son influence sinon entièrement de son ciseau. Il faut donc rattacher les deux figures encastrées dans la cheminée de Percier et Fontaine au groupe des ouvrages qui, à un degré plus ou moins proche, se réclament du grand nom de Jean Goujon. L'examen intime du travail est loin de démentir cette conclusion fournie par la comparaison extérieure de la composition. La première pensée qui s'est présentée à l'esprit de ceux qui découvrirent ces chefs-d'œuvre a été d'en attribuer l'exécution au maître lui-même. Clarac l'a proclamé, avec quelque réticence il est vrai. Mais, bien avant lui, tel avait été, au Louvre, le cri du cœur. On lit, en effet, sur le registre des délibérations du conseil d'administration des Musées nationaux, à la date du 25 fructidor an VII : « Le citoyen Raymond prévient le conseil qu'il est autorisé à s'entendre avec l'administration pour le transport et dépôt provisoire, dans l'atelier de restauration qui vient d'être construit pour les marbres, des deux figures de Jean Goujon, actuellement placées dans la salle d'Anatomie. »

Cette attribution toute d'instinct qui s'imposa dès le premier jour, après s'être longtemps continuée dans les livres, semble aujourd'hui sur le point de disparaître. Ces superbes figures, égarées au milieu de l'ornementation imaginée par Percier et Fontaine, oubliées dans un arrangement architectonique démodé, ne sont plus l'objet de l'attention qu'elles méritent. Elles ont cependant droit à tous nos hommages, car non seulement elles sont dignes de Goujon lui-même ; mais, en admettant même qu'elles n'appartiennent qu'à son école, elles nous conservent incontestablement un des plus beaux spécimens de la décoration du palais de Henri II. La place rationnelle de ces chefs-d'œuvre est en plein musée de la Renaissance. On en a fait assez longtemps un vulgaire dessus de cheminée. L'avenir aura à se prononcer entre les artistes et les fumistes.

III

Passons à une autre profanation dont le même corps d'état est responsable. Les cheminées ne restituent pas facilement leur proie. Nous espérons cependant que les charmantes arabesques qui encadraient jadis le saint Georges de Michel Colombe seront rendues, à côté du célèbre bas-relief, à leurs fonctions originelles. J'en ai parlé et j'ai nommé leurs auteurs dans le second volume d'*Alexandre Lenoir, son Journal et le Musée des Monuments français*, pages 68 et 88. Enfin les quatre têtes de lions encastrées, au Louvre, dans les murs d'une salle de sculpture moderne, quand cette salle était, sous le nom de salle de Germain Pilon, consacrée à contenir les monuments de la galerie d'Angoulême, seront bientôt fixées dans les salles de la Renaissance italienne. Elles avaient été employées, au Musée des Petits-Augustins, à décorer le sarcophage isolé qui portait les statues gisantes de Louis XII et d'Anne de Bretagne (n° 445 du catalogue). Lenoir les a ainsi désignées dans le

Musée des Monumens français, tome II, deuxième édition, p. 175 : « Les têtes de lion en marbre, que l'on voit aux extrémités, ont été tirées du château de Gaillon, ainsi que les camées qui les accompagnent ; le tout a été exécuté par

Saint Georges combattant le dragon.
Bas-relief de marbre par Michel Colombe (Musée du Louvre.)

Paul Ponce, sculpteur particulier de Georges d'Amboise. » L'attribution à Paul Ponce ne signifie rien, comme toutes celles que Lenoir a faites à cet insaisissable artiste ; mais il faut remarquer le style incontestablement italien de ces sculptures. Les cornes d'abondance fixées dans la bouche des lions sont, comme motifs de décoration, à comparer avec des ornements du tombeau de Jean de Coca, dans

Cheminée de la salle de Germain Pilon à l'ancienne galerie d'Angoulême.

l'église de la Minerve, à Rome. Ces têtes de lion, entrées chez Lenoir, au commencement de l'an VI[1], avec les arabesques conservées tant sur la cheminée de la salle de Houdon que dans la salle de Michel Colombe[2], se rapprocheront bientôt, dans une installation définitive,

Bas-relief en marbre du commencement du seizième siècle, provenant de Gaillon.
(Musée du Louvre.)

des colonnes de marbre à chapiteaux sculptés que j'ai rapportées de Saint-Denis en 1881, et dont quelques autres ont été également choisies par le Musée de Cluny.

---

1. *Alexandre Lenoir, son Journal et le Musée des Monuments français*, t. Ier, p. 129, n° 909. Voici un document qui confirme l'allégation de Lenoir : « Citoyen, malgré que je n'ai pas encore reçu d'ordre, je profite d'une voiture qui porte peu de chose dans votre voisinage, et je vous envoye les quatre masques de lion, les deux pilastres du bas-relief et les montans qui ont été demandés par le citoyen Delanoue. Aussitôt que j'aurai reçu l'ordre de vous livrer, je vous ferai porter le surplus. J'ai l'honneur d'être votre concitoyen. CORBEL fils. — Paris, le 22 vendémiaire an VI. »

2. *Description des sculptures du moyen âge, de la Renaissance et des temps modernes*, 17 J., 17 M.

IV

Conservant toujours des traces de son aménagement primitif, lors de son affectation au musée de la sculpture moderne en 1824[1], la salle actuelle de Houdon devra restituer à leurs séries chronologiques les monuments qu'elle renferme et qui, dans un milieu transformé depuis 1851,

Une des salles de la galerie d'Angoulême, aujourd'hui salle de Houdon.

ont cessé d'être compris. Que signifie encore ce bas-relief de marbre blanc datant du dix-septième siècle et représentant un homme en costume ecclésiastique? Cette sculpture n'est pas portée au catalogue et n'a jamais été désignée par une étiquette. Fixée d'une manière trop complète à la muraille, elle n'a pas été déplacée quand la salle, désignée autrefois sous le nom de salle Germain Pilon, a été plus

---

1. Voyez notre *Histoire du département de la sculpture du moyen âge, de la Renaissance et des temps modernes*, la Galerie d'Angoulême (*l'Art*, février et mars 1866).

spécialement consacrée à recevoir les monuments du dix-huitième siècle. Comme sa valeur, au point de vue historique, domine de beaucoup sa valeur au point de vue de l'art, il est à désirer qu'elle soit transportée au musée de Versailles, ainsi que le médaillon ignoré qui lui fait pendant et qui représente le prévôt des marchands de Fourcy. Essayons de justifier les prétentions de notre inconnu, de faire valoir ses droits et de préparer son entrée dans le musée ouvert à nos gloires nationales.

Les iconophiles, qui professent si justement tant de respect pour la mémoire du célèbre amateur auquel la France doit les plus grandes richesses de son cabinet d'estampes, savent tous que l'abbé de Marolles, mort en 1681, fut enterré à Saint-Sulpice et qu'il y avait reçu un tombeau sculpté. Trois ans après sa mort, Germain Brice, dans la première édition de sa *Description de Paris*[1], s'exprimait ainsi en parlant de la sépulture de Michel de Marolles :

« A un des pilastres, entre deux chapelles, est l'épitaphe du fameux Monsieur de Marolles, abbé de Villeloin, le plus grand traducteur que notre langue ait jamais eu, et qui l'a enrichie d'un grand nombre d'auteurs qui n'avoient point esté mis en françois. M. l'abbé de la Chambre, son intime ami et son exécuteur testamentaire, l'a fait mettre en cet endroit pour en conserver la mémoire. C'est une médaille de marbre blanc, où est son portrait, sur lequel un Amour pleurant est appuié, qui tient son flambeau renversé. Voici ce qui est au bas :

MICHAELI DE MAROLLES
ABBATI DE VILLELOIN,
GENERIS NOBILITATE,
MORUM CANDORE,
RELIGIONE SINCERA,
VARIA ERUDITIONE
CLARISSIMO,

---

1. *Description nouvelle de ce qu'il y a de plus remarquable dans la ville de Paris*, par M. B.***, 1684, tome II, p. 174.

QUI OBIIT OCTOGENARIO MAJOR PRID.
NON. MAR. AN. 1681.
PETRUS DE LA CHAMBRE MARINI FILIUS
TESTAMENTI CURATOR
AMICO OPTIMO MONUMENTUM POSUIT

La dernière édition du même ouvrage, donnée en 1752 et revue par Mariette, décrivait ainsi le même monument :

Tombeau de Michel de Marolles, autrefois dans l'église Saint-Sulpice.
(Fac-similé et réduction du dessin de Gaignières.)

« Michel de Marolles, abbé de Villeloin, avoit de l'érudition, et il étoit estimé des gens de bien, à cause de la pureté de ses mœurs. Il s'étoit attaché à faire des traductions françoises de plusieurs anciens auteurs, dans lesquelles il n'a pas réussi. Mais ses Mémoires sont curieux, parce qu'on y apprend plusieurs faits qui regardent l'histoire, les belles-lettres et les sciences. Il avoit ramassé une grande quantité d'estampes, dont la plus considérable partie a passé dans la Bibliothèque du Roi ; il en avoit fait imprimer des catalogues qui sont devenus rares. On voit l'épitaphe de cet abbé entre deux chapelles, sur un pilastre du grand corridor, où il est représenté dans un grand médaillon de marbre blanc, sur lequel s'appuye un Génie pleurant, qui tient son flambeau renversé. C'est un ouvrage de Barthélemy de Melo, sculpteur de l'Académie, qui a longtems travaillé à Rome sous les maîtres les plus renommés. On lit au bas de cette épitaphe : MICHAELI DE MAROLLES », etc. », comme ci-dessus[1].

On peut contrôler l'exactitude de la description de Germain Brice en lisant dans la *Description de Paris* par Piganiol[2] : « Sur un pilastre du grand corridor ou bas côté qui est au Nord, auprès de la chapelle de Saint-Charles, on voit le portrait en buste de marbre blanc de Michel de Marolles, posé sur une représentation de tombeau de marbre jaspé, et soutenu par un génie pleurant, qui, d'une main, tient un flambeau renversé et de l'autre essuie ses larmes. Ce portrait est décoré d'une mître et d'une crosse et accompagné de beaucoup de livres épars. Au-dessous, sur une table de marbre noir, posée dans une bordure de marbre est gravée l'épitaphe suivante : MICHAELI DE MAROLLES, etc. Ce monument est de l'invention et de l'exécution de Barthélemy de Melo, sculpteur de l'Académie royale de peinture et de sculpture... Michel de Marolles embrassa l'état ecclésiastique et passa sa vie à cultiver les sciences et les arts. Depuis l'an 1619 qu'il donna la traduction de Lucain jusqu'en 1681 qu'il mourut, il s'occupa, sans relâche, à composer des ouvrages et à les donner au public. Il a traduit presque

---

1. *Description de la ville de Paris et de tout ce qu'elle contient de plus remarquable*, par Germain Brice. 1752, tome III, p. 452 et 453.
2. Edition de 1765, tome VII, p. 342, 343, 344.

MICHEL DE MAROLLES
Médaillon de marbre. (Musée du Louvre.)

tous les auteurs classiques et les plus difficiles ne l'effrayèrent point. On peut dire qu'il a travaillé pour des ingrats, car ses traductions sont peu estimées par ceux mêmes qui en profitent tous les jours et qui souvent les redonnent au public avec quelques corrections et avec les changemens qui se sont faits dans notre langue depuis la mort de cet abbé. »

D'un autre côté, Roger de Gaignières, l'ami éclairé de notre histoire et le collectionneur bien connu aujourd'hui, s'était gardé, au dix-septième siècle, d'oublier le monument élevé dans Saint-Sulpice en souvenir de son respectable prédécesseur. Il avait fait dessiner, pour ses recueils, le tombeau de l'abbé de Marolles, et on peut voir actuellement la reproduction de ce monument au folio 166 d'un volume acheté de M. Albert Lenoir par le Cabinet des Estampes de la Bibliothèque nationale. Ce dessin, reproduit ici d'après une photographie, est absolument conforme aux descriptions littéraires précédemment citées.

Quand arriva la Révolution, le mausolée de Michel de Marolles subit le sort des œuvres d'arts conservées en ce moment dans les églises de Paris. La partie du monument qui était de bronze disparut, mais le médaillon de marbre ne fut pas brisé. Il put être recueilli par Alexandre Lenoir. C'est ainsi que le portrait de l'abbé de Marolles fut classé aux Petits-Augustins sous le numéro 500 du catalogue à partir de l'an VIII. Après 1816, le bas-relief vint au Louvre. Il fut destiné et porté à Versailles en 1835 ; inscrit sur l'inventaire de Louis-Philippe sous le numéro 556, il fut ramené à Paris en 1836.

Depuis, le médaillon de marbre blanc, encastré dans une salle du pavillon de Beauvais devenue aujourd'hui la salle de Houdon, n'a pas quitté le Louvre. Cependant les traditions s'étant rompues, notre médaillon passe pour inconnu dans le dernier asile qu'il a trouvé. La photographie exécutée d'après ce bas-relief, et gravée ci-contre d'après un dessin de mon collègue et ami M. Charles Gosselin, démontre d'une manière indiscutable, quand on la rapproche du dessin de Gaignières, que le portrait d'abbé conservé dans la salle de Houdon est l'ancien médaillon du tombeau de Saint-Sulpice, que ce médaillon est identique au médaillon n° 500 du catalogue Lenoir et qu'il représente les traits de Michel de Marolles, abbé de Villeloin.

V

Le vide que les observations qui précèdent tendent à créer dans cette salle sera bientôt rempli. Deux monuments fixés à tort dans une salle voisine n'attendent qu'une occasion favorable pour rentrer au bercail. Ce sont les fragments des mausolées du comte de Caylus et du marquis du Terrail.

Quand, au rez-de-chaussée du Musée du Louvre, on pénètre dans la salle consacrée à Coysevox, et qu'on examine successivement les sculptures qui composent un ensemble aussi imposant et un milieu d'art aussi homogène — car, sans être tous sortis de la main de Coysevox, les monuments de cette salle appartiennent à une même époque et à une même école — on est vivement frappé d'y rencontrer deux hauts-reliefs dont la manière maigre, étroite et vide contraste violemment avec le style large et vigoureux du maître du logis. Ces deux marbres sculptés produisent sur un œil exercé l'effet que causeraient, à une oreille musicale, deux fausses notes dans un accord. Je veux parler des deux femmes en pleurs, épaves de deux mausolées, qui se font pendant de chaque côté de la salle et qui, matériellement, se trouvent rapprochées du tombeau de Mazarin.

Il n'y a pas à discuter longtemps sur l'époque et sur

l'école d'où procèdent de semblables travaux. Ce dessin pauvre et poncif, cette exécution froide et prétentieuse, ne peuvent émaner que de la seconde moitié du dix-huitième siècle. Vien était passé par l'atelier d'où sortirent de telles œuvres ou, tout au moins, l'une d'elles. Quand elles naquirent, il avait déjà commencé, avec ses terribles remèdes, à traiter l'art français et à mettre la sculpture elle-même au régime. On pourrait croire l'une de ces figures, — celle de gauche,— dessinée par Lagrenée. Puisque leurs caractères extérieurs n'ont pas encore suffi à les faire reconnaître, essayons, à l'aide de documents d'histoire, d'en déterminer la provenance, d'en indiquer la destination et d'en nommer les auteurs.

Exposées seulement au Louvre vers 1869, longtemps entreposées à l'île des Cygnes, nos deux figures n'y ont jamais été cataloguées. Elles venaient toutes deux des magasins de Versailles où elles se trouvaient conservées depuis 1834. Elles avaient été ainsi décrites dans l'Inventaire annoté du roi Louis-Philippe : « N° 454. — INCONNU. — Figure allégorique qui faisait partie du monument du comte de Caylus, mort en 1763 (lisez 1765); bas-relief en marbre. — Hauteur : $1^m 08$; largeur : $0^m 85$[1]. — Provenant des Petits-Augustins, n° 376. — Porté à Versailles le 26 mai 1834. — Magasins de Versailles. »

« N° 544. — BROCHE. — Femme éplorée, bas-relief en marbre. — Hauteur : $1^m 24$; largeur : $0^m 95$[2]. — Envoyé à Versailles le 26 mai 1834. — Petits-Augustins, 380. — Magasins de Versailles. »

On voit que ces sculptures, comme presque tous les monuments qui appartenaient précédemment à des édifices

---

1. Les dimensions sont toujours les mêmes, à quelques millimètres près.
2. Il s'agit de la plus grande largeur, pris au niveau du pli du bas de la robe. Ce pli ayant été légèrement fracturé, la statue ne mesure actuellement, à cette place, que $0^m,92$. La base a $0^m,86$.

publics, n'ont pas d'autre origine immédiate que le Musée des Petits-Augustins, et c'est de Lenoir que nous avons tout à apprendre sur elles. Occupons-nous, d'abord, de la figure placée à droite en entrant.

Le 24 germinal an IV, Lenoir recevait des mains du marbrier Scellier, qui l'avait tiré de la salle des Antiques, « un bas-relief représentant une pleureuse, par Vassé, projetée pour le tombeau de Caylus »[1]. Ces renseignements étaient certains. Pajou, qui avait été garde des Antiques du Roi, ne fut pas déplacé par la Révolution. Il avait les traditions de l'Académie de peinture et sculpture. D'autre part, Lenoir avait déjà reçu, dès le 15 prairial an III, un médaillon en marbre de Caylus[2] venant de la salle où se réunissait l'Académie des Inscriptions[3]. En l'an VIII, Lenoir exposa le tout, dans son musée, sous le numéro 376, et il rédigea ainsi l'article de son catalogue : « Monument érigé à Caylus, antiquaire célèbre, mort à Paris en 1763 (lisez 1765). On voit le médaillon de Caylus et un bas-relief représentant une femme dans la douleur, exécutés par Vassé fils[4]. » Ce monument resta exposé jusqu'à la disparition du Musée des Monuments français. Dans l'inventaire des collections des Petits-Augustins, remis, en 1816, à M. de Vaublanc, Lenoir disait encore : « N° 376. — De la salle des Antiques. — Bas-relief en marbre blanc représentant une femme éplorée, sculpté par Vassé. Ce bas-relief, qui n'a jamais été

---

1. Article 694 du *Journal de Lenoir*.
2. Article 563 du *Journal de Lenoir*, ainsi conçu : « Ledit [15 prairial an III], reçu du même lieu [une salle du Louvre] plusieurs fragmens en morceaux antiques ornés de bas-reliefs. — Plus, des pierres celtiques, ornées de bas-reliefs, antiquités françoises découvertes à Notre-Dame en 1711. — *Le médaillon de Caylus, marbre blanc.* — Une inscription grecque, en marbre, en forme de balustre. — Deux autres inscriptions grecques, etc... »
3. La lecture de l'article 563 du *Journal de Lenoir* prouve que le médaillon de Caylus provenait bien de l'ancienne salle d'assemblée de l'Académie des inscriptions au Louvre.
4. *Le Musée des Monumens français*, tome V, p. 154, est encore plus explicite. La phrase s'y termine par ces mots : « Le tout par Vassé fils. »

employé, devait servir au tombeau de Caylus, mort en 1763 (lisez toujours 1765).

Mais je dois m'arrêter ici pour prévenir une confusion qui pourrait naître dans l'esprit du lecteur. Il faut distinguer ce cénotaphe d'un autre mausolée, élevé à Caylus, dans l'église de Saint-Germain-l'Auxerrois, et qui passa également par le Musée des Petits-Augustins pour arriver au Louvre, après que Lenoir en eut changé la destination. Dès le 15 frimaire an II, le célèbre sarcophage de porphyre était entré aux Petits-Augustins[1]. En 1795, Lenoir le décrivit ainsi, dans la *Notice historique des monuments des arts réunis au Dépôt national, rue des Petits-Augustins, l'An IV de la République,* p. 22. : « N° 101. — Saint-Germain-l'Auxerrois. — Un sarcophage en porphyre de 3 pieds de long sur 21 pouces six lignes de haut et 21 pouces de large, posé sur des supports aussi de porphyre, représentant des têtes et des griffes de chats sauvages.

« Ce monument égyptien servoit de cénotaphe au savant Caylus, qui l'avoit apporté d'Italie. La lampe et le médaillon de Caylus, en bronze, sont de Vassé ; les termes de marbre blanc, qui portent le tout, sont de Michel Anguier.

« J'ai déposé dans ce sarcophage précieux les cendres du célèbre Descartes, mort en Suède, en 1650. Il fut enterré à Sainte-Geneviève, en 1667. »

La description de Lenoir, en mettant à part les pièces de marbre blanc ajoutées après coup, est conforme à l'image du tombeau telle que nous l'a transmise une estampe in-folio, au bas de laquelle on lit : *Vassé invenit. —P. Chenu sculpsit.* Le sarcophage de Caylus, devenu par hasard le tombeau de Descartes, ne garda pas longtemps sa nouvelle

---

[1]. N° 170 du *Journal de Lenoir* : « Le 15 dudit [frimaire, an II], reçu du citoyen Daujon, administrateur et membre de la commune de Paris, le beau tombeau antique en porphyre, venant de Saint-Germain-l'Auxerrois, où il servoit de cénotaphe à Caylus. »

Figure destinée à un monument élevé en l'honneur du comte de Caylus.
(Musée du Louvre.)

affectation. Il fut réclamé pour le Musée du Louvre, et livré à l'administration de ce musée par Lenoir, le 9 germinal an V[1]. On peut le voir actuellement, au Musée des Antiques, dans la salle de la Pallas, près d'une fenêtre donnant sur le jardin[2].

Il ne peut pas y avoir de doute sur l'attribution du médaillon. Ce portrait est incontestablement l'œuvre de Vassé, sous le nom duquel il a été exposé, en 1767, comme une propriété de l'Académie des Inscriptions[3]. Il décorait encore, en 1787, la salle d'assemblée de cette Académie[4]. On en voit un moulage au Cabinet des médailles de la Bibliothèque nationale, sur lequel on lit : « Caylus né en 1692, mort en 1765, fait par Vassé, sculpteur du Roy, d'après un plâtre moulé sur nature. » Pour la pleureuse, je conçois qu'on puisse suspecter l'exactitude de l'attribution donnée par Lenoir, et j'aurais voulu relever, dans quelque texte contemporain, la description exacte de la figure de Vassé fils. Mais les documents n'abondent pas sur ce médiocre sculpteur, et je n'ai pu retrouver la mention formelle de l'existence de cette statue. Cependant, il est bien certain que Vassé a consacré tout le talent qu'il avait à fabriquer des pleureuses. C'était sa spécialité. Alors, quoi de plus naturel qu'un des nombreux exemplaires d'une figure souvent répétée soit passé inaperçu ? On lit, en effet, dans les *Lettres à Madame***, *sur les peintures, les sculptures et les*

---

1. N° 1030 du *Journal de Lenoir :* « Le 9 germinal an V, remises faites à l'administration du Musée du Louvre de statues et de fragmens de statues antiques... de vases et tombeaux antiques venant d'un magasin du Louvre ; — d'un *idem*, en porphyre, venant de Saint-Germain-l'Auxerrois. »
2. Clarac, *Musée de sculpture*, tome II, n° 80, pl. 260.
3. Salon de 1767 ; réimpression de M. J. Guiffrey, p. 35 : « N° 191. — Le portrait de feu Élisabeth, impératrice de Russie. — N° 192. — Le portrait de feu M. le comte de Caylus, appartenant à l'Académie royale des inscriptions et belles-lettres : médaillons en *marbre*. « Cf. également : *Mémoires secrets* de Bachaumont, tome XIII, 20 septembre 1767 (lettre III) et les *Œuvres complètes de Diderot*, édition Brière, tome X, p. 80.
4. Thiéry, *Guide des amateurs*, etc., *à Paris*, tome Ier, p. 346 et 347.

gravures exposées dans le Sallon du Louvre en 1763[1] :
« On a exposé une figure en marbre destinée à faire partie du tombeau de Mme la princesse de Galitzin, par M. Vassé. C'est une femme couchée sur un socle carré, pleurant sur une urne qu'elle couvre de sa draperie. Une tristesse morne et profonde est gravée sur le front de cette figure ; son attitude exprime cet affaissement de la douleur qui ôte la force même de se plaindre. » On lit encore dans les *Lettres sur les peintures, sculptures et gravures de MM. de l'Académie royale, exposées au Sallon du Louvre depuis* 1767 *jusqu'en* 1779, *commencées par M. Bachaumont*, etc.[2], à propos du Salon de 1771 : « La douleur est infiniment mieux dépeinte, Monsieur, dans une femme qu'on voit pleurante, appuyée sur un cube qui sert de base à une urne cinéraire supposée renfermer les cendres de M. de Brou, garde des sceaux, dont le médaillon est au bas du monument. Cette figure de M. Vassé fait honneur à ses entrailles et à la sensibilité de son âme. Elle a tous les caractères d'un cœur navré de tristesse et abandonné à son désespoir[3]. » Ces deux descriptions, il est impossible de le nier, correspondent fort bien au genre du bas-relief que nous examinons. Dès lors pourquoi ne pas accepter, — sous bénéfice d'inventaire assurément, — l'attribution traditionnelle recueillie par Lenoir? « Une figure *en plâtre*, de grandeur naturelle, représentant la Douleur, » fut trouvée après la mort de l'artiste, dans son atelier[4]. Ajoutons enfin

---

1. Paris, Guill. Desprez, in-12, titre gravé, p. 79.
2. Londres, 1780, in-8.
3. Le même monument est ainsi décrit dans le livret du Salon de 1771, p. 39 de la réimpression : « N° 235. — Un petit tombeau où l'on voit une femme pleurante appuyée sur un cube qui sert de base à une urne cinéraire. Cette urne est supposée renfermer les cendres de feu M. de Brou, garde des sceaux. Son médaillon est au bas du monument sur une table de marbre. Cet ouvrage est exécuté en marbre dans l'atelier de M. Vassé. »
4. *Catalogue des sculptures, peintures et gravures de l'atelier de feu M. Vassé*, p. 8, n° 29.

que, si cette attribution ne s'impose pas avec la netteté de l'évidence, parce que les œuvres de Vassé fils sont peu connues et justement négligées, elle paraîtra très vraisemblable à qui voudra se rappeler que Vassé est un élève de Bouchardon. « La femme éplorée » trahit jusqu'à certain point la manière de Bouchardon, devenue flasque, et s'amollissant sous le ciseau d'un imitateur. Le système d'attache, l'emmanchement et le modelé des bras sont bien ceux qui étaient familiers au maître, et qui devaient, à l'état de procédés, traîner dans son école.

Ce qu'on a dit de plus complet sur Louis-Claude Vassé se trouve dans les *Archives de l'Art français* (tome VI, p. 269 et 270), dans les *Mémoires inédits sur la vie et les ouvrages des Académiciens* (tome II, p. 41 et 42), et dans l'*Abecedario* de Mariette. Louis-Claude était fils d'Antoine Vassé, sculpteur du roi, et fut élève de Bouchardon. Il obtint le prix de Rome en 1739, et fut reçu à l'Académie le 28 août 1751, sur la figure « d'un berger endormi », aujourd'hui au Louvre [1]. Il mourut à cinquante-cinq ans et demi, le 1er décembre 1772, laissant inachevé le marbre du mausolée de Stanislas, destiné à Nancy. La vente de son atelier se fit en 1773, et donna lieu à l'impression d'un catalogue dont voici le titre : *Catalogue des sculptures, peintures et gravures de l'atelier et cabinet de feu M. Vassé, sculpteur du Roi et dessinateur de son Académie des inscriptions, etc., par Fr. Basan, dont la vente se fera aux Grands-Augustins, le mercredi 20 janvier 1773, etc.* Paris, Prault, 1773, in-8° de 28 pages [2]. Vassé fils est le sculpteur des

---

1. N° 275 de la *Description des sculptures modernes*.
2. En tête du catalogue de Vassé, qui est assez rare, Basan a placé une courte notice sur ce sculpteur. Il nous a paru utile de reproduire cet « avertissement » contenant des renseignements qu'on chercherait vainement ailleurs :
« Dans le catalogue dont je donne ici le détail, on s'appercevra facilement que l'artiste dont je fais mention avoit rassemblé toute chose de goût et

divers monuments que nous avons déjà signalés, et du médaillon en marbre de Chevert [1], à Saint-Eustache. Tous les auteurs ont répété à satiété qu'il avait travaillé au tombeau de Caylus, son protecteur, à Saint-Germain-l'Auxerrois. La reconnaissance peut avoir porté l'artiste à consacrer un monument spécial à la mémoire du comte de Caylus, indépendamment des travaux de bronze qu'il avait exécutés à Saint-Germain-l'Auxerrois, pour l'installation du fameux sarcophage de porphyre. Le Louvre possède trois dessins de L. Cl. Vassé et quelques-unes de ses œuvres ont été gravées.

Passons maintenant au second bas-relief. Lenoir raconte

relatives à son art, et, quoique par ses talens il soit assez connu, je ne crois pas inutile de donner ici une note des monumens et autres morceaux dont il est l'auteur et qui serviront à éterniser sa mémoire.

« M. Louis-Claude Vassé mourut à Paris, en décembre 1772, âgé de 56 ans; il étoit fils d'Antoine Vassé, sculpteur du roi, son dessinateur pour la marine, et élève de Puget.

« L. Cl. Vassé, à l'âge de dix-huit ans, mit au prix pour la première fois, et gagna le second; et, l'année suivante, il gagna le premier, qui lui fit faire le voyage de Rome : Il étoit élève de Bouchardon, dont il a conservé le goût et la manière de dessiner.

« *Ouvrages connus de lui :*

« Le tabernacle de Saint-Germain-l'Auxerrois.

« Dans la même église, le tombeau du comte de Caylus, dont il étoit ami particulier et singulièrement protégé.

« Le tombeau de M. de Brou, garde des sceaux, à Saint-Médéric.

« Le Martyre de saint Étienne, grand bas-relief, pour la ville d'Auxerre.

« La figure du même Saint, seul.

« Le tombeau du roi Stanislas, pour être placé à Nancy.

« Ainsi qu'un autre qui doit être mis à côté pour le cœur de la reine de France, sa fille.

« Le tombeau de la princesse de Galitzin.

« La figure de Diane en pied, faite pour le roi de Prusse.

« La figure de Minerve, aussi en pied, qui se voit au château de Luciennes ainsi que les deux suivantes.

« Un groupe de deux figures, représentant Vénus dirigeant les traits de l'Amour, *idem.*

« L'Amour, un genou en terre, et occupé à retenir les Colombes de sa mère.

« Une femme en pied, sortant du bain, au château de Dampierre.

« Le fronton et l'avant-scène du théâtre de l'Opéra, représentant les Muses et plusieurs groupes d'enfans, etc. » Cf. également les *Œuvres complètes de Diderot*, édition Brière, tome VIII, p. 58, 59, 378, 379; tome X, p. 80. »

1. *Mémoires secrets de Bachaumont*, tome V, 27 juillet 1771.

ainsi son entrée au Musée des Petits-Augustins : « Le 9 dudit [germinal an II] j'ai reçu du citoyen Lebouc, gardien de la maison des Théatins, une figure de femme à genoux et dans l'attitude de pleurer, sculptée en marbre par Broche, qui ornoit le tombeau de Joseph Dutérail, venant des Théatins[1]. » Voici comment Thiéry, en 1787, dans son *Guide des amateurs et des étrangers voyageurs à Paris*[2], décrivait ce monument : « A gauche de la chapelle de la Vierge, se voit le mausolée du marquis du Terrail, maréchal des camps et armées du Roi. Au-dessus est une femme dans l'attitude de la douleur ; elle est appuyée sur un cippe où on lit ces mots : *Lugete, pauperes*. Près d'elle est l'écusson du défunt ; il est renversé... Derrière elle, est une pyramide surmontée d'une urne de bronze. Ce tombeau a été composé et exécuté par M. Broche le jeune, sculpteur. »

En comparant l'article du *Journal de Lenoir* et la description de Thiéry, on s'aperçoit que le monument du marquis du Terrail ne parvint pas en entier au Musée des Petits-Augustins. La figure principale fut seule recueillie, avec la pyramide, par Lenoir, exposée de l'an VIII à 1815, sous le numéro 380, et décrite ainsi dans les différentes éditions du catalogue : « Des Théatins. — Un bas-relief en marbre blanc représentant une femme éplorée, sculpté par Broche. Ouvrage du dix-huitième siècle. » Cette sculpture, ayant perdu par le déplacement et la mutilation toute signification précise, fut utilisée par Lenoir dans la composition de l'un de ces mausolées factices qu'il aimait tant à consacrer à la mémoire de quelques hommes célèbres. Lenoir associa donc le numéro 380 au numéro 345, qui désignait le médaillon de Lebatteux, et il écrivit dans le tome V de son *Musée des Monumens français*, p. 154 : « N° 380. — Monument élevé à la mémoire de Lebatteux. On voit un bas-relief en

---

1. Art. 292 du *Journal de Lenoir*.
2. Tome II, p. 537.

Figure de marbre par Broche le Jeune, provenant du tombeau érigé au marquis du Terrail dans l'église des Théatins. (Musée du Louvre.)

marbre blanc, représentant une femme éplorée, à genoux et appuyée sur une urne cinéraire, sculptée par Broche. Au-dessus du bas-relief est le portrait de ce savant, représenté en médaillon [1], appendu à une pyramide qui sert de fond à l'ensemble du mausolée; on lit cette inscription : *Amicus amico.* »

Dans le dernier des différents états par lesquels passa cette sculpture, au Musée des Monuments français, elle avait été taillée sur les côtés et réduite en largeur; cette réduction est encore apparente. L'écusson de du Terrail ne s'y voyait plus ainsi que l'urne en bronze qui surmontait la pyramide. Le cippe, où se lisaient les mots : *Lugete, pauperes*, avait été rogné et ne dépassait pas la base diminuée.

Quand arrivèrent la suppression du Musée des Petits-Augustins et la dislocation des monuments restaurés ou composés par Lenoir, la pleureuse de marbre fut attribuée à Saint-Thomas d'Aquin par le projet de répartition imprimé dans le tome VIII du *Musée des Monumens français*. On y lit, p. 183 : « A Saint-Thomas-d'Aquin... un petit mausolée en marbre, sculpté par Broche; il étoit aux Théatins. » Mais le marbre ne fut jamais transféré dans l'ancienne église du noviciat des Jacobins de la rue du Bac. Abandonné depuis 1816 dans les bâtiments ou les cours de l'École des Beaux-Arts, ce monument a subi, tant dans les magasins de cette école que dans ceux du Musée du Louvre et de Versailles, de nouvelles modifications. Il s'est

---

[1]. Voici ce que Lenoir disait de ce médaillon, dans l'inventaire de la collection des Petits-Augustins qu'il remit en 1816 à M. de Vaublanc : « N° 345. — Des Cordeliers. — Médaillon en plomb de Lebatteux, homme de lettres. Ce médaillon étoit accompagné d'une inscription qui a été détruite. (En note). « Tout le monument de Le Batteux a été détruit excepté le petit médaillon qui est fort peu de chose. Je crois qu'au lieu de couvent des *Cordeliers* il faut lire *Saint-André-des-Arcs*. » Cette réflexion de Lenoir est parfaitement juste ; voyez en effet le numéro 192 de son *Journal*, p. 26 de notre tome premier.

encore amoindri. J'ignore ce qu'est devenu le médaillon, en plomb, de Lebatteux. La pyramide a aussi disparu. Mais on retrouve encore aujourd'hui, derrière la figure, des traces de son existence. En effet, le statuaire avait été obligé de pratiquer, dans le dos de la pleureuse, une forte encoche pour ménager le passage de cette pyramide. Cette excavation est toujours apparente. Il est donc bien certain que nous ne nous sommes pas trompé dans notre assimilation, et que la figure égarée dans la salle de Coysevox est bien celle qui, des Théatins et du tombeau de du Terrail, était venue, aux Petits-Augustins, pour y former un tombeau factice à Lebatteux.

Pour attribuer cette œuvre au sculpteur Broche, nous n'avons pas d'autre autorité que le texte de Thiéry. Mais ce témoignage n'est pas sans valeur; c'est celui d'un contemporain éclairé. Quand parut le *Guide des Amateurs et des étrangers à Paris*, le tombeau de du Terrail venait d'être récemment exécuté. Le nom de Broche, d'ailleurs profondément inconnu, n'est pas de ceux qu'on invente à plaisir pour les besoins de sa cause et pour recommander une œuvre à l'attention du public. On doit donc estimer que Thiéry était bien informé et qu'il a dit la vérité. Quant à l'auteur du monument, Broche le jeune, on chercherait, je crois, en vain des renseignements nombreux et précis pour esquisser sa biographie. Deux frères, qui étaient sculpteurs et qui exerçaient à Paris, dans la deuxième moitié du dix-huitième siècle, ont porté ce nom. Je ne les connais que par une circonstance consignée par Wille, dans son *Journal*, en avril 1763 : « Le 14. — Deux jeunes sculpteurs, nommés Broche, ont porté chez moi, pour être exposé, un groupe de trois figures en plâtre. Ils désireroient que je les recommande pour avoir quelque occupation [1]. »

1. *Mémoires de Wille* publiés par G. Duplessis, tome I, p. 224. Lenoir attribue encore à Broche un « buste en marbre de M. de Brissac le père, maré-

C'est peu de chose que cette courte mention du journal de Wille. Elle a pourtant son importance. Elle servira à détruire le mauvais sort qui semblait jeté sur ces deux marbres sculptés, rapprochés aujourd'hui l'un de l'autre par leur analogie. Elle parviendra à rompre le charme qui empêchait, depuis si longtemps, de les comprendre et de les reconnaître. Elle fera voir, en même temps, les étranges conséquences que peut entraîner une erreur dans la transcription d'un chiffre, ce qu'on appelle, en terme de typographie, une *coquille*. Le marquis du Terrail, maréchal des camps et armées du Roi, de la promotion du 1ᵉʳ janvier 1748, mourut en 1760[1]. Une main bien intentionnée, mais maladroite, a voulu, sur l'inventaire des objets envoyés à Versailles sous Louis-Philippe, substituer, au mot « dix-huitième siècle » qui accompagnait primitivement la description du tombeau de ce personnage historique, la date exacte de la mort de du Terrail. Elle a malheureusement écrit 1670 au lieu de 1760. Cette date de 1670 se trouva dès lors assignée à l'exécution probable de l'œuvre de Broche. Il s'ensuit que l'erreur d'attribution signalée ci-dessus par nous, quelque évidente qu'elle soit par le style de la sculpture, a de dangereuses racines dans des documents écrits et jusque sur des registres officiels. Il faut donc faire justice au plus vite de renseignements inexacts qui pourraient tromper plus tard un observateur superficiel. Le texte du journal de Wille nous prouve bien que les deux Broche travaillaient au dix-huitième siècle, comme Lenoir l'avait justement affirmé. Les documents

---

chal de France, ouvrage du dix-huitième siècle ». (*Catalogue du Musée des Monumens français*, édition de 1810, p. LXVIII, lisez 58.) Lenoir a dû se tromper cette fois dans son attribution si, comme je le crois, ce buste est, actuellement, celui que le Musée de Versailles conserve sous le numéro 2870. Cf. le catalogue de Soulié qui en nomme le véritable auteur.

1. Du Terrail est encore porté sur l'*Almanach royal* de 1760; il ne figure plus sur celui de 1761.

d'archives, employés avec critique, confirment pleinement ce qui était proclamé par la vue du monument lui-même. L'histoire est ici d'accord avec l'archéologie.

Il me reste à prévoir une objection qui accueille généralement les travaux de la nature de celui-ci. « A quoi servent ces minutieuses enquêtes sur des pièces secondaires que la vérité n'embellit même pas, » me diront les nombreux amateurs dont les oreilles inattentives sont habituées, depuis plus de trente ans, à la petite cacophonie indiquée au commencement de cet article, et dont les nerfs robustes n'en ont jamais été agacés? Voici ma réponse : D'abord la vérité en matière d'instruction — et ces marbres ont la prétention d'instruire puisqu'ils sont exposés — n'est jamais indifférente. Ensuite, je ne suis pas responsable du choix des monuments dont le passé m'a légué l'examen. En attendant l'arrivée d'œuvres meilleures, je m'exerce la main sur les fonds de magasins du musée de Lenoir qui ont eu le privilège de forcer l'entrée du Louvre quand tant de pièces excellentes sont restées à la porte. A moi aussi, il serait agréable de ne pas expérimenter *in anima vili*. Enfin le public est intéressé à se rendre compte par lui-même des difficultés et des exigences de l'étude toute spéciale qui prend pour objet les monuments d'un musée, quand cette étude veut être scientifique et s'entourer de quelques garanties de certitude. Ce même public, s'il veut être respecté, devra quelquefois se résigner à se laisser ennuyer par des recherches sérieuses et d'arides spéculations. Il aurait tort de demander à être amusé avant tout. Le soin de sa dignité mérite bien ce petit sacrifice. Sans cette virile résolution, sans ce contrôle indispensable sur les opinions des propriétaires et des conservateurs de collections, ce bon public pourrait devenir la victime de quelquelques farceurs, habiles — sous prétexte de lui épargner les épines de la science — à flatter son ignorance, à lui enseigner gravement les plus étourdissantes absurdités, et, en définitive, à se moquer de lui.

VI

Je n'ai jamais eu la pensée de dépouiller la salle de Coysevox sans lui accorder de sérieuses compensations. Je l'ai déjà enrichie d'une des plus belles œuvres du maître que les salles de la Renaissance détenaient illégitimement.

Quand on entrait en 1877 au Musée du Louvre, dans la salle des Anguier, on remarquait à gauche, un admirable bronze représentant, en buste, Louis II de Bourbon dit « le grand Condé ». Cette vivante et vibrante image du vainqueur de Rocroy était manifestement postérieure à tous les ouvrages de sculpture qui l'entouraient. Elle date évidemment, par son style, de la fin du dix-septième siècle. Si on regarde attentivement la puissance et la souplesse du modelé, l'intelligence qui rayonne de ce front, la vie qui palpite sous ce masque énergique ; si on étudie la manière large et profondément personnelle qui a disposé la chevelure [1], je devrais dire la crinière de ce lion, et drapé le torse de ce héros, on ne peut hésiter un seul instant à reconnaître dans ce portrait la griffe d'un maître et la main de Coysevox. Je suis donc persuadé depuis longtemps que le buste n° 171 de la *Description des sculptures de la Renaissance* est une œuvre indiscutable du célèbre sculpteur lyonnais [2]. Mais les preuves sur lesquelles s'appuyait cette conviction ne sont pas faciles à établir. Je devais

---

1. Aucun sculpteur n'a traité avec autant de légèreté que Coysevox les lourdes perruques du temps de Louis XIV. C'est surtout à la manière dont les cheveux sont rendus qu'on peut assez facilement reconnaître ses ouvrages.

2. Cette opinion n'était pas dépourvue, d'ailleurs, de quelques arguments archéologiques. Par exemple, la cuirasse de Condé porte les griffons affrontés que Coysevox s'était complu à reproduire sur la cuirasse du Louis XIV de l'Hôtel de Ville et sur la cuirasse de la statue équestre commandée par les États de Bretagne.

nécessairement rencontrer des incrédules. Ce genre de démonstration résultant de la comparaison du style n'est pas de nature à convaincre tout le monde. D'un autre côté, on ne doit pas oublier combien il faut être sobre de ces attributions de sentiment qui ne se fondent pas sur des documents positifs. Ce sont elles qui, faites au hasard par des ignorants, ont embrouillé toute l'histoire de la sculpture française et nous ont légué tant de ridicules traditions. Je cherchai donc à légitimer mon opinion par des preuves extrinsèques. Cette pièce est arrivée au Musée à la suite des événements de la Révolution et des confiscations opérées sur les émigrés. Elle provenait de l'hôtel de Conty, car on lit dans un document manuscrit des archives du Louvre intitulé : *Objets d'art provenant des émigrés et autres, extraits du ministère des finances le 26 thermidor an VIII :* « ... Conty [1], *idem*, le buste du grand Condé, en bronze, 200 l. [2]. » Malheureusement il ne me fut pas possible de remonter au delà et de poursuivre l'œuvre jusque dans les mains de son auteur. Les livres, absolument muets sur cette sculpture, ne pouvaient m'être non plus d'aucun secours [3]. Cependant, confiant dans la justesse de mon impression première, j'attendis de l'avenir la confirmation de mon pressentiment. Le hasard est venu me la fournir.

Le 3 mars 1877, le catalogue d'une collection très intéressante de documents historiques, — dont la vente devait avoir lieu le 5 mars suivant, — fut distribué par M. Menu, libraire à Paris. Dans le lot coté sous le numéro 265, se trouvait la mention d'un payement fait par un prince de Conty, à Coysevox, pour un buste en bronze du grand

---

1. Ce nom indique la provenance.
2. Ce chiffre indique l'évaluation. —
3. Tous les biographes d'Antoine Coysevox ont répété, d'après Fermelhuis (*Éloge funèbre de M. Coysevox*. Paris, Collombat, 1721, in-8, p. 34), que ce sculpteur avait fait un buste du prince de Condé, mais aucun n'a décrit l'œuvre; aucun n'a même dit si elle était en marbre ou en bronze.

Condé. J'ai obtenu avant la vente, de l'obligeance de M. Menu, la permission de transcrire la pièce. Elle faisait partie, ainsi que tout le dossier, sous le nom de *doubles de l'année* 88, de copies de la comptabilité de la maison de Bourbon-Conty. Elle est d'une écriture de la fin du dix-septième siècle. La voici :

MÉMOIRE *d'un buste de feu Monseigneur le Prince de Condé, fondu en bronze sous la conduite de M. Mansart, premier architech* (sic) *de Sa Majesté, et posé dans l'hostel de Conty par ordre de M. de la Chapelle, intendant de S. A. S. Monseigneur le prince de Conty, par Cozvox, sculpteur, en l'année 1688.*

Pour avoir fait le model et fourny la cire, fait mousler, pour touttes les ustencilles, et avoir fondu en bronze, rendu, posé, fait et parfait en la place qui luy a esté ordonnée, pour ce . . 1,600 l.

Plus, pour un escablon, composé de sa baze, corniche et ravallement de marbre gris vaisné, enrichy d'un panneau de marbre de plusieurs couleurs, et pour la fourniture des crampons, marbre et touttes ustancilles. . . . . 200 l.

J'estime que le tout, c'est-à-dire le buste et le scabellon, peut valoir seize cens livres.

Signé : MANSART.

Il est ordonné au sieur Bauger, trésorier général de notre Maison, de payer à Cozvox, sculpteur, la somme de seize cents livres pour un buste en bronze de feu M. le Prince, nostre oncle, qu'il a fait pour nous et, en rapportant la présente ordonnance avec quittance dudit Cozvox, ladite somme de 1,600 sera allouée à notre trésorier en la dépense de ses comptes de la présente année.

Fait à Paris ce 21 septembre 1688.

Signé : FRANÇOIS-LOUIS DE BOURBON.

J'ai reçu de M. Jouvenet, pintre du Roy et professeur de l'Académie royalle de peinture et sculpture, la somme de seize cens livres contenu *(sic)* en ordonnance de S. A. S. Monseigneur le Prince de Conty, au bas du mémoire de l'autre part, et, à l'effet, par ledit sieur Jouvenet, de s'en faire payer par S. A., je le subroge en mes droits et actions, pour raison de ladite somme de seize cens livres.

Fait à Paris ce 12 may 1689.

Signé : COYZEV[O]X.

Je reconnois que S. A. Monseigneur le Prince de Conty m'a payé des seize cens livres contenus *(sic)* en l'ordonnance cy-dessus en un contrat de constitution que Sa dite Altesse Sérénissime m'a passé devant M° Lange et son confrère, notaire[s] a Paris ce jourd'hui vingt-unième may 1689.   *Signé :* JOUVENET.

On ne peut plus douter maintenant. Le buste de Condé est l'œuvre de Coysevox. Cette belle sculpture n'a rien à perdre à cette honorable paternité et reçoit un nom certain en échange de quelques années d'une antériorité problématique. Pour être à sa place, disais-je en 1877[1], Condé n'a qu'à traverser la cour du Louvre, en compagnie de son contemporain Michel Le Tellier[2] et à s'installer dans la salle de Coysevox. Ils doivent bien tous deux cet hommage à l'artiste qui leur a donné, dans le bronze, une immortalité plastique. Sur le haut piédestal, d'où il semble présider ses nombreux ouvrages, le vieux sculpteur les attend et les accueillera de son sourire de marbre. Ce ne sont pas, en effet, les moins glorieux enfants de son génie qui rentreront si tardivement au logis paternel. Le buste de Condé est aujourd'hui dans la salle de Coysevox.

VII

Plus récalcitrant, Michel Le Tellier n'a pas encore traversé la cour du Louvre, mais il faudra bien qu'il accomplisse ce voyage.

Le Musée du Louvre expose, en effet, dans une des salles de la sculpture de la Renaissance, un très beau buste de bronze dont voici la description d'après le catalogue : « La chevelure est bouclée ; le costume est une robe de magistrat ; l'ordre du Saint-Esprit est suspendu au cou et placé sur la poitrine. Sur le piédouche sont ciselées les

---

1. *Chronique des Arts* du 3 mars 1877.
2. Voyez la *Gazette des Beaux-Arts*, octobre 1876.

marques de la dignité de chancelier de France qui sont deux masses posées en sautoir. — Hauteur 0^m, 420. » Ce buste, enregistré aujourd'hui sous le numéro 177 et donné pour celui de Pierre Séguier, mérite une discussion approfondie. Il a été longtemps considéré comme un portrait de Michel Le Tellier, et je crois qu'il en faudra revenir à cette première opinion.

Ce morceau de sculpture n'est exposé au Louvre que depuis la création de la galerie d'Angoulême en 1824. Entré au Musée en 1817, il provenait du Musée des Monuments français qu'on démembrait à ce moment (décembre 1816). Il n'était pas arrivé aux Petits-Augustins avec les premiers convois des ruines révolutionnaires. On le chercherait en vain dans le première édition du catalogue des monuments recueillis par Lenoir[1]. C'est seulement en 1794 qu'il parvint à ce dépôt : voici par suite de quelles circonstances. Dans la nuit du 1er fructidor an II (19 août 1794), la bibliothèque de Saint-Germain des Prés fut dévorée par les flammes. Les manuscrits purent être sauvés, mais tous les imprimés furent perdus, ainsi que le beau cabinet d'antiquités formé par Montfaucon. Dès que le feu fut éteint, Lenoir songea à faire fouiller les décombres. Le 11 fructidor, après de longues recherches, on découvrit quelques têtes de bronze, en tout quinze pièces dont douze furent transportées à la bibliothèque Mazarine, où on les voit encore, et dont trois — une tête colossale de Minerve[2], et deux têtes de philo-

---

1. En voici le titre : «Notice succincte des objets de sculpture et architecture réunis au dépôt provisoire national, rue des Petits-Augustins, au ci-devant couvent de la reine Marguerite, par Alexandre Lenoir, élève de l'Académie de peinture de Paris, établi en novembre 1790, et conservé par décret du Corps législatif du 18 octobre 1792. Paris, 1793, in-8 de 28 pages.

2. Ainsi cataloguée en 1795 au Musée des Monuments français, dans la notice de l'an VI, p. 20, n° 75 : « Saint-Germain-des-Prés. — Le buste de Minerve moulé sur l'antique, posé sur une colonne antique de granit rouge de 11 pieds, trouvée dans une des cours de Saint-Sulpice. » L'année suivante, ce

sophes [1] — furent remises au dépôt des Petits-Augustins. Pour son propre compte et moyennant un débours de quinze

Michel Le Tellier. Buste de bronze par Coysevox
(Musée du Louvre)

buste reçut le numéro 311 dans l'édition du Catalogue de Lenoir, parue en l'an V : il y conserva la même description avec cette seule addition : « Fondue en bronze par Keller ». L'édition de l'an VI annonce que le numéro 311 a été remis au Musée central.

1. Classées dans l'édition de l'an IV du Catalogue du Musée des Monuments français, sous les numéros 268 et 269. C'étaient, d'après cette notice, « deux têtes de vieillards, études fondues en bronze, attribuées à François Duquesnoy ». Ces deux têtes se trouvaient encore au Musée des Monuments français en 1796, et Lenoir, p. 173 de l'édition de l'an V, les cataloguait sous le

francs, Lenoir fit tamiser les cendres, mais il ne put recueillir deux vieilles crosses en cuivre entièrement brûlées, dont que une était tordue au point d'avoir perdu sa forme, un bas-relief gothique qui avait servi de paix, une petite tête de Diane et quelques médailles tellement détruites qu'elles ne valaient pas la peine d'être ramassées. C'est tout ce qui restait de l'admirable cabinet de Saint-Germain des Prés.

Jusqu'à cette nuit fatale qui anéantit tant de richesses, dom Poirier, au péril de sa vie, avait veillé avec un soin jaloux et une ardeur au-dessus de tout éloge sur le trésor scientifique de l'abbaye de Saint-Germain. Tandis que tous les monuments qui décoraient le couvent étaient brisés et profanés et leurs débris évacués au hasard, en grande partie sur les Petits-Augustins; tandis que les deux églises étaient transformées en fabrique de salpêtre, Poirier n'avait rien laissé démembrer du précieux dépôt dont il s'était constitué le gardien [1].

Tous les objets d'art étaient restés annexés à la bibliothèque. Mais quand Poirier vit ses imprimés réduits en cendres, le cabinet de Montfaucon anéanti; quand il sut que quelques bustes exhumés par Lenoir avaient été recueillis aux Petits-Augustins, sa pensée se porta exclusivement sur les manuscrits. Se décidant à abandonner le peu qui lui

---

numéro 272, en conservant la rédaction de la notice précédente. Même rédaction dans l'édition de l'an VI. Dans l'édition de l'an VIII, on lit, p. 305 : « N° 272. — De Saint-Germain-des-Prés. — Deux têtes de vieillards, études fondues en bronze, attribuées à Sarrazin. » L'attribution, comme on le voit, avait changé. Ces deux bronzes ne figuraient plus au Musée en 1802. En effet, le numéro 272 est déclaré *supprimé* dans la notice de l'an X, ainsi que dans celle de l'an XI. En 1806, le numéro 272 fut donné à l'épitaphe en marbre de Pierre Séguier, et désormais il ne fut plus question des deux têtes. Elles n'avaient pas été vendues, quoiqu'on vendît quelquefois au nom de l'Etat les monuments des Petits-Augustins (voir la notice de ce Musée, édition de l'an VIII, n° 250, etc.). Elles avaient été enlevées le 6 germinal an IX et portées à Rueil pour décorer le château de la Malmaison.

1. Sur l'admirable conduite de l'ancien bénédictin, voyez ce que dit M. Léopold Delisle dans le tome II du *Cabinet des manuscrits de la Bibliothèque nationale*.

restait en œuvres de sculpture et les seules pièces qui ornassent encore la salle des manuscrits, il consentit à les réunir à ce que l'on avait retiré des décombres. Il remit donc lui-même à Lenoir un buste en bronze de Richelieu [1], un médaillon du même métal représentant Charles-Quint [2] un petit médaillon en marbre, représentant un des fils de Louis XIV [3] et un buste en bronze du chancelier Le Tellier.

Ni dom Bouillard [4], ni dom Félibien [5], ni Germain

1. Le buste de Richelieu est ainsi désigné par Lenoir en 1795, dans l'édition de l'an IV : « N° 269. — « Même maison (Saint-Germain des Prés). — Le buste en bronze du cardinal de Richelieu, par Girardon. » En 1797, voici ce que dit l'édition de l'an V : « N° 277. — Du même lieu (ce lieu n'est pas indiqué, par suite sans doute d'une intercalation, mais en remontant au numéro 272 on voit qu'il s'agit de Saint-Germain-des-Prés). — Le buste du même (Richelieu), par Girardon. » L'édition de l'an VI apporte une variante, on y lit, page 207 : « N° 277. — Du même lieu (ce lieu n'est pas mieux indiqué que dans l'édition précédente; mais par le même moyen on voit qu'il s'agit de Saint Germain des Prés). — Le buste du même (Richelieu), que l'on dit être de Varin. » Sur ce point, l'édition de l'an VIII, p. 306, reproduit textuellement la précédente. Dans l'édition de l'an X, on voit que le numéro 277 est supprimé. Il en est de même dans l'édition de l'an XI, et le buste de Richelieu se trouve remplacé en 1806 par un buste de Racine.

2. C'est aujourd'hui le numéro 109 de la *Description des sculptures du moyen âge, de la Renaissance et des temps modernes*, par M. Barbet de Jouy, 1856 et 1873. Ce médaillon portait le numéro 241 dans le Catalogue du Musée des Monuments français, édition de 1795 (Notice historique des monumens des arts réunis au Dépôt national, rue des Petits-Augustins, par Alexandre Lenoir, Paris, an IV, p. 64). Il y était présenté comme une œuvre de Jean Cousin. Dans l'édition de l'an V, il reçut de Lenoir le numéro 146, qu'il conserva dans toutes les éditions postérieures et jusqu'à la suppression du musée. Il garda également jusqu'à la fin la persistante attribution d'auteur que Lenoir lui avait gratuitement donnée. — Lithographié et décrit dans la *Statistique monumentale de Paris*, de M. Albert Lenoir, abbaye de Saint-Germain des Prés, fol. XXXV, explication des planches, p. 107. Cf. également baron de Guilhermy, les *Inscriptions de la France* du cinquième au dix-huitième siècle, t. Ier, p. 350. C'est une œuvre de Leone Leoni, dont une autre épreuve se trouve à Vienne, dans la collection d'Ambras.

3. Il est impossible de retrouver ce médaillon parmi les monuments exposés par Lenoir aux Petits-Augustins. Aucune description ne peut s'appliquer à lui avec certitude, même en admettant de la part de Lenoir un changement de nom et d'attribution. Il a pu, d'ailleurs, faire partie du musée des Petits-Augustins sans figurer dans aucune des éditions du Catalogue.

4. *Histoire de l'abbaye de Saint-Germain des Prés*, 1724.

5. *Histoire de Paris*, 1725.

Brice [1], ni Piganiol de La Force [2], ni Thiéry [3], dans la description qu'ils donnent de l'abbaye de Saint-Germain ne parlent nommément de ce buste de Le Tellier. Les vues gravées représentant l'intérieur du couvent sont également muettes. Mais nous savons par d'Argenville [4] et par Thiéry [5] qu'il y avait une collection de bustes à la bibliothèque de Saint-Germain, et il n'y a rien d'étonnant à y trouver un portrait du chancellier Le Tellier, après ce que l'on sait de l'affection de l'abbaye pour ce personnage et des magnifiques obsèques que lui firent les bénédictins dans leur église [6]. Ce buste a pu figurer dans la cérémonie ou être donné aux moines par la famille reconnaissante. D'ailleurs, l'attestation de Lenoir est formelle.

Lenoir utilisa aussitôt et exposa dans ses magasins les objets que lui avait transmis dom Poirier. Dans la *Notice historique des monumens des Arts réunis au Dépôt national des Petits-Augustins par Alexandre Lenoir, conservateur audit dépôt* (Paris, l'an IV de la République) on lit : « N° 267, — Saint-Germain des Prés. — Le buste en bronze de Michel Le Tellier, chancelier, célèbre par la révocation de l'Édit de Nantes, mort en 1685 à quatre-vingt-trois ans. Sarrazin est l'auteur de ce buste. » A côté de cette sculpture figuraient les autres épaves de l'abbaye de Saint-Germain. De 1795 à 1800, le buste qui nous occupe changea de place aux Petits-Augustins et reçut le numéro 285 qu'il garda jusqu'à la suppression du Musée. On

---

1. *Description de la ville de Paris et de tout ce qu'elle contient de plus remarquable.* (Dans les diverses éditions.)
2. *Description historique de la ville de Paris*, 1765, t. VIII.
3. *Guide des amateurs et des voyageurs étrangers à Paris*, 1787.
4. *Vies des fameux sculpteurs*, p. 230.
5. *Guide des amateurs*, etc., 1787, p. 515.
6. *Relation du service solennel pour feu M. Le Tellier, chancelier de France*, Bibliothèque nationale, ms. fr., 18,818, fol. 253. — Voyez aussi *Histoire des chanceliers et gardes des sceaux de France*, par François Du Chesne, p. 850.

lit dans le catalogue des Monuments français, édition de l'an VIII, n° 285 [1] : « Le buste en bronze de Michel Le Tellier, mort âgé de quatre-vingt-trois ans, » etc., comme plus

Buste de Michel Letellier, par Coysevox; moulage conservé au musée de Versailles d'après le bronze du Louvre

haut, mais avec cette variante : « Sarrazin est l'auteur du buste *fait du vivant* de ce chancelier. » La sixième édition de l'an X (1802) et la septième de l'an XI (1803) reprodui-

1. *Description historique et chronologique des monumens de sculpture réunis au Musée des Monumens français*, an VIII, p. 307.

sent textuellement celle de l'an VIII (1800). En 1806, la huitième édition change la formule ; la provenance de Saint-Germain des Prés n'est plus indiquée. On dit seulement : « Buste en bronze de Michel Le Tellier, chancelier de France, » etc., comme ci-dessus. Variante : « Ce buste a été fondu sur le modèle de Jacques Sarrazin, ouvrage du dix-septième siècle. » Cette dernière rédaction se maintient, moins les quatre derniers mots, dans toutes les éditions du Catalogue jusqu'en 1816.

C'est en vain que j'ai interrogé Mariette (*Abecedario*, V° Sarrazin), et consulté les Mémoires de Guillet de Saint-Georges, retouchés et complétés par Hulst, Caylus et tant d'autres, où l'on aurait dû cependant trouver quelque renseignements sur une sculpture attribuée à Jacques Sarrazin à la fin du dix-huitième siècle. L'œuvre de ce maître, formé au Cabinet des estampes de la Bibliothèque nationale, ne m'a pas fourni plus de lumières. Nous sommes donc absolument réduits à nous en tenir uniquement au témoignage de Lenoir, et c'est ce témoignage qu'il faut discuter.

Lenoir témoigne de trois choses : 1° de la provenance du buste ; 2° de sa ressemblance à un certain original ; 3° du nom de son auteur. Sur le premier point Lenoir est absolument sincère et doit être cru sur parole. Il reçoit l'objet en 1794 des mains de dom Poirier ; en 1795, sans arrière-pensée de classement, il l'enregistre avec trois autres pièces qui arrivent ensemble de Saint-Germain. Il les rapproche d'abord son édition de l'an IV. Il maintient la provenance du numéro 285 dans plusieurs éditions successives jusqu'à la septième. A partir de la huitième édition, il supprime une indication qui peut devenir dangereuse pour l'existence de son musée, parce qu'en 1806 les églises ont été rendues depuis quatre ans au culte et qu'un grand nombre d'entre elles réclament les monuments dont elles ont été dépouillées. Mais il ne rétracte en rien ce qu'il a précédemment avancé. La provenance indiquée par Lenoir est donc incontestablement certaine.

Pour l'attribution du portrait à Michel Le Tellier, on doit aussi avoir tout particulièrement confiance en Lenoir ; car, malgré son défaut de critique, il était absolument compétent pour formuler une opinion raisonnée sur ce point. En effet, étant donné que le portrait représente un chancelier, Lenoir, pour distinguer Le Tellier entre les autres magistrats qui jouirent de cette qualité sous Henri IV, Louis XIII et Louis XIV, avait à sa disposition d'importants éléments d'information. Il posséda, dans son musée, une collection nombreuse de chanceliers de France et la série complète de ceux du dix-septième siècle. C'étaient les portraits de Pomponne de Bellièvre[1], de Nicolas Brulart de Sillery[2], des deux Etienne d'Aligre[3], de Pierre Séguier[4], de Michel Le Tellier[5], de Louis Boucherat[6]. Dès qu'il se fut prononcé pour Michel Le Tellier, en admettant contre la vraisemblance que l'attribution n'ait pas tout simplement été traditionnelle, il avait sous les yeux comme moyen de contrôle le tombeau même de Michel Le Tellier, par Mazeline et Hurtrelle, qui, de Saint-Gervais, était venu aux Petits-Augustins (n° 232, puis 233 du catalogue jusqu'en 1806). Dans la même salle, à quelques mètres l'un de l'autre, les deux monuments se critiquaient réciproquement. Eclairé qu'il était déjà par dom Poirier, Lenoir ne pouvait pas se tromper. D'un autre côté, il n'avait aucun intérêt à mentir. Le Tellier existant déjà dans sa collection, il n'avait pas besoin de se créer frauduleusement un double.

1. N° 270 du Catalogue du Musée des Monumens français.
2. N° 323 du Catalogue du Musée des Monumens français, édition de 1810, p. XLII.
3. Nos 172 et 196 du Catalogue jusqu'en 1803.
4. N° 232 de l'édition de 1819, p. 267. Portrait parfaitement authentique, discuté et reconnu par la famille.
5. N° 267 jusqu'en 1795 ; à partir de cette époque, n° 285.
6. N° 247 des éditions de 1806 et 1810.

Quant à l'attribution du travail à Jacques Sarrazin, nous comprenons qu'on ait hésité. Rien ne prouvait que Lenoir eût parlé d'après un document, et nous savons avec quelle légèreté, à ce moment, on attribuait à un artiste la paternité d'une œuvre. Il faut remarquer sans doute les termes particulièrement formels qui ont été employés. Mais malheureusement on ne peut pas oublier non plus l'invincible penchant qui poussait Lenoir à tout attribuer à Sarrazin. Si l'on croyait toujours sur parole l'actif conservateur du Musée des Monuments français, sa collection aurait été remplie d'ouvrages de ce sculpteur. Toutefois il faut reconnaître que le style du buste n° 285 ne contredit pas violemment l'affirmation du fondateur du Musée des Petits-Augustins, et que, si cette affirmation, comme on le verra, ne peut pas être l'expression de la vérité, il n'en est pas moins exact qu'elle n'a jamais eu contre elle les vraisemblances extérieures. Prise en bloc, cette opinion était d'une exactitude très suffisamment approximative pour un archéologue de l'époque impériale.

Le comte de Clarac a donc eu tort, lorsqu'en 1824 il forma la galerie d'Angoulême, de ne tenir aucun compte des renseignements transmis par Lenoir, et cette négligence ou ce dédain lui firent commettre une grave erreur. Il confondit le chancelier Le Tellier avec le ministre de Louis XIV, le père avec le fils ; et comme le marquis de Louvois avait eu un tombeau dans l'église des Capucines [1], et que ce tombeau avait été sculpté en partie par Desjardins, sans rien comparer, sans rien vérifier, Clarac proclama que le buste était le portrait de Louvois et l'œuvre de Desjardins. Il consacra cette double méprise sous le numéro 60 de son catalogue, article ainsi conçu : « Michel Le Tellier, marquis de Louvois, buste en bronze d'après

---

[1]. Catalogue du Musée des Monumens français, édition de 1810, n° 205.

Desjardins [1]. Hauteur, 0ᵐ,415 ; largeur, 1 pi. 3 po. 51. — On avait élevé à ce ministre de Louis XIV, dans l'église des Capucins (lisez des Capucines), un très beau monument en marbre et en bronze, dont les statues avaient été faites par Girardon et par Desjardins, qui mourut avant d'avoir terminé la statue de Louvois, à laquelle Van Cleve mit la dernière main. »

Cette erreur ne fit heureusement pas école, et l'inventaire des sculptures du Musée royal, exécuté sous la Restauration, reconnut dans le buste en question, enregistré sous le numéro 3,372, un portrait de Michel Le Tellier, le chancelier, d'après Sarrazin.

Quand le marquis de Laborde fonda définitivement sur des bases sérieuses le Musée de sculpture du moyen âge, de la Renaissance et des temps modernes, le buste de Saint-Germain des Prés trouva naturellement sa place.

L'illustre érudit, à qui aucune branche de la science n'était étrangère, connaissait trop bien la large face imberbe de Louvois pour confondre sa grossière physionomie avec la fine tête du chancelier, son père. Il se garda donc bien de conserver l'attribution erronée de Clarac. Mais en même temps il n'osa pas se fier à Lenoir. Il savait bien ce que valent trop souvent ses affirmations [2]. Personne n'ignore aujourd'hui que, pour combler une lacune dans une série de personnages illustres, le conservateur des Petits-Augustins baptisait lui-même, quand il ne le faisait pas fabriquer, le héros qui lui manquait. On doit en outre reconnaître que l'original en question rendait l'attribution particulière-

---

1. Il n'y a pas à douter que ce buste ne soit le numéro 177 actuel. Dans les deux descriptions les dimensions sont les mêmes, à 5 millimètres près. On sait d'ailleurs, par l'inventaire des sculptures, que le 177 faisait partie de la galerie d'Angoulême. M. de Guilhermy ne doute pas non plus de l'identité des deux pièces.

2. *Annales archéologiques*, t. XII. p. 17. — Cf. Viollet-le-Duc, *Dictionnaire du mobilier*, t. III, p. 251.

ment suspecte. Dans l'impossibilité où il était de se procurer un Coligny, ainsi que le plaisir de rédiger un article hostile au catholicisme, Lenoir n'avait pas hésité à prendre un buste de Henri II [1] et à lui faire jouer le rôle de l'amiral. Evidemment la Saint-Barthélemy, dont le souvenir effarouchait la pudeur des ci-devant pourvoyeurs de la guillotine, l'odieuse Saint-Barthélemy, très à la mode à ce moment, appelait comme pendant la révocation de l'édit de Nantes. Cette association d'idées devait fatalement se produire dans l'esprit de Lenoir comme dans le cerveau bouleversé de ses contemporains. Le faux buste de Coligny avait surpris la bonne foi d'un pasteur qui, attendri à la vue de son prétendu coreligionnaire, adressa à Lenoir une complainte en vers latins [2], aussitôt imprimée. Quelle noble indignation, quelle belle poésie classique n'avait-on pas à attendre de la muse protestante à propos de l'inspirateur de la fameuse Révocation ! Un portrait de Michel Le Tellier était donc, pour Lenoir, un objet de première nécessité, surtout après 1806, époque où l'église Saint-Gervais avait reconquis le tombeau du chancelier. Dès lors Lenoir était-il sincère? J'ai déjà fait pressentir, je prouverai tout à l'heure qu'il l'était ; mais après un tour aussi peu délicat de supercherie historique, on avait le droit de douter de sa sincérité. Le marquis de Laborde put, et, je dirai même, dut donc se méfier. N'ayant pas le loisir de faire une recherche à fond ni une vérification spéciale, il s'en tint aux vraisemblances. Ce buste était le portrait d'un chancelier et passait pour l'œuvre de Sarrazin ;

---

1. C'est le Henri II attribué à Jean Goujon, n° 551 *bis* du Catalogue du Musée des Monumens français, édition de 1810, et le numéro 101 du *Catalogue des sculptures du moyen âge, de la Renaissance et des temps modernes*, par M. Barbet de Jouy, qui lui a rendu son véritable nom. Le faux Coligny, moulé, copié ou gravé, continue son métier dans le monde, et notamment à Versailles.

2. Voyez le Catalogue du Musée des Monumens français, édition de 1810, p. 291.

on l'attribua à celui d'entre ces hauts fonctionnaires qui avait administré la justice pendant les années correspondant le mieux au temps où la sculpture paraissait avoir été exécutée. Pierre Séguier, chancelier de 1635 à 1672, devint l'original officiel du buste si discuté. M. le baron de Guilhermy protesta, mais sans conclure, dans les *Annales archéologiques* [1]. Depuis, l'opinion du marquis de Laborde n'a pas été modifiée.

Je vais essayer de clore la discussion au moins sur un point, et je veux y parvenir sans recourir ni à la science ni au témoignage suspectés de Lenoir ; car le problème n'est pas insoluble, même en l'absence de toute tradition. Je suppose donc que rien n'est connu et que je suis en face d'un monument sans origines. Par l'attribut qui décore le piédouche, nous savons que nous avons affaire à un chancelier, et, par le costume, à un magistrat du dix-septième siècle. De 1599 à 1699, sept personnages ont occupé la magistrature suprême en France : Pompone de Bellièvre (de 1599 à 1605), Nicolas Brulart de Sillery (1605 à 1624), Etienne Ier d'Aligre (1624 à 1635), Pierre Séguier (1635 à 1672), Etienne II d'Aligre (1672 à 1677), Michel Le Tellier (1677 à 1685), Louis Boucherat (1685 à 1699), Le Tellier est le seul dont les portraits gravés offrent une ressemblance absolue avec le buste en question. Il y a d'ailleurs une autre preuve à fournir, et, celle-là, bien autrement péremptoire, puisqu'elle doit produire l'évidence. Elle consiste à rapprocher une fois encore les deux monuments qui ont été naguère juxtaposés dans le Musée des Monuments français : le tombeau de Saint-Gervais et le buste du Louvre. Pour obtenir ce résultat, il n'est pas besoin d'une révolution nouvelle. Les gravures qui accompagnent cet article suffisent à cette concluante confrontation. Ainsi, des trois assertions de Lenoir, en voici

---

1. Tome XIV, p. 255.

une qui est absolument prouvée : le buste est un portrait de Michel Le Tellier.

Sur la provenance, toutes les vraisemblances confirment la déclaration de Lenoir. Lorsqu'il a constaté, dans son catalogue de l'an IV, d'où provenait le buste en bronze, il a agi en greffier et non pas en érudit ; il était donc infaillible.

Quant à la sculpture, Sarrazin ne doit pas en être regardé comme l'auteur. En effet, cet artiste mourut en 1660 [1], et Le Tellier fut chancelier de 1677 à 1685. Lenoir avait bien pressenti la difficulté, et, avec le sans-gêne de l'érudition de son époque, croyait aller au-devant de notre objection, en disant dans quelques éditions que le modèle avait été exécuté du vivant du chancelier. Cette hypothèse toute gratuite n'est même pas suffisante, car il reste toujours une différence de dix-sept ans entre la mort de l'artiste et l'avènement de l'original à la dignité de chancelier. Une ressource désespérée survit encore pour les partisans acharnés de l'opinion de Lenoir. Il faudrait soutenir que le piédouche n'est pas contemporain du buste, qu'il a été ajouté après coup, ou que le portrait avait été modelé avant que Le Tellier ne fût chancelier. Mais la preuve qu'il leur incombera de produire ne me paraît pas du tout facile, et, dans l'état actuel de la question, il est impossible d'attribuer le buste à Sarrazin.

A qui donc réserver l'honneur d'avoir produit ce bel ouvrage ? On sait que les documents ne manquent pas sur les artistes de la période académique, à laquelle appartint nécessairement son auteur. J'ai cherché dans la vie des principaux sculpteurs du dix-septième siècle. A part Mazeline et Hurtrelle qui ont exécuté le tombeau de Saint-

---

[1]. Le 4 décembre, *Actes d'état civil d'artistes français,* publiés par M. Herluison, p. 398. — *Etats civils de quelques artistes français,* publiés par M. Eugène Piot, p. 113.

Gervais, à part Aury et Bertinet, qui ont fait des médailles, — si on laisse de côté l'auteur de l'effigie en cire qui surmonta le tombeau du chancelier le jour de ses obsèques à Saint-Germain des Prés et l'auteur d'un médaillon de

Michel Le Tellier, d'après le monument de l'église Saint-Gervais.

marbre conservé chez M. le baron J. Pichon, — je n'ai trouvé qu'un seul sculpteur ayant modelé un portrait de Le Tellier : c'est Antoine Coysevox. On lit en effet dans les *Mémoires inédits sur la vie et les ouvrages des membres de l'Académie royale de peinture et de sculpture* [1],

---

[1]. Publiés par Dussieux, Soulié, Ph. de Chennevière, Paul Mantz, A. de Montaiglon, Paris, 1845, t. II, p. 37. L'opinion de Guillot de Saint-

à propos de la vie d'A. Coysevox : « Il a, de plus, fait au naturel les bustes des plus grands hommes du siècle, outre celui de Louis XIV, qu'il a plusieurs fois répété d'après lui ; entre plusieurs autres... quatre bustes de M. le chancelier Le Tellier. »

Faut-il croire que notre buste est un de ces quatre portraits dus au talent de Coysevox. De très graves présomptions doivent nous y porter.

Il existe actuellement, à la bibliothèque Sainte-Geneviève, un buste en marbre de Michel Le Tellier, qui, à très peu de chose près et avec d'insignifiantes variantes, est l'exacte répétition du bronze du Louvre. Il est certain que les deux sculptures ont été exécutées d'après un même modèle en terre, d'après un même type commun dont elles sont des reproductions libres. Or, la tradition constante de la bibliothèque Sainte-Geneviève nous enseigne que ce buste en marbre de Le Tellier est un ouvrage de Coysevox. Si les premières éditions de la *Description de Paris*, par Germain Brice, signalent, dans le monastère des chanoines réguliers de la Congrégation de France, l'existence du buste de Le Tellier, la meilleure de ces éditions qui emprunte tant d'autorité à Mariette, son éditeur, celle de 1752, s'exprime ainsi[1], très nettement : « M. Le Tellier, archevêque de Reims, mort en 1710, a donné sa riche bibliothèque à cette maison... On a fait faire aussi son buste en marbre blanc par le fameux Coyzevox, qui, quelques années auparavant, avait déjà fait celui de M. Le Tellier, chancelier de France, qui est placé vis-à-vis. ». D'Argenville, dans son *Voyage pittoresque de Paris* (Paris, 1778, p. 281), confirme cette opinion en disant : « Le pourtour de cette bibliothèque est orné de quantité de bustes en plâtre d'hommes illustres parmi

---

Georges est confirmée par d'Argenville dans la Vie d'Antoine Coysevox (*Vies des fameux sculpteurs*, 1787, p. 240.)

1. Tome II, p. 508.

lesquels on remarque ceux de Jules-Hardouin Mansard, de
Robert de Cotte, du chancelier Le Tellier et de l'archevêque

Michel Le Tellier, chancelier de France.
Buste en marbre par Coysevox. (Bibliothèque Sainte-Geneviève.)

de Reims, du même nom, *faits par Coyzevox*, et celui
d'Antoine Arnauld, sculpté par Girardon. Ces derniers sont
de marbre et d'une grande beauté[2]. » C'était, chez d'Ar-

2. Ces bustes de marbre existent encore et se trouvent actuellement placés
au rez-de-chaussée de la nouvelle Bibliothèque Sainte-Geneviève.

genville, une conviction si bien arrêtée qu'à propos d'Antoine Coysevox il s'est ainsi répété dans les *Vies des fameux sculpteurs*[1] : « La bibliothèque de Sainte-Geneviève offre les bustes de Jules-Hardouin Mansard, de de Cotte, du *chancelier Le Tellier* et de l'archevêque du même nom. » Jean du Seigneur, dans son catalogue des œuvres de Coysevox[2], n'a pas hésité à comprendre le buste de Sainte-Geneviève parmi les travaux authentiques de cet artiste.

Depuis plus de cent vingt ans le marbre de Sainte-Geneviève est réputé œuvre de Coysevox et jouit, en cette qualité, d'une indiscutable possession d'état. Le bronze du Louvre, qui lui est bien supérieur par la valeur d'art, mais qui lui ressemble absolument par l'arrangement et qui émane de la même pensée, doit participer aux mêmes avantages. La conclusion rendue nécessaire par ce rapprochement serait d'attribuer à Antoine Coysevox le sujet de notre dissertation. Bien des objets d'art, qui portent arrogamment des noms illustres, n'ont pas à leurs prétentions des droits égaux à ceux que j'établis en ce moment. Je ne pousserai pas cependant jusqu'à ses dernières limites un raisonnement qui ne s'appuie que sur la tradition. Je n'ose pas prononcer catégoriquement le nom du maître, parce que les sculpteurs de la fin du dix-septième siècle se ressemblent tous un peu, surtout dans le portrait : je constate seulement que toutes les présomptions sont en faveur de Coysevox, et que, si le caractère de l'œuvre n'impose pas cette attribution en dehors de toute preuve écrite, il est bien loin de la rendre invraisemblable. J'attends pour me prononcer l'évidence qui résultera de quelque document à découvrir, et provisoirement je ne veux pas m'exposer à greffer une nouvelle erreur sur celle que j'ai combattue.

1. Paris, 1787, p. 244.
2. *Revue universelle des arts*, t. Ier, p. 46.

Cette réserve, qu'afin de ne pas froisser des opinions contraires, j'avais apportée, il y a dix ans, à l'expression de ma pensée, n'a pas paru justifiée à quelques savants. Plus hardie que moi, l'opinion publique a été jusqu'au bout. Couvert par elle, j'oserai à mon tour attribuer le bronze du Louvre à Antoine Coysevox.

VIII

Le buste de Pierre Mignard, fixé dans la même salle de Coysevox, n'aura pas à changer de place, mais il devra changer d'étiquette.

Pendant tout le dix-huitième siècle deux portraits sulptés de Pierre Mignard étaient connus à Paris. C'étaient deux bustes de marbre placés, l'un dans les salles de l'Académie de peinture et de sculpture, l'autre sur le tombeau du peintre, érigé d'abord dans l'église Saint-Roch, puis dans l'église des Jacobins de la rue Saint-Honoré. Ces deux portraits existent encore ; mais une regrettable confusion s'est glissée dans leur histoire respective. Pris successivement l'un pour l'autre, aucun d'eux n'est attribué à son véritable auteur. L'erreur s'est comme à plaisir accumulée sur chacun d'eux, et nombre d'écrivains bien intentionnés et d'enthousiastes panégyristes se sont appliqués involontairement à la répandre. Il n'est que temps de faire disparaître un écueil dangereux pour les historiens de l'art français et de détruire le piège qui opère avec trop de succès depuis près d'un siècle.

Le buste de Mignard, conservé sous l'ancien régime à l'Académie de peinture et de sculpture, était entré dans cet établissement en 1726, par suite d'un don de la fillle de Mignard. Ce fait nous a été transmis par un témoignage irrécusable, celui de Caylus, recueilli et confirmé par Lépicié, qui, en sa qualité de secrétaire perpétuel, avait à sa disposition tous les papiers de l'Académie. Caylus, en effet, dans la *Vie des premiers peintres du roi*, publiée par Lépicié (tome Ier, p. 167), s'est exprimé ainsi en parlant de Mignard : « Mme la comtesse de Feuquières, après l'avoir tendrement aimé pendant sa vie, n'a rien négligé de tout ce qui pouvait illustrer sa mémoire ; elle vous envoya, l'année de sa mort, son portrait peint par lui-même. En 1726, elle vous fit présent de son buste de marbre, fait par Desjardins, de votre académie[1]. » Le témoignage de Caylus, transmis et contrôlé par Lépicié, est confirmé en outre par celui de d'Argenville.

D'Argenville s'exprime ainsi, dans ses *Vies des fameux sculpteurs*, p. 104, à propos d'un ouvrage de Desjardins : « Cet ouvrage..., conservé dans les salles de l'Académie, est accompagné du portrait en buste de Mignard, premier peintre du roi, et de celui d'Edouard Colbert, marquis de Villacerf, dont il fit présent à l'Académie en 1693[2]. » Enfin, les *Mémoires inédits sur la vie et les ouvrages des membres de l'Académie* disent positivement, tome Ier, page 399 : « Martin Desjardins a fait le buste en

---

1. Depuis que ce travail est rédigé, l'affirmation de Caylus et de Lépicié s'est trouvée contrôlée par la publication du tome V des *Procès-verbaux de l'Académie royale de peinture et de sculpture*. On y lit, p. 17 et 18, à la séance du 29 novembre 1726 : « M. de Boullongne, premier peintre du roy et directeur, a appris à la compagnie que Mme la comtesse de Feuquières, fille de feu M. Mignard, premier peintre du roy et directeur, lui aiant témoigné son dessein de faire présent à l'Académie du buste en marbre de son père, fait par Desjardins, un des recteurs, elle l'y avoit envoié et qu'il étoit placé dans la grande sale, et en reconnoissance, il a été délibéré que M. le directeur, M. le chancellier et M. le professeur en exercice iroient la remercier au nom de la compagnie. »

2. Cette date ne s'applique qu'au dernier buste et n'est pas absolument exacte. Il faut lire 1696. Guérin, d'ailleurs, avec sa compétence de contemporain, nous fait reconnaitre toute la vérité et rien que la vérité au sujet du buste d'Edouard Colbert dans sa *Description de l'Académie*, 1714, p. 51. On y lit : « Portrait en buste de M. de Villacerf, de trois pieds de haut, fait par M. Desjardins pour M. de Villacerf, qui en a depuis fait présent à l'Académie, le 29 décembre 1696. »

marbre de M. Mignard, premier peintre du roi et directeur de cette école royale. »

Mignard, par Desjardins. Buste de marbre.
(Musée du Louvre.)

Le buste de Mignard, par Martin Desjardins, ne quitta pas les salles de l'Académie de peinture et sculpture pendant toute la durée du dix-huitième siècle. Il s'y trouvait encore au moment de la Révolution et fut ainsi catalogué par Naigeon et Lebrun :

Inventaire des tableaux à l'huile, en pastel, en émail et en mignature, des marbres, bronzes, terres cuites, plâtres, dessins, planches gravées, estampes en feuilles, en volumes ou montées, et autres objets divers trouvés dans les salles de la ci-devant Académie de peinture et de sculpture.

Bustes.

. . . .

206 — 1 — La Joie, sous la figure d'une femme couronnée de lierre[1]. (Tuby.)
207 — 2 — La Douleur, sous la figure d'une femme[2].
208 — 3 — Le Brun[3]. (Coyzevox.)
209 — 4 — Mignard.

. . . .

Le présent inventaire fini le 19 frimaire, l'an II de la République, une et indivisible.

Signé : NAIGEON AINÉ et LE BRUN, avec paraphe.

Des anciennes salles de l'Académie, où nous venons de constater sa présence en 1793, le buste qui nous occupe fut porté à la salle des Antiques, restée sous la garde de Pajou pendant la Révolution. C'est de là qu'il dut partir pour venir au Musée des Petits-Augustins, quand la répartition des monuments contenus dans cette salle se fit entre le Musée central et le Musée de Lenoir. Il entra forcément chez Lenoir avec les autres bustes qui avaient longtemps décoré les salles de l'Académie, comme ceux de Coysevox, de Lebrun, de Mansard, d'Edouard Colbert, etc. Ce fut nécessairement le 6, le 7 ou le 9 germinal an IV[4].

1. Sur cette figure, qui est de Tuby, en effet, voyez Guérin, *Description de l'Académie*, p. 133 et 134.
2. Sur cette figure, qui est de Baltazard de Marsy, voyez Guérin, *Description de l'Académie*, p. 138 et 139. Je viens de retrouver cette sculpture à la *Petite Venise*, dans le parc de Versailles. Voy. la *Chronique des arts*, n°s 11, 12 et 13 de l'année 1883.
3. Voyez Guérin, *Description de l'Académie*, p. 136.
4. *Journal de Lenoir*, n° 669. — Le 6 [germinal an IV], reçu de la salle des Antiques plusieurs bustes en marbre et plusieurs débris de petites

Chose étrange ! Lenoir ne le reconnut pas au passage. Mais je crois pouvoir affirmer que le buste de Mignard entra comme anonyme à cette date, car on le voit figurer l'année suivante, pour la première fois, sous le numéro 293 du catalogue des Petits-Augustins. En arrivant au Dépôt des Monuments français, où depuis le 30 messidor an III se trouvait déjà un autre buste de Mignard, dont on parlera bientôt, notre buste avait reçu ou plutôt recouvré son vrai nom. Mais Lenoir, qui n'avait pas le temps de rien vérifier, ne sut pas, à mon avis, conserver à l'anonyme, entré en germinal an IV, sa véritable mention de provenance, quand cet anonyme fut reconnu pour une sorte de double de son premier buste de Mignard. Aux deux œuvres, évidemment imitées l'une de l'autre, il assigna en vertu de leur analogie un même lieu d'origine ; et il écrivit dans son catalogue de l'an V : « N° 293. — Des Jacobins. — Le buste de Pierre Mignard, peintre célèbre de l'école française, mort en 1695, par Desjardins. » La rédaction de cet article se maintint la même dans toutes les éditions du catalogue jusqu'en 1816. Au moment de la répartition entre divers établissements publics des sculptures du Musée des Monuments français, le buste de Mignard, par Desjardins, revint au Louvre. On lit dans le *Journal de Lenoir* : « Etat des objets transportés au Louvre après la suppression du Musée des Monumens français (p. 188) : N° 243. — Pierre Mignard, buste en marbre, tome V, p. 138. » Le chiffre 243 est le résultat d'une erreur typographique. Les numéros du catalogue de Lenoir qui concernaient, d'une part, le buste de Mignard, et, d'autre part, son tombeau, étaient 293 et 343. Lenoir a

statues. — *Ibidem*, n° 671. Ledit [7 germinal an IV] de la salle des Antiques. Reçu... Plus, un buste en plâtre et deux en marbre blanc. — *Ibidem*, n° 674. Ledit [9 germinal an IV] de la salle des Antiques, plusieurs bustes en marbre, savoir : celui de Mansard, du chancelier Le Tellier, d'Édouard Colbert.

dû vouloir parler ici du numéro 293, puisque plus loin, p. 191, il dit que le numéro 343 a été attribué à l'église Saint-Roch. Peu de temps après son retour au Louvre, le buste de Mignard fut inscrit sur le grand inventaire du Musée. Voici la rédaction de l'article qui lui fut consacré :

« N° 2483. — Desjardins. — Mignard. — Buste en marbre présumé de Desjardins. » A la place du nom de Desjardins on avait mis d'abord *Inconnu*. Puis, à ce mot effacé fut substitué le nom de Desjardins. Notre buste ne figura pas au musée d'Angoulême, ouvert en 1824. Il fut successivement placé dans la grande galerie des tableaux et dans la salle des dessins. Compris, depuis 1856, dans la *Description des sculptures du moyen âge, de la Renaissance et des temps modernes*, il est ainsi décrit sous le numéro 240 : — « Pierre Mignard, peintre, mort en 1695. Les cheveux sont longs et flottants ; la chemise est garnie de dentelle, le manteau est drapé. — Buste de marbre, hauteur, 0^{m}780. » Il se trouve, dans ce catalogue, attribué pour la première fois à Coysevox. Cependant Clarac (*Musée de sculpture ancienne et moderne*, pl. 1832) l'a fait graver sous ce titre : « N° 3623. — Pierre Mignard, par Desjardins. » Le musée de Versailles, enfin, expose sous le nom de Coysevox et sous le numéro 1673 de son catalogue un moulage du marbre du Louvre qui lui a été envoyé en 1834, sous le nom de Desjardins[1].

Ce buste de Mignard, œuvre de Desjardins, avait déjà fait beaucoup parler de lui avant d'entrer, en 1726, à l'Académie de peinture et sculpture. Catherine Mignard, devenue la comtesse de Feuquières, le tenait de l'auteur lui-même, qui lui en avait fait présent, tout en laissant la jouis-

---

1. N° 675 de l'Inventaire de Louis-Philippe. M. Gosselin, conservateur du musée de Versailles, veut bien me faire savoir, par une lettre en date du 2 juillet 1883, que malgré l'insertion du nom de Coysevox dans le Catalogue de Versailles, Soulié avait maintenu par une étiquette l'attribution du buste de Mignard à Desjardins.

sance de cet objet d'art à son illustre confrère sa vie durant. Avant de mourir, Mignard a constaté dans son testament que cette sculpture appartenait en propriété à sa fille. « Je donne, dit-il, mon portrait en demi-figure à ma fille, et le sien où est le mien peint qu'elle tien (sic), et le petit buste de marbre que luy a donné M. Desjardins ; c'es (sic) ma volonté.[1] » Un an après la mort de Mignard, une décision judiciaire, tranchant un procès pendant entre ses héritiers, arrêta, en 1696, que le buste recueilli dans la succession paternelle, par Catherine Mignard, serait placé dans l'église Saint-Roch, au-dessus du tombeau du peintre. Car il a été très bien établi, dans les *Nouvelles archives de l'art français*, que Mignard eut deux tombeaux et reposa d'abord à Saint-Roch avant d'être transféré aux Jacobins de la rue Saint-Honoré. Il est donc probable que, postérieurement à 1696 et antérieurement à 1726, le buste de marbre de Desjardins fut placé au dessus de l'épitaphe en marbre posée sur le tombeau de Mignard. J'ai tort d'être aussi affirmatif; je devrais dire en parlant de cette sculpture : un buste de marbre réputé judiciairement être le buste de Desjardins. Car, si, comme il est vraisemblable, la décision judiciaire fut exécutée, une expertise n'a pas établi que le marbre consacré au mausolée ait été indiscutablement l'œuvre de Desjardins. La substitution d'une œuvre similaire avait fort bien pu être faite, et nous constaterons précisément tout à l'heure qu'il y avait, dans la succession de Mignard, au moins deux bustes qui le représentaient et qui se prêtaient à un mutuel remplacement de l'un par l'autre. Cependant, sans que nous voulions trancher la question de savoir quel était l'auteur, comme exécutant, du buste exposé de 1696 à 1726 à Saint-Roch, il est certain que ce buste, à tort ou à raison, était regardé comme l'œuvre de

---

[1]. *Nouvelles archives de l'art français*, 1875, p. 3. Le testament olographe de Pierre Mignard fut déposé le 10 juin 1695.

Desjardins, et nous verrons les conséquences de cette croyance appuyée sur des décisions judiciaires. L'opinion publique ne voulut pas en démordre. Tous les auteurs en dehors de ceux qui appartenaient à l'Académie de peinture, depuis Germain Brice et Piganiol jusqu'à Millin, ont répété à satiété que le buste du tombeau de Mignard, qu'il fût à Saint-Roch ou aux Jacobins de la rue Saint-Honoré, était de Desjardins.

Cette affirmation cependant était, au moins depuis 1726, absolument inexacte. En effet, nous avons déjà dit que l'auteur de la *Vie des premiers peintres*, admirablement bien informé [1], avait pu recueillir de Mme de Feuquières en personne l'assurance que le buste donné par elle en 1726 à l'Académie était bien celui de Desjardins. Donc ce buste n'avait pu ni rester à Saint-Roch ni, postérieurement à 1726, passer aux Jacobins de la rue Saint-Honoré. De plus, les vieillards de l'Académie avaient pu et dû connaître le portrait et l'œuvre de leurs anciens confrères au moment de son exécution et ne se seraient pas laissé tromper. Enfin, des deux bustes, que nous comparerons bientôt, celui de Desjardins étant le plus beau, il est naturel de penser que la donatrice aura voulu perpétuer, à l'aide de celui-ci, le souvenir de son père dans le milieu le plus intelligent et le plus artiste de Paris.

La confusion entre les deux bustes est née d'une interprétation trop rigoureuse donnée à la sentence du Châtelet intervenue entre les héritiers de Mignard le 20 juillet 1696, et dont les effets ne se sont pas prolongés indéfiniment. Cette sentence disait bien qu' « il sera fait une épi-

---

[1]. On lit dans la « Réponse de M. Coypel, directeur, à M. le comte Caylus, au sujet de la vie de M. Mignard » (*Nouvelles archives de l'Art français*, 1re série, t. III, p. 39) : « Oui, vous venez de nous peindre, Monsieur, M. Mignard, de manière que quelques-uns de ces messieurs qui ont été en commerce avec lui, croyoient le revoir... » Séance de l'Académie du 6 mars 1751.

taphe convenable au lieu où ledit défunt sieur Mignard a esté enterré, à laquelle épitaphe le buste qui a esté donné

Mignard, par Girardon. Buste de marbre.
(Église Saint-Roch.)

la partye d'Harault (Catherine Mignard, comtesse de Feuquières) sera mis dessus[1]. » Mais on aurait dû tenir compte des circonstances qui sont venues modifier postérieurement

[1]. *Nouvelles archives de l'Art français*, 1875, p. 122.

les conséquences de l'arrêt du Châtelet. Caylus, en effet (*Vie des premiers peintres du roi*, tome Ier, p. 167), s'est exprimé ainsi en parlant de Mme de Feuquières et du mausolée qu'elle érigea à son père : « Enfin, ayant choisi pour sa propre sépulture l'église des Jacobins de la rue Saint-Honoré, elle avoit commencé à y faire élever, dès son vivant, un tombeau de marbre et de bronze qui devoit leur être commun ; et ce monument ne pouvoit être exécuté avec plus d'intelligence et de talent qu'il l'a été par M. Jean-Baptiste Le Moine, professeur de cette Académie. Il a surtout fidèlement rendu les sentimens de respect, d'amour et de reconnoissance avec lesquels elle a voulu que la postérité la vît prosternée devant le buste de son père, qui est de la main de Girardon. »

Le portrait de Mignard employé au tombeau de l'église des Jacobins était l'œuvre de Girardon. Caylus, en écrivant ceci, était parfaitement renseigné. Il tenait évidemment ses informations de son confrère Lemoyne, qui lui-même les avait reçues de la famille et avait pu les contrôler en maniant la sculpture appréciée par lui. Nous avons vu tout à l'heure que Caylus connaissait l'autre buste ; son opinion était donc critique et raisonnée. Il n'y a donc pas lieu de se fier à l'affirmation de Piganiol qui, dans sa *Description de Paris* (tome II, p. 438), attribue à Desjardins le buste de Mignard, placé dans l'église des Jacobins. Même cas à faire de ceux qui l'ont copié (Heurtant et Magny, *Description de Paris*, tome III, p. 300 ; — Millin, *Antiquités nationales*, tome Ier couvent des Jacobins, p. 44. N° IV, pl. 4). Les rapports entre Mignard et Girardon sont d'ailleurs absolument certains [1]. Non seulement ils étaient

---

[1]. « Girardon avait de M. Quinot des lettres de recommandation pour M. Colbert et pour Mignard, qui commençait à jouir de la réputation que lui avaient faite les peintures qu'il venait d'achever au Val-de-Grâce. M. Colbert lui promit tout ce qu'il pouvait lui promettre, et Mignard se servit de son crédit pour faire paraître avec éclat les talents de son jeune compatriote, qui

compatriotes et ils travaillèrent tous les deux à une œuvre commune [1], mais on a même pu qualifier d'obséquieuse l'amitié que le second témoignait au premier : « Il a toujours, dit l'auteur de la biographie de Girardon publiée dans les *Mémoires inédits sur la vie et les ouvrages des membres de l'Académie de peinture* (tome Ier, p. 302), cultivé avec soin la liaison que son art et sa patrie lui donnoient avec Mignard, et il falloit autant de douceur et aussi peu d'amour-propre qu'il en avoit pour faire sa cour à un homme qui le regardoit à peu près comme un maçon et qui ne cessoit de lui donner des leçons avec une hauteur plus que pédantesque. »

Le buste de Girardon resta dans l'église des Jacobins, sur le tombeau de Mignard, jusqu'à la Révolution. Peu de temps avant cet événement, en 1791, Millin l'avait décrit, l'avait fait graver dans le tome Ier de ses *Antiquités nationales*, et nous avons dit déjà qu'il le croyait à tort de Desjardins. Déposé en 1795, Lenoir nous apprend comment il entra alors au musée des Petits-Augustins. Mais Lenoir, trompé comme tous les autres, soutenait aussi que cette sculpture était l'œuvre de Desjardins. Il la confondit ensuite avec celle qui lui arriva plus tard en provenance de l'Académie de peinture. On lit dans le *Journal de Lenoir*, n°s 378 et 379 : « Le 30 messidor, an III, reçu des Jacobins, rue Saint-Honoré, un buste en marbre représentant Mignard, sculpté par Desjardins. Plus, deux enfans,

---

les perfectionna encore en travaillant sous les Anguier. » (*Mémoires inédits sur la vie et les ouvrages des membres de l'Académie de peinture et sculpture*, t. Ier, p. 296).

1. « M. Pierre Mignard avait épuisé son art dans le tableau qu'il avait fait pour le maitre autel (de l'église de Saint-Jean de Troyes, vers 1687). M. Girardin s'offrit pour en faire les accompagnements, et il les exécuta si parfaitement en pierre de Tonnerre, en marbre et en bronze doré que l'on ne sait ce que l'on doit admirer le plus, de la peinture ou de la sculpture dans ce morceau, etc. » (*Mémoires inédits sur la vie et les ouvrages des membres de l'Académie de peinture et sculpture*, t. Ier, p. 300).

aussi en marbre, par Lemoine, venant du tombeau de Mignard. J'observe que la figure du Tems et une draperie qu'il levoit, qui étoient de plomb, ont été enlevées de ce monument par les membres du Comité révolutionnaire de la Butte des Moulins. — Le 31, reçu du même lieu la statue, à genoux et en marbre, de Le Moine, représentant Mme de Feuquières, fille de Mignard, provenant du tombeau de son père; plus un socle de brèche grise avec inscription du même monument [1]. » En l'an IV, dans la seconde édition de son catalogue, Lenoir décrivit ainsi le mausolée sous le numéro 327 : « Jacobins. — Monument érigé à Pierre Mignard, célèbre peintre françois, mort en 1695. Mme de Feuquières, sa fille, est représentée à genoux auprès du buste de son père. Ce monument exécuté en marbre, est du ciseau de Jean-Baptiste Lemoine. Le buste de Mignard est attribué à Desjardins. » A partir de l'an V, le mausolée de Mignard reçut le numéro 343, et, à partir de l'an VIII, Lenoir devenant plus affirmatif, la fin du catalogue fut ainsi rédigée : « Le buste de Mignard est de Desjardins, qui l'avoit sculpté d'après nature et que sa fille fit entrer dans la composition du monument. L'original du buste est dans le dix-septième siècle. » C'était un renvoi au buste de Mignard, n° 293 des Petits-Augustins, qui était catalogué depuis l'an V, après être entré vers germinal an IV. On comprendra, en lisant la fin de cet article, pourquoi Lenoir employait le mot *original* afin de distinguer entre eux les deux bustes de Mignard.

Au moment de la suppression du Musée des Monuments français, le tombeau de Mignard fut attribué en bloc à l'église Saint-Roch. On lit dans l'*État des objets rendus ou donnés aux églises de Paris :* « A Saint-Roch... n° 343, mausolée de Pierre Mignard, tome V, p. 138. » C'est là qu'on peut le voir actuellement, dans deux endroits diffé-

---

1. *Journal de Lenoir*, p. 191.

rents de l'église. Le buste de Mignard et l'ancienne base en brèche grise du monument, sur laquelle est gravée l'épitaphe, sont placés dans la première chapelle à main droite. La figure agenouillée de Mme de Feuquières, par Lemoyne, a été transformée par les fabriciens de Saint-Roch en une Madeleine et employée à la composition du Calvaire [1] au fond de la chapelle du chevet. Le monument primitif de l'église des Jacobins est gravé dans les *Antiquités nationales* de Millin, tome Ier, n° 4, pl. 4, p. 42, et dans le *Musée des Monumens français*, pl. 194.

Je crois avoir suivi pas à pas la piste des deux seuls portraits de Mignard, sculptés de son vivant, qui nous aient été signalés par des historiens dignes de foi. Les deux marbres sont conservés, et personne, j'imagine, ne niera que ce sont ceux de l'église Saint-Roch et du musée du Louvre. Mais je m'attends à une objection. Comment, me dira-t-on, pouvez-vous affirmer qu'au milieu de ces longs et continuels déplacements, l'un des deux n'a pas été substitué à l'autre et qu'à travers des confusions si souvent renouvelées, c'est bien le buste de Desjardins qui est arrivé au Louvre? Je réponds que le hasard m'a fourni un élément de critique certain, et que les confusions momentanées ne m'embarrassent pas.

Il me suffit que la transmission collective soit matériellement démontrée. Nous possédons un moyen de constater *à priori* l'identité des deux ouvrages. Qu'on se rappelle, en effet, les termes du testament de Mignard. Mignard, pour empêcher toute confusion à propos des legs qu'il consignait sur son testament, et prévenir toute erreur possible entre objets similaires, a spécialement décrit les pièces qu'il destinait à sa fille bien-aimée. Après avoir individuellement désigné celui de ses portraits peints qu'il attribuait à Mme de

---

[1]. Cf. baron de Guilhermy, *Itinéraire archéologique de Paris*, p. 212; — *Inscription de la France*, t. Ier p. 504.

Feuquières, il a dit, en parlant de son buste, « le petit buste », quoique celui-ci fût de grandeur naturelle. On doit en conclure qu'il y avait chez Mignard plusieurs portraits sculptés de sa personne, au moins deux, et qu'ils étaient de différentes dimensions. Il est fort à supposer, comme je l'ai déjà dit, que le buste de Girardon, employé plus tard par Mme de Feuquières au tombeau de l'église des Jacobins, appartenait aussi à Mignard, et que c'est par comparaison avec celui-là, le seul connu en dehors de celui de Desjardins, que le peintre a dit: *mon petit buste.*

Pour savoir quel est celui des bustes qui a été sculpté par Desjardins, la question se réduit à constater quel est le plus petit des deux. Le buste du Louvre mesure $0^m,780$, celui de Saint-Roch $0^m,850$. Donc le buste du Louvre est celui de Desjardins.

Mais, en archéologie, le dernier mot n'appartient pas aux arguments d'évidence purement rationnelle. On peut toujours appeler de la plus définitive des décisions dès que les yeux protestent. Examinons donc si l'œuvre analysée confirmera les conclusions dictées par la logique. Il existe, au musée du Louvre, dans la salle du Puget, sous le numéro 220, une sculpture incontestable de Desjardins. C'est le buste d'Édouard Colbert, sur lequel on lit: « Edouard Colbert, marquis de Villacerf, surintendant des Bâtimens du Roy, âgé de LXIIII ans, fait par Desjardins, sculpteur du Roy, recteur de son Académie. »

Il suffira de comparer ce spécimen authentique des travaux de Desjardins avec le buste de Mignard pour que tout doute disparaisse. Le soin excessif et scrupuleux avec lequel les accessoires du costume et le costume lui-même sont traités se retrouve dans le buste de Mignard, ainsi que l'extrême propreté du travail et le système des plis étudiés et caressés encore au delà de la limite où d'habitude ils sont coupés carrément et abandonnés. J'insisterai sur un détail d'exécution qui, à mes yeux, prouve irréfutablement l'analogie des deux sculptures. Dans la plupart des bustes du dix-septième siècle que je connais, et, notamment, dans tous ceux des salles de Puget et de Coysevox, — j'excepterai le buste rétrospectif du cardinal de Richelieu, qui n'est pas de Coysevox, malgré tant de gratuites affirmations,—le revers, *le dos* du portrait n'est pas travaillé. C'est un point sacrifié, négligé, abandonné par l'artiste, qui se borne généralement à évider ou à faire évider le bloc de marbre pour le rendre plus léger. Tous les coups de ciseau dont résulte cette opération demeurent visibles et peuvent ordinairement se compter. Pour le buste de Colbert, au contraire, la partie postérieure a été l'objet de certains soins. Après avoir enlevé le plus de marbre possible en réservant une sorte de tige au milieu, après avoir amené le marbre au degré d'épaisseur rigoureusement nécessaire, on l'a poncé, poli et bruni avec conscience, presque à l'égal de la face. Il en est de même du buste de Mignard. De ce côté, naturellement inaperçu, la sculpture présente les mêmes apparences que le buste de Colbert. Pour qui regarde attentivement, il est certain qu'un même praticien, obéissant à une habitude bien arrêtée d'école, a exécuté dans chacun des deux bustes cette partie secondaire du travail. C'est là comme une marque de fabrique dissimulée, qui, tout invisible qu'elle soit ordinairement, n'en est pas moins facilement reconnaissable quand on la cherche. C'est plus qu'il n'en faut pour confirmer un fait logiquement évident et ratifier le résultat d'un calcul appuyé sur des documents officiels. Le buste de Mignard du Louvre est l'œuvre de Martin Desjardins.

C'est le moment de nous expliquer sur les causes de cette longue et persistante confusion entre les deux bustes, et il faut bien reconnaître que cette confusion était toute naturelle. Les deux sculptures ne sont que la reproduction, avec de très légères modifications, d'un seul et même modèle original. On en jugera facilement à l'aide des dessins très précis de mon excellent collaborateur M. Ludovic Letrône. La chevelure, la disposition du costume, sont identiques, à quelques variantes près. Seule la position de la tête est changée ; presque de profil dans l'un des portraits, elle se présente de trois quarts dans l'autre. En résumé, voici l'impression générale qui résulte de la confrontation. La vive et impétueuse image du Louvre est reproduite avec quelque froideur dans le marbre de Saint-Roch. Le port hautain de la tête est adouci, les plis du vêtement sont assagis et mieux équilibrés. L'ensemble est plus calme, plus monumental et moins vivant. On ne peut donc pas douter que le marbre du Louvre ne soit l'œuvre originale, le travail même et direct de Desjardins. Quant à celui de Saint-Roch, l'attribution que Caylus en a faite à Girardon est très vraisemblable et doit être provisoirement acceptée. L'exécution, en effet, concorde suffisamment avec ce que l'on sait de la manière de ce sculpteur.

Le buste de Mignard, au Louvre, est peut-être le plus beau de tous ceux de la salle de Coysevox, et, assurément, c'est celui dont l'exécution est la plus soignée. La physionomie du peintre y est d'une admirable mobilité et d'une finesse incroyable. Impossible de mieux rendre le caractère insolent et provocateur du regard et de l'attitude du modèle. Tous les détails du costume sont traités avec la plus grande exactitude, sans nuire en rien à l'expression générale. Cependant ce ne sont pas là des raisons pour attribuer sans preuves cette sculpture à Coysevox. Au contraire, ces derniers traits caractéristiques, qui conviennent à l'école flamande, sont destinés à éveiller la méfiance d'un observateur expérimenté. On a vu que l'erreur n'a pas même pour elle la tradition. Elle est absolument moderne. Car, dans l'article des *Mémoires inédits sur la vie et les ouvrages des membres de l'Académie de peinture et de sculpture*, consacré à la biographie de Coysevox, au milieu de la longue énumération de tous les bustes qu'il a faits, il n'est pas question d'un buste de Mignard. En consultant les documents, on pourrait hésiter, pour nommer l'auteur, entre Desjardins et Girardon. Mais l'attribution à Coysevox est absolument gratuite. C'est pourtant celle qui a triomphé.

Nous espérons qu'on voudra bien ne pas trouver inutile la démonstration qui précède. Pour en justifier le développement et la nécessaire aridité, il nous suffira de rappeler quel était le dernier état de la science au sujet du buste du Louvre. La *Gazette des Beaux-Arts* s'est chargée de fixer pour l'avenir cet état de nos connaissances. On y lit, dans le numéro de décembre 1882[1], un passage ainsi conçu d'un ouvrage couronné sur Coysevox : « Quel portrait de peintre que le buste de Mignard ! Les jeux de la lumière abondent et se succèdent sans violence sur cette effigie vivante. La recherche dans le vêtement, la chevelure flottante, donnent à l'image du peintre sa date précise. C'est un portrait du dix-septième siècle. Mignard est-il autre chose qu'un artiste habile qui s'est imprégné de son époque? Chez lui le savoir-faire tient lieu de génie. Il a fixé le goût des hommes de son temps, il ne l'a pas épuré et il ne s'y est pas soustrait. Coysevox semble avoir pris à tâche de rester, en sculptant la tête de Mignard, dans le cadre où s'est complu son modèle. » Nous ne saurions, en terminant, recommander l'œuvre de Desjardins par de plus éloquentes paroles.

IX

La salle de Coysevox bénéficiera encore de la découverte que j'ai faite dans les salles de la Renaissance d'un bas-relief de Paolo Bernini.

1. *Gazette des Beaux-Arts*, 2ᵉ période, tome XXVI, p. 516 et 517.

On remarque dans la salle de la cheminée de Bruges un petit bas-relief ovale de travail italien, d'un faire assez pauvre, datant évidemment du dix-septième siècle et représentant l'Enfant Jésus jouant avec le clou qui doit lui percer la main. Il n'a jamais été porté au catalogue du musée, quoiqu'il doive être arrivé au Louvre depuis assez longtemps. Rien ne serait à regretter si ce bas-relief n'avait pas une histoire et s'il n'émanait pas d'un artiste dont le nom fut célèbre. On connaît, grâce aux spirituels mémoires de Charles Perrault, les tribulations du cavalier Bernin, mandé à Paris par Louis XIV pour construire le Louvre et tombé au milieu des cabales organisées par les artistes français qui le forcèrent à repasser les monts. Perrault nous apprend que le Bernin vint en France avec son fils, mais il ne nous dit pas que celui-ci ait été employé par la Cour. Il le fut cependant et on doit regarder le bas-relief de la salle de la cheminée de Bruges comme une des traces de son passage à Paris et comme une œuvre authentique de sa main.

En effet, du Metz, *intendant et contrerooleur général des meubles de la couronne*, qu'on avait chargé, nous fait savoir Perrault (*Mémoires*, liv. II, p. 76), de loger et de meubler princièrement le père et le fils à l'hôtel de Frontenac, du Metz connaissait bien les deux Bernin et les particularités de leur séjour à Paris. Or ce même du Metz dit, dans l'inventaire du garde meuble fait et arrêté par lui le le 18 mars 1684 : « N° 53. Un bas-relief de marbre blanc, en ovale, représentant un petit Christ à demi-couché, méditant la passion, dans une bordure de bois doré. Le dit bas-relief, long de deux pieds, fait par le fils du Cavalier Bernin [1] ».

C'est absolument la description de notre bas-relief qui

---

1. Inventaire du garde meuble de la Couronne aux Archives nationales, O¹ 3333.

est encore dans sa vieille bordure dorée. Le fils du Bernin s'appelait Paolo.

L'existence de cette sculpture de Paolo Bernini a été d'autre part constatée par Baldinucci qui, dans sa *Vita del cavaliere Bernino* (Notizie dei professori del designo. Milano 1812, tome XIV, p. 105), s'exprime ainsi : « Parti dunque il Bernino di Parigi con Paolo suo figliolo, di mano del quale rimase la figura d'un Cristo in fanciullesca età scolpito in marmo, in atto di provare a forarsi con una spina una mano. » Il est fréquemment question de cette œuvre d'art dans le *Journal du voyage du Cavalier Bernin en France*, publié par M. Ludovic Lalanne en 1885. Lorenzo Bernin a du reste travaillé en personne au bas-relief de son fils[1].

X

Lors du prochain remaniement, le buste en marbre du chancelier Séguier n'aura pas besoin de quitter la salle où il est exposé, mais on saura désormais à quoi s'en tenir sur son compte, et la place qu'il occupe se trouvera justifiée.

Quand, au rez-de-chaussée du musée du Louvre, on passe de la salle de Puget dans celle de Coysevox, on remarque près de la porte, à droite, un buste colossal en marbre blanc. Bien qu'exposé depuis plus de cinquante ans, cet ouvrage, sur l'origine et l'identité duquel plane encore la plus grande obscurité, n'a pas été compris dans les deux dernières éditions du catalogue des sculptures modernes. Il ne paraîtra peut-être pas sans intérêt d'en indiquer l'auteur et d'en nommer l'original.

A première vue, le portrait est celui d'un magistrat revêtu de son costume officiel et des insignes de l'ordre du Saint-Esprit. Les dimensions de l'œuvre indiquent, chez

---

1. Voyez notamment *Gazette des Beaux-Arts*, 2e période, t. XVI, p. 371, octobre 1877.

son auteur, les intentions d'une sorte de glorification posthume et tendent évidemment à l'apothéose du modèle. Nous sommes donc en face d'un personnage incontestablement très important. D'un autre côté, sous l'ancien régime et à cette époque surtout, le cordon du Saint-Esprit n'était pas prodigué à la magistrature. Les plus hauts dignitaires de l'ordre judiciaire, les chanceliers presque seuls pouvaient aspirer à cet honneur. Les premières présomptions doivent donc porter à croire que le personnage a été chancelier de France, et, comme l'œuvre appartient certainement au dix-septième siècle, le premier effort à tenter consiste à confronter successivement avec notre buste la physionomie des magistrats qui, de 1600 à 1700, ont occupé, en France, le poste de chancelier. L'épreuve est, du premier coup, concluante. Le buste rappelle et ne peut rappeler que les traits de Pierre Séguier, mais non pas tels que la postérité les a reçus et adoptés d'après de nombreuses gravures de Moncornet, N. Picart, Desrochers, Mellan (1639), Michel Lasne (1643), Grégoire Huret (Ier type), Humbelot, Lenfant (1655), Daret, etc[1]. Ce n'est pas la tête énergique du terrible justicier de la Normandie, du vigoureux agent de Richelieu et de Mazarin, de l'homme à la barbiche caractéristique, au rogue aspect de parlementaire. C'est le Séguier vieilli dans les honneurs, béatement

---

1. Pour avoir une liste plus complète des portraits gravés de Pierre Séguier, il faut consulter le tome IV du P. Lelong, édition F. de Fontette. Les très nombreux portraits du chancelier peuvent tous se ramener à trois types principaux :

1° Type du magistrat à la barbiche retroussée dont nous avons énuméré ci-dessus les principales reproductions et dont l'estampe de Mellan est, en général, le point de départ ;

2° Type du Séguier engraissé, tête à la mode Louis XIV, petite moustache et mouche, tel qu'il a été fixé par Lebrun et reproduit par Nanteuil en 1667, une première fois par Larmessin en 1664, une première fois par Van Schuppen en 1662, et enfin par Jacques Lubin, pour les *Hommes illustres* de Perrault ;

3° Type du vieillard, au visage imberbe, conservé par la seconde estampe de Van Schuppen et par deux nouvelles planches, l'une de Grégoire Huret et l'autre de Larmessin.

épanoui par le succès, confit dans sa vanité et sa « grandeur » comme l'a dépeint Tallemant des Réaux[1], le Séguier à la face complètement rasée, au masque alourdi et ravagé par l'âge, tel que nous le fait déjà pressentir l'estampe de Van Schuppen datée de 1668. C'est le magistrat émérite, protecteur des lettres et des arts. Les proportions colossales et les conventions inséparables de tout portrait officiel ou monumental, les prétentions visibles d'un artiste, qui se guinde et vise au style grandiose, ont encore altéré le type laissé par Van Schuppen qui, lui-même, différait déjà sensiblement de la figure historiquement acceptée du chancelier. Voilà pourquoi un personnage de cette célébrité a pu être aussi longtemps méconnu.

Si, maintenant, on veut essayer de connaître *a priori* l'école à laquelle appartient cette œuvre et nommer approximativement l'atelier d'où elle est sortie, on peut arriver assez facilement à formuler une opinion très vraisemblable. Cette sculpture vide et pompeuse, au modelé ronflant, aux procédés sans individualité, aux rides poncives, trahit le goût de l'Académie dans ce qu'il a de moins bon. C'est un portrait traité en « noble tête de vieillard » par un praticien habile, qui veut montrer tout ce qu'il sait faire, et qui est lourd, croyant être grand. On devine encore, dans ce marbre, un travail entrepris sur commande officielle, exécutée loin de la nature, peut-être rétrospectivement. En un mot, on se sent en présence d'une œuvre académique du dix-septième siècle, et on peut dire que son auteur, s'il avait du talent et de la facilité, n'a pas prouvé par ce buste qu'il eût une originalité puissante.

Cette double conclusion est absolument confirmée par les faits qui résultent d'une enquête approfondie et de l'étude des provenances. Le marbre portait, dans l'inventaire de

---

1. *Historiettes*, édition de Monmerqué et P. Paris, 1854, tome III, p. 385 et suiv.

la Restauration, le numéro 2163 (hauteur 0ᵐ 97). Il était déclaré œuvre de Coysevox et regardé comme le portrait de Le Tellier, marquis de Louvois. Il fut exposé dans la galerie d'Angoulême, en 1824, et ainsi décrit dans le catalogue du comte de Clarac : « N° 20. Michel Le Tellier, marquis de Louvois, buste en marbre. Hauteur : 724 m. Ce buste n'a rien de remarquable et il est assez grossièrement travaillé[1]. » Plus tard, l'erreur commise fut en partie reconnue par Clarac ou par ses continuateurs, et, sous le numéro 3554, dans la planche 1120 du *Musée de sculpture* (atlas, tome VI ; p. 209 et 217), on restitua au buste méconnu son vrai nom de Pierre Séguier. Mais, en le gravant, on lui donna comme auteur Jacques Sarrazin. Cette nouvelle erreur était déjà traditionnelle.

La pièce venait en effet des Petits-Augustins et, depuis 1810, Lenoir l'avait ainsi cataloguée : « N° 232. — Buste colossal en marbre blanc de Pierre Séguier, né à Paris en 1588, etc. Il mourut chancelier de France en 1672, à l'âge de 84 ans, etc. Ce beau buste, de la main de Sarrazin, mérite d'être remarqué par la finesse de l'expression et la pureté du travail. «

Nous n'avons pas à nous occuper de l'attribution toute hypothétique et toute gratuite que Lenoir a faite de ce buste à Sarrazin. Nous avons déjà parlé ailleurs de la manie qu'avait Lenoir d'attribuer à Sarrazin toutes les œuvres du dix-septième siècle dont il ignorait les origines[2]. Mais il est très important de constater que, dans une longue note communiquée en 1810 à Lenoir par « M. Séguier, président du tribunal d'appel[3] », le portrait de Pierre Séguier fut re-

---

1. On ne peut douter que ce buste ait porté le numéro 20, et que, par conséquent, Clarac ait voulu parler du marbre en question. Voyez la planche 1120 de Clarac, n° 3554.
2. *Gazette des Beaux-Arts*, octobre 1876, 2ᵉ période, tome XIV, p. 328.
3. Cette note est imprimée dans l'édition de 1810 du Catalogue du Musée des Monumens français.

connu par sa famille qui avait à sa disposition, comme l'établit cette note, de nombreux éléments d'information.

Lenoir n'a pas indiqué, dans son catalogue imprimé, la provenance du buste n° 232. Mais il a réparé cette omission dans ses notes manuscrites[1]. Le marbre venait de la salle des Antiques, au Louvre. La négligence de Lenoir n'avait, après tout, aucune importance; elle n'aurait pas même pu nous faire perdre la piste de l'objet que nous poursuivons, ni retarder longtemps la découverte de la vérité. D'où pouvait donc provenir vraisemblablement un buste de Séguier? Evidemment des salles de l'Académie de peinture et de sculpture, au vieux Louvre, où sa place, comme souvenir d'un long protectorat, était non pas seulement naturelle, mais, on peut le dire, nécessaire. C'est là, en effet, que la présence de la sculpture fut signalée « le 19 frimaire de l'an II de la République une et indivisible » dans un « inventaire des tableaux... des marbres, bronzes, terres cuites, plâtres et autres objets divers trouvés dans la salle de la ci-devant Académie ».

Dès maintenant, notre preuve est faite. On n'a plus qu'à ouvrir la *Description de l'Académie* par Guérin (Paris, 1715), et on saura tout ce qu'on peut désirer connaître en y lisant, page 51 : « Portrait de M. le chancelier Séguier, en buste de 3 pieds 1/2 de haut » — remarquons les dimensions — « par M. HERRARD, qui en a fait présent à l'Académie. » La déclaration de Guérin, toujours si bien informé, se trouve encore confirmée dans les *Mémoires inédits sur les membres de l'Académie royale* (tome Ier, p. 238).

Herrard ou mieux Hérard, sculpteur et graveur en médailles, dont, suivant Guérin (*Description de l'Académie*, p. 104), les prénoms étaient « Jean-Léonard » et « Gérard-

---

[1]. « N° 232. — De la salle des antiques. — Buste colossal en marbre blanc de Pierre Séguier, garde des sceaux, mort chancelier de France en 1672 à l'âge de 84 ans, sculpté par Jacques Sarrazin. »

Léonard » suivant MM. de Chennevières, de Montaiglon et Daudet (*Archives de l'art français*, tome II, p. 372) confirmés dans leur opinion par Zani (*Encyclop.*, X, 366) et par le texte de l'acte de décès de sa veuve (Piot; — Herluison, *Actes de l'état civil d'artistes français*), naquit à Liège (Belgique). L'indication du lieu de sa naissance m'est fournie par des notes manuscrites, tracées en marge d'un exemplaire du Guérin, que je possède, et qui ont été rédigées par un membre de l'Académie de peinture vivant au milieu du dix-huitième siècle. Hérard fut reçu académicien le 16 octobre 1670 (*Procès-verbaux de l'Académie*, tome Ier, p. 348-353) sur la présentation d'un médaillon en marbre représentant saint Jacques (*Archives de l'art français*, II, 372), aujourd'hui à l'église Notre-Dame de Versailles (*Gazette des Beaux-Arts*, 2e période, tome XIII, p. 669), et, ajoutent MM. de Chennevières, de Montaiglon et Daudet, sur la remise du portrait du chancelier Séguier. Ce dernier fait, très vraisemblable, du reste, n'a pas encore été établi par les *Procès-verbaux de l'Académie* : Guérin ne parle que d'un simple don sans indiquer, pour le buste, la circonstance de la présentation académique. Hérard mourut le 8 novembre 1675, âgé de 45 ans. Il y a accord, sur la date de son décès, entre les différentes autorités citées plus haut.

XI

Trouverai-je de la place pour exposer les sculptures de Gérard van Obstal que j'ai découvertes au milieu d'un magasin où les avait confinées l'incertitude dans laquelle on était sur leurs origines ?

Gérard van Obstal naquit vers 1594 à Anvers. S'il n'avait pas vu le jour en France, le long séjour qu'il fit en ce pays le rendit complètement Français. Il reçut d'ailleurs de sa patrie d'adoption la plus honorable des naturalisations ; il fut, en 1648, l'un des douze fondateurs de l'Académie royale de peinture et sculpture. Gérard van Obstal avait commencé par sculpter l'ivoire. Richelieu le fit venir et le recommanda à Sublet des Noyers. Il travailla d'abord comme praticien, d'après des modèles de Sarrazin, au Louvre et aux Tuileries. Ce premier stage terminé, il exécuta de nombreuses compositions de son dessin, à l'hôtel Carnavalet[1], au Raincy, chez le fermier général Bordier, à la Salpêtrière, au Jardin des Plantes, à la grotte de Versailles, au Palais-Royal, au couvent des religieuses de l'Assomption de la rue Saint-Honoré, au château de Maisons, à l'église des Incurables, à l'hôtel Lambert, à diverses maisons de l'île Notre-Dame (île Saint-Louis), à la porte Saint-Antoine, en 1660, etc. Guillet de Saint-Georges[2] a donné une longue et précise énumération de tous ces ouvrages et, à la lecture des *Mémoires sur la vie des Académiciens*, on se prend à regretter de ne pas voir, recueilli par le Louvre, un seul spécimen[3] du talent d'un artiste qui a autant travaillé à Paris. Mais Guillet de Saint-Georges ajoute à son excellente et complète biographie de van Obstal : « Ce n'est pas seulement dans les cabinets particuliers qu'on voit de sa main des ouvrages dignes d'estime ; on en trouve aussi d'une distinction particulière au cabinet du roi, dans l'ancien hôtel de Grammont. On y voit... dix-sept bas-reliefs de marbre, de différentes grandeurs, sur divers sujets, entre lesquels il y en a un qui représente les trois Grâces couronnées par de petits Amours. La plus grande partie des autres représentent des enlèvemens de nymphes par des Tritons ou par des Centaures. On y voit aussi quatre bas-reliefs d'ivoire appliqués chacun sur un fonds de velours noir, re-

1. *L'Hôtel Carnavalet*, par J.-M. Verdot. Paris, 1865, in-12, p. 40 et 41.
2. *Mémoires inédits sur la Vie et les ouvrages des Membres de l'Académie royale de Peinture et de Sculpture*, t. Ier, p. 180.
3. Les ivoires signés de ce maître que possède le Louvre ne lui forment pas dans ce dépôt un œuvre suffisant.

présentant différens sujets et neuf groupes de figures d'ivoire ; quelques-uns de ces groupes sont isolés et les autres en bas-reliefs, tout cela sur différens sujets. On a tiré de ce cabinet deux bas-reliefs de marbre qu'on a portés à Versailles et posés sur des devans de cheminée de l'appartement de la reine[1]. »

Que peuvent bien être devenus les marbres du cabinet des dessins du roi que Guillet de Saint-Georges et Caylus ont vus et maniés ?

C'est une justice à rendre à la Révolution : elle a été paperassière. Nous pouvons aujourd'hui dresser le bilan de nos pertes et retrouver les origines des épaves que nous avons recueillies. J'étais donc bien sûr de ne pas perdre la piste des jolies sculptures qui décoraient le ci-devant cabinet des dessins du roi. Et je n'ai pas compté en vain sur les habitudes d'hommes de loi qu'avaient tous les déménageurs de la Révolution ; témoin ce procès-verbal :

Catalogue des objets appartenant à la Nation et qui existent dans la galerie des dessins au Louvre, inventoriés le 24 septembre 1792, l'an Ier de la République française.

L'an mil sept cent quatre-vingt-douze, le premier de la République française, le 24 septembre, dix heures du matin, nous commissaires nommés en vertu du décret du 11 aoust pour veiller à la conservation, recueillir et faire la recherche des tableaux, statues, dessins et autres monumens relatifs aux Beaux-Arts dépendant du ci-devant mobilier de la Couronne, nous sommes transportés au cabinet des dessins confiés à la garde du citoyen Vincent, peintre, où, étant et lesdits dessins nous ayant été représentés, il a été procédé de suite à l'inventaire et description desdits dessins et autres objets relatifs aux arts pareillement confiés à la garde dudit sieur Vincent, ainsi et de la manière qui suit :

. . . .

---

1. Deux petits bas-reliefs de marbre autrefois posés à Versailles sur le devant de cheminée de l'appartement de la reine et que je n'ai pu retrouver (variante du manuscrit de Caylus.)

DEUXIÈME ARMOIRE BASSE DU CÔTÉ DU QUAI
Marbres.

Saint Pierre, par Sarrazin, ronde bosse.	n° 1
La Magdelaine, *idem*.	n° 2
La Vierge, bas-relief.	n° 3
La Sainte-Famille, bas-relief, par Van Obstaël.	n° 4
Autre Sainte-Famille, par le même, *idem*	n° 5
Centaures enlevant des nymphes, par le même, *idem*.	n° 6
Tritons enlevant des nayades, *idem*.	n° 7
Tritons enlevant des nayades, *idem*.	n° 8

TROISIÈME ARMOIRE BASSE DU CÔTÉ DU QUAI
Bas-reliefs.

Tritons enlevant des nayades, par le même	n° 9
Un triton, une nymphe et un amour, par le même.	n° 10
Les trois Grâces, liées par des amours, par le même.	n° 11
Les trois Grâces, couronnées par les amours, *idem*	n° 12
Un satyre et trois enfans tenant une chèvre, *idem*	n° 13
Petits amours conduisant un lion, idem. Il y a une cassure de 8 pouces de long à l'angle supérieur.	n° 14
Deux enfans tenant, l'un une palme, et l'autre un arc.	n° 15
Une femme qui trait une chèvre.	n° 16
Petits amour dont l'un tient une couronne	n° 17
Deux enfans qui luttent et deux qui se baisent.	n° 18
Quatre enfans qui arrachent un arc à l'un deux, *id*.	n° 19
Une Vierge et l'enfant Jésus	n° 20

QUATRIÈME ARMOIRE BASSE
Terres cuites.

Treize bustes : Jésus-Christ et les douze apôtres, ayant chacun leur numéro à commencer par un, par Sarrazin.	n°s 1 à 13
Un plâtre, saint François, esquissé par Caffieri	n° 14

QUATRIÈME ARMOIRE SUPÉRIEURE
Ivoires. — Bas-reliefs.
Les deux premières tablettes.

Une femme liée par des satyres, bas-relief sur velours noir, par Van Obstael[1]	n° 1

---

[1]. N° 103 du catalogue actuel des ivoires du Louvre; n° 532 de la *Notice des dessins, peintures, bas-reliefs exposés au musée Napoléon*, dans la salle d'Apollon, 1815.

Un petit faune et 3 enfans enlacés de pampre et une chèvre, *idem*[1]. . . . . n° 2

Deux centaures, dont l'un enlève une nymphe, par le même[2]. . . . . n° 3

Un triton et une nayade, accompagnés de dauphins[3]. . n° 4

Groupes demi-bosse.

* Groupe d'enfans, sur velours noir, par Van Obstaël . . n° 5
* *Idem* . . . . n° 6
* *Idem* . . . . n° 7
* Un homme et une femme qui s'embrassent, accompagnés d'amours, ronde bosse. . . . . n° 8
* Satyres portant Silène, accompagnés de bacchantes, bas-relief sur dent d'éléphant. . . . . n° 9
* L'enlèvement de femmes, accompagnées d'amour, sur dent d'éléphant. . . . . n° 10
* Plusieurs enfans se tenant par les mains, sur dent d'éléphant. . . . . n° 11
* Des enfans se tenant par la main, *idem*. . . . . n° 12
* *Idem* . . . . n° 13
* Des enfans se tenant par les mains, bas-relief sur dent d'éléphant. . . . . n° 14
* Enfans, l'un monté sur une chèvre et l'autre sur un aigle, *idem*. . . . . n° 15
* Enfant jouant avec des dauphins, *idem* . . . . n° 16

QUATRIÈME ARMOIRE SUPÉRIEURE

Bronze.

Troisième tablette.

Un crucifix sur une croix d'ébène, par Van Obstaël portant le . . . . n° 1
Bas-relief, enfant conduisant une chèvre . . . . n° 2

---

1. N° 102 du catalogue actuel des ivoires; n° 530 de l'*Inventaire de garde-meuble de la Couronne*, en 1791; n° 533 de la *Notice des dessins, peintures, bas-reliefs exposés au musée Napoléon* dans la galerie d'Apollon, 1815.
2. N° 105 du catalogue actuel des ivoires; n° 534 de la notice de 1815.
3. N° 104 du catalogue actuel des ivoires; n° 535 de la notice de 1815.

* Objets portés au dépôt de Nesle et donnés en échange à la citoyenne Denoor. (Note ajoutée postérieurement au manuscrit.) — Il faut lire, sur les acquisitions de la citoyenne Denoor, ce qu'en a dit le marquis de Laborde dans les *Archives de la France pendant la Révolution*, édition in-12, page 255 et 256.

Bacchus posé sur un tonneau, soutenu par deux enfans. n° 3
Semblable bas-relief. . . . . n° 4
Deux amours qui luttent et deux qui se baisent . . . . n° 5
Deux amours qui se battent, une chèvre groupée avec
eux . . . . n° 6

Lesquels objets sont provisoirement restés sous la garde du sieur Vincent, etc., etc.

Une fois inventoriés, les bas-reliefs qui nous occupent reçurent une étiquette portant le numéro de leur enregistrement. Une main écrivit sur de petits bouts de papier : 1, *la nation*, 2, *la nation*, 3, *la nation*, et ainsi de suite, et colla toutes ces estampilles sur les sujets qui correspondaient aux articles de la description. Puis, sans doute, ces marbres roulèrent de dépôts en dépôts publics sans trouver d'acquéreurs à la différence du plus grand nombre des ivoires. L'État les garda malgré lui ; ils échouèrent enfin au Louvre et quand, au commencement de la Restauration, on dressa l'inventaire général des collections royales, on les trouva dans un coin. Ils furent alors fidèlement décrits, pêle-mêle avec une foule d'autres. Mais, à ce moment, les traditions étaient perdues. A une époque où l'on était si prodigue d'attributions, on leur infligea le fatal « maître inconnu ». C'était pour longtemps un arrêt de réprobation. Ils continuèrent donc d'être voués aux magasins.

Puissent les trente-deux quartiers de leur noble extraction, que je viens d'établir pour les généalogistes les plus exigeants, valoir à ces gracieuses sculptures les égards qui leur sont dus et les honneurs de l'estime publique ! Quoi qu'en disent certains connaisseurs pour se dispenser de toute érudition, le vrai mérite d'un objet n'est pas toujours reconnu dans une collection en dehors des considérations de son origine. Ce qu'on appelle le goût, qualité essentielle de l'amateur, mais malheureusement trop variable, n'est fort souvent que le masque de l'ignorance. C'est au nom de ce sentiment irraisonné que, pendant plus de trois cents ans, on a proscrit les chefs-d'œuvre de notre école gothique. De tout temps les enfants trouvés de l'art ont bien du mal à faire leur chemin. Heureusement, la recherche de la paternité ne leur est pas interdite, et il sera toujours loisible à la science d'en appeler des jugements du goût.

XII

Si, maintenant, je tourne les yeux vers les salles de la Renaissance, je dirai que j'attends encore, pour les décorer,

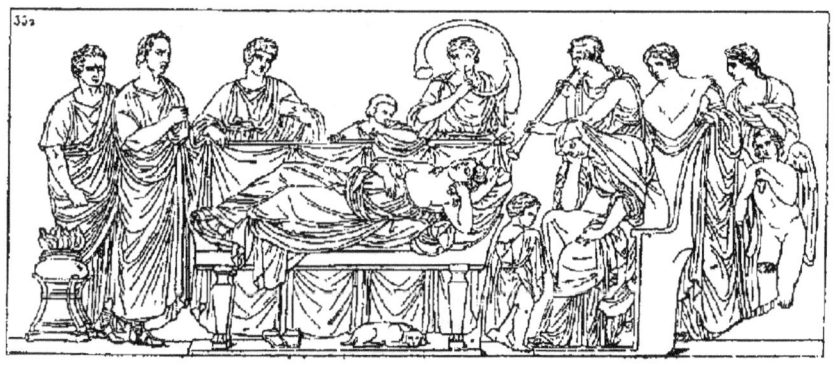

(Musée du Louvre, salle des Antiques.)

un grand bas-relief (M. R. 1641) représentant une scène funéraire, resté parmi les monuments antiques dans la salle des Empereurs [1]. C'est un précieux exemple à donner au

---

[1]. « Il y a longtemps, dit Clarac (*Musée de la sculpture antique et moderne*. texte, tome II, 1re partie, p. 770), que ce grand bas-relief est au Louvre, où il faisait autrefois partie de l'ancienne salle des Antiques, et il a été décrit par Maffei et dom Martin, qui n'ont pas élevé le moindre doute sur son authenticité. Depuis quelques années il en a excité : Visconti semble même les partager, et l'on croit assez généralement que ce grand bas-relief, dont cependant la composition est belle et bien entendue, et où le caractère antique est en général assez juste, est une composition d'un artiste du seizième siècle. En offrant la cérémonie de la conclamation, qui faisait partie de celles des funérailles, il se sera aidé et heureusement inspiré, dans bien des parties, de ce que des productions antiques lui fournissaient de propre à son sujet, et, pour la plupart, ses emprunts sont adroitement faits, et ce ne serait peut être

public pour lui indiquer ce qu'était à Venise et dans le nord de l'Italie l'art des faussaires au commencement du seizième siècle. Il faut le rapprocher d'un marbre également moderne du Musée du Palais ducal de Venise, regardé jusqu'à ces derniers temps comme antique[1].

XIII

Un certain nombre de sculptures, qui heureusement n'étaient pas devenues immeubles par destination, ont été cédées par le département des Antiquités grecques et romaines au département de la Renaissance. On remarque parmi ces pièces une belle tête d'empereur lauré du com-

pas au moyen des costumes, ni même de la disposition de la cérémonie, qu'on parviendrait à reconnaître cette savante fraude. Ce serait plutôt par la manière dont sont employés certains accessoires qu'elle se découvrirait; et aussi par des inexactitudes qui n'auraient pas échappé à un sculpteur ancien. Il aurait représenté échevelées les femmes qui se frappent le sein, et il n'aurait pas laissé à découvert celui de la femme étendue sur son lit de mort; ce n'est pas dans les convenances de la décence romaine. Il n'eût pas attaché par une fibule sur l'épaule gauche le vêtement d'un des joueurs de trompette et sa tête n'eût pas été ceinte de bandelettes, ce qui n'était pas dans les usages romains. On trouverait aussi que le lit, surtout les pieds, la manière dont il est garni et son dossier en draperie comme le fond d'un appartement, ne sont pas dans le style antique. Il y aurait certainement encore à faire quelques remarques de détails, ne fût-ce que sur ces pantoufles qui autoriseraient à croire que le bas-relief n'est pas antique. Il est loin cependant d'être sans mérite, et l'on y retrouve l'imitation de bons modèles. Mais, comme ce n'est qu'une imitation moderne, il devient inutile de pousser plus loin les observations et les recherches. — Ce bas-relief a été publié par Bouillon, t. III, bas-reliefs, *personn. rom.*, pl. 27, n° 1 (Hauteur, 0^m,920 = 2 p. 10 p. — Longueur 1^m,997 = 6 p. 1 po. 10 lignes.) » Visconti, dès le commencement du siècle avait été très clairvoyant. Il s'exprimait ainsi dans la *Notice des statues, bustes et bas-reliefs de la galerie des Antiques*, édition de l'an XI p. 123 : « Ce bas-relief, en marbre de Luni ou de Carrare, est tiré de la salle des Antiques du Louvre, où il se conservoit peut-être depuis François Ier. C'est là que l'ont vu Maffei et dom Martin qui en ont publié le dessin et l'explication sans trop s'être assurés de son authenticité, qui est très douteuse : en effet, si l'on considère la forme moderne des meubles, les bandeaux dont, contre l'usage, la tête des joueurs d'instrumens est ceinte, et divers autres détails qui décèlent l'ignorance des usages antiques, on sera porté à regarder cet ouvrage comme une imitation de l'antique exécutée au commencement du seizième siècle. »

1. Voyez ce que j'ai dit de ce marbre dans la *Gazette des Beaux-Arts*, 2e période, tome XXXIV, p. 313 et 314.

mencement du seizième siècle (M. R. 682) et deux bustes très mutilés signés par Simone Bianco (M. R. 1594 et 1880, n° 102).

Simone Bianco est un sculpteur italien (florentin, suivant Vasari), qui passa presque toute sa vie à Venise et travailla dans le goût de l'école vénitienne pendant la première moitié du seizième siècle. Ce froid imitateur de la statuaire antique n'est point un artiste de premier ordre. Ce qui le distingue de ses contemporains, c'est qu'il conserva pendant la seconde période de la Renaissance, au moment où l'école allait en s'affadissant, une partie de la rudesse, de la naïveté et de l'âpreté du style du quinzième siècle. Quelques-unes de ses œuvres (nous en connaissons quatre), qu'il signait ordinairement en toutes lettres de son nom traduit en grec, sont assez défectueuses et d'une exécution brutale. Simone a joui cependant, auprès de ses contemporains, d'une grande réputation. Non seulement Vasari en a parlé dans sa *Vie de Vittore Carpaccio*[1]; mais encore l'Arétin, dans une lettre datée de mai 1548[2], en a fait un pompeux éloge à propos d'un portrait de femme. L'*Anonyme de Morelli* signale, en 1532, l'existence de deux de ses œuvres dans le cabinet d'un amateur de Venise, A. Odoni[3].

Nous n'aurions pas, au dix-neuvième siècle, à nous occuper en France de cet artiste, si un fait de sa biographie ne le rattachait à l'histoire de nos arts et de nos collections. Vasari, dans la première édition des *Vite*, dit que quelques-unes des têtes de marbre qu'il sculptait furent envoyées en France par des marchands vénitiens. Vasari était bien

1. Édition Lemonnier, t. VI, p. 105; édition G. Milanesi, t. III, p. 651.
2. *Lettere pittoriche*, édition de Rome 1709, t. III, p. 117.
3. « El piede marmoreo intiero sopra una base, fu de mano de Simon Bianco... La statua marmorea del Marte nudo che porta l'elmo in spalla, de due piedi, tutto tondo, fu de man de Simon Bianco. » (*Anonyme de Morelli*, édition de 1884, p. 155 et 162.)

MONUMENTS CONSERVÉS AU LOUVRE 105

informé. Il reste des traces de cet envoi. On peut voir actuellement, dans le palais de Compiègne, un buste d'homme en costume antique appartenant aux collections

Personnage antique.
Buste en marbre, par Simone Bianco. Invent. 1880, n° 102.
(Musée du Louvre.)

du Louvre (M. R. 2598), sur lequel se lit l'inscription suivante :

ΣΙΜΩΝ ΛΕΥΚΟΣ
Ο ΕΝΕΤΟΣ ΕΠΟΙΕΙ

Mon collègue et ami, M. Héron de Villefosse, a signalé

précédemment (*Bulletin monumental*, 1880, p. 379) la présence au Louvre d'une des deux œuvres de Simone Bianco, qui, à cause du costume du personnage représenté,

Personnage antique, dit Cicéron.
Buste en marbre par Simone Bianco. (M. R. 1594.)

ont longtemps fait partie de la collection des antiques, et qui viennent de nous être transmises. Il a fait connaître en même temps un autre buste de personnage antique qui était à vendre à Paris, en provenance de Hongrie, au mois de mai 1880. Le troisième buste du même sculpteur, possédé par le Louvre, et regardé comme un Cicéron, porte également la même inscription grecque. Actuellement, ce sont là les seules œuvres certaines d'un artiste qui a laissé un nom célèbre dans les annales de la sculpture italienne.

Une répartition reste encore à faire entre le département de la sculpture antique et le département de la sculpture moderne au sujet des bustes de bronze qui chargent le haut des vitrines dans la salle des Bronzes antiques. Ces bustes viennent en grande partie de l'ancien Garde-Meuble des rois de France et font triste figure à côté de monuments originaux. Ils présenteraient, au contraire, de l'intérêt s'ils étaient rendus à leur milieu chronologique. Certaines statues égyptiennes datant des seizième et dix-septième siècles et provenant de la villa Borghèse, par exemple *Isis* et *Osiris*, inscrites sur les inventaires de la Renaissance (M. R. 1586 et 1588), gagneront aussi à ne plus affronter, sur le palier de l'escalier égyptien, une comparaison trop immédiate avec les pièces originales. Elles compléteront utilement la série de nos imitations de l'antique par les écoles modernes : car telle œuvre, négligeable comme pastiche de l'antiquité, possède quelquefois une valeur considérable comme monument de la Renaissance. La salle de Michel-Ange et le vieux fonds de l'école italienne s'enrichiront beaucoup de ce côté.

XIV

Les bustes de Henri II, de Charles IX et de Henri III, mentionnés dans l'inventaire du cardinal de Richelieu, récemment publié par M. de Boislisle, sont aujourd'hui dans la salle de Jean Goujon, après avoir figuré dans la galerie d'Angoulême sous les numéros 14, 25 et 26 du catalogue Clarac. Quoique fort connus depuis longtemps, ces marbres laissent encore beaucoup à dire sur leur compte.

Ils sont ainsi désignés dans la *Description des sculptures de la Renaissance :*

129. — Henri II, roi de France. — Il est couronné de lauriers, revêtu d'une cuirasse que recouvrent quelques plis d'un manteau fleurdelisé, et porte sur la poitrine le collier de Saint-Michel. Buste d'albâtre. Hauteur, 0^m,770. On lit sur le piédouche : « Henri II. »

130. — Charles IX, roi de France. — Il est représenté à l'âge de dix-huit ans, les cheveux courts, sans barbe. Sa cuirasse est très richement ornée de rinceaux et traversée par le collier de Saint-Michel; le manteau est fleurdelisé. Buste d'albâtre, la tête de marbre. Hauteur, 0^m,770. On lit sur le piédouche : « Carolus IX, 1568. »

131. — Henri III, roi de France. — La tête est nue, la moustache est fine, la cuirasse est ornée, le manteau fleurdelisé; le collier de Saint-Michel traverse la poitrine. Buste d'albâtre. Hauteur, 0^m,770. On lit sur le piédouche : « Henri III[1] ».

Avant d'entrer au Louvre, ces trois bustes ont passé par le musée des Petits-Augustins où ils portaient les numéros 547, 548, 549. Lenoir en parle ainsi dans le tome IV, p. 166, du *Musée des Monumens français :* « Nous voyons sous les numéros 547, 548 et 549 les bustes en albâtre, sculptés par Germain Pilon, de Henri II, de Charles IX et de Henri III. J'ai acheté ces bustes, précieux pour la vérité des têtes et la recherche dans les draperies, à un serrurier du village de Monceaux qui les avoit acquis au château de Rincy dont ils ornoient le salon. » Plus tard et postérieurement à l'entrée de ces monuments au Louvre, Lenoir a inséré, dans le tome VIII, p. 181 de son ouvrage, une note nouvelle sur ces bustes. Il dit, à propos de la répartition des objets qui avaient fait partie du musée des Petits-Augustins : « N°s 547, 548 et 549, Henri II, Charles IX, Henri III, bustes en albâtre par Germain Pilon, achetés à M. Balleux, marbrier, Montagne Sainte-Geneviève... » Mais il n'y a pas contradiction entre les deux affirmations successives de

---

1. Les trois bustes sont gravés dans le *Musée de sculpture* de Clarac.

HENRI II
Sculpture attribuée à Germain Pilon, provenant des collections
du cardinal de Richelieu. (Musée du Louvre.)

Lenoir. Balleux n'a bien souvent été que l'intermédiaire de Lenoir et lui avançait les fonds nécessaires à certaines acquisitions. Par suite de cet expédient, dont il y a de nombreux exemples, Balleux pouvait être considéré, après remboursement et vis-à-vis de la comptabilité, comme le vendeur direct.

L'indication de provenance fournie par Lenoir nous permettra d'établir que les trois bustes du Louvre sont bien ceux qui ont appartenu à Richelieu. Le serrurier de Monceaux, nous dit Lenoir, s'était procuré ces sculptures au château du Raincy. Avant la Révolution, le Raincy appartenait au duc d'Orléans, c'est dans les collections des princes de cette maison qu'il faut chercher les traces de nos bustes. La description du Palais-Royal, pendant la seconde moitié du dix-huitième siècle, contenue dans le *Dictionnaire historique de la ville de Paris* (1779), satisfera du premier coup notre curiosité. On lit aux pages 735 et 736 du tome III que le portrait de Duguesclin, provenant de la galerie des hommes illustres, se trouvait placé entre les bustes de Henri II et de Charles IX, et le portrait du duc de Guise, François de Lorraine, de même provenance, entre les bustes de Henri III et de Caligula. Lors du dernier remaniement du Palais-Royal, sous Philippe-Égalité, les vieilles sculptures furent sans doute reléguées au château du Raincy comme trop encombrantes à Paris. C'est vraisemblablement à cette circonstance qu'elles doivent de n'avoir pas été comprises dans la vente des fameuses collections de la famille d'Orléans et de n'avoir pas passé en Angleterre [1].

Les trois bustes conservés aujourd'hui au Louvre étaient certainement au nombre des plus beaux morceaux de sculpture possédés par l'illustre amateur à qui nos collec-

---

1. Sur la vente des collections du Palais-Royal, voyez le *Cabinet de l'amateur*, t. IV, p. 495 et suiv.; — Le *Trésor de la curiosité*, t. II, p. 147 et suiv., et le *Livre-Journal de Duvaux*, t. Ier, p. xx et xxi.

tions nationales doivent tant de chefs-d'œuvre. Ces portraits, nous l'avons dit, sont en deux pièces; les corps sont d'albâtre, les têtes de marbre blanc. Ils sont attribués à Germain Pilon, et cette attribution, pour être vraisemblable, n'en reste pas moins toujours à démontrer matériellement. Nous pouvons seulement constater dans quelles circonstances ces travaux d'art ont eu l'occasion de se produire. Il résulte de la comparaison des dimensions toutes égales entre elles, de l'examen des matières employées et qui sont identiques, du caractère uniforme des costumes d'apparat et de l'attitude officielle des effigies royales que ces bustes ont été exécutés simultanément, sur une même commande, et qu'ils doivent avoir appartenu à la décoration de quelque palais. Aucun d'entre eux n'a d'existence indépendante et leur rapprochement actuel, dans le musée comme sur les catalogues, n'est pas fortuit. Ces sculptures n'ont jamais cessé de faire partie d'un groupe. Le groupe du Louvre n'est même pas isolé et se rattache à d'autres ouvrages. Une pièce connue partage avec ces monuments une origine commune. C'est le buste de bronze de Henri III, qui faisait autrefois partie de la collection Pourtalès. Il a été gravé dans la *Gazette des Beaux-Arts*, tome XVIII, 1re période, page 382, et il est nécessairement l'œuvre de l'artiste qui a sculpté le Henri II, le Charles IX et le Henri III du Louvre. Le bronze n'est qu'une variante de l'un des marbres. Les quatre pièces doivent leur naissance à une même pensée, à un même ordre, à un même besoin. Rien n'empêche de leur supposer pour auteur commun Germain Pilon, qui aurait exécuté les trois marbres pour l'ornement de quelque salle princière construite dans le dernier quart du seizième siècle.

Nous nous étonnons qu'une particularité bien digne de remarque n'ait pas jusqu'à présent attiré l'attention des connaisseurs. S'il est vraisemblable que les trois bustes, qui offrent tant d'analogie entre eux dans la matière et dans l'exécution, ont été faits simultanément, par le même artiste, et commandés pour composer une série ou une suite, ces bustes doivent, par conséquent, dater de l'époque où Henri III, le dernier couronné des rois représentés dans cette suite, était déjà roi de France, c'est-à-dire qu'ils doivent être postérieurs à l'année 1574. D'un autre côté, ils doivent être antérieurs à l'année 1579, puisque l'ordre du Saint-Esprit, fondé le 31 décembre de l'année 1578, n'apparaît pas sur la poitrine de son fondateur, simple chevalier de Saint-Michel, comme son père et son frère. Il résulte de ces considérations que les portraits de Henri II et de Charles IX, datant, par suite de nos calculs, des années 1574 à 1578, ont dû être exécutés d'après des documents rétrospectifs. La physionomie de Henri II est celle d'un homme d'une quarantaine d'années. Le roi est donc représenté à l'âge qu'il avait au moment de sa mort, en 1559, et son visage est ici conforme à l'image de ses traits que nous rencontrons le plus habituellement et que l'histoire a consacrée. C'est le Henri II du tombeau de Saint-Denis et du buste du Louvre attribué à Jean Goujon. Il n'en est pas de même de Charles IX. Ce prince est représenté jeune, à l'âge de dix-huit ans, tel qu'il était en 1568 — c'est l'inscription du socle qui le dit — et non pas avec la physionomie connue de ses dernières années. On ne retrouve pas là cette tête traditionnelle, aux moustaches naissantes et déjà rudes, qui s'est imposée à l'iconographie historique par l'ensemble des peintures, des dessins et des médailles. Il faut donc admettre qu'on s'est servi, pour exécuter la tête du buste de Charles IX, de quelque document graphique ou plastique antérieur aux dernières années de la vie du prince et qui avait fixé son image à la date constatée de 1568. On pourrait même supposer qu'on a peut-être utilisé directement un monument original, une tête, par exemple, exécutée d'après nature à l'époque indiquée.

Mais une nouvelle complication se présente. Il est impossible de croire que la tête de marbre du buste de Charles IX, qui paraît actuellement sortir de l'atelier de son auteur, tant elle est fraîche, soit contemporaine des deux têtes, également de marbre, de Henri II et de Henri III. Par l'état dans lequel se trouvent les trois bustes d'albâtre, on voit que les trois œuvres ont partagé indissolublement le même sort et subi conjointement les mêmes risques d'une exposition à l'extérieur. Comment admettre alors que la tête de marbre de Charles IX nous soit arrivée intacte et possède encore la fleur de son exécution, quand les deux autres sont rongées, gravées par les atteintes de la pluie ou de l'humidité, aussi bien qu'altérées par la décomposition de la surface du marbre? Les conséquences de ce raisonnement ne sauraient être évitées. La tête du buste de Charles IX a dû être nécessairement refaite à une époque qui reste à déterminer. Est-ce au moment où le buste entra chez Richelieu ou bien quand il pénétra aux Petits-Augustins? Pouvait-on, au milieu du dix-septième siècle, exécuter une copie aussi fidèle et aussi trompeuse d'un original du siècle précédent? Je ne le crois pas. Lenoir, qui n'en a rien dit dans ses catalogues ni dans ses papiers, fit-il refaire en secret une copie très exacte d'un original altéré? Je suis porté à le penser. Mais, avant de l'accuser formellement, j'attends la production d'un document. Ce que je puis affirmer, c'est que la tête du buste de Charles IX n'est pas une œuvre originale et que la copie qui nous la conserve a beaucoup de chances pour être moderne.

Je ne suis pas le premier à protester contre les égards immérités dont cette pièce est depuis longtemps l'objet. Dès 1864, Albert Jacquemart, qui n'était pas un critique bien féroce, avait cru devoir pousser un cri d'alarme. Il a écrit dans le tome XVII de la *Gazette des Beaux-Arts*, 1ᵣₑ période, page 382, en parlant incidemment du buste de Charles IX : « Ce marbre mutilé a reçu une tête moderne copiée sur les portraits du prince lorsqu'il avait dix-huit ans. » Cette judicieuse observation n'a nui en rien à la réputation de l'œuvre. Des trois bustes du Louvre c'est celui de Charles IX qui est préféré par le public. C'est celui qui compte le plus d'admirateurs convaincus et dont le moulage a le plus de débit. C'est l'élu de la foule et le candidat des hommes de goût. Place au glorieux triomphateur ! Je n'espére donc pas réformer à son sujet l'opinion qui ne fait aucun cas des lumières qu'on lui apporte. Heureux si, comme Jacquemart, après avoir dégagé ma responsabilité personnelle, j'ai la bonne fortune d'être pardonné parce que je n'aurai pas été lu.

XV

L'église Saint-Paul-Saint-Louis, dans la rue Saint-Antoine, à Paris, expose une statue fort belle de Germain Pilon, qui n'offre pour cet édifice qu'un médiocre ornement, tandis que sa présence au Louvre présenterait les plus grands avantages. Le *Christ ressuscitant*, groupé avec deux marbres du musée de la Renaissance, avait été destiné à décorer l'autel de la chapelle funéraire des Valois, à Saint-Denis. Il serait bien intéressant pour l'histoire de l'art de reconstituer dans le Musée national l'œuvre originale commandée par Catherine de Médicis, et il serait bien facile d'indemniser l'église Saint-Paul, en commandant, à un de nos grands statuaires contemporains, une décoration d'autel en harmonie avec l'édifice. Le *Christ ressuscitant* a été récemment déplacé, et ne paraît pas répondre complètement aux besoins religieux à la satisfaction desquels il a été affecté. Sa valeur est tout historique. Essayons de le démontrer.

On ignore généralement que le musée du Louvre possède, dans la salle des Anguier, deux marbres sculptés au seizième siècle. Ce sont deux hommes vêtus de costumes militaires romains dont l'un, couché sur le côté et appuyé sur son bouclier, semble s'éveiller subitement, et dont l'autre, renversé sur le dos, paraît, par un geste de la main, soustraire son visage à quelque apparition terrible. En voyant ces deux figures, si on a quelque notion de l'iconographie religieuse, on ne peut hésiter sur le sujet qu'elles représentent. Ce sont deux de ces soldats, gardiens du tombeau du Christ, que la sculpture, fidèle interprète des textes sacrés, a si souvent prosternés et comme affolés à l'aspect de Jésus ressuscitant. C'est donc à tort qu'il est universellement admis en France que les numéros 196 et 197 du catalogue des sculptures modernes nous montrent des prisonniers. Il suffit de jeter les yeux sur les gravures de ces marbres, exécutées directement d'après des photographies[1], pour y reconnaître, non pas des captifs désarmés et enchaînés, mais deux hommes parfaitement libres dans tous leurs mouvements. Leur attitude et leurs attributs justifient pleinement le rôle que nous croyons pouvoir leur assigner dans la scène de la résurrection de Jésus-Christ.

Quelle a été la source de l'opinion contraire ? Quels motifs ont pu lui donner l'occasion de se produire ? Je n'en sais rien ; néanmoins elle apparaît, depuis 1856, dans les diverses éditions du catalogue des sculptures modernes du musée, et elle a été adoptée par M. Albert Lenoir, dans sa *Statistique monumentale de Paris*. Ces deux ouvrages déclarent non seulement que les marbres n°ˢ 196 et 197 sont des captifs, mais encore que ces captifs proviennent du tombeau de Casimir, roi de Pologne. Il est facile de vérifier la valeur de cette seconde affirmation. Intact

---

1. Voyez les *Mémoires de la Société des antiquaires de France*, tome XXXVIII, année 1877, p. 98 et suiv.

encore au moment de la Révolution, le tombeau de Casimir s'élevait dans le bras gauche du transept de Saint-Germain des Prés. L'image du monument nous est parvenue dans son état primitif. Une planche de l'*Histoire de l'abbaye royale de Saint-Germain-des-Prés*, par dom

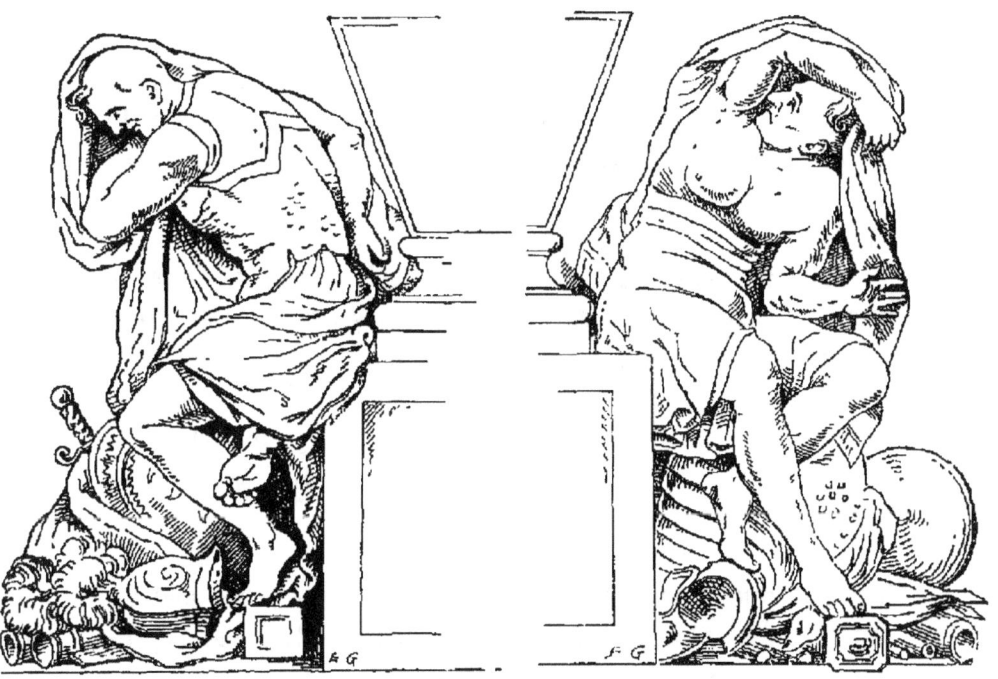

Esclaves du tombeau de Casimir de Pologne, d'après une gravure publiée par dom Bouillart.

Bouillart (pl. 12), reproduite par M. Albert Lenoir (*Statistique*, St-Germain des Prés, pl. xxxiv), nous fait voir les figures qui accompagnaient le tombeau de Casimir. « Aux angles » du tombeau, dit Piganiol (*Description de Paris*, tome VIII, p. 41 et 42), « sont des captifs enchaînés à des trophées d'armes, avec lesquels ils groupent et désignent les victoires remportées par ce prince sur les Turcs, les Tartares et les Moscovites. » L'estampe citée et partiellement reproduite ici nous les montre, non pas couchés sur le dos, mais placés latéralement au tombeau et assis dans la pose traditionnelle des esclaves. Or, par leur posture, par leurs gestes, par leurs costumes, ils diffèrent absolument des soldats de marbre exposés au Louvre sous les numéros 196 et 197. Donc ces derniers ne peuvent pas être l'œuvre des frères Marsy à qui est dû le reste du tombeau du roi de Pologne. Cette preuve, déjà satisfaisante, peut encore être fortifiée. Le tombeau de Casimir fut très maltraité à l'époque où on transforma l'abbaye de Saint-Germain des Prés en fabrique de salpêtre[1]. Seule, parmi les sculptures en ronde bosse du tombeau, la statue du roi de Pologne fut réservée [2], et Lenoir, en 1794, comme le constate son *Journal* des entrées au dépôt des Petits-Augustins, ne put recueillir que cette épave, avec le bas-relief représentant une bataille[3] et avec les marbres de l'encadrement. Les deux prisonniers, des frères Marsy, ayant disparu à l'époque de la Révolution, l'attribution actuelle est donc nécessairement inexacte.

Essayons de renouer le fil de la tradition trop longtemps interrompue. Ces statues ne sont pas tombées du ciel au musée du Louvre. Elles y arrivèrent, en 1821, venant précisément de ce musée des Petits-Augustins [4] où les prison-

1. Voyez *Musée des Monumens français*, t. V, p. 98, et l'article 325 du *Journal de Lenoir*, ainsi conçu : « Le 2 floréal an II, l'administration des poudres et salpêtres, établie à Saint-Germain-des-Prés, fait démonter tous les marbres de l'église Saint-Germain-des-Prés. Le 3 dudit, j'écris à cette administration de mettre le plus de soins possible dans son opération. » Consultez la correspondance, reproduite en note.
2. Voyez la planche 186 du tome V du *Musée des Monumens français*, p. 94.
3. N° 405 du *Journal de Lenoir*. — « Le 5 thermidor an II, reçu du citoyen Harnachard, agent de la Commune, de Saint-Germain-des-Prés, un bas-relief en plomb représentant une bataille, provenant du tombeau de Casimir, roi de Pologne. » Aucun autre fragment du tombeau n'entra depuis aux Petits-Augustins.
4. On lit dans un *État des objets d'art provenant de l'ancien Musée des Monuments français, et demandés par M. le Directeur des Musées royaux*

niers des Marsy n'étaient jamais entrés. Elles décoraient en 1816 le « Jardin Élysée » dessiné et planté par Lenoir. Le grand atlas des *Vues pittoresques et perspectives des salles du musée des monumens français, etc., gravées d'après les dessins de M. Vauzelle*, en fait foi. L'une était placée au-dessus du monument du connétable de Montmorency. On la voit dans une planche « dessinée par Vauzelle » et « gravée à l'eau-forte par Desault ». L'autre avait été utilisée dans un édicule élevé à la mémoire de Pomponne de Bellièvre et composé de divers fragments. On la reconnaît dans une planche « dessinée par Vauzelle », « gravée à l'eau-forte par Dormier ». C'est le soldat appuyé sur son bouclier [1].

Ni l'une ni l'autre de ces figures n'étaient de ces antiquités factices comme Lenoir en fit quelquefois fabriquer suivant les besoins de l'ornementation de son musée. Elles avaient la plus noble origine, et Lenoir leur donnait, non sans quelque raison, la plus glorieuse attribution. On lit en effet dans le *Journal de Lenoir*[2], à la date de germinal an IV : « Le 17 dudit — salle des Antiques (les mots qui suivent la date indiquent la provenance des objets) — reçu du citoyen Scellier (c'est le nom du marbrier qui transporta presque toutes les statues aux Petits-Augustins) deux bustes colossaux en marbre, plus un Christ et deux soldats par Germain Pilon. » Le Christ, œuvre dont le caractère rappelle bien le style de Germain Pilon, se trouve à l'église Saint-Paul, rue Saint-Antoine[3]. Il est bien certain qu'il

le 9 novembre 1821 : « N° du Catalogue : 349. — Deux soldats romains, en marbre, couchés, par Germain Pilon. — Sans destination. »
Dans l'Inventaire des sculptures du Louvre rédigé à l'époque de la Restauration, ces statues furent décrites sous les numéros 1592 et 1593 et attribuées à Germain Pilon.

1. Voyez dans notre tome II la reproduction de ces planches, p. 27 et 147.
2. N° 685 de mon édition du *Journal de Lenoir*.
3. Lenoir, *Musée des Monumens français*, t. V, p. 184 : « A Saint-Paul, une statue en marbre représentant Jésus au moment de sa résurrection, par

s'agit ensuite de nos deux soldats de marbre. En effet, Lenoir indiquant plus tard, en 1816, par ordre du ministre de l'intérieur, M. de Vaublanc, l'origine de toutes les pièces de son musée, s'est exprimé ainsi au sujet du monument composé en l'honneur de Pomponne de Bellièvre :

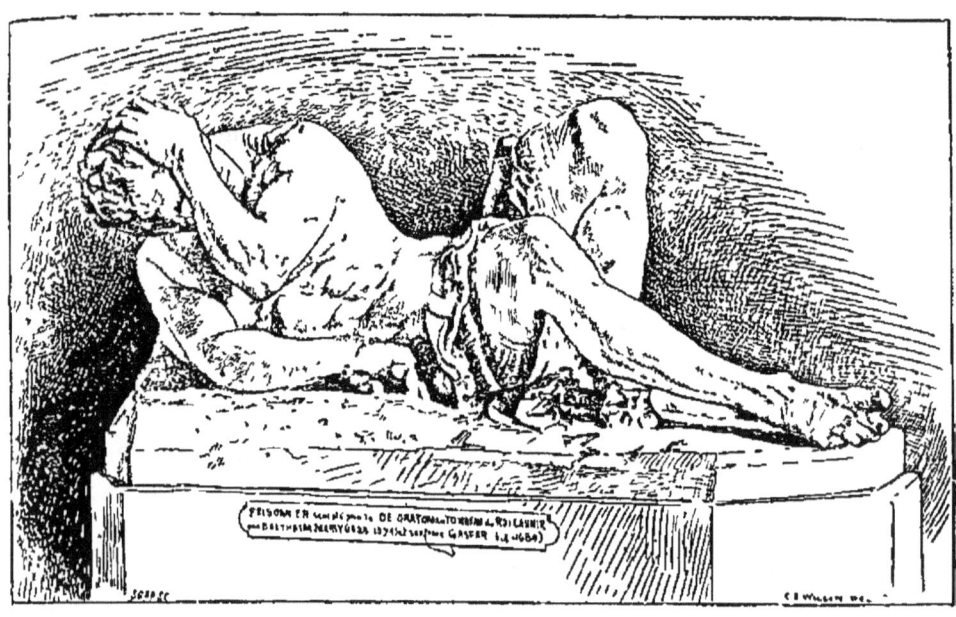

Figure destinée à décorer la chapelle des Valois à Saint-Denis.
(Musée du Louvre.)

« N° 159. — Ce beau monument d'architecture du seizième siècle a été acheté au propriétaire des matériaux du couvent de Saint-Anastase. Le buste en marbre représentant Pomponne de Bellièvre, que l'on voit dans une niche

Germain Pilon. » C'est le 1er brumaire an IX que ce marbre fut donné à l'église Saint-Paul. On lit, en effet, dans le *Journal de Lenoir*, n° 1110 de mon édition : « Le 1er brumaire an XI, autorisation pour remettre à la disposition de M. le curé de Saint-Paul : 1° une statue en marbre de Germain Pilon représentant Jésus-Christ ressuscitant; 2° une Mère de Douleur, aussi en marbre, provenant tous deux de la salle des Antiques. »

circulaire, vient de Saint-Germain-l'Auxerrois. Le soldat couché, exécuté en marbre blanc par Germain Pilon, placé au-dessus de la corniche, vient de la salle des Antiques, au Louvre. »

Plus loin, dans le même état adressé au même ministre, on lit : « N° 349. — De la salle des Antiques. — Deux statues en marbre et demi-couchées représentant (l'une) un soldat appuyé sur son bouclier, étude de Germain Pilon, placé au-dessus du monument d'architecture de l'hôtel d'O, Vieille rue du Temple. — Voy. le numéro 159. — L'autre soldat sculpté aussi en marbre, par le même auteur, est placé au-dessus de la chapelle d'Anne de Montmorency, qui est placée dans le jardin. » J'ai montré par les gravures, dans le tome II d'*Alexandre Lenoir, son Journal et le Musée des Monuments français* [1], l'usage que Lenoir avait fait de ces sculptures.

La bizarre disposition de ces deux statues, leur isolement réciproque, leur adaptation à des monuments pour lesquels elles n'avaient point été exécutées, n'entrèrent pas dans les premières intentions du fondateur du musée des Petits-Augustins. Ce fut la conséquence du don de la figure principale fait, en l'an XI, à l'église Saint-Paul. On voit dans le Catalogue du Musée des monuments français, éditions de l'an V, de l'an VI et de l'an VIII, comment les trois marbres avaient été placés originairement par Lenoir : « N° 124. — Un groupe en marbre blanc, composé de trois figures représentant la Résurrection du Christ. Pilon, dans cette exécution, étoit inspiré du style de Michel-Ange. Ce morceau précieux, quoiqu'imparfait, n'avoit jamais été placé. Je l'ai composé tel qu'on le voit dans le musée, en cherchant à me rapprocher des idées de son auteur. »

Il est donc absolument certain que les marbres n°s 199 et 197 du catalogue actuel du Louvre, groupés avec le

---

1. Pages 27 et 147.

marbre aujourd'hui à Saint-Paul, ont été recueillis par Lenoir et trouvés par lui dans la salle des Antiques, au Louvre, le 17 germinal an IV. D'où pouvaient-ils provenir antérieurement? Lenoir ne l'a pas dit. Mais Sauval, bien avant lui, avait prévu notre curiosité et l'a largement satisfaite. Écoutons ce qu'il nous apprend dans ses *Antiquités de la Ville de Paris*, sur ces figures qui, de son temps, étaient déjà au Louvre :

« On voit chés lui (M. Lerambert, garde des marbres du roi, dans le magasin des marbres du roi) cinq figures de marbre de Pilon : un Christ ressuscitant; deux soldats qui gardent le sépulchre; une Vierge et un saint François..... Toutes ces figures doivent entrer dans le sépulchre des Valois, mais la disposition n'en est pas sue.... Les soldats de Pilon sont très bien maniérés et sentent tout à fait leurs gros coquins. La tête de son Christ a une très belle attitude; le bras droit est un peu trop court, les jambes trop menues et les pieds trop décharnés pour un grand corps.... La terre ou les modèles des trois figures précédentes se voyent à Saint-Étienne, derrière le chœur [1]. »

Voici maintenant ce que Sauval disait des modèles en terre cuite qui décoraient l'église de Saint-Étienne du Mont : « Le Sépulchre et la Résurrection [2] de Jésus-Christ

1. *Histoire et recherches des antiquités de la ville de Paris*, t. III, p. 16 et 17.
2. Ces deux ouvrages sont également donnés à Germain Pilon par d'Argenville (*Vies des fameux sculpteurs*, p. 116). Les deux groupes recueillis par Lenoir (*Notice succincte* de 1793, nos 186 et 188) à Sainte-Geneviève — c'est-à-dire à Saint-Étienne du Mont, ainsi nommé par décret du 11 février 1791 — ont été exposés quelque temps, de 1795 à 1803, au musée des Monuments français, sous le numéro 123 du Catalogue, dans les diverses éditions de l'an V à l'an XI. Ils furent réclamés en 1806 par l'église d'Arpajon, ainsi que cela résulte de la lettre suivante :

« Paris, le 29 décembre 1806.

« *Alexandre Lenoir, administrateur du Musée des Monumens français, à Son Excellence le ministre des cultes.*

« Monseigneur, malgré la bonne volonté où je suis de satisfaire à la demande que vous me faites de procurer à la commune d'Arpajon des matériaux en

ne sont pas aussi des moindres ouvrages de ce sculpteur (Pilon) ; et les jambes de ce Christ ressuscité sont mieux proportionnées sur cette terre cuite que sur le marbre que l'on en voit dans le Louvre ; mais, en l'une et en l'autre, elles pèchent toujours en trop : le corps du Christ est fort beau, aussi bien que la tête ; la poitrine fort musclée, fort puissante ; et, si le tout étoit porté sur des pieds et des jambes moins tendres et moins maigres, ce seroit un des chefs-d'œuvre de Pilon[1]. »

C'est toujours quelque chose de très considérable qu'une affirmation de Sauval qui a eu à sa disposition toutes les archives de la chambre des comptes ; mais son opinion a ici une valeur toute particulière. Arrêtons-nous donc pour discuter un témoignage aussi important.

Tout d'abord on peut savoir approximativement l'époque où fut rédigé le passage de l'*Histoire et recherches des Antiquités de la Ville de Paris* cité plus haut. Le « Mʳ Lerambert », dont il est question, ne peut être que Louis Lerambert, le sculpteur membre de l'Académie, sur lequel

marbre propres à réparer son église, il m'est pénible de ne pouvoir remplir vos intentions avec toute la latitude qu'un zèle religieux et bien entendu peut inspirer. Déjà j'ai délivré un grand nombre d'objets inutiles aux arts qui étoient dans le Musée des Monumens français et qui cependant font aujourd'hui l'ornement des temples où ils sont. Il ne me reste plus rien de disponible. Cependant, Monseigneur, je puis vous offrir pour la commune d'Arpajon un devant d'autel en marbre rance, bien travaillé, le seul qui me reste, ainsi que deux groupes en terre cuite de Germain Pilon, représentant la Sépulture de Jésus-Christ et sa Résurrection, que cette commune devra faire restaurer. Je vous prie, Monseigneur, de vouloir bien adresser la demande de ces objets à Son Excellence le ministre de l'intérieur, qui sans doute me fera donner les ordres convenables pour les délivrer à la commune d'Arpajon. Salut et respect.

« LENOIR. »

Dans l'édition du Catalogue datant de 1806, les deux groupes ne figurent plus sous le numéro 123, et Lenoir (*Musée des Monumens français*, t. VIII, p. 183) a constaté, en 1822, qu'ils avaient été remis à l'église d'Arpajon. C'est en vain que je suis allé les chercher dans cette commune, ainsi que dans l'église de Saint-Germain, près d'Arpajon (Seine-et-Oise).

1. Choses remarquables dans Saint-Etienne (*Histoire et recherches des antiquités de la ville de Paris*, t. Iᵉʳ, p. 407).

Guillet de Saint-Georges [1] et d'Argenville [2] nous ont fourni de curieux renseignements malheureusement tous à contrôler [3]. Or, Louis Lerambert, qui succéda à Simon, son père, comme conservateur des Antiques [4], n'obtint la garde du grand magasin des Antiques que le 4 avril 1653 [5], et sa charge lui fut retirée en 1663 [6]. C'est donc de 1653 à 1663 que Sauval, traité de « jeune homme » par Gui Patin, dans sa lettre CVII, adressée à Charles Patin, le 16 novembre 1655, et dont le privilège pour imprimer son ouvrage, sous le nom de *Paris ancien et moderne*, est daté de 1654 [7], put voir chez ce Lerambert les marbres qu'il signale.

Je viens d'indiquer ce que la parole de Sauval empruntait d'autorité aux documents d'archives qu'il avait consultés. Mais ici nous avons une double garantie de son exactitude. Sauval connaissait évidemment le fonctionnaire chargé de conserver les marbres du roi, et nous savons de bonne source qu'à ce moment le poste était rempli par un homme intelligent et très éclairé. En parlant comme il l'a fait, Sauval était donc l'écho des traditions de la garde des Antiques du Louvre. Bien plus, par une circonstance particulière, ce Lerambert était personnellement en mesure de fournir à ce sujet les meilleurs renseignements. En effet, il appartenait à une nombreuse dynastie d'artistes qui, depuis un siècle, étaient occupés et pensionnés par le roi de France. Non seulement son père, Simon Lerambert [8], et

---

1. *Mémoires inédits sur la vie et les ouvrages des membres de l'Académie de peinture et de sculpture*, t. 1er, p. 330 à 336.
2. *Vies des fameux sculpteurs*, p. 172 à 179.
3. Jal, *Dictionnaire de biographie et d'histoire*, p. 775.
4. D'Argenville, *Vies des fameux sculpteurs*, p. 172.
5. *Archives de l'Art français*, t. III, p. 234.
6. D'Argenville, *Vies des fameux sculpteurs*, p. 175.
7. Le P. Lelong, *Biblioth. hist. de la France*, t. III, p. 335, n° 34,427.
8. *Archives de l'Art français*, t. III, p. 233. — D'Argenville, *Vies des fameux sculpteurs*, p. 172. Simon Lerambert était fils de Germain Lerambert; voy. Jal, *Dictionnaire de biographie et d'histoire*, p. 777.

probablement son grand-oncle, Louis Lerambert [1], étaient, comme lui, gardes des Antiques et sculpteurs du roi, logés au Louvre, mais son arrière-grand-père ou ses grands-oncles avaient précisément travaillé pendant fort longtemps à la décoration de la sépulture des Valois à Saint-Denis [2]. Où donc, mieux qu'au Louvre, pouvait-on, vers le milieu du quinzième siècle, trouver des renseignements précis et des traditions sérieuses sur le point d'histoire qui nous occupe?

Les Comptes des bâtiments du roi, publiés tant dans la *Renaissance des Arts à la cour de France* que dans les nouveaux volumes imprimés par M. de Laborde et édités par la Société de l'Art français, ne peuvent nous fournir aucun renseignement confirmatif, à cause des nombreuses lacunes que présentent ces comptes à partir de 1570. Nous serions donc obligés de nous en tenir à la parole de Sauval, si M. de Boislisle n'avait inséré son intéressant article sur la chapelle des Valois, à Saint-Denis, dans les *Mémoires de la Société de l'histoire de Paris*. Dans un inventaire, rédigé par Médéric de Donon, fait tant à Paris qu'à Saint-Denis, lors de l'interruption des travaux, en 1572, on lit (tome III des *Mémoires*, p. 251) que Germain Pilon avait entre les mains, au logis des Étuves, à la pointe de l'île, « une figure de marbre blanc de Jesus-Christ ressuscité, contenant VII piedz de haulteur sur III piedz de large, avec deux Juifz aux costez de pareille haulteur s'ilz estoient debout, pour servir à ladicte sépulture ». Sauval savait et disait la vérité. On ne peut plus douter de son allégation.

1. *Archives de l'Art français*, t. III, p. 228, 230, 231, 232.
2. Sur les deux Louis Lerambert, l'aîné et le jeune, Jean, Henri et François Lerambert, voyez la *Renaissance des Arts a la cour de France*, p. 388, 389, 397, 407, 418, 424, 430, 513, 517, 527, 534, — p. 406, — p. 526, — p. 402, 456, 527; les *Archives de l'Art français*, t. II, p. 196 à 198; les *Nouvelles archives de l'Art français*, année 1876, p. 22 et 23; les *Mémoires de la Société de l'histoire de Paris*, t. III, p. 248. Sur Germain et Nicolas Lerambert, voyez Jal.

Rien de plus facile à expliquer que le passage des statues de Saint-Denis à Paris, en admettant qu'elles aient un seul instant quitté Paris et n'aient pas été portées directement de l'atelier des artistes au magasin des marbres du roi. M. de Boislisle a fait voir dans quel abandon tomba rapidement la construction élevée par Catherine de Médicis. Le monument, qui menaçait ruine avant d'avoir été terminé, ne put jamais recevoir sa décoration intérieure et fut définitivement condamné par arrêt du Conseil d'État du 24 mars 1719. A ce moment, le tombeau de Henri II fut placé dans la basilique de Saint-Denis ; mais, bien longtemps avant cette date, comme l'atteste Sauval, la salle des Antiques avait offert un asile aux marbres sculptés de la chapelle funéraire qui demeuraient sans emploi. C'est là que vinrent toutes les statues que M. de Boislisle nous a montrées entre les mains de Germain Pilon et dans ses divers ateliers [1]. C'est là que Sauval, après avoir signalé le Christ et les deux soldats, indique encore une Vierge de Piété en marbre, un saint François en marbre, un corps gisant représentant Catherine de Médicis et un Christ mort qui pourrait bien n'être qu'un « gisant [2] ». C'est toujours là que Thiéry [3] nous fait remarquer, en 1787, la présence du saint François et de la Mère de Pitié. Enfin, c'est dans la salle des Antiques que Lenoir a recueilli les autres épaves de la décoration sculptée de la chapelle des Valois, qui ne lui étaient pas arrivées directement de Saint-Denis [4].

On aurait tort d'objecter que les termes de l'inventaire de Médéric de Donon « deux Juifz » ne concernent pas les deux soldats n°s 196 et 197 et ne suffisent pas à les désigner. Il est bien certain qu'au seizième siècle, dans l'inter-

---

1. *Mémoires de la Société de l'histoire de Paris*, t. III, p. 273 et 274.
2. Voyez plus loin ce que nous disons de ce monument.
3. *Guide des Amateurs et des Etrangers voyageurs à Paris*, t. Ier, p. 336.
4. Articles 660, 686, 692 du *Journal de Lenoir*, et n° 349 du Catalogue du Musée des Monumens français, de 1806 à 1815.

prétation pittoresque, on ne s'écartait pas des textes formels de l'écriture sainte et qu'une scène sculptée de la Résurrection du Christ n'a jamais pu comporter d'autres témoins agissants que les soldats préposés à la garde du tombeau. Je crois donc n'avoir pas perdu la trace des objets dont je veux établir la provenance et, comme un limier qui prendrait le contre-pied de la bête chassée, être remonté jusqu'au gîte qui l'abrita originairement. Les deux soldats renversés, qualifiés improprement du nom de Juifs, étaient en 1572, au logis des Etuves, à la pointe de l'île, dans l'atelier de Germain Pilon.

Mais, jusqu'à présent, on n'a allégué que des preuves intrinsèques, et, en matière d'histoire de l'art, il ne faut jamais négliger celles qui résultent de l'examen des œuvres elles-mêmes. Ces preuves de style, dans ma pensée, dominent toutes les autres, et rien n'est établi si tout n'est pas ratifié par elles. Un texte ne saurait convaincre l'esprit quand les yeux protestent. La première question que tout lecteur érudit me posera est donc celle-ci : Les deux soldats que vous prétendez retrouver dans l'inventaire du seizième siècle trahissent-ils l'époque où ils auraient été exécutés? Après mûr examen, je crois pouvoir répondre affirmativement. Les deux marbres doivent être attribués, par le style général et par l'exécution, au seizième siècle. Sans doute les statues sont lourdes, courtes, à peine dégrossies sur certains points, mais on y sent une énergie et une puissance qu'on ne retrouverait pas sous le débile ciseau de l'école académique du dix-septième siècle, à laquelle, contre toute vraisemblance, elles ont été trop longtemps attribuées. Quelques détails d'ornementation rappellent tout à fait le génie décoratif de la Renaissance. Le casque à bordure laurée, porté par l'un des soldats, date bien, par son caractère, du seizième siècle. On remarque un casque de même forme sur la tête de Henri IV, dans le plâtre d'un buste colossal, naguère à Fontainebleau, et actuellement au Louvre, dans la salle des Archives. Le cothurne de l'un des soldats, décoré de mufles de lion, affecte précisément la forme des chaussures portées par le *Mars* de la cour du Louvre, par le *Zaleucus* et les deux soldats soutenant des trophées du jardin de l'École des Beaux-Arts (Clarac, *Musée de sculpture*, pl. 21, 22 et 25). La palmette dessinée sur ce cothurne donne, à cette imitation d'une pièce du costume antique, un caractère particulier qui est bien celui de la Renaissance.

Il faudra, je crois, admettre désormais que ces deux marbres datent du seizième siècle et qu'ils ont bien l'origine que j'ai indiquée plus haut. Maintenant faut-il aller jusqu'au bout et affirmer, avec Lenoir, qu'ils sont l'œuvre de Germain Pilon? Sans doute, Lenoir et, avant lui, Sauval ont parlé d'après des traditions très sérieuses, auxquelles le texte, récemment publié par M. de Boislisle, est venu prêter bien des apparences de vérité. Sans doute, le Christ ressuscitant, qui était le morceau capital de la composition, rappelle la manière de Germain Pilon, en même temps qu'il révèle une certaine recherche et comme une préoccupation du goût dominant alors dans l'école italienne. Sans doute, Médéric de Donon dit bien positivement que les *deux Juifz* étaient, en 1572, dans l'atelier de Germain Pilon. Cependant, je suis invinciblement porté à reculer devant une conclusion aussi radicale que celle de Sauval et de Lenoir. D'abord une pièce de sculpture peut être rencontrée dans l'atelier d'un artiste sans être nécessairement sortie de sa main. Et puis nos deux statues présentent une rudesse, un parti pris de lourdeur, d'exagération dans le traitement de l'anatomie qui conviennent bien peu à l'auteur délicat des trois Grâces, qui contrastent profondément avec l'élégance un peu affadie, avec la nonchalance dans le jet des longues draperies soyeuses qui sont habituelles au sculpteur de Catherine de Médicis. Certainement Germain Pilon a connu le plus grand style, le pathétique le plus élevé et le plus grandiose, et la merveilleuse statue agenouillée de Birague — qui n'est pas assez admirée — en est la preuve. Certainement, vers la fin de sa vie, il a singulièrement agrandi sa manière, et l'imitation de Michel-Ange, sensible déjà dans le Christ de Saint-Paul, est évidente dans le marbre de la *Vierge de douleur* de la même église. Mais ce n'est pas par la brutalité, par la négligence des détails, par la vigueur à outrance que se distingue le style de ses dernières années. Peut-on concilier la tendance à l'allongement, l'énergie, réelle mais contenue et adoucie dans la forme, qui caractérisent toujours sa sculpture, avec ce raccourcissement systématique de tous les membres, avec ces biceps exagérés, ces veines gonflées, ces mains calleuses, en un mot, avec cette violence traduite si vulgairement?

Il ne serait pas absolument invraisemblable, je le sais, de supposer que Pilon, pour complaire à sa puissante protectrice, qui rêvait de posséder à Saint-Denis un nouveau San Lorenzo, ait voulu faire, sur commande, du faux Michel-Ange, et qu'il ait ainsi produit les marbres que nous examinons. Mais, avant de s'arrêter à cette hypothèse extrême, ne paraîtrait-il pas bien plus naturel de penser que Pilon a pu avoir des collaborateurs dans l'œuvre si complexe de la décoration sculptée de la chapelle des Valois, et que quelque Italien, imbu des doctrines avancées de l'école, a pu être chargé de tailler, sous sa direction, les figures accessoires d'un autel dont la figure principale était seule réservée à son ciseau? Nous savons pertinemment que, même dans le tombeau proprement dit de Henri II, une partie des sculptures n'était pas de Pilon [1]. On arriverait ainsi, sans trop d'invraisemblance, à imputer la paternité de ces ouvrages

---

1. Voyez les Comptes des bâtiments dans la *Renaissance des Arts à la Cour de France*, et le résumé qu'en donne M. de Boislisle dans les *Mémoires de l'histoire de Paris*, t. III, p. 283.

de marbre à quelque artiste, de style à la fois vulgaire et exaspéré, comme il a pu s'en trouver un dans l'atelier de l'auteur des figures d'Albert Pie, prince de Carpi, et de Blondel de Roquencourt [1].

Quoi qu'il en soit, je demande la permission de ne pas conclure plus absolument. Les deux sculptures que j'ai étudiées ne peuvent pas être les captifs taillés au dix-septième siècle, par les frères Marsy, pour le tombeau de Casimir. Elles furent exécutées avant 1572 et étaient destinées à décorer, avec le Christ de Germain Pilon (aujourd'hui à Saint-Paul), un des autels de la chapelle funéraire des Valois. Intéressantes au point de vue de l'histoire, ces figures sont loin d'être à recommander à l'admiration des artistes. Leurs défauts paraîtront encore plus choquants maintenant qu'on connaît l'époque de leur exécution. Qu'on veuille bien nous pardonner ce résultat regrettable de nos recherches. Ce n'est pas notre faute si l'indifférence des générations précédentes en matière de sculpture moderne nous a laissé plus d'erreurs à corriger que de chefs-d'œuvre à signaler à l'attention du public.

Dans la note qui précède et qui fut publiée pour la première fois en 1878, je soutenais, on vient de le voir, que les soldats conservés aujourd'hui au Louvre ne pouvaient provenir du tombeau de Saint-Germain des Prés parce qu'ils différaient absolument des deux figures militaires qui accompagnaient le sarcophage du roi de Pologne et dont l'image nous avait été transmise par une estampe insérée dans l'histoire de l'abbaye Saint-Germain de dom Bouillart. Cette preuve m'avait paru suffisante; et, à ceux

---

[1]. M. G. Perrot, dans une séance de la Société des antiquaires de France, a bien voulu me faire remarquer l'analogie qu'il trouvait entre les deux soldats du Louvre et certaines sculptures de la décadence florentine, notamment avec les figures de V. Rossi et de V. Danti qui garnissent aujourd'hui la vaste salle du premier étage au musée du Bargello, à Florence.
Cf. Éméric David, *Histoire de la sculpture française*, p. 156.

qui me demandaient ce qu'étaient devenus les monuments originaux, je répondais, à l'aide de documents d'archives, qu'ils avaient été brisés. Les travaux entrepris autour de l'église Saint-Germain des Prés pour l'établissement du

Esclave provenant du tombeau de Casimir de Pologne.
(Musée municipal de l'Hôtel Carnavalet.)

nouveau boulevard et de la place voisine viennent fournir à ma démonstration une preuve plus évidente encore. On a découvert dans les déblais les débris des deux figures de soldats du tombeau de Casimir. Une photographie, dont la gravure accompagne ces lignes, reproduit le fragment principal. C'est la moitié inférieure du corps du soldat qui se trouvait placé à droite du tombeau. Ce fragment sert à prouver, cette fois, d'une manière matérielle et définitive, que la gravure de dom Bouillart était très exacte et que le monument, conservé aujourd'hui à l'hôtel Carnavalet et dont l'existence m'a été signalée par M. de Champeaux, inspecteur des Beaux-Arts de la ville de Paris, ne peut pas se rencontrer en même temps au Musée du Louvre, comme on l'avait cru précédemment.

Ces deux monuments, reconnus désormais pour ce qu'ils sont, ne devront pas rester plus longtemps confondus avec les monuments de la première moitié du dix-septième siècle.

XVI

La salle des Anguier détient encore illégitimement une œuvre capitale qu'elle devra restituer à celle des salles voisines qui est destinée à renfermer les travaux de l'école italienne. Je veux parler du buste de Jean de Bologne, indiqué par M. de Boislisle comme ayant appartenu à Richelieu[1]. C'est le numéro 68 du catalogue de la sculpture de la Renaissance. Attribué à Francheville, il est ainsi décrit, sans autre indication de provenance que celle des Petits-Augustins : « Jean de Bologne : le front est très dégarni de cheveux, la barbe longue retombe sur la poitrine. Buste. Hauteur, 0ᵐ,700. La tête est de bronze, le corps d'albâtre. Le piédouche de marbre porte le nom gravé en creux, J. DE BOVLONGNE. »

Lenoir nous a appris comment cette sculpture était entrée dans le musée des Petits-Augustins. On lit dans le *Musée des Monumens français*, t. VIII, p. 184, et dans le *Journal de Lenoir*, t. Iᵉʳ, p. 190 : « Nᵒ 363, Jean de Bologne, buste en bronze et marbre, acheté à M. Cailar, marchand de

---

1. Voyez une communication faite par M. de Boislisle à la Société des antiquaires de France, le 3 mai 1882, et les documents publiés par le même savant dans les *Mémoires* de cette Société.

tableaux. » Cailar et Lenoir ignoraient la provenance antérieure d'un monument recueilli par eux au milieu des ruines de la Révolution, ou tous deux, peut-être, s'ils la connaissaient, avaient intérêt à taire une origine qu'ils pouvaient croire compromettante. A qui n'a rien à redouter de la vérité il sera facile de suivre la piste de l'objet sous l'ancien régime. Ce monument, avant la Révolution, était placé au Palais-Royal et a été signalé dans le *Dictionnaire historique de la ville de Paris*, par Heurtaut et Magny, en 1779, t. III, p. 735. Le buste de Jean de Bologne, dans une salle du palais du duc d'Orléans, faisait pendant à une Muse et se trouvait près du portrait peint de Louis de la Trémouille qui provenait de la fameuse galerie des hommes illustres[1]. Etablir que ce monument a été au Palais-Royal pendant le dix-huitième siècle, c'est démontrer que c'est bien celui qui provenait de Richelieu. En effet, tout le monde sait que le Palais-Royal, appelé d'abord palais Cardinal, fut donné par Richelieu à Louis XIII, et ensuite par Louis XIV à Philippe d'Orléans, qui le transmit à sa famille.

Ce buste de Jean de Bologne, dont la provenance historique est déjà si honorable, possède au point de vue de l'art une origine plus glorieuse encore. L'œuvre est belle, vivante, magistrale. La physionomie du vieil artiste, qui par

---

1. Voici, d'après Piganiol, *Description historique de la ville de Paris*, 1765, t. II, p. 320, et d'après le *Dictionnaire historique de la ville de Paris*, t. III, p. 734, ce qu'était cette galerie du Palais-Royal : « La galerie des hommes illustres régnoit le long de l'aile gauche de cette seconde cour. Ce grand et magnifique morceau avoit été décoré avec bien de la dépense et bien du soin ; mais, dans ces derniers tems, il avoit été si négligé qu'en 1727 on fut obligé de le détruire, et on a fait des appartemens en sa place. Cette galerie était de l'invention du cardinal de Richelieu, qui fit lui-même le choix des héros qui y étoient peints, et qui ordonna qu'on les plaçât dans l'ordre ou nous les avons vus. Ces portraits des illustres François, au nombre de vingt-cinq, avoient été peints par Philippe Champagne, Simon Vouet, Juste d'Egmont et Poerson. Chacun étoit accompagné de deux bustes de marbre blanc, dont la plupart étoient antiques », etc.

son influence a retardé si longtemps la décadence en Italie, est rendue avec une noble simplicité. Cette simplicité n'était guère de mode en ce moment dans une école éprise

Jean de Bologne
Sculpté en 1608 par Pietro Tacca, sous l'influence directe de son maître
(Provenant des collections du cardinal de Richelieu. — Musée du Louvre.)

d'un style grandiose, au point de devenir brutale, et énervée par les raffinements d'une élégance pleine de prétention. De tous les imitateurs et continuateurs de Michel-Ange, je n'en connais pas beaucoup qui fussent capables à cette heure de modeler avec si peu d'emphase cette douce et large tête. On peut dire sans exagération que ce portrait est un chef-d'œuvre ; et puisque nous savons, par le personnage qu'il représente, à quelle école et même à quel atelier il appartient, il paraît plus naturel de l'attribuer au maître qu'à un de ses élèves. A la suite de Lenoir[1], on l'a donné jusqu'à présent à Francheville, mais sans aucune espèce de vraisemblance, et uniquement parce que Francheville a été en France le continuateur de Jean de Bologne, et qu'il est resté chez nous le plus connu de ses disciples. La manière sèche, étroite et maigre de Francheville, très facile à constater dans les œuvres si nombreuses que renferme le Musée du Louvre, proteste contre cette attribution. Il faudrait une preuve en due forme pour faire honneur de cette souple et libre sculpture à l'auteur du froid et prétentieux *Orphée*, du *David* distrait et pédant, des esclaves maniérés et tortillés du piédestal de la statue d'Henri IV. C'est donc au maître lui-même que tout d'abord nous attribuerions volontiers ce portrait d'une expression si calme et si sereine, d'une exécution si large et si sûre. Cependant, si cette proposition, dépourvue de garantie documentaire, n'était pas acceptée, désirant ne pas nous enfermer dans un cercle trop étroit et pour élargir le terrain sur lequel nous prétendons combattre, nous nommerions immédiatement Pietro Tacca, qui fut certainement le plus éminent des successeurs de l'artiste, celui qui conserva le mieux son noble style sans l'exagérer et qui sut prudemment rester jusqu'au bout en contact avec la nature. Jean de Bologne ou Pietro Tacca, voilà les seuls auteurs vraisemblables de cet ouvrage. Il faut tout au plus laisser à Francheville le mérite d'avoir sculpté le pourpoint de marbre qui soutient

---

[1]. *Musée des Monumens français*, t. IV, p. 145. « Le buste en marbre et en bronze numéroté 563 », dit Lenoir, « représente Jean de Bologne, sculpteur et architecte, né à Douai en 1524. Ce buste, que l'on croit être de Francheville, son élève, dont j'ai parlé plus haut, est fait de main de maître. La tête est noble et porte un grand caractère. »

la tête de bronze et d'avoir peut-être apporté le bronze en France.

Les portraits de Jean de Bologne sont fort rares. Baldinucci, *Notizie de' professori del disegno*, tome VIII, page 152, n'en cite que deux. Ce sont deux tableaux dont l'un fait actuellement partie des collections du Musée du Louvre, n° 302 du catalogue de l'École italienne[1]. Les gravures qui découlent de ces peintures ne suffisent pas à nous transmettre une image absolument définitive de Jean de Bologne et ne nous donnent pas sa physionomie dans son extrême vieillesse. Le buste du Musée de la Renaissance au Louvre est donc d'une grande valeur. Rien de plus facile que d'expliquer pourquoi la France serait seule à posséder le portrait sculpté de cet artiste. On peut connaître le cas que Richelieu faisait des œuvres de Jean de Bologne[2] et on sait qu'il possédait la série des statuettes dans son cabinet. De plus, l'attention de l'homme d'État avait été fatalement attirée sur le sculpteur par la politique elle-même. Depuis François Ier, c'était la noble manie des rois de France de s'adresser aux premiers sculpteurs de l'Italie pour leur demander des statues équestres. François Ier, après la mort de Léonard de Vinci, avait fait venir en France le meilleur statuaire de ses élèves, Rustici, qui fondit à Paris le *Cheval de bronze*[3]. Catherine de Médicis, sur le refus de Michel-Ange, avait commandé à Daniel de Volterre la statue de Henri II[4], dont le cheval fut plus tard utilisé dans le monument érigé à Louis XIII sur la place

---

1. N° 307 du catalogue Villot.
2. Voyez le *Bulletin de la Société des antiquaires de France*, séance du 3 mai 1882, et les documents publiés par M. de Boislisle dans les *Mémoires* de la même Société.
3. Vasari, *Le Vite*, dernière édition, t. VI, p. 619. — Marquis Léon de Laborde, les *Comptes des Bâtiments du Roi*, t. II, p. 200, 201, 210, etc. — Baldinucci, *Notizie de' professori del disegno*, t. VI, p. 42. — *Revue universelle des arts*, t. III, p. 376.
4. Vasari, *Le Vite*, t. VII, p. 66 et 67.

Royale[1]. Jean de Bologne avait été chargé de modeler et fondre la statue de Henri IV[2], et, longtemps après la mort du modèle et du sculpteur, c'est sous Louis XIII que Richelieu avait vu ériger le monument sur le Pont-Neuf et avait concouru à sa décoration[3]. Richelieu avait donc toutes sortes de raisons pour apprécier avantageusement le talent de Jean de Bologne, et les relations qu'il dut avoir à la cour de France avec les Francheville et les Bordoni, quand ceux-ci achevèrent à Paris l'œuvre commencée à Florence, lui procurèrent facilement les meilleures occasions de satisfaire son goût. Ce portrait de Jean de Bologne, dans les dernières années de sa longue vieillesse, étant vraisemblablement sorti d'Italie avec les élèves du sculpteur qui terminèrent et installèrent en France la statue de Henri IV, il est naturel de le retrouver quelques années plus tard à Paris, dans les mains de l'amateur passionné qui eut, comme ministre, à employer précisément les disciples de Jean de Bologne, collaborateurs de ses derniers travaux.

La notice qui précède, et que, dès 1882[4], j'avais consacrée au buste de Jean de Bologne, a eu l'honneur d'avoir quelques lecteurs, mais n'a pas eu le bonheur de les convaincre

1. *Notice sur l'ancienne statue équestre, ouvrage de Daniello Ricciarelli et de Biard le fils, élevée Louis XIII en* 1639, par Anatole de Montaiglon. Paris, 1854, in-8.
2. Baldinucci, *Notizie de' professori del designo*, t. VIII, p. 144 et suiv.
3. On lit dans Sauval, *Histoire et recherches des antiquités de la ville de Paris*, t. Ier, p. 236, à propos de la statue de Henri IV sur le Pont-Neuf : « Le cardinal de Richelieu, en 1635, fit garnir les faces de ce pied d'estal de cinq bas-reliefs de bronze qui, comme autant de tableaux, nous font voir les cinq principales conquêtes du grand roi, et qu'on regarde bien d'un autre œil que les captifs de Bourdon et de Francaville ; ils furent distribués entre Boudin, Bourdon et Tremblay... C'est encore par l'ordre et les soins de ce premier ministre que cette figure équestre fut accompagnée au pourtour d'un quarré et massif de maçonnerie qui avance tout entier dans le canal de la rivière et dont les encoigneures sont faites en bossages rustiques. »
4. *Bulletin des antiquaires de France*, année 1882, p. 220 et suiv., et publiée à part, format grand in-8, sous ce titre : *Quelques sculptures de la collection du cardinal de Richelieu, aujourd'hui au musée du Louvre*, Paris.

tous. Un livre récent sur le grand artiste douaisien, publié par M. Abel Desjardins, contient le passage suivant[1] : « Dans la brochure qui a pour titre : *Quelques sculptures de la collection du cardinal de Richelieu*, M. Louis Courajod, après avoir apprécié à toute sa valeur le beau buste qui se trouve au Musée de la Renaissance au Louvre, et qui représente Jean de Bologne dans sa vieillesse, s'élève contre l'opinion généralement admise qui attribue ce buste à Francheville. Il déclare que cet artiste était incapable d'exécuter une pareille œuvre. Jean de Bologne lui-même, dit-il, ou Pietro Tacca, voilà les seuls auteurs vraisemblables de cet ouvrage. Ce n'est là qu'une présomption dénuée de preuves. »

Au point de vue étroit où il a voulu se placer, M. Abel Desjardins avait raison en 1882. A cette époque, mon attribution, appuyée uniquement sur des considérations esthétiques, manquait de preuves matérielles. Ces preuves-là je suis loin de les dédaigner, mais j'avais cru qu'à leur défaut je pouvais me contenter de preuves morales, non moins éloquentes pour des yeux expérimentés. Il faut bien admettre qu'en fait d'art tout ne se passe point par-devant notaires et ne se juge pas, comme en justice, sur dossier. Un chef-d'œuvre longtemps interrogé, comparé et confronté avec toutes les pièces similaires, vous en dit plus long sur ses origines que tous les papiers d'archives compulsés loin de lui. Enfin les maîtres se révèlent, sans l'intermédiaire du document, à ceux qui les recherchent avec opiniâtreté et les étudient avec amour. Soumis à une sorte d'évocation ils *apparaissent* quelquefois à leurs dévots.

Cependant, arrière les revenants! Rentrons chez les notaires et dans le domaine de la froide dialectique. J'admets que j'avais tort de deviner : c'est un jeu trop dangereux. Ma proposition n'était, en 1882, comme me l'a dit

---

[1]. Abel Desjardins, *Jean Bologne*, p. 184.

mon honorable contradicteur, « qu'une présomption dénuée de preuves » ! Soit ! je m'incline ; mais je réponds immédiatement que, depuis la publication du livre de M. Desjardins, j'ai des preuves matérielles et que ces preuves qu'il réclame c'est lui maintenant qui me les fournit. On va voir qu'il est imprudent de dépouiller les archives sans méfiance et de livrer à la publicité ces textes —fussent-ils découverts par d'autres — sans les avoir médités ni interprétés. Car je pense que je puis ajouter foi entière à des autorités gravement définies comme il suit par un sévère et exact historien : *Arch. med. Cart. di Ferdinando 1, filza* 279[1]. Or, à cette source documentaire, M. Desjardins puise le passage suivant de son ouvrage : « Une lettre de Tacca, à la date du 22 janvier 1608, nous apprend qu'il était chargé d'EXÉCUTER LE BUSTE DE L'ILLUSTRE VIEILLARD, alors installé au *Riposo*, où, à cause de la rigueur de la saison, il gardait la chambre, et où il était l'objet des soins les plus affectueux. »

M. Desjardins, en écrivant cette phrase, ne se doutait pas du concours inespéré qu'il apportait à ma théorie. Il rectifiait lui-même inconsciemment, et cependant beaucoup mieux que moi, l'erreur traditionnelle et se chargeait d'établir, sur pièce justificative, l'état civil de notre buste du Louvre. Il nous a fait en quelque sorte assister aux séances dans lesquelles la sculpture fut modelée. Je ne saurais jamais le remercier assez d'avoir changé en certitude la modeste « présomption » qui l'a d'abord si fort scandalisé.

La situation est dès maintenant retournée. De l'attribution persistante à Pierre Francheville[2] il ne reste rien, pas

---

1. *Jean Bologne*, p. 52. « Depuis que Franqueville était rentré en France, Pierre Tacca était devenu son élève le plus cher et le plus distingué. Il ne quittait pas le maître et lui servait de secrétaire, » ajoute M. Desjardins. Quel concours de preuves pour justifier notre proposition !

2. M. Desjardins qui n'admettait pas sans papiers d'archives l'attribution du buste à Tacca, est moins difficile pour son ami Francheville; il dit, p. 54

même une « présomption ». Si par hasard un document établissait jamais que Francheville a, lui aussi, sculpté le portrait de son maître — hypothèse très admissible, mais jusqu'à présent sans aucune base — je me chargerais à mon tour de démontrer à ceux qui étudient les artistes dans leurs œuvres, que ce n'est pas l'ouvrage de Francheville qui nous est parvenu.

Je profiterai de l'occasion qui se présente de dire quelques mots d'une suite de statuettes de Jean de Bologne, qui est possédée depuis longtemps par le Musée du Louvre et à laquelle se sont réunies quelques belles pièces de la collection Gatteaux et la magnifique cire de la collection Campana.

A la fin du seizième siècle, chez quelques princes ou grands seigneurs, il était déjà d'usage de former des suites de statuettes de Jean de Bologne. Le fait est constaté dans une lettre écrite, en 1581, à un duc d'Urbin par Simon Fortuna, agent de ce prince et chargé par lui d'acquérir des objets d'art. Cette lettre a été publiée dans le *Cabinet de l'Amateur*, tome IV, p. 521 à 529. Le témoignage de Fortuna est confirmé par Baldinucci dans les biographies de Jean de Bologne, d'Antonio et de Francesco Susini, élèves du maître et vulgarisateurs de ses œuvres[1]. Il résulte du texte communiqué par M. de Boilisle que Richelieu appréciait hautement les charmantes statuettes et réductions de statues du grand artiste, et était parvenu à composer une collection très complète de ces petits ouvrages de bronze. Il est curieux de rapprocher la liste des statuettes ayant appartenu à Richelieu de la liste des statuettes signalées

---

de son livre : « Si nous n'avons pas le buste du maître de la main de Pierre Tacca, nous possédons du moins celui que nous a laissé son autre élève le plus renommé, Pierre Francheville. » Pour celui-là, paraît-il, les affirmations sans preuves suffisent.

1. *Notizie de' professori del disegno*, t. VIII, Milan, 1811, p. 152 à 153; t. X, p. 463 à 473.

et recommandées au duc d'Urbin en 1581, et de la liste donnée par Baldinucci (loc. cit.). Cette comparaison sera utile pour les attributions raisonnées de quelques-unes de ces sculptures. Un grand nombre de statuettes de Jean de Bologne figuraient dans les armoires de l'ancien garde-meuble des rois de France et sont décrites dans les inventaires des bronzes de ce dépôt, de 1684 à 1791. On en retrouve encore quelques-unes au Musée du Louvre. Ces pièces portent toutes des numéros de renvoi au dernier inventaire imprimé de 1791, qui n'était d'ailleurs sur bien des points que la reproduction de l'inventaire manuscrit de 1788. Ces numéros sont profondément gravés au burin dans le bronze. Il y aurait peut-être lieu de penser que certaines statuettes de Jean de Bologne, aujourd'hui au Louvre, proviennent de Richelieu et ont fait antérieurement partie de ses collections. La célèbre garniture d'autel qu'on appelait la *Chapelle de Richelieu*, donnée à Louis XIII par son ministre en 1636, était conservée dans le même dépôt et dans les mêmes armoires. Cependant, comme aucune des figurines du Louvre n'existe à l'état d'épreuve unique, nous nous bornons à signaler la vraisemblance de cette identification sans pouvoir rien affirmer. Toutes les grandes collections de l'Europe, celles surtout dont l'origine remonte au seizième siècle, exposent de nombreuses statuettes de Jean de Bologne et ont dû en posséder jadis la suite complète. Je citerai avant tout les pièces du Musée national du Bargello, à Florence, et de quelques salles du Musée des Offices et du palais Pitti. Les plus riches des collections publiques en petits ouvrages de Jean de Bologne sont celles de l'*Ambraser Sammlung* et du château impérial de Vienne, aujourd'hui réunies dans le Palais du Belvédère inférieur, en attendant la splendide installation du *Ring*, celles du Musée des Antiques de Dresde et de la *Grüne Gewölbe* du palais royal de la même ville.

Voici l'indication de quelques-unes des statuettes de bronze contenues dans un inventaire du garde-meuble des rois de France, antérieur à 1684, et qui désignent peut-être des œuvres attribuables à Jean de Bologne et provenant du cardinal de Richelieu. La présence de certains doubles dans cet inventaire s'expliquerait naturellement par la fusion de deux collections.

. . . .

5. — Un group de deux figures de bronze représentant Hercules qui enlève Desjanire, hault d'un pied dix pouces.

7. — Un autre group d'un Hercules qui emporte un sanglier sur ses épaules, de quinze pouces de hault.

8. — Une figure de bronze d'une femme nue assise, qui tient d'une main une esquierre et de l'autre une règle, de quinze pouces de hault.

9. — Un Hercules aussy de bronze couvert d'une peau de lion qui porte deux colonnes, hault, avec les colonnes, de seize pouces.

10. — Un group d'un Centaure qui enlève une femme, hault de treize pouces...

13. — Un group d'un Hercules qui dompte le Cerbère, hault de treize pouces...

15. — Une figure d'un Attelas qui porte le monde, hault de seize pouces...

16. — Un group d'un Hercule qui arrête un cerf par le bois, hault de quatorze pouces...

18. — Un group d'un Hercules qui tue un lion, hault de treize pouces.

19. — Un group d'un combat d'un taureau avec un lion, hault de huit pouces...

32 — Un groupe de deux hommes et une femme qui est élevée par un des deux hommes.

33. — Un group de deux figures qui représente un Hercules frapant sur l'hydre, qu'il tient par la queue.

35. — Une figure de femme toutte nue qui sort du bain et qui s'essuie...

37. — Un autre group de deux figures qui représente une femme toutte nue, couchée sur un drap, regardée par un satyre...

50. — Un autre group d'un Hercules qui assomme un dragon

qu'il arreste par le col de sa main gauche. Hault de quinze à seize pouces environ...

55. — Un combat d'Hercules avec le Centaure, hault, avec son pied d'estal, de vingt-deux pouces.

56. — L'enlèvement d'une femme par un Centaure, avec son pied d'estal de bois, hault de vingt-deux pouces...

58. — Hercules qui combat un dragon, sans pied d'estal, hault de dix-sept pouces...

65. — Une figure de femme toutte nüe, assize, avec une règle, une esquaire et un compas, représentant l'Architecture, hault de treize pouces.

66. — Une autre figure de femme toutte nüe, debout, appuyée sur une règle et une esquaire, haulte de treize pouces et demi...

82. — Un group d'une figure de femme toutte nue, couchée, dormant, et d'un satyre, aussi tout nud, qui la regarde, de sept pouces et demy de hault...

149. — Un group d'une figure d'Hercules qui déchire un lion, de neuf pouces de hault.

150. — Un group d'un combat de lyon et cheval, hault de neuf pouces.

151. — Un autre group du combat du taureau et du lyon, de huit pouces...

Fait et arresté le 20e mars 1684.

Du Metz.

La même salle des Anguier continuera d'exposer, mais sans le laisser plus longtemps anonyme, le beau buste en bronze de Louis XIII par Jean Warin, dont j'ai retracé récemment l'histoire[1], trop volumineuse pour être reproduite ici.

XVII

La salle de Michel-Ange, qui s'enrichira des acquisitions nouvelles faites depuis quelques années, verra disparaître de ses étiquettes deux noms d'artistes, ceux de Paolo Romano et de Pollajuolo, à la suite d'observations que j'ai déjà présentées et que je crois utile de reproduire.

1. *Jean Warin, ses œuvres de sculpture, et le buste de Louis XIII du musée du Louvre.* Paris, 1881, in-8.

Lors du dernier remaniement de la salle de Michel-Ange, au Louvre, en 1881, un bas-relief de marbre, en changeant de position et en apparaissant en pleine lumière, a pris une nouvelle valeur. C'est le portrait équestre de Robert Malatesta, seigneur de Rimini, attribué jusqu'à présent au sculpteur connu sous le nom de Paolo Romano, d'après une interprétation longtemps vraisemblable d'un passage de Vasari. Il résulte de documents récemment publiés en Allemagne[1] que la statue de Robert ne peut pas être de Paolo Romano. Cet artiste était mort quand le monument fut érigé à la date qu'établissent d'autres documents publiés l'an passé en Italie[2]. Nous sommes, de notre côté, en mesure de suivre pas à pas, à l'aide de documents irréfutables, la trace du monument depuis le jour où il fut élevé dans la basilique de Saint-Pierre de Rome jusqu'au moment où il arriva au Musée du Louvre. Son itinéraire est certain; sa feuille de route et sa lettre de voiture, si je puis m'exprimer ainsi, ne présentent aucune lacune. C'est ce dossier que nous livrons au public.

Le monument actuellement catalogué sous le numéro 13 de la dernière édition de la Notice des sculptures de la Renaissance, après avoir été exposé en 1816 dans l'ancien vestibule d'entrée du musée[3], est placé depuis 1851 dans la salle de Michel-Ange; M. le baron de Guilhermy, dans les *Annales archéologiques*[4], y a signalé sa présence, mais se trompait sur sa provenance[5] aussi bien que

---

1. *Repertorium für Kunstwissenschaft*, 1881, p. 426 et suiv.
2. Bertolotti, *Artisti lombardi à Roma*. Milan, 1881, in-8.
3. Ce fait résulte du document suivant : « 13 juillet 1816. Le directeur général des musées royaux à M. Fontaine, architecte du roi. — Monsieur, je suis dans l'intention de faire placer sous le vestibule du musée le bas-relief de Malatesta, qui se trouve dans les magasins du musée. Comme il est instant que cette opération soit faite le plus promptement possible, je vous prie de vouloir bien donner des ordres aux ouvriers pour que lundi de la semaine prochaine ce bas-relief soit amené des magasins et fixé à la place qui lui est destinée. »
4. *Annales archéologiques*, t. XII, p. 294, année 1852.
5. *Ibid.*

Litta[1]. La figure équestre de Robert Malatesta provient de la collection Borghèse, et rien n'est plus régulier que son acquisition. C'est même par hasard qu'elle est venue en France.

Quand, vers 1806, le gouvernement français se proposa d'acquérir la collection Borghèse, il fit dresser un état estimatif de toutes les pièces de cette collection. Le rédacteur de ce document partageait les idées de son époque sur la sculpture de la Renaissance italienne. Les monuments de l'art antique lui paraissaient seuls dignes d'être recueillis dans les musées. Après avoir remarqué notre bas-relief, qui avait été encastré extérieurement dans une des façades du Casino de la villa Borghèse, il en annonça l'existence à l'administration française, mais déclara que cette sculpture ne valait pas la peine d'être emportée. Voici un extrait de son rapport :

Énumération et apperçu descriptif des objets d'antiquité, statues, bas-relief (sic) *buste* (sic) *et cypes cinéraires qui décorent le pourtour de la façade du casino de la villa Borghèse, hors de la porte du Peuple, à Rome.*

Premier étage.

.... Entre les croisées sont deux statues équestres en bas-relief. La première représente Sigismond (lisez Robert) Malatesta, seigneur de Rimini et général des troupes de l'Église. Un pape lui avoit fait élever cette statue dans la cour qui précédoit l'ancien temple de Saint-Pierre. Le cardinal Scipion Borghèse l'a fait placer sur la façade de ce casino. L'autre statue n'est pas connue, mais elle est moderne comme la première. Ces bas-relief *(sic)* coûteroient beaucoup pour être transporté *(sic)* et n'en valent pour (lisez pas) la dépense.

Heureusement les suggestions de cet admirateur exclusif du génie antique ne furent pas écoutées. Le bas-relief fut apporté à Paris, avec le reste de la collection Borghèse.

---

1. *Famiglie celebri d'Italia.* Famiglia Malatesta, tavola XIV.

ROBERT MALATESTA

(Bas-relief en marbre du Musée du Louvre.)

D'ailleurs, les injustes préventions qu'on avait essayé de faire naître dans l'esprit de l'acquéreur n'existaient pas, il faut l'avouer, dans l'esprit du vendeur. On savait à Rome que ce bas-relief n'était pas sans importance. Cicognara l'avait déjà décrit pour lui donner place dans son *Histoire de la sculpture* et, d'après Manilli [1], sans fournir d'explications, il l'avait attribué à Paolo Romano, sculpteur dont la personnalité n'était pas encore définie et que l'auteur confondait avec un autre artiste du même nom qui travaillait au moyen âge. Nous reviendrons plus loin sur cette attribution. L'*Histoire de la sculpture* de Cicognara ne parut qu'en 1817, mais le texte en avait été rédigé antérieurement à 1806, et Cicognara parle du bas-relief comme occupant encore sa place dans la façade du casino Borghèse. Voici le passage à relever :

Quel Paolo da Siena e quel Paolo Romano, de' quali il primo scolpi il nome sotto il busto di Benedetto XII erettogli in memoria d'aver rifatto il tetto di San Pietro, e il secondo scolpi la figura equestre di Roberto Malatesta che vedesi ora in una delle facciate del Palazzo di villa Borghese, e diversi altri lavori fece in alcuni mausolei che stanno a S. M. in Trastevere [2].

Bien plus, il y avait en ce moment à Rome un Français qui savait parfaitement à quoi s'en tenir sur la valeur de cet objet d'art. C'était Seroux d'Agincourt, qui achevait sa grande *Histoire de l'art par les monumens*. Cette histoire ne vit le jour qu'un peu plus tard. Mais voici ce que Seroux d'Agincourt pensait [3] de la statue de Robert Malatesta antérieurement à 1806 :

Figure équestre de demi-relief en marbre, représentant Robert Malatesta, général de l'armée pontificale sous le règne de Sixte IV ;

---

1. *Villa Borghese fuori di porta pinciana descritta da Iacomo Manilli Romano, guarda robba di detta villa*. Rome, 1650, in-8.
2. Cicognara *Storia della Scultura*, éd. de Prato, t. III, 1823, p. 137.
3. *Histoire de l'art par les monumens*, t. III, texte, sculpture, p. 34, n° 7.

au-dessous se lit une inscription allusive au sort de ce jeune guerrier, enlevé en 1482 au milieu de ses triomphes[1].

Ce monument de la reconnoissance du pontife envers un prince qui lui avoit rendu d'éminents services a subi bien des vicissitudes; placé d'abord sur le mausolée qu'il lui avoit fait élever sous le portique de l'ancienne église de Saint-Pierre, il y resta jusqu'à la démolition, en 1607, des restes de cette basilique; alors il fut transféré, ainsi que beaucoup d'autres monumens, dans l'église souterraine, mais il n'y demeura pas longtems; en 1616, le cardinal Scipion Borghèse, qui bâtissoit le casino de sa villa, l'obtint et le fit placer sur la principale façade du côté du couchant, *où il se voit encore aujourd'hui*. Il peut se considérer comme inédit; la figure qu'en a donné Ciampi (*Vetera monimenta*, t. III, cap. ıv, p. 67, pl. XIX) étant presque imperceptible est très inexacte. L'auteur de cette figure paroît être Paolo Romano, sculpteur et orfèvre qui florissoit à Rome sous le pontificat de Pie II, c'est-à-dire vers l'an 1458.

Plus tard, Clarac, dans son *Musée de sculpture antique et moderne*, a fait graver à son tour la statue et s'est ainsi exprimé à ce sujet[2] :

Robert Malatesta, qui gouverna de 1468 à 1482, à de brillantes qualités joignit de grands talens militaires : tour à tour et selon les intérêts de son pays, il servit ou combattit le pape Paul II, les Vénitiens et Ferdinand, roi de Naples. Enfin, après avoir lutté contre Sixte IV, il s'attacha à lui et lui rendit de grands services. Quelques temps après cependant, il mourut subitement et cette mort ne parut pas naturelle. Ce bas-relief, si nous en croyons l'inscription que l'on y lit, représente ce grand capitaine à cheval, armé de pied en cap, suivi de deux écuyers à pied, et il passe pour être de Paolo Romano, sculpteur, dont Vasari (t. V, p. 147) parle

---

1. La planche qui contient, sous le numéro 7, la gravure du bas-relief et de l'inscription, se trouve tome IV, sculpture, pl. XXXVIII. L'inscription indiquée au-dessous est ainsi gravée :

ROBERTUS MALATESTA
ARIMINENSIS, VENI, VIDI, VICI.
LAUREAM PONTIFICI RETULI.
MORS SECUNDIS REBUS
INVIDIT.

2. T. II, 1re partie, p. 798 et 799.

avec éloges, et auteur d'une belle statue de saint Paul et d'une de saint Pierre sur le pont du château Saint-Ange. Ce sculpteur, ainsi que plusieurs autres de ces époques si fécondes pour les arts, étoit habile orfèvre et excelloit dans la ciselure, et il avoit autant de modestie que de talent. De lui étoient en partie douze belles statues d'argent qui ornoient encore l'autel de la chapelle papale lors du sac de Rome en 1427. On citoit encore comme un chef-d'œuvre de Paolo Romano un amour armé de son arc et de son carquois et qui, suivant l'épitaphe de ce sculpteur, auroit trompé Vénus qui l'eût pris pour son fils qu'elle cherchoit si la froideur du marbre ne l'avoit avertie de son erreur. Cet habile homme, qui jouissoit d'une estime générale et mérité, vécut dans la retraite les dernières années de sa vie qu'il termina à cinquante-sept ans.

Vasari fait mention d'une statue équestre d'un guerrier armé de toutes pièces et qui, de son tems, étoit renversée dans l'église Saint-Pierre, près de la chapelle de Saint-André; elle étoit de Paolo Romano, ce qui feroit croire qu'il s'étoit fait une réputation dans la représentation des chevaux, et celui de notre bas-relief offre des parties très bien traitées, ainsi que les accessoires et les ornemens. Au reste, plusieurs savans ont suspecté l'authenticité de notre inscription et la croient mise après coup et pour donner de la valeur au bas-relief. Ainsi il se pourroit qu'il ne fût pas de Paolo Romano, et qu'il ne représentât pas Robert Malatesta. Villa Borghèse. — Hauteur : 1^m,593 = 4 pi. 11 po. — Largeur : 1^m, 889 = 5 pi. 8 po.

Tout en faisant un judicieux rapprochement avec le texte de Vasari qui, en apparence, justifiait au moins traditionnellement l'attribution de Cicognara, Clarac se trompait comme son prédécesseur ; nous l'établirons plus loin. Il avait également tort, ainsi qu'on le verra, de douter de la sincérité de l'inscription et de la valeur iconographique et historique de ce monument. Car, sans parler de son excellente et rassurante physionomie, les preuves de sa transmission suffisaient à démontrer son authenticité.

Au moment où Clarac écrivait, il y avait près de deux cents ans que la sculpture était parfaitement connue, décrite, cataloguée, entourée de toutes garanties désirables, universellement reconnue comme le portrait de Robert Malatesta. D'abord, en 1700, Domenico Montelatici dans sa *Villa Borghese, fuori di porta pinciana con l'ornamenti che si osservano nel di lei Palazzo e con le figure delle statue più singolari*, signale l'existence de notre monument :

> Fra le medesime fenestre vien collocata nel sesto ordine la statua equestre di Roberto Malatesta di Rimini, con due altre figure, come si riconosce dal di lui nome scolpito in una parte del medesimo marmo; il quale fu capitano famoso e generale dell' esercito di Sisto IV, che havendo riportato molte vittorie a favor della Chiesa et essendo percio stato ricevuto in Roma come triomfante sopravisse pochi giorni alle sue glorie; onde da quel generoso e grato Pontefice dicono che gli fosse alzata sopra il di lui monumento in S. Pietro questa medesima statua, opera di Paolo Romano, scultore di quei tempi.

En outre, dès 1650, Jacomo Manilli parlait ainsi dans sa description de la villa Borghèse :

> Nel mezzo, in corrospondenza dell' altra dell' amazone[1], è posta la statua a cavallo di Roberto Malatesta, famosissimo capitano, il quale dopo molte vittorie ottenute a favore e dei Fiorentini e della Chiesa, essendo generale di Sisto Quarto sconfisse a Campo morto l'essercito degli Aragonesi, l'anno MCDLXXXIII. E essendo percio ricevuto dal popolo romano come triomfante sopravisse pochi giorni alla propria gloria. Onde gli fù, da quel pontefice, gratissimo alla memoria di si grand'huomo, alzata sopra'l di lui monumento in San-Pietro questa medisima statua equestre, opera di Paulo Romano, scultore insigne di quei tempi[2].

Nous voici en 1650. A cette date, le bas-relief actuellement à Paris, dans la salle de Michel-Ange, était fixé dans un des murs de la façade du casino de la villa Borghèse. Ce premier point n'est pas douteux. Mais comment établir

---

1. Manilli parle encore ailleurs, p. 32, de cette amazone : « E tra una finestra e l'altra si vede la statua tutta armata d'una amazone a cavallo. »
2. *Villa Borghese fuori di porta pinciana descritta da Iacomo Manilli, Romano, guarda robba di detta villa.* Rome, 1650, in-8, p. 38.

que le commissaire français et, avant lui, Manilli ne se sont pas trompés quand ils ont dit que la sculpture provenait de Saint-Pierre de Rome? Torrigio est là pour nous répondre avec la compétence d'un témoin oculaire et pour se porter garant de la parfaite exactitude de cette allégation. On lit dans les *Sacre grotte Vaticane* :

> Roberto Malatesta d'Arrimini, detto il Magnifico, al cui sepolcro si leggeva : *Robertus Malatesta Ariminensis, veni, vidi, vici, lauream Pontifici retuli. Mors secundis rebus invidit.* Eravi gia la sua statua equestre di marmo posta al muro nell' entrare in chiesa a mano destra, vicino alla porta del Giuditio, appresso all' altare di SS. Caterina et Bonifacio martire; la quale nel 1607 fù di li levata con l'occasione della demolitione della vecchia basilica, e fu posta sotto queste sacre grotte, ma nel 1816, a di 6 d' ottobre, fu indi estratta me presente e portata alla vigna del cardinale Scipione Borghese, a Porta Pinciana, dove è stata affissa nella faciata del suo palazzo[1].

Ciampini vient, en outre, prêter au témoignage si précis et si compétent de Torrigio l'appui d'un double renseignement documentaire et pittoresque. Dans son ouvrage *De sacris ædificiis*, il a fait graver d'une façon détestable, il est vrai, mais cependant de manière à le laisser reconnaître, le monument de Robert Malatesta. On y voit la position qu'occupait primitivement la figure près d'une porte, dans l'église de Saint-Pierre. Ciampini, par son texte, a ainsi expliqué cette position :

> Jamque ad Basilicæ januam, quæ olim Judicii, postea S. Andreæ nomen sortita est, brevi tractu devenimus. Ad sinistram egredientium prope sacellum B. Bonifacii Mart. exstabat sepulcrum Bonifacii IV marmoribus et cœlaturâ conspicuum, ut in tab. XIX lit. M. Pontifex iste Pantheon, celebre Agrippæ monimentum, a turpi futilium Deorum grege expiatum, Beatissimæ Virgini, sanctisque omnibus dedicavit. Hic etiam, ut in eadem tab. XIX sub lit. P locata fuit equestris e marmore statua Ruperti Malatestæ

---

1. Torrigio, *Sacre grotte Vaticane*, Rome, 1639, p. 601.

comitis, Xysto IV regnante, S. R. E. ducis generalis, qui et Urbem et Vaticanam Basilicam ab immani et avara Saracenorum rabie tutavit, et hucusque victrices gentium immanium furias acerrime propulsatas infregit ac domuit [1].

Alfarano, dans son plan de Saint-Pierre de Rome, qui date de 1590, a constaté que, de son temps, la statue de Robert Malatesta était déjà placée près de la porte du Jugement ou de Saint-André, et il indique très nettement, sur sa planche, près de cette porte désignée par le numéro 137 (Porta judicii per quam defuncti inferebantur), la situation de notre statue à côté du tombeau de Boniface IV. On lit dans la légende gravée du plan d'Alfarano « N° 55, Sepulcrum Bonifacij IIIJ et statua equestris Ruberti Malatestæ [2]. »

Enfin c'est bien dans le même endroit de l'église de Saint-Pierre, et dans le même entourage qui n'avait pas été modifié, que Vasari, dès 1550, année où parut la première édition des *Vite*, signale l'existence d'une statue équestre, quand il dit en attribuant cette statue à Paolo Romano : « Il medesimo Paulo fece una statua di armato a cavallo che oggi si vede in terra a San Pietro, *vicino alla cappella di San Andrea* [3]. Torrigio, Ciampini et Alfarano parlent, il est vrai, de la porte Saint-André ou du Jugement, et Vasari de la chapelle Saint-André. Mais je puis affirmer que la porte et la chapelle Saint-André étaient voisines et contiguës, et, topographiquement, désignaient un seul et même endroit de la basilique. En effet, Mignanti (*Istoria della basilica Vaticana*, Rome, 1867, t. Ier, p. 88) s'exprime ainsi en parlant de la porte du Jugement ou de Saint-André «... porta ...che si chiamò del Giudizio ed anche di S. Andrea, dalla vicina *cappella* a questo santo

---

1. J. Ciampini, *De sacris ædificiis*, Rome, 1693, pl. XIX, p. 67.
2. Je dois la connaissance de ce renseignement à l'érudition de M. le baron Henry de Geymuller.
3. Vasari, *Le Vite*, dernière édition de G. Milanesi, t. II, p. 648.

apostolo inalzata da Papa Pio II, dopo che ebbe avuto in dono la di lui sacratissima testa ». Je puis même avancer, d'après une obligeante communication de mon ami M. H. de Geymüller, le savant historien de Saint-Pierre, que, dans les habitudes du langage du seizième siècle, toute la colonnade de gauche de la basilique portait quelquefois le nom de *Sant'Andrea*, tandis que la colonnade de droite avait reçu celui de *Volto santo*. Ces deux noms venaient des vocables des deux principaux autels de l'intérieur de l'église, qui étaient les plus voisins de chacune des deux parties de la façade. Un inventaire des colonnes de l'ancienne basilique, dressé par Baldassare Peruzzi et Antonio da San-Gallo, entre 1520 et 1537, et conservé au Musée des Offices à Florence, constate l'usage courant de ce terme au seizième siècle.

Il est donc établi par des témoignages absolument dignes de foi et par des documents irrécusables que le bas-relief n° 13 du catalogue des sculptures de la Renaissance, après avoir été exposé de 1616 à 1806 sur la façade du casino de la villa Borghèse et avoir séjourné de 1607 à 1616 dans les grottes du Vatican, avait été originairement tiré de Saint-Pierre de Rome, où il est signalé au moins depuis 1550. Une tradition constante appuyée par une inscription aujourd'hui perdue, mais conservée dans son texte, démontre que cette sculpture provenait du tombeau de Robert Malatesta. Il nous resterait à justifier la présence de la tombe de Robert Malatesta dans l'église de Saint-Pierre, si les historiens du quinzième siècle ne s'étaient complu à raconter les splendides funérailles et les honneurs extraordinaires rendus par le pape Sixte IV au *condottiere* vainqueur des ennemis de l'Église. La sépulture dans la basilique Vaticane fut le plus célèbre de tous ces honneurs. Nous n'aurions pas même besoin de ce témoignage indirect, car il est possible de prouver, à l'aide de pièces d'archives, qu'en 1484 le tombeau de Robert Malatesta existait dans Saint-Pierre de Rome, élevé aux frais du souverain pontife. Il résulte d'un document publié par M. Bertolotti que, le 27 avril 1484, le trésor pontifical paya quatre florins à maître Eusebio da Caravaggio « pro deposito facto in basilica principis apostolorum de corpore quondam magnifici domini Roberti de Arimino [1] ».

De 1484 à 1883, il n'y a pas de solution dans la chaîne de documents qui nous montrent les vicissitudes successives, la transmission et les déplacements de la figure équestre de Robert Malatesta. Il serait intéressant de parvenir à connaître l'auteur d'un monument aussi célèbre, et il faut d'abord rendre hommage aux efforts très honorables qu'on a tentés depuis longtemps pour le découvrir. Presque tous ceux qui se sont occupés de la question ont nommé Paolo Romano, comme on l'a vu dans les textes qui précèdent. Historiquement, ce nom s'imposait à l'œuvre à cause du texte de Vasari et, d'autre part, la personnalité encore indéterminée de Paolo Romano ne s'opposait pas à cette attribution. Depuis les beaux travaux de M. Müntz sur les *Arts à la cour des papes*, le caractère de l'œuvre de Paolo Romano se dégage [2]. Il n'est plus possible maintenant de confondre cet artiste, qui s'appelait Paolo di Mariano, avec cet autre Paolo Romano, sculpteur exclusivement gothique, connu par quelques monuments signés conservés dans les églises de Rome. Paolo di Mariano appartient entièrement par ses ouvrages certains à la Renaissance et à une époque très accusée de cette période de l'art. On ne pourra donc plus lui attribuer des travaux d'une brutalité et d'une naïveté toutes pisanes, émanant d'un imitateur attardé de Giovanni Pisano, comme le tombeau de Bartolommeo

---

1. Bertolotti, *Artisti lombardi à Roma nei secoli XV, XVI e XVII*. Milan, 1881, t. Ier, p. 25.
2. *Les Arts à la cour des papes*, t. Ier, p. 244 et suiv.

Caraffa de Santa-Maria del Priorato sur l'Aventin, signé MAGISTER PAULUS FECIT (Bartolommeo Caraffa était mort le 25 avril 1405), ni comme le tombeau du cardinal Stefaneschi, mort en 1417, monument muni de la même signature et qui se retrouve à Santa-Maria in Trastevere. D'un autre côté, on ne pourra plus admettre qu'un gothique obstiné professant des doctrines inexorablement traditionnelles soit l'auteur de sculptures pleines de raffinements d'élégance et empreintes de quelques-uns des charmes de l'école renouvelée du quinzième siècle. Les deux artistes originaires de Rome ou du territoire romain, qui ont porté le nom de Paolo, auront donc désormais dans l'histoire une personnalité distincte et bien définie. Pour la partie de ce problème qui nous concerne, la chronologie, tout autant que le caractère de la sculpture, empêche qu'on puisse proposer de regarder le premier Paolo comme l'auteur du bas-relief du Louvre.

Au sujet du second Paolo, l'hésitation a pu légitimement se produire tant qu'on n'a pas connu exactement la date de sa mort et tant que ses œuvres n'ont pas été rigoureusement déterminées. Aujourd'hui la lumière est faite. A juger par les statues de saint Paul du pont Saint-Ange et de saint André de la chapelle du Ponte-Molle[1], la manière de Paolo di Mariano, comme celle des artistes de toute l'école romaine, est flottante et consiste moins dans des affirmations et des partis pris instinctifs ou systématiques que dans des réticences, des réserves et des équilibres. C'est de Florence et de la Toscane que Paolo a dû recevoir l'impulsion. C'est par Florence qu'il a eu communication des doctrines de la Renaissance. Mais, dans le milieu trop éclectique de Rome, à côté des ruines antiques, où les conseils impérieux de l'admiration se substituent trop fréquem-

---

2. Voir Müntz, *les Arts à la cour des papes*, t. Ier, p. 244 et 247. — Perkins, *Sculpteurs italiens*, édit. française, t. II, p. 97.

ment aux élans de l'inspiration personnelle, l'autorité dans l'enseignement prévaut ordinairement sur l'initiative individuelle. Quand la Renaissance s'acclimata à Rome, la généralisation des types, l'agrandissement du style, l'impersonnalité, la maladie du grandiose altérèrent le charmant naturalisme et l'individualité à outrance de l'école florentine. Paolo di Mariano a subi la loi générale. Ce n'est, au point de vue des doctrines, qu'un Florentin assagi, attiédi, alourdi; un artiste amoureux des plis fins, abondants et convenus, visant à la simplicité antique; un partisan des proportions raisonnées, pondérées et sensiblement raccourcies; un maître irréprochable vis-à-vis de la grammaire plastique; un Toscan qui semble lutter contre les instincts de son tempérament et les suggestions de son cœur. Si on le compare à l'école florentine, sa contemporaine, Paolo est déjà un classique.

Or que trouvons-nous dans notre monument? Une très grande énergie et une hardiesse indiscutable. Le haut-relief prend, par places, des allures de ronde bosse et rencontre, en même temps, certains effets de la gravure en médailles. Tous les genres y sont mêlés. La couleur s'introduit dans la sculpture. Le clair-obscur est exploité pour la première fois à l'aide de procédés qui, pour être primitifs, n'en sont pas moins très heureux. Le relief, combiné dans certains endroits de manière à projeter des ombres violentes, se détache et s'élève sur elles avec netteté et vigueur. Sous un éclairage convenable, la tête, le buste et le bras, émergeant vivement de l'obscurité qui les entoure, font illusion et paraissent être le produit d'une sculpture de ronde bosse. On remarque beaucoup d'élégance et de fermeté dans les lignes, en même temps qu'une certaine grossièreté dans le travail du marbre et une exécution trop sommaire dans plusieurs parties, brutale même dans les mains, à ce point que la bonne volonté de l'artiste semble trahie par son inexpérience. Jeunesse, verdeur, spontanéité; nul souci de l'imitation antique; aucune préoccupation du style grec ou romain; ignorance inconsciente ou raisonnée des types de chevaux laissés par l'antiquité : tels sont les caractères principaux de cette œuvre d'art.

Ce ne sont pas les traits auxquels on pourrait reconnaître *à priori* l'œuvre officielle d'un artiste émérite travaillant depuis longtemps dans un milieu absolument romain, pour une cour exigeante et raffinée. On devrait donc se tenir en défiance contre l'attribution de Vasari, acceptée jusqu'ici sans discussion. Dans l'état actuel de nos connaissances, après l'impression des documents cités, il ne serait plus vraisemblable de soutenir que la statue de Robert Malatesta est l'œuvre de Paolo di Mariano. Mais au lecteur qui ne goûterait pas ces raisons de style, je n'ai qu'un mot à dire pour le convaincre; c'est de rappeler qu'il résulte d'un document publié dans le *Repertorium für Kunstwissenschaft* (année 1881, p. 426 et suiv.) que Paolo Romano était mort avant le mois de juillet 1473, c'est-à-dire neuf ans avant le décès de Robert Malatesta. Les démonstrations de cette nature sont de celles qu'on ne réfute pas. Encore un nom qui doit disparaître des listes trop hâtivement dressées.

Il serait aussi difficile qu'imprudent de vouloir immédiatement substituer une attribution à celle qui n'a pu résister à la critique. Mais, quand on a démoli, c'est un devoir de préparer les matériaux pour reconstruire. En attendant qu'un document péremptoire vienne nous révéler le nom de l'auteur du marbre du Louvre, nous serions disposé à chercher l'artiste dans ce groupe de jeunes sculpteurs que les papes avaient attirés à Rome de tous les coins de l'Italie et que M. Müntz[1] nous a montrés travaillant à la cour pontificale et allant un moment exécuter à Naples le

---

1. *Les Arts à la cour des papes,* t. 1er, p. 256.

célèbre arc de triomphe d'Alphonse d'Aragon. On retrouve, nous semble-t-il, dans cette œuvre, toute de décoration et pleine d'inégalités, quelques-unes des qualités et quelques-uns des accents que nous avons signalés dans le bas-relief du Louvre.

Le champ des investigations pourra, nous l'espérons, être circonscrit davantage. Le registre pontifical d'où M. Bertolotti a tiré son renseignement relate un payement fait à maître Eusebio da Caravaggio « pro deposito... de corpore quondam magnifici domini Roberti de Arimino ». Le mot *depositum* doit peut-être s'entendre aussi bien dans le sens de tombeau que dans celui d'enterrement, et la somme payée peut regarder aussi bien le sculpteur que l'architecte ou le simple maçon qui, suivant les habitudes de l'époque, pouvaient être un seul et même homme. Il ne serait pas impossible que quelque jour un document nous apprît que le Robert Malatesta du Louvre est l'œuvre d'un ouvrier aussi obscur que cet Eusebio da Caravaggio. Loin de moi la pensée de me servir du texte de M. Bertolotti pour assigner, *à priori*, à ce nouveau venu, qui n'est peut-être qu'un vulgaire manœuvre, la paternité d'une œuvre aussi considérable. Mais je désire ne pas l'exclure sans réflexion du nombre des concurrents dont les titres seront à examiner. En tout cas, la dureté de certaines parties de l'exécution, le brusque parti pris tout lombardo-vénitien du ciseau, le système des évidements à l'aide desquels les très forts reliefs se détachent du fond, ne feront jamais obstacle à qui voudra rattacher, par un lien quelconque et une influence quelle qu'elle soit, cet ouvrage au nord de l'Italie. M. Müntz a d'ailleurs signalé dans son livre la présence à Rome, dès le règne de Paul II, de nombreux représentants des arts de l'Italie septentrionale.

1. *Les Arts à la cour des papes*, t. II, p. 28.

XVIII

Depuis la dernière réorganisation de la salle de Michel-Ange, au Louvre, à la place du bas-relief de marbre représentant Robert Malatesta dont nous venons de parler, un autre bas-relief de pierre a été exposé. C'est un ouvrage de second ordre, mais encore très intéressant, d'un caractère énergique et dur, rappelant l'art du nord de l'Italie. On y trouve, dans l'exagération du geste et de l'expression, un reflet de Donatello et de l'école de Padoue en même temps qu'une influence très prononcée du style de Mantegna. Les plis des draperies, notamment, sont traités tout à fait dans la manière qui, à la suite de Squarcione et du grand artiste de Mantoue, fut adoptée par toute l'école italienne entre Vérone et Venise.

Ce bas-relief a été légué au Louvre par M. Charles Timbal. Il a déjà une histoire et, avant d'arriver sous le toit qui l'abrite, il a subi bien des vicissitudes et essuyé bien des affronts qu'il est tout d'abord loyal de raconter. La provenance originelle de la sculpture est matériellement inconnue. Elle a été achetée à Paris, rue de Clichy, en 1876. Mais le caractère de son exécution démontre surabondamment qu'elle doit venir de la Vénétie. Le savant amateur l'avait recueillie comme un curieux spécimen de l'art lombardo-vénitien de la fin du quinzième siècle. Les dimensions et la pesanteur de ce retable de pierre avaient empêché son acquéreur de le disposer dans l'appartement de la rue de l'Abbaye-Saint-Germain, où il était parvenu à réunir, pour la seconde fois, une collection précieuse de monuments de sculpture du moyen âge et de la Renaissance. Le bas-relief était resté dans la cour de la maison et reposait encore dans la caisse qui le contenait quand on prépara, en 1878, l'exposition rétrospective du Trocadéro.

Sur la demande de la commission organisatrice, la sculpture fut prêtée par M. Timbal. Malheureusement, elle arrivait sans la protection d'un propriétaire tapageur et sans la

Bas-relief de pierre de l'École de Vicence, quinzième siècle.
Don de M. Ch. Timbal. (Musée du Louvre.)

recommandation d'un nom sonore d'artiste. A ce moment le sanctuaire, déjà rempli jusqu'au faîte, ne s'ouvrait plus pour les divinités d'un ordre inférieur. Tandis que les objets confiés par le même propriétaire occupaient une place honorable dans la salle n° 4, consacrée au moyen âge, le bas-relief du quinzième siècle ne put point pénétrer dans la salle de la Renaissance. Faute d'espace, le retable de M. Timbal fut déposé à terre, le long du mur, dans le promenoir extérieur du Trocadéro. Les morceaux de pierre qui le composaient ne furent pas extraits de leurs caisses, dont un côté seulement avait été ouvert. Ils restèrent ainsi exposés près de quatre mois, au milieu de la paille de l'emballage. Le dédain affecté par la foule pour cette œuvre d'art blessa profondément Charles Timbal. Il se décida à ne plus jamais rien prêter aux expositions rétrospectives.

Cependant cette injuste indifférence n'avait pas détaché Charles Timbal de l'œuvre pleine de saveur qu'il avait fixée à Paris. Il la reprit chez lui quand elle lui fut rendue. Deux ans et demi plus tard, dans les tristes jours qui précédèrent sa mort, alors qu'il songeait à l'avenir de sa collection, le pauvre bas-relief de pierre, le dédaigné du Trocadéro, revint à sa mémoire. Il l'associa, dans une pensée généreuse, au beau dessin de Raphaël qu'il destinait au Musée du Louvre, et il eut assez de confiance dans les lumières des conservateurs de cet établissement pour ne pas douter de l'appréciation que leur inspirerait cette sculpture. La pièce est aujourd'hui dans la salle de Michel-Ange. La place qui lui a été assignée, entre les deux fenêtres, a permis de voiler ses défauts tout en la faisant concourir au puissant effet que produit maintenant, dans cette salle, l'art du quinzième siècle.

Nous avons déjà indiqué à quelle école appartenait une œuvre d'un caractère aussi tranché et aussi fermement accusé. En la trouvant rue de Clichy et quoique le marchand qui la vendait ne pût pas en préciser la provenance, il était facile de nommer approximativement le lieu où la pierre avait été sculptée. Il fallait chercher entre les Alpes au Nord, Vérone, Mantoue et Venise au Sud, dans la partie de la Vénétie soumise à la double influence de Donatello et de Mantegna, et surtout de ce dernier. Vicence était un des points sur lesquels l'enquête devait porter. Je ne fus donc pas étonné de rencontrer dans cette ville, en 1877, une

Retable de l'église San Lorenzo, à Vicence.
Sculpture en pierre du quinzième siècle.

œuvre similaire. C'est le bas-relief qui forme, à droite, le retable de l'un des autels latéraux dans la nef de San-Lorenzo. Au centre, même sujet qu'au Louvre : le Christ mort soutenu par deux anges. A gauche, saint François d'Assise; à droite, saint Bernardin, tous deux en pied.

Dans le fronton, Dieu le père bénissant, représenté à mi-corps au milieu d'anges. De chaque côté du fronton, les deux personnages d'une *Annonciation*. Au-dessus de l'ensemble, la Vierge entre saint Sébastien et saint Antoine. Le tout peint et doré.

Aujourd'hui que l'étude du bas-relief de M. Timbal fait partie de nos devoirs administratifs, nous sommes retourné à Vicence et nous avons pu constater que nous ne nous étions pas trompé. On en jugera si l'on compare les deux monuments que nous avons fait graver d'après des photographies pour accompagner cette note. C'est bien du même atelier que sont sorties ces deux sculptures. Le style, les types, l'expression des têtes, la manière de traiter les draperies, les dispositions architectoniques, ne sont pas seulement identiques. Le sujet central est exactement le même des deux côtés. C'est la reproduction, avec de légères variantes, de quelque composition célèbre, peut-être d'un dessin de Mantegna, ou tout au moins de son école[1]. Ces deux bas-reliefs sont des œuvres de reflet, empreintes de tous les caractères de leur époque et possédant à un haut degré le goût du terroir sur lequel elles sont nées. Elles nous transmettent fidèlement, dans leur exécution, l'esprit de l'art vicentin dans le dernier tiers du quinzième siècle sans présenter toutefois, dans leur composition, un caractère bien original. La sculpture de Paris, comme celle de Vicence, est peinte et dorée. La seconde est mieux conservée que la première. Mais il est impossible de ne pas reconnaître dans les deux ouvrages les mêmes habitudes de travail, et je crois pouvoir dire le même ciseau.

Le retable sculpté de San-Lorenzo est accompagné

---

1. Cette composition fait aussi penser au *Christ mort* du Musée de Berlin, n° 28, p. 25, de la dernière édition du catalogue des Peintures. Le tableau, après avoir été attribué autrefois à Andrea Mantegna, est donné maintenant à Giovanni Bellini.

d'une inscription qui fixe la date de son exécution au 14 novembre 1474. Voici cette inscription, placée à droite de l'autel :

> 1474. DIE LVNE 14 NOVEMBRIS
> HOC SACELLVM SVB TITVLO COR
> PORIS XPI CONSTRVI FECIT ODO
> RICVS QVONDAM D. GREGORII OMNI
> VITA PROBATVS EX HONESTISS
> IMA DOMO POLIANA SALVTI
> ANIME SVE PROVIDENS VT IN EO MIS
> SA QVOTTIDIE SEMEL ANNIVERSARIUS
> QVOTTANNIS TER CELEBRETUR[1].

Le bas-relief du Musée du Louvre, attribuable au même atelier, reçoit du même coup une date approximative. Les documents d'archives conservés à Vicence nous permettront peut-être de nommer un jour l'auteur commun de ces deux œuvres. En effet, les travaux exécutés en 1474 à l'autel de l'église San-Lorenzo ont dû laisser des traces dans les archives religieuses ou notariales.

Il est intéressant de classer le plus tôt possible, dans les divers musées de l'Europe, les monuments non seulement par groupes généraux de nationalités, mais encore par groupes plus restreints de provinces, de cités, d'ateliers et de familles. L'histoire de l'art est trop en retard sur la botanique. Sans vouloir ralentir l'étude purement esthétique

---

1. Voici la traduction de cette inscription : « 1474, le lundi 14 novembre, Odorico, fils du feu Seigneur Gregorio, d'une vie irréprochable, issu de la très honorable famille des Poli, songeant au salut de son âme, a fait construire une chapelle sous le vocable du Corps du Christ pour que tous les jours une messe y soit dite et que chaque année l'anniversaire de son décès y soit célébré trois fois. »

La famille, dont on voit les armoiries sur le retable de San-Lorenzo, portait de gueules au cygne d'argent accompagné en chef d'une étoile de même, posée à senestre. Un membre de cette famille servit la France au seizième siècle, fut chevalier de l'ordre de Saint-Michel et eut un tombeau aux Grands-Augustins de Paris. Il mourut en 1609. Son épitaphe et le dessin de la statue agenouillée qui surmontait le monument ont été conservés par Gaignières (Bibliothèque nationale, cabinet des estampes (Pe 11 rés. f° 22). Renseignement communiqué par M. Molinier.

des chefs-d'œuvre, il est urgent de préparer la voie à ce qu'on pourrait appeler l'histoire naturelle de l'art. Sans cesser d'admirer, de contempler isolément, de choisir par une sélection instinctive ou raisonnée les monuments de telle ou telle époque, de tel ou tel pays, classifions. Un Linné surgira sans doute pour surprendre le secret de tant de généalogies obscures et pour disposer dans un ordre lumineux l'herbier si touffu et encore si confus de nos collections publiques.

XIX

Continuons de chercher à diminuer dans cette salle le domaine toujours trop vaste de l'inconnu.

Un problème d'histoire ou d'art, abordé de front et attaqué de haute lutte, reste souvent insoluble, en dépit des plus honorables efforts. C'est une forteresse qu'on veut enlever d'assaut et qui résiste à un coup de main sans être pour cela imprenable. Il suffit de la tourner pour qu'elle se rende à discrétion. C'est ainsi que deux bas-reliefs de bronze, œuvres remarquables de la Renaissance italienne, l'un à Paris, au Musée du Louvre, et l'autre à Londres, au South-Kensington Museum, quoiqu'ils fussent assez facilement explicables, sont restés jusqu'à ce jour inexpliqués, parce qu'on s'est borné à les interroger isolément, qu'on n'a voulu tirer d'éclaircissement que d'eux-mêmes et qu'on a désiré tout résoudre trop vite, sur place, et sans enquête préalable.

Présentons d'abord les pièces du procès.

Nous lisons dans la *Notice des sculptures du moyen âge et de la Renaissance* du Musée du Louvre, sous le numéro 11, une excellente et très précise description due à M. Barbet de Jouy : « ÉCOLE FLORENTINE, quinzième siècle. — Sujet inconnu. — La scène se passe en une sorte de place circonscrite par des constructions dont l'architecture italienne et le style du quinzième siècle déterminent tout au moins l'origine et l'âge du bas-relief. Une maison

Bas-relief de bronze de l'armoire de Saint-Pierre-aux-Liens.
(Panneau de gauche.)

occupe le côté gauche, et l'on y voit, à une hauteur de premier étage, deux personnages regardant par une fenêtre la scène animée qui remplit la place; à droite est une autre maison close, et un pan de muraille crénelée, qui réunit les deux maisons, forme le fond du bas-relief et est orné de médaillons et de trois niches qui contiennent des statues : la niche du milieu est plus grande, plus élevée que les autres, et la statue représentant un adolescent debout et nu, tenant en main la foudre, est plutôt un empereur déifié que le dieu Jupiter; les deux autres statues sont Castor et Pollux, tous deux nus, debout, tous deux tenant une lance, l'un d'eux une sorte de fleuron qu'on ne distingue pas bien, et l'autre une couronne. Au centre de la place est un autel sur lequel est un vase enflammé, et un homme coiffé d'un bonnet, dont le costume est court et l'aspect vulgaire, présente au-dessus des flammes un serpent inanimé; cet acte, qui semble commandé par un personnage important, vêtu en patricien et couronné de lauriers, qui est assis vers l'angle gauche sur un siège élevé et richement orné, paraît être la cause de tout le mouvement qu'on remarque à l'entour : ici, c'est un homme qui se tourne vers le magistrat, comme pour applaudir à un ordre ingénieux; ce sont, en arrière de l'autel, trois sacrificateurs habillés de longues robes; deux soldats, l'un à droite, l'autre à gauche, l'un vu de face, l'autre de dos et ayant un casque qu'accompagnent de petites ailes; plusieurs personnages, distribués sur les côtés et dans le fond, ne prenant qu'une assez faible part à l'action, tandis que trois hommes ayant le même costume que celui qui tient le serpent au-dessus des flammes sont représentés agités et le poing fermé, s'éloignant avec vivacité de l'autel où l'on peut croire que leur sort s'est décidé, et l'un d'eux, soulevant le marteau de la porte de droite, est prêt à la frapper du poing. Une inscription gravée au-dessous de la scène en expliquait sans doute le sujet, mais on ne peut plus lire que quelques-unes des lettres. — Bas-relief de bronze : longueur, $0^m,420$; hauteur, $0,355$. »

J'ajouterai que le savant auteur de la *Description des*

sculptures du moyen âge et de la Renaissance, même après la publication de la seconde édition de son catalogue, n'a jamais cessé de s'intéresser à l'explication de ce curieux

Bas-relief de bronze du Musée du Louvre.
(N° 11 du Catalogue des sculptures du moyen âge et de la Renaissance.)

monument, dont il avait bien voulu, dès 1874, nous confier l'examen en nous aidant de ses conseils.

La première question qui se posait à l'étude scientifique de ce bas-relief était celle de sa provenance immédiate avant l'entrée au Louvre. J'avoue que c'est la dernière que je sois parvenu à résoudre. De tous les secrets qui compliquaient le problème, c'était le plus difficile à pénétrer, quoiqu'il fût, en réalité, le moins intéressant à connaître. Par amour-propre professionnel, cependant, j'ai dû retarder jusqu'à sa découverte la publication du présent travail achevé depuis longtemps. L'ignorance de certaines provenances devient quelquefois une véritable torture morale pour les conservateurs de collections publiques, soucieux de posséder à fond l'histoire des monuments qu'ils ont mission d'expliquer. Après de longues années de mise à l'étude et des dépouillements considérables entrepris dans ce but spécial et demeurés infructueux, je suis arrivé à circonscrire le champ des investigations nécessaires, et je me suis décidé à passer au crible le fonds antique de la collection Durand. C'est là que gisait le lièvre. On lit, en effet, dans l'inventaire manuscrit de la collection Durand, acquise en 1824 par le Louvre, partie des bronzes « étrusques et gaulois », sous le numéro 280 : « Grand bas-relief représentant l'intérieur d'un temple décoré d'une riche architecture; plusieurs personnages se disposent à un sacrifice. Longueur, 17 pouces; hauteur, 14 pouces. Provenant du Musée de Malmaison, estimé 1,200 francs. » Voilà le bas-relief de la salle de la Renaissance. Plus tard, nous essayerons de remonter plus haut. Dès maintenant, la tradition est renouée.

Un fait analogue s'est produit à Londres. On lit dans le *Descriptive catalogue of the bronzes of European origin in the South-Kensington museum*, rédigé par M. Drury-Fortnum, Londres, 1876, p. 61 et 62 :

N° 474. '64. — PANEL. Bronze; probably from a door; representing in low relief and in double action an Angel releasing a female saint from prison. Italian, Florentine. First half of 15th century. Ascribed to Lorenzo Ghiberti. H. 17 in.; W. 14 ½ in Bought (Piot collection), 104 l.

PORTES DE BRONZE DANS L'ÉGLISE DE SAINT-PIERRE-AUX-LIENS, A ROME

The subject is divided into two scenes by the wall of the prison; within, a female saint is seen lying, from whom an angel (without wings) removes her chains; she is surrounded by sleeping soldiers, seven in number; decorative festoons fall from the chamber walls. The other scene shows the saint set free, and guided forward by the angel, who sustains her while walking over shields and arms which strew the ground. An architectural background, showing a figure of Mercury in a niche, etc., completes the design of this admirable work, in which the spirit, if not the hand, of Ghibert is manifest.

This may probably represent the miraculous visitation and delivery from prison of an almost forgotten martyr, Glycera, who finally suffered in the 2nd century at one of the cities named Heraclea; and if so is a subject of great rarity.

L'interrogatoire sur place des deux inconnus du Louvre et du Kensington-Museum ne nous ayant rien livré de satisfaisant ni de complet sur leur état civil, je demande au lecteur de vouloir bien adopter à leur égard une méthode différente et de consentir, pour continuer l'enquête, à me suivre par la pensée à Rome. Nous n'y ferons pas l'école buissonnière. C'est là qu'est la clef du mystère, et nous en rapporterons la double solution du problème.

Le pèlerin artiste qui, à Rome, pénétrait autrefois à Saint-Pierre-aux-Liens, après avoir donné en passant un regard au tombeau des frères Antonio et Piero del Pollajuolo, et payé au Moïse de Michel-Ange le tribut aussi obligatoire que spontané d'une admiration toujours inépuisable, allait, suivant un itinéraire traditionnel, chercher au fond de la sacristie un dernier chef-d'œuvre. C'étaient les fameuses portes de bronze d'une armoire destinée à conserver les chaînes de saint Pierre, c'est-à-dire les insignes reliques auxquelles la basilique devait sa célébrité. Aujourd'hui les portes de bronze sont placées au-dessus de l'autel établi au milieu du chœur, près de la confession. Elles ont été maladroitement redorées.

Ces portes sont divisées en six panneaux encadrés chacun de rinceaux de feuillages.

En haut, à gauche : écusson affectant la forme dite *testa di cavallo* aux armes des della Rovere. Au-dessus de l'écusson,

Bas-relief de bronze de l'armoire de Saint-Pierre-aux-Liens.
(Panneau de droite.)

les clefs de saint Pierre en sautoir, et le tout timbré d'une tiare. De chaque côté de l'écu, deux génies soutiennent une guirlande. Même disposition à droite ; seulement les armes des della Rovere y sont timbrées d'un chapeau de cardinal.

En bas, à gauche, dans un petit cartouche soutenu par de petits génies, on lit :

```
SIXTVS·QVARTVS
PONTIFEX·MAX
```

A droite, dans un petit cartouche de même forme, soutenu également par deux petits génies, on lit :

```
IVL·CARD·S·PE·AD VINCVLA
·S·ROMAN.E·ECCL·MAIOR
PENITENTIARIVS·MCCCCLXXVII
```

Les deux panneaux du milieu, qui sont les plus importants, contiennent deux épisodes de la vie de saint Pierre. A gauche du spectateur, l'apôtre est arrêté, menacé et conduit en prison, en présence d'un empereur ou d'un magistrat assis qui commande l'exécution. Un grand nombre de personnages animent la scène, qui se passe dans une cour décorée d'édifices construits dans le goût de la Renaissance. Les principaux acteurs, après le magistrat, sont au nombre de quatre. Un soldat pousse le saint par les épaules, un autre le saisit par sa toge; un troisième lève le bras pour le frapper, et le quatrième ouvre la prison vers laquelle on le dirige. Dans le panneau de droite, la délivrance de saint Pierre est représentée simultanément par deux phases successives de cet événement. On voit d'abord l'apôtre gardé par des soldats endormis au moment où l'Ange enlève de son cou le collier et les chaînes qui l'attachaient à la muraille. A côté, le saint, échappé de sa prison, est guidé vers la porte par son libérateur céleste. La cour qu'il franchit, comme la prison qu'il a quittée, est embellie de sculptures et d'ornements dans le plus riche style de la Renaissance.

Les panneaux de bronze de la sacristie de Saint-Pierre-aux-Liens sont justement célèbres, et l'admiration populaire, qui n'admet pas qu'un chef-d'œuvre reste anonyme, les a depuis longtemps attribués à Antonio del Pollajuolo.

Les savants [1], sans la discuter, ont tous admis une opinion traditionnelle qui pouvait invoquer en sa faveur tant de

Bas-relief de bronze du Musée de South-Kensington à Londres.
(N° 474. '64 du Catalogue.)

vraisemblances historiques. En effet, Antonio del Pollajuolo passe, jusqu'à présent, pour avoir été le sculpteur

1. Perkins, *Sculpteurs italiens*, édition française, t. 1er, p. 268. — Burckhardt, *Der Cicerone*, 3e édition. 1879, p 358. — E. Müntz, *Les Arts à la cour des papes*, t. III, p. 86.

attitré de la cour pontificale, sous Sixte IV [1] et sous Innocent VIII, et l'artiste le plus particulièrement attaché à la fortune des della Rovere. De plus, s'il n'habitait pas la paroisse de Saint-Pierre-aux-Liens, Antonio avait du moins, pour cette basilique, une vénération telle qu'il s'y prépara un tombeau [2] et qu'il y reçut la sépulture. Cette inhumation dans un lieu si honorable était avant tout une faveur, et le cardinal en titre de Saint-Pierre-aux-Liens qui l'accorda était précisément ce Julien della Rovere qui, avant de devenir le pape Jules II, avait commandé les portes de bronze en 1477.

J'avoue cependant que je ne crois pas pouvoir partager le sentiment universel au sujet de l'attribution des bas-reliefs de bronze de Saint-Pierre-aux-Liens. Pour me faire donner ce travail à Antonio del Pollajuolo, il faudrait qu'une preuve en règle me démontrât qu'il en est l'auteur et m'obligeât à constater qu'une fois au moins l'artiste a dérogé à toutes ses habitudes. Car le style de cet ouvrage est en désaccord complet avec le style bien connu d'Antonio, et notamment avec la partie du fameux autel d'argent de Saint-Jean, à Florence, qu'il a sculptée. Je n'ai pas besoin d'invoquer le témoignage des dessins, des tableaux et des gravures de ce maître qui, dispersés dans toute l'Europe, proclament partout les énergiques convictions et le volontaire génie de leur auteur. Je n'ai pas même besoin de soumettre ses opinions générales sur l'art à une analyse méticuleuse, ni d'en étudier les tendances d'ensemble. Il me suffira de demeurer sur le terrain restreint de la sculpture. Or, nous sommes bien placés, à Rome, pour apprécier le talent de sculpteur d'Antonio del Pollajuolo. C'est

1. Cependant M. Muntz (*Les Arts à la cour de papes*, t. III, p. 86) n'a pas trouvé dans les registres pontificaux la preuve matérielle de la présence de Pollajuolo à Rome sous Sixte IV.
2. Vasari, *Le Vite*, édition de 1879, t. III, p. 296 et 298. Vasari a publié l'épitaphe qui existe encore.

là que se trouvent les tombeaux de Sixte IV et d'Innocent VIII. Quand on sort de Saint-Pierre du Vatican et qu'on entre à Saint-Pierre-aux-Liens, il est impossible de croire, sans preuves, qu'un seul et même sculpteur ait travaillé pour les deux églises. Les panneaux de bronze présentent sans doute l'aspect d'une belle œuvre du quinzième siècle, mais sans le haut ragoût, sans les exagérations d'élégance et de finesse qu'on est habitué à rencontrer dans les ouvrages purement florentins, et surtout dans ceux de Pollajuolo. J'y remarque, au contraire, un certain raccourcissement des figures, un système très étudié de draperies finement plissées suivant une règle uniforme et un procédé en quelque sorte conventionnel, une véritable lourdeur dans le dessin, tous les traits enfin de l'école romaine de la Renaissance, c'est-à-dire de l'école florentine pondérée, assagie par un contact trop prolongé avec l'antique, en un mot, devenue classique.

Nous sommes toujours à Rome, mais que le lecteur qui a bien voulu nous y suivre se rassure; l'admiration ne nous a pas distrait et ne nous fera pas perdre de vue le but que nous désirons atteindre. Nous nous trouvons, précisément, au cœur même de notre sujet. Les deux principaux bas-reliefs des panneaux de bronze de Saint-Pierre-aux-Liens qui, si on s'en réfère aux descriptions écrites, paraissent par leurs sujets si différents de ceux de Paris et de Londres, présentent, au contraire, avec eux de nombreux traits de ressemblance. Cette ressemblance va même, sur presque tous les points, jusqu'à l'identité. Il suffit de comparer les trois gravures qui accompagnent notre texte pour se convaincre qu'il n'a existé qu'un modèle primitif unique, légèrement modifié dans les bas-reliefs de Paris et de Londres. Le bas-relief de Paris n'est que l'arrestation de saint Pierre altérée par la suppression d'un personnage; le bas-relief de Londres n'est que la délivrance de saint Pierre transformée. La sculpture reste la même, mais les variantes portent sur le personnage principal de la scène. Pour obtenir le bas-relief du Louvre, l'artiste a enlevé seulement la figure de saint Pierre, en gardant tout le reste de la composition. Dans le vide laissé au milieu de la scène par la disparition de saint Pierre, il a disposé un cippe à tête de bélier, surmonté d'un brasier allumé. La posture du soldat qui poussait saint Pierre par les épaules n'a pas été changée, mais on lui a mis dans les mains un reptile court en forme de vipère, qu'il semble réchauffer au-dessus des flammes du brasier ou qu'il s'apprête à y jeter.

Des modifications de cette nature étaient fréquentes au quinzième siècle dans les bas-reliefs de petites proportions, et elles servaient, pour les artistes qui les imaginaient, à tirer plusieurs moutures d'un même sac et à fournir plusieurs éditions soi-disant originales d'un même texte travesti. J'en connais de nombreux exemples parmi les plaquettes d'orfèvres et de médailleurs de la Renaissance italienne, où se remarquent des variantes si curieuses d'un sujet primitif, modifié par la suppression ou la substitution de figures ou de détails d'ornementation. Les collections de plaquettes sont fort instructives à cet égard. Ces petits bas-reliefs ont été presque tous remaniés, et, comme les estampes, sans compter les copies et les imitations, nous sont parvenus dans des *états* différents et successifs intéressants à constater. Les collectionneurs de ces monuments, si curieux pour l'histoire de la plastique, n'ignorent pas tous ces détails et sont au courant des plus étranges métamorphoses. Je n'en citerai qu'un exemple, mais il sera probant. J'ai recueilli un fragment découpé dans une plaquette de Moderno représentant la mise en croix au milieu d'une nombreuse assistance. Dans cet état altéré du modèle original, la croix et la plus grande partie de la scène ont disparu, et on lit au revers RAPT [*us*] SAB [*inarum*]. La crucifixion est devenue l'enlèvement des Sabines.

Dans quel but la modification qui a donné naissance au bas-relief du Louvre s'est-elle produite? Soit pour prêter à la composition de l'artiste l'apparence d'un ouvrage antique à sujet indéterminé, soit pour utiliser en l'honneur d'un autre saint un fragment de l'*Histoire* sculptée du prince des apôtres. Dans cette seconde hypothèse, le soldat qui, dans l'édition primitive, n'était qu'un comparse et arrêtait saint Pierre, deviendrait ici le héros de la scène; et nous aurions à rechercher dans quelle vie de saint militaire l'épisode du serpent jeté au feu pourrait se placer. A notre connaissance, la biographie de saint Paul (*Act.* XXVIII, 3 à 6) nous fournirait seule l'occasion d'expliquer l'adaptation à un usage religieux du bas-relief du Louvre. En effet, saint Paul, abordant dans l'île de Malte, jeta au feu une vipère qui s'était attachée à sa main, et cet épisode de la vie de l'apôtre est un de ceux que l'iconographie chrétienne de toutes les époques s'est complu à représenter.

Voici maintenant les variantes que l'edition du bas-relief aujourd'hui en Angleterre présente avec l'édition romaine : les ailes de l'ange ont été supprimées, ce qui nuit légèrement à l'équilibre et à la grâce de la composition, et ce qui semble en même temps témoigner de l'intention de transformer en sujet antique et païen un sujet originellement chrétien. Le saint Pierre délivré, dont le costume est à peine modifié, se trouve métamorphosé en femme. Tout le reste de la composition est resté identique. Dans l'hypothèse qu'à Londres le sujet serait encore hagiographique, il n'est pas facile de trouver une sainte à qui nous puissions attribuer le fait miraculeux de la délivrance. Le livre du P. Cahier, la *Caractéristique des saints,* nous signale bien sainte Glycère, vierge et martyre, qui fut visitée dans sa prison par un ange et reçut de lui sa nourriture. Le catalogue anglais en parle aussi; mais, dans la légende de cette sainte, il n'est pas question d'évasion. Les modifications pittoresques du texte absolu de la légende s'expliqueraient, à la rigueur, par le besoin d'utiliser un ensemble déjà composé. Mais alors pourquoi avoir supprimé les ailes de l'ange? Sommes-nous en présence d'une sainte Agnès échappant aux dangers qu'on a fait courir à sa virginité? Il est plus simple, croyons-nous, de supposer une modification dans un sens païen, sans affectation déterminée de sujet.

Quoi qu'on pense de l'interprétation à donner à la composition ainsi altérée, le bas-relief de Londres n'est, comme le nôtre, qu'une variante de l'un des bas-reliefs de Saint-Pierre-aux-Liens. Il a, comme le nôtre, une patine verte et lourde qui, sans être naturelle, est grasse et parfaitement ancienne. Il provient de l'une des ventes faites par M. Eugène Piot [1], datant d'avril 1864. Il portait sur le catalogue de cette vente le numéro 21 et était ainsi décrit, page 10 :

N° 21. — LORENZO GHIBERTI, 1381-1465. — Panneau carré provenant d'une porte de bronze. Le bas-relief représente l'intérieur d'un édifice d'architecture antique. La composition se divise en deux scènes distinctes : à droite, un ange délivre de ses fers un jeune prisonnier couché au milieu de soldats endormis; à gauche et hors du cachot, le libérateur guide vers une porte le saint, qui paraît aveugle. Le sol est jonché d'armes et d'armures sur lesquelles les deux personnages marchent avec assurance. Nous laissons aux hagiographes le soin de déterminer le sujet de cette composition, qui nous est inconnu. Hauteur, 0^m,37; largeur, 0^m,43.

Si le bas-relief de bronze de la vente Piot, qui faisait

---

[1]. Catalogue des objets d'art et d'antiquité, des tableaux, dessins et médailles des quinzième et seizième siècles, de la collection de M. Eugène Piot, dont la vente aura lieu hôtel Drouot, salle n° 5, les lundi 25 avril, etc .. Paris, avril 1864, in-8.

pendant au bas-relief du Louvre, est passé en Angleterre, ce n'est ni par la négligence, ni par l'ignorance du conservateur alors chargé de la partie des collections françaises, dans laquelle cet objet d'art aurait dû entrer, ni par le mauvais vouloir de l'Administration supérieure. M. Adrien de Longpérier, conservateur des antiques et de la sculpture moderne, souhaitait qu'il fût acquis, ainsi que peut le prouver le document suivant, trouvé dans ses papiers après sa mort, et qui vient de m'être obligeamment communiqué par mon ami, M. Héron de Villefosse :

> Palais du Louvre, le 25 avril 1864.
>
> Monsieur le surintendant, j'ai eu l'honneur d'appeler votre attention sur la vente de M. Piot, et vous avez bien voulu me promettre une décision.
>
> Je me permettrai de vous signaler encore une plaque de bronze, faisant pendant à un bas-relief conservé dans notre musée de la Renaissance. Vous devez vous rappeler que, pendant notre séjour à Rome, je vous ai fait remarquer, dans la sacristie de Saint-Pierre-aux-Liens, les bas-reliefs de bronze d'Antonio Pollajoli. La plaque qui va être mise en vente demain mardi, sous le numéro 21, et celle du Louvre, sont certainement de la main qui a modelé les bronzes de Rome. Il y aurait d'autant plus d'intérêt à acheter celle de la vente Piot qu'elle représente *Saint Pierre délivré par l'ange*, ce qui achève de démontrer l'origine de la plaque conservée au Louvre.
>
> Je vous ai déjà parlé de la statue de la Fortune ou Cérès que vous avez en vue : c'est un beau bronze antique qui produirait un grand effet dans notre collection. Si vous pouviez m'autoriser à faire suivre la vente, sans que l'Administration fût mise en avant, je vous demanderais un crédit de 1,200 francs pour le bas-relief et de 3,000 francs pour la statue.
>
> Veuillez, Monsieur le Surintendant, agréer l'expression de mes sentiments dévoués et de ma haute considération.
>
> *Le conservateur des antiques et de la sculpture moderne,*
> LONGPÉRIER.

Sur cette minute autographe de la main de M. de Longpérier, on lit la note suivante : « Conformément à l'autorisation, la statue de la Fortune a été achetée moyennant 6,000 francs. »

Conclusion. — Les bas-reliefs de Paris et de Londres sont de secondes éditions, avec variantes, des bas-reliefs des portes de l'armoire aux chaînes de l'église de Saint-Pierre-aux-Liens.

Ils ne peuvent pas être attribués à Ghiberti, dont ils ne rappellent absolument en rien le style, et qui d'ailleurs, quand le modèle original fut exécuté, en 1477, au témoignage de l'inscription, était mort depuis vingt-deux ans, c'est-à-dire depuis 1455.

Ils ne doivent pas non plus, sans preuves documentaires, être attribués, même provisoirement, à Antonio del Pollajuolo, dont ils ne reflètent en rien les habitudes de travail.

En attendant la découverte du nom de leur auteur, nous devons nous en tenir aux vraisemblances, et nous ne pouvons reconnaître ni la pure école florentine, suprêmement élégante, quoique amaigrie et décharnée, de la fin du quinzième siècle, ni la manière fiévreuse et tourmentée d'Antonio del Pollajuolo dans ces sculptures relativement calmes, aux formes presque molles, aux figures trapues, aux plis conventionnels, pondérés, et inspirés de l'antique. Ces deux œuvres intéressantes et même belles, mais sans grands accents de haute personnalité, pourraient, croyons-nous, et jusqu'à plus ample informé, être mises au compte de l'école romaine.

XX

Si, déférant aux ordres de la critique, nous devons renoncer à voir figurer sur nos catalogues le nom d'Antonio del Pollajuolo, la même critique nous autorisera, en revanche, à inscrire sur nos cartels le nom de Francesco

Laurana dont nous possédions une œuvre sans nous en douter.

Le beau retable en marbre du *Portement de croix* de l'église Saint-Didier d'Avignon, sculpté par Francesco Laurana sur la commande du roi René, a été récemment l'objet de l'attention de quelques érudits. Il a été gravé en février 1881, dans la *Gazette des Beaux-Arts*[1], pour illustrer un article de M. Trabaud, et il a provoqué, de la part de MM. de Montaiglon, Giry, Chabouillet, Müntz et Palustre, de très savantes et très utiles observations recueillies dans la *Chronique des Arts*[2]. La mise à l'ordre du jour de ce monument et l'examen auquel je me suis livré sur lui à Avignon m'ont fourni l'occasion de faire, de mon côté, quelques remarques dont l'histoire de l'art et le musée du Louvre pourront peut-être profiter.

En effet, depuis 1828, le Louvre possède à son insu un fragment de la décoration sculptée qui accompagnait le retable de Saint-Didier d'Avignon, quand celui-ci était fixé dans l'église des Célestins de la même ville, à laquelle il avait été primitivement destiné et dans laquelle il fut conservé jusqu'à la Révolution. Ce monument est ainsi catalogué dans la *Notice des bois sculptés, terres cuites, marbres, albâtres, grés*, etc., par M. A. Sauzay[3] :

* B. 12. — Écusson des armes de René d'Anjou et de Jeanne de Laval, sa deuxième femme.

Deux écussons accolés et surmontés d'une couronne ducale.

Le premier écusson, parti de deux traits : au premier, de Hongrie, fascé d'argent et de gueules; au second, d'Anjou-Naples, semé de France, au lambel de cinq pendants de gueules; au

---

1. 2ᵉ période, t. XXIII, p. 175 et 177.
2. Année 1881, p. 79, 80, 111, 112. Cf. également : Alois Heiss, *les Médailleurs de la Renaissance; Francesco Laurana, Pietro di Milano*. Paris, 1882.
3. Série B, p. 14.

troisième, de Jérusalem, d'argent à la croix potencée d'or accompagnée de quatre croisettes d'or.

Le tout soutenu de : duché d'Anjou, semé de France à la bordure de gueules, parti de Bar, d'azur à deux bars adossés d'or et semés de croix recroisettées au pied fiché de même. Sur le tout en abime, d'Aragon, d'or à quatre paulx de gueules.

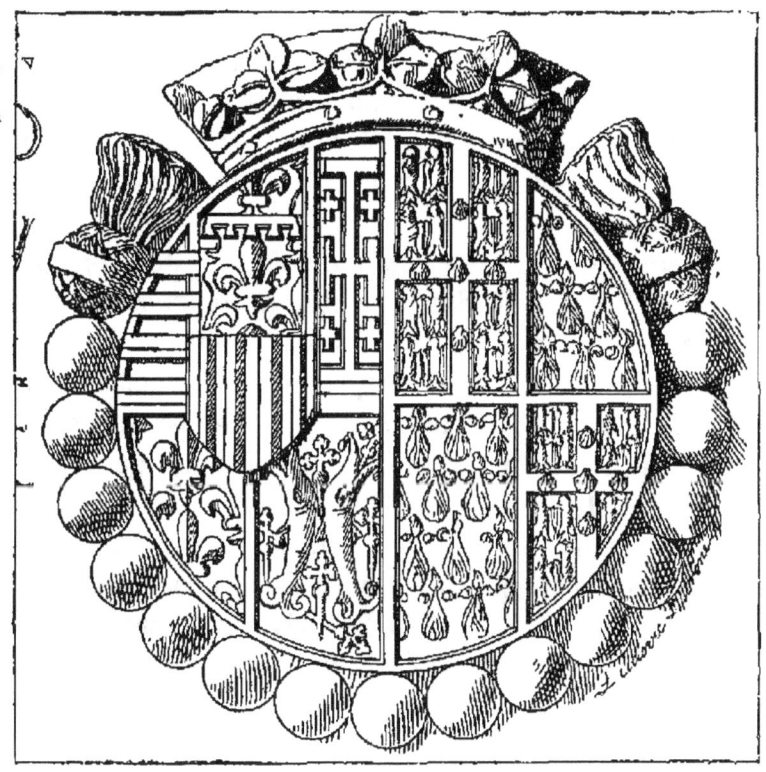

Écusson aux armes de René d'Anjou et de Jeanne de Laval,
sculpté par Francesco Laurana.
(Fragment du retable de Saint-Didier, au Musée du Louvre.)

Deuxième écusson. Il est écartelé, au 1er et au 4e de Montmorency-Laval, d'or à la croix de gueules chargée de cinq coquilles d'argent, accompagnée de seize alérions d'azur ; au 2e et au 3e de Bretagne, d'argent semé d'hermines. Hauteur, 0m,340. — Largeur, 0m,340. — Ancienne collection.

L'astérisque qui précède cet article indique que l'objet

n'est pas exposé. La couche épaisse et moderne de peinture à l'huile qui recouvrait l'écusson l'avait fait juger indigne de l'exposition publique.

Cet écusson ne provient pas, comme Sauzay l'a déclaré par erreur, de l'ancienne collection de la couronne. Il est, tout au contraire, entré au Louvre en 1828 avec la collection Révoil et a été ainsi catalogué par son premier propriétaire dans la liste des objets qu'il cédait au musée : « N° 394. — Armoiries du roi René d'Anjou et de Jeanne de Laval, sa femme, sculptées en marbre, peintes et rehaussées d'or et d'argent, restaurées par M. R [évoil][1]. »

Tels sont les seuls renseignements que Révoil nous ait transmis sur cet objet, dont il semble avoir ignoré ou oublié la provenance. Je prétends néanmoins lui assigner une origine provençale, même en présence du silence du catalogue. En effet, nous savons d'abord, à n'en pouvoir douter, que Révoil a mis la Provence à contribution pour former son cabinet. Il avait recueilli le fameux ciboire de Montmajour, en émail de Limoges (au Louvre, n° D, 125), et, des deux seuls objets de marbre de proportions un peu grandes qu'il posséda (n°s 393 et 394 de son catalogue), le premier était l'inscription de Poncie d'Aiguière, venant de Saint-Honorat des Aliscamps à Arles[2], et le second cet écusson aux armes du roi René et de Jeanne de Laval. En

1. Voyez notre notice : *La Collection Révoil du Musée du Louvre*. Caen, 1886, in-8, p. 60.
2. Exposée dans la salle de Michel Colombe, près de la fenêtre. Cf. Estrangin, *Études archéologiques sur Arles*, 1838, in-8, p. 264, et *Description de la ville d'Arles antique et moderne*. Aix, 1845, in-16, p. 162. — L. Jacquemin, *Guide du voyageur dans Arles*, Arles, 1835. Renseignement bibliographique communiqué par M. Héron de Villefosse. — Voici quelques autres objets dont l'origine provençale est attestée par les déclarations de Révoil lui-même dans l'inventaire de sa collection : N° 23. Masse d'armes de fer, toute simple, bien conservée, qui passait à Avignon pour celle du « brave Crillon ». — N° 379. Crosse en bronze doré et émaillé trouvée en 1793 dans le tombeau de Bertrand de Malsang, qui fut abbé des Bénédictins de Montmajour, près

second lieu, à part la complication des armoiries de Jeanne, notre écusson ressemble à s'y méprendre à ceux qui accompagnent la longue inscription en quatre lignes placée dans l'église Saint-Didier d'Avignon, au-dessous du bas-relief représentant le *Portement de croix* commandé par René et exécuté par Francesco Laurana.

Cette inscription a été déjà publiée bien des fois. Mais il est nécessaire d'en donner une édition nouvelle pour appuyer ma démonstration. La voici :

> Siculidum regis hec sunt monumenta Renati.
> Jusserat hec condam fieri, que Karolus heres,
> Rex pius, absolvi voluit, que marmora cernis.
> Tristia cum gemitu Cristi spectacula euntis
> Ad mortem liceat vobis spectare, fideles.
> Cogitur ecce pus humeris, cesusque, cruentus,
> Ferre crucem lassus, quá crimina nostra ferantur,
> Sacrilegas que manus Judee gentis inique.
> Discite dura pati, cunctosque subire labores,
> Discite, Christicole, memoresque estote dolorum
> Quos Deus ecce tulit. Sic vos licet esse beatos.
>
> Anno Dni nri IHV XPI MCCCCLXXXI.

Nous donnerons en même temps une sorte de fac-similé typographique de cette inscription métrique. Elle est gravée sur une plaque de marbre longue de 4^m,53, composée de trois morceaux mesurant, le premier, à gauche du spectateur, 0^m,73 ; le second, 3^m,07, et le troisième et dernier 0^m,73. La hauteur apparente de la plaque, hors du scellement, est de 0^m,32 et doit être un peu supérieure en réalité. Les lettres, d'un beau style épigraphique et appartenant à la paléographie italienne du quinzième siècle, ont 45 millimètres de haut. De chaque

---

d'Ailes. — N° 390. Soulier de Monsieur, frère de Louis XIV, à son entrée à Aix en Provence, en 1660 ; tiré du cabinet de M. de Saint-Vincent. — Le ciboire de la galerie d'Apollon (D. 125) est ainsi décrit par Révoil : « N° 88. Hanap ou à boire du treizième siècle, en bronze doré et émaillé. On lit dans le vase fond de la coupe ces mots : *Magister Claudius Alpais me fecit Lemovicarum.* »

côté de la plaque, au commencement et à la fin des quatre lignes, on remarque un écusson de forme ronde entouré d'une patenôtre ou d'un chapelet composé de

Le Christ sur le chemin de la Croix.
Sculpture de Francesco Laurana. Église Saint-Didier, à Avignon.

grains ronds et gros. Ces deux écussons portent, dans l'état actuel du monument, les armoiries de René d'Anjou seul.

Quelle que soit leur présente apparence, ils ont dû être, dans l'origine, comme tout l'ensemble du retable, peints de diverses couleurs et dorés.

Fac-similé typographique de l'inscription du retable de Saint-Didier d'Avignon.

SILVDVM[1] REGIS HEC SVNT MONIMENTA RENATI · JVSSERAT HEC CONDAM FIERI QVE KAROLVS
[HERES · REX PIV; ABSOLVI VOLVIT QVE MARMORA CERNIS]

ISTIA CVM GEMITV CRISTI SPECTACVLA EVNTIS · AD MORTEM LICEAT VOBIS SPECTARE
[FIDELES · COGITUR ECCE PIIS HVMERIS CESVSQVE CRVENTVS · FERRE CRV]

M LASSVS QVA CRIMINA NOSTRA FERANTVR · SACRILEGASQUE MANVS IVDEE GENTIS INIQVE ·
[DISCITE DVRA PATI CVNCTOSQVE SVBIRE LABORES · DISCITE CRISTICOLE]

EMORESQVE ESTOTE DOLORVM · QVOS DEVS ECCE TVLIT SIC VOS LICET ESSE BEATOS ·
[ANNO DNI NRI IHV XRI · M CCCC LXXXI [2]]

1. Pour *SICVLIDVM*.
2. C'est ici un monument de René, roi de Sicile; il avait jadis donné ordre qu'il fût fait; Charles, son héritier, roi pieux, a voulu qu'il fût terminé; c'est le marbre que tu vois. Contemplez, ô fidèles! le triste spectacle du Christ allant à la mort au milieu des gémissements! Frappé, sanglant, il est forcé de porter avec fatigue sur ses pieuses épaules la croix, pour que nos crimes soient par là effacés, et de subir les noirs sacrilèges de l'inique gent juive. Apprenez de lui à subir les souffrances; apprenez de lui, ô chrétiens! à supporter toutes les peines, et souvenez-vous des douleurs que Dieu a souffertes. C'est ainsi qu'il vous sera donné d'entrer dans la béatitude. L'an de Notre-Seigneur Jésus-Christ 1481. (Traduction de M. de Montaiglon, *Chronique des arts*, 1861, p. 79.)

Quand je fus en présence du retable de Saint-Didier un doute terrible assaillit mon esprit. Je n'imaginais pas, pour l'écusson du Louvre (qui porte la même hauteur 0ᵐ,33 et quelque chose en plus), d'autre place originelle que la fin ou le commencement des quatre lignes de l'inscription, et cependant rien ne manque en apparence, à Avignon, sur la plaque dont le bas-relief est accompagné. La section de gauche, longue de 0ᵐ,73, porte, à côté de l'écusson, les lettres suivantes, par où débutent les quatre lignes :

```
SICILVDVM¹ REGI
TRISTIA CUM GE
CEMLASSUS QV
MEMORES    QVE
```

La section de droite, longue également de 0ᵐ,73 [2], est chargée des lettres suivantes composant la fin des lignes :

```
CERNIS
RE CRV
ISTICOLE
XXXI
```

Elle se termine par un autre écusson dont nous avons déjà parlé, semblable en apparence au premier, mais beaucoup plus distant de la dernière lettre de chaque ligne.

A cause de l'état dans lequel se présente aujourd'hui le retable d'Avignon, mon inquiétude était, on en conviendra, fort naturelle. Bien qu'avant 1828 le talent des faussaires ne fût pas excessivement redoutable, la bonne foi de Révoil avait-elle été surprise? Les odieuses peinture, dorure et argenture modernes, qui avaient déjà fait reléguer la pièce dans une armoire, cachaient-elles un piège? Un examen attentif du marbre d'Avignon me rassura, en me permettant de constater d'abord que toute la partie de droite avait

---

1. Pour *Siculidum*.
2. M. Henri de Pontmartin a bien voulu relever pour nous, sur place, toutes ces dimensions. Je le prie d'agréer l'expression de mes remerciements pour son obligeant concours.

été refaite dans l'inscription actuelle. Le troisième morceau de marbre n'est certainement que le produit assez maladroit d'une restauration. L'écusson qui le termine n'est que la reproduction de celui qui forme pendant de l'autre côté. En rentrant à Paris, la vue de notre écusson B 12 acheva de me tranquilliser. Semblable par l'aspect général aux deux écussons d'Avignon, il diffère avec eux en ce qu'il représente, non pas le blason seul de René, mais le blason du roi associé à celui de sa seconde femme. Le haut et le bas du monument, ainsi que toutes les parties du marbre restées visibles, avaient de plus une excellente patine et conservaient encore des traces de l'application du mortier qui servit jadis au scellement primitif, tandis que la tranche de gauche, près des lettres survivantes, portait, au contraire, les marques d'un sciage relativement récent.

Le monument mis en cause proclamait donc de lui-même son authenticité ; mais provenait-il réellement, comme je le supposais, de l'inscription du retable de Saint-Didier? C'était déjà fort probable. Une épreuve cependant restait encore à tenter. J'obtins l'autorisation de faire débarrasser le marbre de l'horrible badigeonnage qui le recouvrait. Le bonheur a voulu que, sur le bord de gauche, la moitié des lettres S, V et E, après avoir échappé à la mutilation ordonnée par Révoil pour régulariser la cassure, fût encore apparente. Ces lettres, invisibles jusque-là, étaient remplies de plâtre et couvertes de peintures. Elles forment précisément la fin des lignes de l'inscription originale[1], et elles correspondent par leur dimensions (45 millimètres) et leur écartement aux trois premières lignes du corps principal de l'inscription. Quant à la quatrième lettre qui semblerait nécessaire pour répondre à la quatrième ligne, elle n'apparaît pas sur le marbre du Louvre, par la raison que

---

1. Voyez le fac-similé de l'inscription.

cette quatrième ligne était plus courte, comme on peut le constater dans le fac-similé, et qu'elle ne devait pas, par conséquent, se rapprocher autant que les autres du blason qui formait l'encadrement. D'ailleurs, la place de cette quatrième ligne est marquée sur notre marbre du Louvre par l'étagement des lettres, dans ce qu'on pourrait appeler la mise en pages ou la *justification* de l'inscription.

Résumons-nous. L'écusson du Louvre aux armes de René d'Anjou et de Jeanne de Laval, mesurant de 33 à 34 centimètres de haut, étant accolé à une inscription composée de quatre lignes et formée de lettres de 45 millimètres de hauteur, provient indiscutablement du retable des Célestins d'Avignon (aujourd'hui à Saint-Didier), dont l'inscription présente des caractères absolument identiques.

Ce rapprochement laborieux des fragments divisés d'un même ensemble, sorte de jeu de patience, n'est pas cependant un travail de désœuvrement archéologique. Notre recherche aura, nous l'espérons, un résultat pratique parfaitement appréciable. L'écusson des armes du roi René est d'une jolie exécution, à la fois libre et fine. Ce n'est pas l'ouvrage d'un héraldiste de métier, sacrifiant l'art aux lois inflexibles du blason. Certains détails, la disposition, par exemple, des *croix recroisettées au pied fiché d'or* sont plus pittoresques qu'il ne conviendrait aux yeux d'un spécialiste scrupuleux ou d'un simple ouvrier copiant *ne varietur* un dessin héraldique destiné à être gravé dans le marbre.

Une interprétation d'artiste, interprétation très personnelle, se révèle dans ce monument. Aussi il ne paraîtra pas trop téméraire d'en attribuer l'exécution, ou tout au moins la composition, à l'auteur même du grand bas-relief de Saint-Didier dont il fait partie. Nous savons d'ailleurs que Francesco Laurana était médailleur ; et il est facile de rapprocher de notre bas-relief circulaire quelques-uns des revers de médailles dus aux artistes du quinzième siècle. Nous proposons donc aux numismatistes et aux amateurs de compter à l'œuvre de Laurana une pièce de plus. Seulement ce médaillon nouveau, de grandes proportions, n'a qu'un revers, et il est de marbre. Quant au Louvre, il va enfin posséder consciemment l'ouvrage d'un maître qui n'était pas encore représenté dans ses galeries de sculpture italienne. Cet enrichissement ne lui aura rien coûté. La fortune lui est venue en dormant.

XXI

Le nouveau Musée de la Renaissance conservera désormais, sous le nom de Jean d'Alesso, un portrait attribué par erreur depuis bien longtemps à un tout autre original.

En 1854, notre regretté confrère le baron de Guilhermy disait dans un article des *Annales archéologiques*[1], en parlant d'une sculpture du Musée du Louvre : « Comment [Ponce] aurait-il pu modeler le buste du président d'Ormesson dont la mort n'arriva qu'en 1600 ? Nous n'entrons d'ailleurs dans ces détails que pour démontrer une fois de plus combien sont incertaines les attributions qu'on enregistre trop facilement dans les catalogues de nos musées et combien il serait nécessaire de les soumettre toutes à la vérification la plus sévère. Le buste de bronze, appelé du nom d'Olivier Lefèvre, a toute l'apparence d'un portrait fidèlement exécuté d'après nature. L'exactitude y est même poussée à l'excès ; l'auteur n'a voulu omettre ni une ride ni une verrue, et son œuvre ne ressemble pas mal à une tête de magot de la Chine, etc. »

M. de Guilhermy, dans les lignes qui précèdent, s'est

1. T. XIV, p. 90.

montré injuste envers cette belle sculpture. Le buste décrit sous le numéro 39 du catalogue du Louvre est une œuvre aussi puissante que sincère. Mais notre confrère avait parfaitement raison de réclamer, dès 1854, une vérification sérieuse de l'identité du personnage représenté. Les soupçons sur quelque imposture en matière d'état civil, qui na-

Jean d'Alesso.
Buste de bronze. (Musée du Louvre).

quirent alors dans son esprit, étaient parfaitement légitimes. L'attribution de ce portrait à un original déterminé, comme celle de plusieurs autres portraits, n'a pu résister à l'examen que nous avons entrepris. Nous essayerons de démontrer méthodiquement l'erreur traditionnelle qui a fait donner au buste du Louvre le nom sous lequel il est connu, gravé, moulé et admiré.

Le buste du Louvre, n° 39 de la *Description des sculptures du moyen âge, de la Renaissance et des temps modernes*, provient du dépôt des Petits-Augustins [1]. Voici comment et dans quel état il entra au Musée des Monuments français en 1792. Lenoir nous l'apprend dans son

---

1. *Alexandre Lenoir, son Journal et le Musée des Monuments français*, t. 1er, p. 137, n° 15.

Journal. On y lit : « N° 18 — Des Bons-Hommes de Passy. — Un buste en cuivre peint[1] représentant un d'Ormesson fondu par Paul Ponce. » La même mention est reproduite sous le numéro 23 de la *Notice succincte, etc.*, de 1793. En l'an IV, Lenoir s'exprime encore ainsi : « N° 343 — Minimes de Passy. — Le buste en bronze d'un d'Ormesson par Paul Ponce ; ce buste a été coloré. » Ce n'est qu'en l'an V que Lenoir crut pouvoir préciser en rédigeant ainsi un passage de la page 131 de son catalogue : « Des Minimes de Passy. — N° 155. Le buste en bronze d'Olivier Lefebvre d'Ormesson par Paul Ponce. » Même rédaction, avec variante insignifiante, en l'an VI, en l'an VIII, en l'an X, en l'an XI, en 1806, en 1810, en 1815 et en 1816. La dernière édition qui est restée manuscrite porte ce qui suit : « N° 155 — Du couvent des Bons-Hommes de Passy (démoli). — Le buste en bronze d'Olivier Lefebvre d'Ormesson fondu sur le modèle de Paul Ponce en 1540. » Dans le tome IV, p. 164, du *Musée des Monumens français*, Lenoir fournit enfin sur cette sculpture un renseignement ainsi conçu : « Sous le numéro 155, on voit le buste en bronze d'Olivier Lefebvre d'Ormesson provenant des Bons-

---

[1]. On ne doit pas s'étonner de rencontrer un buste de bronze peint. La peinture signalée par Lenoir, et dont quelques traces subsistent encore, était très probablement originale et remontait jusqu'à la création de l'œuvre. On connait, en effet, d'autres exemples d'applications de couleurs sur le bronze. Nicolas Bonfons, dans les *Antiquités et singularités de Paris*, livre II, f° 104 recto, nous apprend qu'en 1588 le manteau porté par le cardinal de Birague, dans sa statue sculptée par Germain Pilon pour la chapelle de l'église Sainte-Catherine du Val-des-Ecoliers, était coloré en rouge. « Au-dessous de cest écrit » (l'épitaphe), dit l'auteur, « est la figure après le naturel du seigneur de Birague, comme un cardinal à genoux, son manteau *rouge*, et le tout eslevé et eslaboré en bronze, etc... » — Le Laboureur, dans *Les Tombeaux des personnes illustres*, p. 232, dit en parlant de la chapelle de Birague et du tombeau du cardinal : « L'on y voit son effigie priante avec sa robbe de pourpre, marque de sa dignité... » Un dessin exécuté par Gaignières et conservé dans un recueil récemment acheté par le Cabinet des estampes de la Bibliothèque nationale montre d'une manière indiscutable que la statue du cardinal de Birague était peinte. Je dois la communication de ce dernier renseignement à l'obligeance de mon confrère M. G. Duplessis.

Hommes de Passy. Ce buste passe pour avoir été modelé par Paul Ponce. »

De cet ensemble de déclarations successives et de leur comparaison entre elles, il résulte que Lenoir, certain de la provenance de ce portrait et de l'état dans lequel il lui était parvenu, n'était pas tout d'abord fixé sur le nom précis du personnage qu'il représentait et que, quant au nom de l'auteur, il ne répéta jamais qu'une tradition. Nous prenons acte de ce premier résultat de l'enquête. Seule, l'existence de deux faits en découle. Une peinture, dont quelques traces subsistent encore, recouvrait certaines parties du buste, et le monument venait du couvent des Minimes de Passy. Lenoir n'est un témoin irrécusable et une autorité que pour ces deux points de fait. C'est peu de chose, mais cela nous servira à démontrer que Lenoir s'est trompé pour tout le reste. Nous en appellerons de Lenoir iconographe et historien à Lenoir simple greffier.

Grâce à la mention de provenance, l'opinion de Lenoir est facile à contrôler. Il nous suffira de remonter aux documents qui nous ont décrit le monastère des Minimes de Passy dans l'état où il se trouvait avant la Révolution. En 1787, dans le *Guide des amateurs et des étrangers voyageurs à Paris* [1], Thiéry s'exprimait ainsi en parlant de l'église des Bons-Hommes de Passy : « À gauche du sanctuaire, en face de la porte qui conduit à la sacristie, est la chapelle du Saint-Nom-de-Jésus, sépulture de la famille d'Alesso, alliée de Saint-François de Paule. » Les prédécesseurs de Thiéry se sont chargés de nous faire connaître cette chapelle. Antérieurement, on lisait à propos de l'église conventuelle des Minimes de Passy, et de la chapelle du Nom de Jésus dans la *Description historique de la ville de Paris* par Piganiol [2] : « La même princesse [Anne de Bre-

1. T. Ier, p. 6.
2. Paris, 1765, t. II, p. 398 et 400.

tagne] posa la première pierre de l'église qui ne fut cependant achevée que sous le règne de François Ier, et dédiée seulement le 12 juillet 1578. Dans la chapelle du Nom-de-Jésus est un buste sous lequel on lit :

« D. O. M. S.

« Nobilissimus Joannes Dalesso, Blesensis, Andreæ Dalesso D. Francisci a Paula ex sorore nepotis filius, dum vixit bonis gratissimus, morum comitate, ingenii suavitate et animi candore erga omnes commendatissimus, regiarum rationum magister, vitæ suæ rationem redditurus exspiravit 3 septembris anno ætatis 59, reparatæ salutis humanæ 1572. Cujus memoriam Maria Saussaya, uxor castissima, matrona prudentissima, quam diu superfuit, coluit religiosissime. Idibus sextilibus anno ætatis 62 et Christi servatoris 1581, vitam cum meliore commutavit, et in eodem monumento, cum conjuge suavissimo, quocum septem lustra unanimiter exegerat, voluit tumulari, relictis quinque liberis qui parentibus optimis carissimis piissimi ac bene mœrentes ad perpetuam memoriam H. M. P. CC.

« Dans cette même chapelle, sur une table de marbre noir, on lit cette autre épitaphe :

« CY DEVANT GIST

« Noble damoiselle Magdelaine Dalesso, en son vivant femme de noble homme Pierre Chaillou, secrétaire de la chambre du Roy, laquelle trépassa le 24e jour d'aoust 1583, ayant élu ici sa sépulture avec feux nobles personnes Jean Dalesso, petit neveu de Monsieur Saint-François de Paule, sieur de Lezeau et de Raigny, et Damoiselle Marie de la Saussaye, ses père et mère.

« Sur une autre table de marbre noir, mais toujours dans la même chapelle, est écrit :

« D. O. M. ET MEMORIÆ

« Olivarii Lefevre, equitis, domini d'Ormesson, d'Eaubonne et de Lezeau, Regis ab interioribus consiliis, et in camera computorum præsidis : viri morum suavitate et vitæ probitate spectatissimi, qui postquam rei quæstoriæ munera fere omnia gradatim obtinuit et in iis gerendis perspecta est ejus integritas et fides, dignus qui virtutis præsidium aliquot consequeretur, summorum rationum præsidis munus quæstoribus quibus meruerat, plenus annis, amicis, honoribus excessit e vita, annum agens septuagesimum quintum, die 26 Mai anno 1600.

« Et Memoriæ

« Annæ Dalesso, ejusdem fidelissimæ conjugis, quæ in pari fortuna et in suma laude concordiæ leniter vitam exegit ; et obiit die 7 octob. anno Domini 1590, ætatis 50.

« Olivarius paterni magistratus successor et Andreas in curia Parlamenti ; Nicolaus in majori consilio Regis consiliarii parentibus suis mœstissimi posuere.

« Cui nasci contigit, mori restat. »

Telle était, vers le milieu du dix-huitième siècle, la description de la chapelle d'où le prétendu buste d'Olivier Lefèvre avait été tiré. On voudra bien remarquer dès à présent qu'il n'est parlé que d'un seul buste dans cette description et que ce buste n'était pas placé au-dessus de l'épitaphe du président de la Chambre des Comptes. Nous verrons tout à l'heure que deux bustes ou tout au moins deux portraits sculptés devaient cependant se trouver à ce moment dans la chapelle du Nom de Jésus. Mais Piganiol écrivait, la plupart du temps, en suivant certains auteurs qui l'avaient précédé, pour qui le second portrait était resté inconnu ou aux yeux desquels il n'avait pas mérité d'être cité. Les sources où Piganiol a puisé et dont nous reproduisons ci-après le texte se chargeront d'expliquer ce lapsus.

Nous devons d'abord constater que la chapelle du Nom de Jésus, avec son affectation funéraire définitive, ne remontait pas à la fondation ou, pour parler plus exactement, à l'époque de la consécration d'ensemble de l'église des Minimes de Chaillot, c'est-à-dire à la date de 1578[1]. En effet, le livre de Corrozet continué par Bonfons, qui, en 1586, décrit parmi les *Antiquitez, croniques et singularitez de*

---

1. Cette date est donnée à la fois par Bonfons et par du Breul.

Paris[1] l'église des Bons-Hommes, tout en signalant en détail le tombeau de la femme du chancelier Duprat et les autres monuments du monastère, ne parle pas de la chapelle de la famille d'Alesso. Même silence dans les éditions postérieures ou dans les imitations du même livre. C'est du Breul qui, le premier en 1612, dans son *Théâtre des antiquitez de Paris*, révèle l'existence de cette chapelle, créée par conséquent de 1578 à 1612. Il s'exprime ainsi :
« En la chapelle du Nom-de-Jésus, l'on void un épitaphe d'albastre fort richement élabouré, au milieu duquel est représenté en bosse le chef[2] d'un seigneur et au dessous ce qui suit gravé en marbre noir.

(Suit l'épitaphe de Jean d'Alesso et celle de sa femme.)

« Auprès le susdit épitaphe, il y en a un autre petit d'albastre, au milieu duquel sont gravez en marbre noir ces mots :

(Suit l'épitaphe de Madeleine d'Alesso.)

« En la mesme chapelle, on void le suivant épitaphe gravé en marbre noir :

(Suit l'épitaphe d'Olivier Lefebvre d'Ormesson et de sa femme, fille de Jean d'Alesso[3].) »

Voilà la source à laquelle tous les auteurs des *Guides* de Paris ont puisé. Le passage de du Breul fut répété textuellement par Claude Malingre dans les *Antiquitez de la ville de Paris* (1640, liv. IV, p. 135) et se transmit légèrement modifié à Piganiol que nous avons cité et aux autres auteurs. En résumé, du Breul, consulté et copié par tout le monde, est le premier à parler de la chapelle d'Alesso et ne décrit qu'un seul buste posé sur le tombeau de Jean

---

1. Fol. 153 v° et 154 r°.
2. Il faut remarquer le terme de *chef* employé par dom du Breul. Ce terme de la langue ecclésiastique, consacré à la description de certains reliquaires, correspond très exactement à la forme du buste du prétendu Olivier Lefèvre d'Ormesson. — Les épitaphes sont données plus correctement par du Breul que par ses successeurs.
3. *Le Théâtre des antiquitez de Paris*, édit. de 1612, p. 1294 et 1295.

d'Alesso. Si plus tard Millin, dans ses *Antiquités nationales*, décrivant à son tour la chapelle du Nom de Jésus, a établi, par son texte et par un dessin, qu'un autre buste, dont il désigne le costume, mais non la matière, existait dans cette chapelle, il a bien soin de montrer que ce buste était placé au-dessus du tombeau d'Olivier Lefèvre. D'ailleurs cette seconde œuvre de sculpture, qui n'est pas entrée aux Petits-Augustins, datait, par son apparence tout au moins, du règne de Louis XIII[1], comme nous pouvons le constater sur le dessin et comme Millin l'a expressément déclaré. C'est pourtant de ce rapprochement momentané des deux portraits qu'a pu naître l'erreur que je combats.

Il ne nous sera pas difficile d'expliquer la présence et le rapprochement dans l'église conventuelle de Passy des tombeaux de la famille d'Alesso et de celui d'un membre de la famille d'Ormesson. Quand saint François de Paule fut appelé en France par Louis XI, il ne vint pas seul à Plessis-lez-Tours. Sans compter quelques moines de son ordre, deux neveux l'accompagnèrent ou le suivirent. L'un, nommé Pierre d'Alesso, se fit religieux dans un couvent de Minimes fondé par son oncle; l'autre, André d'Alesso, se maria et forma la souche d'une famille française devenue une dynastie de maîtres des Comptes du roi. Cette famille qui, grâce à l'immense popularité du saint Calabrais, s'éleva rapidement, fut amenée naturellement à choisir sa sépulture dans l'église du couvent des Minimes ou Bons-Hommes de Passy, première maison créée à Paris, avec le concours d'Anne de Bretagne, par le célèbre chef d'ordre. Dès la dernière année du seizième siècle, une sépulture aussi ho-

1. Ce portrait d'un homme représenté en buste n'était probablement qu'un médaillon de petites proportions, à en juger par la planche de Millin. On doit remarquer combien le costume ressemble à celui de Nicolas Lefèvre d'Ormesson, dont il existe plusieurs portraits gravés. Il ne serait pas invraisemblable de supposer une exécution rétrospective au portrait (médaillon ou buste) publié par Millin.

norable fut partagée par un membre d'une autre famille qui s'était alliée à la famille d'Alesso en épousant une fille de Jean, une petite-fille d'André, neveu de saint François, et qui voulait bénéficier à tous les points de vue des avantages de cette alliance. Les Lefèvre d'Ormesson se glissèrent ainsi dans la chapelle du couvent de Passy. Ensuite, leur notoriété dans la noblesse de robe du dix-septième siècle effaça, en quelque sorte, les souvenirs de la véritable famille de saint François de Paule et absorda à leur profit l'attention publique. A la fin du dix-huitième siècle cette chapelle était citée moins comme le tombeau de la famille d'Alesso que comme le tombeau collectif des ancêtres de la famille d'Ormesson. Cela venait de la ténacité avec laquelle les Lefèvre d'Ormesson avaient toujours revendiqué les liens de parenté qui les rattachaient à saint François de Paule [1]. Preuve de l'union qui les avait rapprochés, les tombeaux de Passy avaient pris, dans la généalogie de ces puissants magistrats, la valeur d'un document justificatif, et avaient fini par ne plus garder, dans le public, que le nom de ceux qui les célébraient. Aussi s'explique-t-on très bien que Lenoir, en apprenant de quel endroit venait le buste entré dans son musée, ait dit tout d'abord d'une manière vague que ce buste représentait un membre de la famille d'Ormesson. Plus tard, quand l'église conventuelle eut disparu avec ses monuments, Lenoir voulut préciser (*Musée des Monumens français*, tome IV, p. 164), et il se livra à des recherches dans les livres. Les d'Alesso, famille obscure et peut-être éteinte, ne parlaient pas à son imagination. Par suite d'une idée préconçue qui avait dicté la première rédaction d'un article de son catalogue, il croyait n'avoir à chercher que dans la généalogie des d'Ormesson. Le texte épigraphique conservé par les guides de Paris parut concorder avec le

---

1. Voyez Millin, *Antiquités nationales*, t. II; couvent des Bons-Hommes de Chaillot, p. 20 et 21.

TOMBEAU DE JEAN D'ALFSSO
Fac-similé de la gravure publiée par Millin (*Antiq. nat.*, t. II, Bons-Hommes de Passy, pl. III).

monument qu'il voulait éclairer. Il rapprocha alors le buste de l'inscription latine concernant Olivier Lefèvre d'Ormesson signalée par du Breul, par Piganiol, par tous les *Guides* de Paris, et, à partir de l'an V (1797), il déclara catégoriquement que la sculpture de bronze était le portrait d'Olivier Lefèvre d'Ormesson.

Il est aisé de voir que cette attribution, inventée après coup, était dépourvue de la valeur d'une constatation de fait. Lenoir, sans doute, était de bonne foi et avait pensé faire œuvre de critique. Malheureusement, il n'en était rien, et, depuis, on a eu bien tort d'accepter son opinion sans la discuter et sans entendre contradictoirement la déposition d'un autre témoin. En effet, un témoignage irrécusable survit pour prouver l'erreur de Lenoir. Avant la démolition du couvent des Bons-Hommes de Passy, Millin, dont nous avons déjà parlé, avait fait dessiner et graver, pour son ouvrage des *Antiquités nationales* (tome II), la plupart des monuments de l'église des Minimes. Il n'avait pas oublié les deux principaux tombeaux qui décoraient la chapelle du Nom de Jésus. Sur l'une des planches, qui nous en conservent la composition, est représenté le tombeau d'Olivier Lefèvre d'Ormesson. L'épitaphe est surmontée d'un buste de magistrat à collet rabattu, à barbiche caractéristique; et ce buste est entièrement différent du buste du Louvre. Au contraire, sur une autre planche, on voit le tombeau de Jean d'Alesso dans la disposition duquel entre, comme élément principal, un buste tout à fait semblable à celui qui passe au Louvre pour être le portrait d'Olivier Lefèvre d'Ormesson. Il est donc absolument certain que le buste du Louvre, n° 39, faisait partie du tombeau de Jean d'Alesso, partant qu'il représente ce dernier magistrat et non Olivier Lefèvre d'Ormesson.

Millin a fait accompagner ces planches du commentaire suivant : « Dans la chapelle dite du Nom-de-Jésus, on voyoit

TOMBEAU D'OLIVIER LEFEVRE D'ORMESSON
Fac-similé de la gravure publiée par Mulin (Antiq. nat., t. II
Bons-Hommes de Passy, pl. IV)

le tombeau de Jean d'Alesso, petit-neveu de saint François de Paule (planche III, figure 2). La sœur de la mère de ce thaumaturge se nommoit Brigitte ; elle avoit épousé Antoine Dalesso, son cousin germain, dont deux enfans vinrent en France ; l'un d'eux, Pierre Dalesso, se fit religieux dans l'ordre des Minimes, et l'autre Antoine (lisez André) Dalesso épousa Jacqueline ou Jaquette Molandrin. Ce fut de ce mariage que naquit à Blois Jean Dalesso, fils du neveu de la sœur de François de Paule ; il étoit maître des Comptes et mourut le 3 septembre 1572, à 59 ans. »

On lit plus loin, p. 21 : « Olivier Lefebvre, conseiller d'État, contrôleur général des finances et président de la Chambre des comptes marié à Anne d'Alesso, une des filles de Jean, repose aussi dans la même église. Son buste est vêtu comme au tems de Louis XIII. Il mourut le 16 mai 1600 (planche IV, fig. 3). Sur la pierre qui est entre les colonnes on lit cette épitaphe : En cette chapelle repose Messire Olivier Lefèvre, chevalier, seigneur d'Ormesson, etc... »

La famille d'Alesso portait d'azur au sautoir d'or accompagné de quatre limaçons d'argent [1], *alias* d'or. Ce sont les armoiries qu'on remarque sur le tombeau dessiné dans Millin et surmonté du buste actuellement conservé au Louvre. Au contraire, les Lefèvre d'Ormesson portaient d'or à trois lis de jardin tigés et feuillés de sinople [2].

La longue démonstration qui précède pourraient se résumer ainsi. Deux hommes eurent seuls des tombeaux apparents dans une chapelle de l'église des Minimes de Passy : Jean d'Alesso et Olivier Lefèvre d'Ormesson, le premier mort en 1572, le second en 1600. Deux portraits furent

1. Cabinet des titres de la Bibliothèque nationale. Pièces originales, t. XXXIII, fos 72, 74 et 75, et *Epitaphier ms.* de Paris, t. II, p. 365 et 748.
2. *Trésor héraldique de Segoing*, p. 368. Voyez également les portraits gravés des membres de cette famille. Ces portraits portent les mêmes armoiries.

respectivement placés sur leurs deux tombeaux. Un seul de ces portraits, après avoir été signalé dès 1612, survit aujourd'hui. C'est celui dont le costume est très sensiblement le plus ancien. Donc le buste conservé ne peut pas être le portrait du dernier mort des deux personnages.

Armoiries de la famille d'Alesso.

La rectification sur laquelle j'ai eu l'honneur d'appeler l'attention de la Société des antiquaires de France en 1884 n'est pas sans importance, puisque tous les auteurs qui ont eu à traiter de ce portrait, depuis Lenoir jusqu'à Clarac [1], ont unanimement déclaré qu'il représentait Olivier Lefèvre d'Ormesson. L'erreur a glissé de là dans nos inventaires. Les catalogues du Musée de sculpture de la Renaissance (n° 39), du Musée de Versailles (n° 868) et des moulages

[1]. *Description des ouvrages de la sculpture française des seizième, dix-septième et dix-huitième siècles exposés dans les salles de la galerie d'Angoulême,* n° 40.

du Louvre se sont, à leur insu, appliqués à la répandre à profusion. En fait, il est aujourd'hui presque impossible de la détruire tant elle s'est multipliée. Hennin et tous les auteurs de travaux relatifs à l'iconographie de la France lui ont à l'unanimité décerné la suprême consécration. La demande d'enquête du baron de Guilhermy n'a ralenti en rien la propagande. Ma démonstration n'arrêtera pas le mouvement. Cependant justice est faite de la prétention d'Olivier Lefèvre d'Ormesson qui avait indûment essayé de se substituer dans cette image à la personne de son beau-père. Cet Olivier Lefèvre, type accompli des gendres industrieux, restera un modèle à proposer aux gens qui spéculent sur les protections de famille. Le président d'Ormesson a fort habilement exploité, même au-delà du tombeau, les liens de parenté qu'il avait su former par son mariage. C'était peu sans doute d'avoir profité de son vivant des avantages procurés par son alliance. Voilà que l'histoire, sa complice, était en train de lui attribuer, après sa mort, la place même de son beau-père dans l'iconographie de la France. L'opinion publique, désormais éclairée, refusera peut-être de souscrire plus longtemps à cet acte de népotisme rétrospectif, et le Louvre, qui possède le portrait de Jean d'Alesso, saura le restituer à son véritable original.

XXII

Jusqu'à présent je n'ai parlé que des modifications qui auront lieu par voie d'adjonction. Quelques autres changements se produiront au contraire par voie de suppression. Un des principaux sera la disparition du prétendu portrait de Philibert Delorme.

Tout le monde connaît ou peut connaître la physionomie de Philibert Delorme, grâce à l'excellent portrait gravé sur bois qui accompagne la troisième édition de ses *Nouvelles inventions pour bien bastir*, parue en 1578. La tête intelligente et sérieuse de l'illustre artiste nous a, de plus, été transmise par un dessin du seizième siècle que Lenoir eut la bonne pensée de faire copier par Girodet, graver par E.-F. Imbard, et insérer à la page 31 de son huitième volume du *Musée des Monumens français*. Je ne sais ce qu'est devenu le dessin original; mais une contre-épreuve du dessin de Girodet est conservée dans la collection des portraits du Cabinet des estampes, il résulte de la confrontation de ces documents que la physionomie de Philibert Delorme est une des rares figures d'artistes qui soient définitivement fixées pour nous et sur lesquelles il n'y ait plus d'erreurs à commettre. C'est donc avec étonnement qu'on voit, depuis plus de cinquante ans, exposer, comme un portrait du grand architecte, le médaillon en bronze, gravé ci-dessous, qui, de près ou de loin, ne rappelle en rien les lignes de son visage. Cette hérésie iconographique a déjà une histoire.

Jusqu'en 1816, le Musée du Louvre était resté assez rigoureusement fermé à tous les monuments de la sculpture moderne, quand tout à coup la destruction des collections du couvent des Petits-Augustins lui imposa le devoir de recueillir quelques débris de l'établissement supprimé. La sculpture moderne fut alors annexée à la sculpture antique, et un seul et même conservateur eut, par devoir de sa charge, à les connaître toutes deux. En 1824, le comte de Clarac, conservateur des Antiques du Musée royal, et fort compétent dans les matières qu'il avait étudiées, reçut l'ordre de dresser un catalogue des ouvrages de la sculpture française composant la galerie d'Angoulême. On croyait à cette époque que les catalogues se font par décret et que la compétence scientifique se distribue, comme les fonctions administratives, par arrêté ministériel. Le comte de Clarac improvisa donc un opuscule de 80 pages, rempli des plus étranges allégations, où l'éminent conservateur, plus empressé de satisfaire la volonté d'un ministre que les exigences de la science, se livrait à toutes les fantaisies d'une érudition par à peu près.

Dans le catalogue de la galerie d'Angoulême, publié en

Médaillon de bronze regardé comme un portrait de Philibert Delorme.
(Musée du Louvre.)

1824 par le comte de Clarac, on lisait, page 39, à propos du bas-relief décrit actuellement sous le numéro 148 de la *Notice des sculptures de la Renaissance* : « N° 55 — PHILIBERT DE LORME, médaillon en bronze, hauteur, 0ᵐ478. — Ce buste en bronze, encastré dans un médaillon de marbre, orné de têtes de bélier et d'arabesques, offre le portrait d'un de nos premiers et de nos plus grands architectes et l'un de ceux qui ont poussé le plus loin l'amour de la charpente. Il provient d'un monument funèbre qui avait été consacré à sa mémoire. » — Cette description était suivie de quelques notes biographiques sur Philibert Delorme.

Une erreur grave, professée de haut dans des catalogues officiels, offre toujours de grands dangers. Ordinairement acceptée sans discussion par le public, elle crée en outre, dans l'établissement dont elle émane, de pernicieuses traditions. L'attribution donnée par Clarac a donc fait universellement autorité. Elle se trouve reproduite, avec une persistante sécurité, une première fois, en 1856, dans la *Description des sculptures modernes*, p. 74, n° 148, et une seconde fois, en 1873, dans la dernière édition de cet ouvrage. Deux faits nouveaux y ont été seulement ajoutés : la date de mort de Philibert Delorme est placée à l'année 1577, et on indique comme origine, en précisant la provenance, le Musée des Petits-Augustins où le monument aurait porté le numéro 469. Cette date de 1577, reproduite dans les deux éditions, est sans doute le résultat d'une faute d'impression sur laquelle il n'y a pas à insister, bien qu'elle ait été malheureusement répétée sur le cartel qui accompagne le médaillon, car ce petit accident est absolument sans danger ; l'époque de la mort de Philibert Delorme est définitivement fixée par le témoignage unanime de ses historiens les plus compétents [1]. Quant à l'indication de provenance, quoiqu'inexacte, elle va nous mettre sur le chemin de la vérité.

En effet Lenoir, comme le fait est établi par une planche (n° 212) qu'il a placée à la page 235 du tome V de son *Musée des Monumens français*, a possédé au Musée des Petits-Augustins un médaillon considéré comme un portrait de Philibert Delorme. On peut constater en même

---

1. A. Berty, *les Grands Architectes de la France*. — Lance, *Dictionnaire des architectes français*.

temps que Lenoir était bien informé dans son attribution. Le médaillon est parfaitement reconnaissable dans la première partie de la planche 212, sous le numéro 469. On y voit la tête chauve et barbue de Philibert Delorme, consacrée par le type de la gravure d'après Girodet, type désormais authentique et certain par la comparaison avec le bois du seizième siècle, publié dans la troisième édition des des *Nouvelles inventions*. Donc il n'y a point identité entre le numéro 469 de la planche 212 et le portrait coté au Louvre sous le numéro 148. Donc on ne peut pas s'appuyer sur l'opinion de Lenoir pour établir une ressemblance dont j'ai déjà démontré l'impossibilité. Mais l'examen de la planche 212 est bien plus instructif encore. L'autorité de Lenoir condamne précisément l'erreur qu'on lui demandait de patronner. A côté du numéro 469, sous le numéro 469 bis, on remarque un monument élevé par Lenoir à la mémoire de Jean Bullant. Ce monument, formé de divers éléments, présente, au-dessus d'une dédicace à l'architecte d'Ecouen, le médaillon regardé par erreur comme une image de Philibert Delorme. Le problème n'est certainement pas encore résolu ; mais, à ne juger que par les dehors et si on voulait s'en tenir au genre de raisonnement qui suffisait à Clarac, il faudrait dire dès maintenant que le numéro 148 des sculptures de la Renaissance est le portrait de Jean Bullant.

Nous serons plus exigeant. Le mausolée élevé par Lenoir à Jean Bullant se composait, avons-nous dit, de différents morceaux. La base de l'édicule provenait d'Ecouen, et on reconnaît facilement [1] qu'elle a fait partie de l'autel de la chapelle du château d'où elle fut tirée en l'an VI [2]. Les

---

1. Par la comparaison avec les gravures de Baltard, *Paris et ses monuments*, pl. XI.
2. Voici l'autorisation du ministre : «Paris le 3e complémentaire an VI. — Le ministre de l'intérieur au citoyen Lenoir. — Citoyen, je vous autorise à faire transporter du ci-devant château d'Ecouen au Musée des Monumens

Fac-similé de la planche 212 du *Musée des Monumens français*.

deux génies qui portent l'inscription en forme de cœur avaient été achetés, en l'an VII, par Lenoir à un M. Jullien, architecte, et accompagnaient auparavant, dans l'église de Saint-Cloud, la colonne du monument consacré à Henri III[1]. Le médaillon, dont nous établirons plus laborieusement la provenance et l'attribution, n'a pas des origines aussi précises, mais vient certainement d'Ecouen.

On sait que Lenoir avait entrepris de créer au Musée des Monuments français une sorte de Panthéon des artistes célèbres. A mesure qu'il se procurait les images de ses maîtres favoris ou qu'il les faisait fabriquer, en inspirant de Seine, Francin, Beauvallet ou Foucou, il leur élevait des mausolées ornés de pompeuses inscriptions, et leur composait des cénotaphes à l'aide de nombreux débris épars dans ses magasins. Déjà Jean Goujon, Jean Cousin, Germain Pilon, Philibert Delorme, Drouais, etc., avaient leur tombeau postiche, soit dans les salles du Musée, soit dans l'*Élysée*. Jean Bullant attendait encore le sien, quand, en 1803, parut la seconde partie du bel ouvrage de Baltard, *Paris et ses monumens*. A la page 14, Baltard fit imprimer un portrait (voir ci-contre) qu'il avait gravé et au bas duquel il inscrivit ces mots : « Jean Bullant, architecte et sculpteur. » L'interprétation pouvait être discutable, nous allons bien le voir, mais le document n'était pas inventé. Baltard reproduisait un bas-relief en marbre blanc conservé

---

français..... 3° un autel exécuté par Goujon, etc..... Salut et fraternité. — François DE NEUFCHATEAU. »

1. « Reçu du C. Lenoir, conservateur du Musée des Monuments français, la somme de 350 francs, pour achat d'une colonne de la ci-devant église de Saint-Cloud, érigée à Henri III. Dont quittance à Surène, le 23 pluviôse de l'an VII.
« JULLIEN. »

« Reçu du C. Lenoir, conservateur du Musée des Monuments français, la somme de 90 francs, pour un bas-relief en albâtre, de Germain Pilon, composé de deux figures et de son inscription en marbre noir, provenant du monument cy-dessus cité. Dont quittance à Paris, le 21 floréal an VII.
« JULLIEN. »

Conférez les numéros 1042 et 1043 du *Journal de Lenoir*.

J. BULLANT
ARCHITECTE ET SCULPTEUR

Portrait supposé de Jean Bullant sous le nom et la physionomie de Platon.
Fac-similé d'une gravure de Baltard.

au Musée des Monuments français, exposé et porté au catalogue (p. 241), depuis l'an VIII, sous le numéro 465 et, jusque-là, représentant Platon, au dire de Lenoir. Cette découverte était destinée à combler de joie le conservateur des Petits-Augustins ! Il n'aurait pas à *imaginer*, — comme pour Goujon — ce qui devait être laborieux[1], — la physionomie de son héros. Lenoir s'empresse donc d'offrir aux mânes de Bullant l'hommage d'un mausolée factice, surmonté d'un fac-similé du portrait inopinément révélé. Dans le tome IV de son *Musée des Monumens français* (an XIII, 1805), il intercale un numéro *bis* ainsi décrit, page 93 :

« Le second [mausolée] numéroté 469 *bis* est celui qui fut élevé à Jean Bullant, sculpteur et architecte : sur un piédestal en marbre blanc sont posés debout deux génies sculptés en albâtre par Germain Pilon, soutenant une inscription en forme de cœur gravée sur un marbre campan rouge et ainsi conçue : *A la mémoire de Jean Bullant, sculpteur et architecte françois, mort en* 1578. Au-dessus on voit le buste de cet artiste sculpté en marbre blanc et posé sur un fond de même marbre, avec cette légende : *Il s'éleva par la force de son génie.* » — La pièce fabriquée

1. Voici la lettre assez ironique du Directeur de l'Instruction publique, adressée à Lenoir, le 3 frimaire an VI, à propos de sa restitution sentimentale et historique de la physionomie de Jean Goujon : « Le buste que vous m'avez envoyé, citoyen, prouve autant votre zèle pour l'art et la sagacité de vos recherches que le talent du citoyen Michallon. Lorsque j'aurai le plaisir de vous voir, je serai très curieux d'apprendre par quels moyens, *n'ayant pas de portrait de Jean Goujon, vous avez pu vous assurer des principaux traits de sa physionomie d'une manière assez certaine pour qu'il en résulte un portrait qui ait ainsi tous les caractères de la ressemblance.* L'artiste vous a parfaitement secondé : il y a dans cette figure de la vie et de la méditation; les accessoires, je veux dire les cheveux et la barbe, sont du meilleur goût, ainsi que le costume, etc... Salut et fraternité. — GINGUENÉ. » (*Description historique et chronologique des monumens de sculpture réunis au Musée des Monumens français*, an VI, p. 147.) On peut voir dans Clarac (*Musée de sculpture*, t. VI, n° 3552) le produit de la sagacité des recherches de Lenoir et du talent de Michalon, et ce qu'on entendait, en l'an VI, par des « cheveux, de la barbe et un costume du meilleur goût ».

par Lenoir existe encore et se conserve dans un magasin du Louvre. Le numéro 469 *bis* se maintint au Musée des Petits-Augustins jusqu'à sa suppression. Nous le connaissons déjà par la planche 212 du tome V du *Musée des Monumens français*.

Que s'était-il donc passé de l'an VIII à l'an XIII? Quelle lumière subite avait donc rayonné sur notre iconographie nationale? Par l'effet de quelle métempsycose Platon et Bullant n'étaient-ils qu'un seul et même artiste? Il nous importerait de le connaître. Malheureusement Baltard a négligé de nous le dire dans son ouvrage sur Ecouen. Nous sommes réduits à nous contenter de son affirmation et de le commenter avec le peu que nous apprend Lenoir. Dans son catalogue, édition de 1803, Lenoir disait, avant l'apparition du livre de Baltard : « N° 465 — Du château d'Ecouen — Deux bustes, bas-reliefs en marbre blanc, représentant Platon et Aristote, par Bullant. » Dans l'édition de 1806, l'article 465 est ainsi transformé : « Médaillons en marbre blanc, représentant Platon et Aristote. Jean Bullant, auteur de ces bustes, s'est représenté sous la figure de Platon qu'il a costumé selon le goût de ce tems-là ; ouvrage du seizième siècle. » Rien de plus, et jusqu'à la suppression du Musée, c'est-à-dire jusque dans l'édition de 1816, on voit coexister les numéros 465 et 469 *bis*. Il résulte de ce fait que ce bas-relief devait sa première attribution à quelque inscription bien positive[1], — un portrait de Platon en costume renaissance ne s'invente pas *à priori*, — et que la seconde attribution était sortie d'une compa-

---

[1]. Depuis que ce mémoire a été lu, j'ai trouvé une preuve irréfutable de ma supposition. Il existait au Louvre, dans une pièce qui a longtemps servi, dit-on, d'atelier à Percier et à Fontaine, un moulage du marbre original. Or, on lit sur ce bas-relief, au-dessus de la tête, le nom de Platon tracé en caractères grecs. On voyait dans la même salle, disposé en pendant au Platon et accompagné également d'une inscription grecque, un plâtre de l'Aristote d'Ecouen. Le type de l'Aristote d'Ecouen a été reproduit par plusieurs estampes au seizième siècle.

raison, d'une tradition ou de quelque hypothèse intéressée.

Il est sans doute pénible de n'avoir pour garantie de la vérité que l'affirmation sans preuves d'un artiste et l'appréciation d'un archéologue vivant il y a soixante ans ; néanmoins on ne peut nier que leur opinion n'ait des apparences d'exactitude. Il n'est pas absurde de supposer qu'un architecte ait voulu fixer son image sur un monument qu'il élevait. Le personnage représenté dans le médaillon n'est pas costumé à l'antique ; ce n'est pas une tête absolument de fantaisie ; c'est un portrait très individualisé et très arrêté. Il retrace la physionomie d'un homme vêtu simplement. Le monument vient incontestablement d'Écouen. Lenoir le déclare invariablement dans tous ses catalogues, et il le déclarait dès l'an VII, bien avant qu'un intérêt ne fût né à cette origine. L'objet fut recueilli par lui dans la salle des Antiques[1], au Louvre, qui était un entrepôt pendant les premières années de la Révolution et par où passa, en arrivant de Versailles, tout ce qui, sortant originairement d'Écouen, n'entra pas directement aux Petits-Augustins. Dans une planche des *Plus excellens bâtimens de France*, de Ducerceau, la seconde des vues consacrées au château d'Écouen (*Facies in aream spectans*), on remarque quatre médaillons portant des têtes, dont trois sont de profil. Dans la planche, n° 3, de Baltard, reproduisant le même corps de logis, les bas-reliefs ont disparu et on ne voit plus que les encadrements des médaillons. Cet ensemble de faits, joint au respect qu'on doit professer jusqu'à preuve du contraire pour l'opinion de ses devanciers, m'avait d'abord amené à remarquer une certaine vraisemblance dans l'affirmation si absolument catégorique de Baltard. Je cher-

---

1. Dans un état remis en 1816 à M. de Vaublanc, où toutes les provenances des monuments des Petits-Augustins étaient indiquées, Lenoir a écrit : « N° 463. — Salle des Antiques (c'est le lieu d'où l'objet avait été tiré). — Deux médaillons en marbre blanc représentant Platon et Aristote, sculptés par Jean Bullant. »

chais donc à me persuader que Baltard avait, jusqu'à un certain point, pu connaître la vérité, bien qu'il ait négligé de la démontrer. Mais, hélas! je n'ai pu garder longtemps

Platon Bas-relief en marbre de la Renaissance italienne.
(Musée national bavarois, à Munich.)

ces illusions, et, par suite d'une étrange fatalité qui a poursuivi tous ceux qui ont touché à ce masque décevant, il faut me résigner à trouver tout le monde en défaut. Baltard s'est trompé comme les autres. Son Bullant est aussi apocryphe que le Delorme de Clarac.

En effet, lors d'un récent voyage en Allemagne, quelle a

été ma surprise de rencontrer à Munich, dans le jardin du Musée national bavarois, le profil sculpté en marbre qui a passé successivement pour figurer Platon, Jean Bullant et Philibert Delorme ! Il y fait pendant à un autre bas-relief, de mêmes dimensions et de même matière, représentant une tête d'homme posée de profil et coiffée d'un de ces chaperons terminés par une longue pointe tombant par derrière, tels que l'iconographie des quatorzième et quinzième siècles en donne à tous les portraits de Dante. Ces deux marbres, acquis il y a fort longtemps en Italie, comme antiques, par un prince de la maison de Bavière, ont été reconnus, avec toute raison, par l'éminent directeur du musée bavarois M. de Hefner, pour des sculptures du seizième siècle. La première est reproduite ici directement d'après une photographie. C'est bien notre Platon-Bullant-Delorme. Il n'est pas difficile de deviner que le pendant a dû s'appeler Aristote. Le musée d'Arezzo possède également des portraits de Platon et d'Aristote d'après le même type.

Trouvés si loin de notre pays et provenant d'Italie, ces divers exemplaires du portrait de Platon éclairent singulièrement la question. L'exemplaire de Paris, celui de Munich, celui d'Arezzo, sont — à n'en pouvoir douter — la reproduction d'un type primordial, que je ne connais pas encore, mais qui a existé très vraisemblablement ; et ce type primordial a dû être inventé en Italie, au quinzième siècle, quand les artistes de la Renaissance s'ingéniaient à retracer sur les monuments modernes les portraits des philosophes de l'antiquité. Je citerai, comme exemple entre cent, les peintures célèbres des salles du *Cambio* de Pérouse. Réduit déjà à ne représenter que Platon, le ci-devant Jean Bullant doit encore borner ses prétentions à n'être qu'un Platon du quinzième siècle [1].

---

1. Sur le type de Platon au quinzième siècle, voyez notre notice intitulée :

A l'exemple de Clarac, mais à bon escient cette fois, nous avons négligé jusqu'à présent de signaler, entre les deux médaillons, celui de Lenoir et celui du Louvre, une différence capitale qui aurait dû à tout jamais en empêcher l'assimilation quant à la matière. On a probablement remarqué que, dans toutes ses descriptions, à Platon comme à Bullant, pour l'original comme pour la copie, Lenoir ne parle jamais que d'un bas-relief ou d'un médaillon de MARBRE. Or, s'il n'y a pas de doute sur l'identité de la personne représentée dans les marbres n°ˢ 465 et 469 *bis* de Lenoir avec la personne pourtraite par le numéro 148 du catalogue actuel, il ne faut pas oublier que ce dernier objet est en BRONZE. Conclusion naturelle : le numéro 148 est un moulage exécuté, après 1805[1] et avant 1824[2], d'après le marbre 465 de Lenoir, c'est-à-dire d'après l'ancien Platon devenu Jean Bullant. Cette considération se trouve justifiée par la mauvaise mine de l'objet dont la patine est fausse, la fonte lourde, et dans lequel les proportions de nature sont assez réduites pour faire penser au retrait habituel qui est la conséquence d'un surmoulé. On pourra peut-être retrouver un jour l'original. En effet, le marbre original faisant partie du monument n° 465, l'ancien Platon, est venu au Musée royal vers 1817[3]. Il y existait certainement sous la Restauration

L'imitation et la contrefaçon des objets d'art au quinzième et au seizième siècle. Paris, 1866, in-8.

1. C'est l'époque où Lenoir adopta l'opinion de Baltard.
2. C'est la date de la *Description de la Galerie d'Angoulême*, par le comte de Clarac.
3. Voyez le tome VIII du *Musée des Monumens français*, p. 181, ligne 5. — Je ne sais pas ce qu'il faut penser d'un troisième médaillon en marbre qui figure dans le *Catalogue des antiquités et objets d'art qui composent le cabinet de M. le chevalier Alexandre Lenoir*, Paris, novembre 1837 (vente le 11 décembre), f° 18, ainsi décrit : « N° 149. — Bas-relief en marbre, portrait de Jean Bullant, architecte et sculpteur d'Anne de Montmorency, exécuté par lui-même. Cet artiste habile a construit le château d'Écouen. » Je ne crois pas qu'on doive supposer que ce dernier médaillon, dont j'ignore la destinée, puisse, par suite d'une substitution et d'une erreur, être le médaillon original. Je serais porté à le regarder comme un double de la copie exécutée par Lenoir pour le tombeau de Jean Bullant.

et fut ainsi inventorié : « N° 1644 — Germain Pilon [1] — Bullant (Jean), architecte des rois Henri II et Charles IX, portrait en médaillon, en MARBRE : hauteur 0^m,59 — largeur 0^m,94. » Il décorait à cette époque les magasins de Versailles, le bronze ayant été jugé seul digne du Louvre.

Il sera, j'espère, établi désormais que le numéro 148 du catalogue actuel des sculptures de la Renaissance ne peut pas être le portrait de Philibert Delorme et que, loin d'être une œuvre originale, ce bronze n'est qu'une copie et même un surmoulé moderne.

1. Ce nom désigne l'attribution d'auteur qu'on donnait à cette œuvre.

CHAPITRE DEUXIÈME

MONUMENTS CONSERVÉS EN ORIGINAUX

A VERSAILLES

Le musée de Versailles, vers lequel s'étaient dirigés sous le règne de Louis-Philippe tous les efforts de l'administration, avait successivement accaparé, de 1834 à 1848, presque toutes les sculptures du moyen âge et de la Renaissance possédées par les musées nationaux, que ces sculptures fussent de marbre, de bronze ou de plâtre. Le marquis de Laborde ne parvint à former, à Paris, l'embryon du musée actuel du moyen âge qu'en faisant rentrer certaines pièces. Nombre de monuments excellents avaient cependant été oubliés. A la suite d'un rapport adressé à M. le directeur des Musées nationaux le 1ᵉʳ mars 1883 et publié dans la *Chronique des Arts* des 17, 24 et 31 mars de la même année, les objets suivants ont été rapportés de Versailles à Paris, en même temps que des moulages, d'après les statues originales restituées, étaient envoyés de Paris à Versailles :

I

Philippe VI, excellente sculpture en marbre du quatorzième siècle, tirée originairement de la chapelle des Bourbons au couvent des Jacobins de la rue Saint-Jacques, à Paris ; n° 276 du Catalogue du musée de Versailles.

Le retour à Paris de cette statue vient poser un problême que, pour l'utilité des catalogues du Louvre, nous voudrions essayer de trancher et à la solution duquel l'histoire de la sculpture française pendant le quatorzième siècle est elle-même particulièrement intéressée.

Jusqu'à l'apparition du catalogue d'Eudore Soulié[1], cette figure avait longtemps passé à Versailles pour être celle de

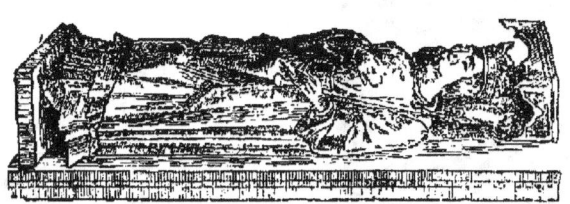

Philippe VI au couvent des Jacobins de Paris, marbre (musée du Louvre).
Fac-similé du dessin de Jean Rabel,
gravé dans les *Antiquités de Paris*, de Gilles Corrozet et Nicolas Bonfons, 1588.

Jean II. Lenoir, qui la sauva en la recueillant aux Petits-Augustins, n'avait pas établi son identité[2]. M. de Guilhermy[3]

1. Catalogue du musée de Versailles, n° 276.
2. *Alexandre Lenoir, son Journal et le Musée des Monuments français*, t. I*er*, n°s 654, 700 et 706.
3. *Monographie de Saint-Denis*, p. 281. Je partage absolument l'opinion de M. de Guilhermy, et je ne crois pas qu'on doive penser à assimiler cette statue d'un roi portant le sac de ses entrailles avec une statue de Charles V, représenté dans la même posture, provenant de Maubuisson et achetée par Lenoir, en 1809, en vertu de l'autorisation suivante : « Paris, le 9 mai 1809. — Le ministre de l'intérieur, comte de l'Empire, à M. Lenoir, administrateur du Musée des Monumens français. — J'ai reçu, Monsieur, la lettre par laquelle vous demandez l'autorisation d'acheter pour le Musée des Monumens français plusieurs objets d'art provenant de l'ancienne abbaye de Maubuisson. Ces objets sont. 1° la statue couchée de Charles V, roi de France; 2° celle de Bonne, fille aînée de Jean de Luxembourg, roi de Bohême et femme de Jean II, roi de France; 3° la statue à demi-couchée de Madeleine de l'Aubespine, femme de François de Neufville, seigneur de Villeroy; 4° quatre grands vitraux, peints en 1542. Puisque vous pensez que l'acquisition de ces objets d'art est utile au musée et que le prix en est modéré, je vous autorise à les acheter pour la somme de douze cents francs, y compris le transport, que le possesseur en demande. J'ai l'honneur de vous saluer. » La statue rapportée de Versailles ne ressemble d'ailleurs en rien, quant à la physionomie, à la statue couchée de Charles V conservée actuellement encore à Saint Denis. Les deux statues en question appartiennent seulement toutes deux à une même école de sculpture, et peut-être sont dues au même artiste.. Les conclusions de ma note n'auraient

fut le premier à la reconnaître comme celle qui avait été sculptée aux Jacobins de Paris, sur le tombeau contenant dans cette église les entrailles de Philippe VI. En effet,

Statue de Philippe VI aux Jacobins de Paris. (Fac-similé et réduction d'un dessin exécuté pour Gaignières au dix-septième siècle.)

Statue de Philippe VI aux Jacobins de Paris. (Fac-similé de la planche des *Antiquités nationales* de Millin.)

Millin a décrit ce tombeau et l'a fait graver dans ses *Antiquités nationales*[1]. Notre figure d'ailleurs avait été précédemment dessinée pour Gaignières[2] au dix-septième siècle,

pas été changées, même si la statue avait dû être considérée comme un portrait de Charles V.

1. T. IV, n° 39, p. 70, pl. VI.
2. Volume acheté en 1883 par le Cabinet des estampes de la Bibliothèque nationale, f° 199.

et, dès le seizième, elle avait été gravée d'après les dessins de Rabel pour être insérée dans les *Antiquitez et Singularitez de Paris*, de Gilles Corrozet[1]. Le continuateur de Gilles Corrozet, Nicolas Bonfons, s'est exprimé ainsi sur le compte de la statue de Philippe VI. «Au monastère des Jacobins, il se voit une sépulture de marbre noir et l'effigie d'albastre, où furent mises les entrailles de Philippe de Valois, surnommé par les prélats de France le vray catholique. En ce lieu est escrit ce qui suit : « Les entrailles du « roi Philippe le vray catholique qui régna vingt et deux ans « et trépassa le vingt et huictième jours d'aoust l'an mil trois « cens cinquante. » La susdite sépulture de laquelle voyez la figure a esté faicte à la diligence de la Royne Blanche son épouse. Son portrait est différent à celui qui se void au monastère Saint-Denys en France, d'autant que cestuy représente son jeune aage, l'autre de Saint-Denys représente l'aage plus ancien où il est mort. » On verra tout à l'heure que la distinction à établir entre les deux statues qui représentaient Philippe VI, bien constatée dès le seizième siècle, n'est pas sans importance.

Quand j'étudiai pour la première fois cette sculpture avant d'en solliciter le transport au Musée du Louvre, j'ai été frappé du caractère extrêmement réaliste ou naturaliste de l'œuvre, et j'avoue que je fus quelque temps avant de me décider à y reconnaître le travail d'un artiste qui aurait appartenu au milieu du quatorzième siècle français. Cette figure contraste, en effet, avec ce que nous savons de la statuaire de la première moitié du quatorzième siècle, époque pendant laquelle se continuent les traditions du grand siècle de notre sculpture nationale[2]. Ce qui caractérise les

---

1. Édition donnée par Nicolas Bonfons, 1588, livre II, f° 88 v°.

2 Pour nous convaincre que le style traditionnel de l'école française du siècle précédent était encore en vigueur à Paris, vers 1350, il suffit de signaler les sculptures exécutées par Jehan Ravy et Jehan Le Boutellier, sur le mur du pourtour extérieur du chœur de Notre-Dame de Paris, ouvrage terminé en 1351

Philippe VI.
Statue de marbre
provenant des Jacobins de Paris.
(Musée du Louvre.)

Philippe VI.
Statue de marbre,
par André Beauneveu, de Valenciennes
(Basilique de Saint-Denis.)

œuvres du quatorzième siècle, c'est la recherche de leur exécution d'après un type en quelque sorte convenu ; c'est l'élégance dégénérant en maigreur ; c'est l'affadissement matériel se trahissant dans le maniement du ciseau en même temps que l'abaissement moral dans l'effort de la pensée[1]. On sent qu'à une génération créatrice a succédé une génération d'imitateurs[2]. Or aucun symptôme de cette nature ne se rencontre quand on scrute l'expression de la statue de Philippe VI, aucune convention n'apparaît. La figure n'est pas maniérée. Elle ne possède pas cette élégance vulgaire d'un grand nombre d'œuvre du quatorzième siècle. Elle est au contraire résolument trapue. La draperie, loin de viser à la légèreté, recherche sinon la noblesse, au moins l'ampleur, et l'atteint en affectant une certaine gravité qui confine à la lourdeur. Le vêtement du roi absolument différent, par sa disposition, de celui de ses prédécesseurs, inaugure un système de costume qui sera adopté

dont le succès fut très grand, et la statue de Pierre du Fayet, aujourd'hui au Louvre n° 77. Le chanoine Pierre du Fayet, mort dès 1303, avait contribué de ses deniers à l'embellissement du cœur de la cathédrale de Paris. Cf. également la Vierge de marbre venant de Maisoncelles (Louvre), ainsi que les nombreuses Vierges de marbre datant indiscutablement de la première moitié du quatorzième siècle, et notamment la statue en marbre dite de Notre-Dame-la-Blanche, donnée en 1340 par la reine Jeanne d'Évreux à l'église de Saint-Denis, aujourd'hui conservée dans l'église de Saint-Germain-des-Prés, à Paris. Comparez aussi la statue de femme provenant de la chapelle de Beauvais, posée actuellement sur le prétendu tombeau d'Héloïse et d'Abélard, et enfin tous les tombeaux de Saint-Denis antérieurs à 1350.

1. « L'art du quatorzième siècle, » a dit M. Renan dans le *Discours sur l'état des beaux-arts en France au quatorzième siècle* (*Histoire littéraire de la France*, t. XXIV, p. 603), « n'est au fond que celui du siècle précédent, perfectionné dans le détail pour tout ce qui demande de la patience et de la pratique, mais abaissé sous le rapport de l'inspiration générale et de l'originalité. »

2. Les tombeaux de Saint-Denis datant du quatorzième siècle en arrivent à se ressembler tous et à paraître faits sur un même patron. Comparez les figures du prince inconnu venant des Cordeliers (n° 25 du *Musée des Monumens français*) ; de Louis, comte d'Évreux ; de Charles, comte d'Étampes ; de Marguerite d'Artois, de Clémence de Hongrie, de Jeanne de France ; et deux figures, l'une d'homme et l'autre de femme, rapportées de Versailles, où elles étaient conservées sous de faux noms, et datant du quatorzième siècle, comme je l'ai démontré dans la *Chronique des Arts*, année 1884, p. 231 et 426.

pour les effigies funéraires de Jean II, de Charles V et de Charles VI[1]. Quant à la tête, elle est d'une étonnante expression de réalisme. C'est un portrait non pas interprété et idéalisé, mais étudié dans toutes ses particularités et dans toutes les défectuosités d'un visage individuel. Les plus grands anatomistes de la physionomie humaine, les Van Eyck, les Holbein, les Dürer, les admirables réalistes du quinzième siècle italien n'ont pas poussé beaucoup plus loin l'analyse et l'observation. Regardez cette bouche lippue aux lèvres sensuelles, digne d'un bourgeois bon vivant et ami de la bonne chère. Est-ce ainsi que, dans sa pure tradition, dans son noble idéalisme, notre vieille école gothique concevait une effigie royale ? Si l'on supprimait la couronne, cette tête ressemblerait plutôt à celle d'un artisan qu'à celle d'un roi[2].

Une fois remis de mon premier étonnement, je m'aperçus bien vite que l'existence de la statue de Philippe VI provenant des Jacobins n'est pas un fait isolé dans l'histoire de l'art. Saint-Denis possède d'autres œuvres analogues. C'est d'abord la statue du même Philippe VI dont les traits sont différents de ceux de notre statue, — contraste signalé déjà par Bonfons au seizième siècle — mais dont le style général est absolument semblable. Puis, c'est ce Jean II au type presque trivial à force d'être réel et dont l'apparition inat-

---

1. M. de Guilhermy qui, dans l'effigie de Philippe VI, à Saint-Denis, a déjà remarqué la même dérogation au type consacré du manteau royal, attribue cette modification du costume officiel à l'avènement des Valois au trône (*Monographie de Saint-Denis*, p. 280). Il est certain que les princes de la maison de Valois apportèrent à la cour de France des goûts, des modes, un faste et un luxe qu'on n'y avait pas encore vus. Ils créèrent ainsi à Paris un milieu favorable à l'épanouissement d'un style nouveau dans la sculpture. Cf. *Histoire littéraire de la France*, t. XXIV, p. 642 (*Discours sur l'état des Beaux-arts au quatorzième siècle*).

2. Ceci n'est pas une hypothèse gratuite. Voyez, dans les photographies publiées par M. Fichot, la tête de Charles V, sculptée dans le même esprit et reproduite sans sa couronne, qui fut vraisemblablement, à l'origine, une pièce d'orfèvrerie.

tendue au milieu de l'art aristocratique et conventionnel du quatorzième siècle a déjà scandalisé plus d'un observateur[1].

Jean II. — Statue de marbre, par André Beauneveu de Valenciennes. (Basilique de Saint-Denis.)

Enfin, c'est ce Charles V, aux formes trapues, couché comme un paysan grossier dans une écurie d'auberge, monument si différent de la statue du portail des Célestins.

Un fait, désormais incontestable, résulte de cette comparaison. Il y avait, à Paris, au milieu et dans la seconde moitié du quatorzième siècle, un foyer très important et très caractérisé d'art naturaliste ou réaliste dont nous aurons à rechercher les origines. Si nous jetons un regard sur la province, nous nous apercevrons que d'autres cas se produisent presque contemporainement. Les moulages du Trocadéro ont popularisé les curieuses figures du contrefort de la tour septentrionale du portail de la cathédrale d'Amiens. Le débordement de réalisme que trahissent ces

[1]. « Les traits sont épais, lourds, dépourvus d'expression. Les sculptures de ce temps ne soutiennent pas la comparaison avec celles qui représentent les prédécesseurs de saint Louis : il n'y a même pas de progrès dans l'exécution matérielle » (Baron de Guilhermy, *Monographie de Saint-Denis*, p. 282).

figures m'a surpris comme tout le monde; mais il n'y a pas à hésiter sur la date de leur exécution. Elles furent sculptées sous Charles V[1].

D'où venait donc cette invasion presque subite d'un esprit nouveau dans notre école de sculpture, fidèle jusque-là aux théories du siècle précédent? Pourquoi donc, tandis que l'architecture continuait à développer avec indifférence, comme un simple problème d'algèbre, les théorèmes abstraits posés par les fondateurs de l'école gothique, la statuaire, obéissant aux lois d'une réaction presque excessive, recourait-elle à des sources nouvelles d'inspiration et se retrempait-elle passionnément dans la nature? Une première explication apparente, plutôt que réelle, pourrait être alléguée.

L'avènement subit de la démocratie, au milieu des agitations populaires provoquées par nos premiers revers militaires dans la lutte contre les

Charles V. — Statue de marbre, par André Beauneveu, de Valenciennes (Basilique de Saint-Denis.)

[1]. Viollet-le-Duc, *Dictionnaire raisonné de l'architecture française*, t. VIII, p. 268.

Anglais, serait capable peut-être de justifier à des yeux inexpérimentés la substitution d'une école réaliste à une école spiritualiste. Il serait bien commode de dire que la Jacquerie et que la *Commune* d'Étienne Marcel ont favorisé une évolution de notre art et marqué le retour de notre école à la nature. Soyons sûr qu'on le dira quand le fait que nous signalons sera mis par quelque vulgarisateur à la portée des fabricants d'encyclopédies à bon marché ou de manuels scolaires. Mais j'ose affirmer, dès aujourd'hui, que cette allégation ne pourra être que le résultat d'une profonde erreur. Les insurrections du quatorzième siècle, comme toutes leurs pareilles, loin de rien fonder, n'ont fait que détruire, et n'avaient rien de commun avec l'art. Une agitation éphémère n'exerce aucune action sur lui. L'art n'est influencé que par les révolutions sociales qu'il traverse ou les conditions économiques qu'il subit. Il faudra donc chercher ailleurs l'explication réclamée.

Depuis le commencement du quatorzième siècle, la France du centre, luttant avec les communes des Flandres, s'était trouvée en contact avec une organisation économique et sociale un peu différente de la sienne. L'art des guildes du Nord, aussi puissamment organisé que celui de nos corporations du Centre, n'avait pas tout à fait le même idéal, peut-être parce que les influences populaires y dominaient les influences aristocratiques, et que les mécènes et les protecteurs de l'art flamand se recrutaient plutôt parmi les marchands enrichis que parmi les grands seigneurs de race. C'est à l'économie politique qu'il appartient de déterminer ces causes. Cependant, quoi qu'il doive résulter de l'enquête que je sollicite, nous sommes, dès maintenant, en face d'un fait bien certain. Il existait, dès la première moitié du quatorzième siècle, dans les Flandres et dans les provinces du nord de la France pénétrées du même esprit, un art spécial, moins noble, moins savant, moins abstrait que celui de la France centrale, mais, en revanche, plus naïf, plus ému, plus familier, plus rapproché de la nature [1].

« Si je n'appuie pas autant sur les mérites de la statuaire flamande », disait le marquis de Laborde dans ses *Ducs de Bourgogne* [2], « je n'ai cependant omis aucun renseignement sur les sculpteurs, et je n'en connais pas moins sa grande influence dès la moitié du quatorzième siècle. Elle l'exerça dans un rayon plus restreint, parce qu'on n'envoie pas au loin la pierre, comme la toile et le bois, parce qu'on ne promène pas dans le monde les statues comme les tableaux de ces autels portatifs qui formaient l'attirail obligé de tout prince ou seigneur en voyage, à la guerre, en lointain pèlerinage. Cependant, là où pénètre cette influence, elle a laissé des traces profondes. L'imitation aveugle de la nature fit son succès, et ce principe envahissant sapa, vers 1350, et remplaça bientôt les nobles traditions de notre école française du treizième siècle. A ce style sévère et gracieux à la fois, qui semble dans quelques tournures, dans la pose des têtes, dans le jet des draperies, une lointaine émanation de l'école où s'inspira Phidias, succèdent peu à peu des qualités de modelé et une science anatomique qui

---

[1]. Cet art a été défini comme il suit, par M. Renan, dans le tome XXIV de l'*Histoire littéraire de la France*, p. 625 : « Les traits particuliers de l'art flamand sont aussi dès ce temps-là très caractérisés. On voit déjà commencer ce goût pour une lourde magnificence, ce luxe purement matériel, cette tendance vers les arts industriels, cet attrait pour les fêtes somptueuses que devait donner à l'art flamand, et, en général à l'art du siècle suivant, un caractère de pesanteur et de grossièreté, sensible surtout quand on compare le goût venu de Flandre à la Renaissance italienne de la même époque. Ne recherchons pas la noblesse, la dignité, la délicatesse chez des artistes qui rappellent toujours, même dans leurs moments du plus grand raffinement, une kermesse transportée au milieu des cours. Mais un grand sentiment de la nature commence en même temps à poindre. »

[2]. T. 1er, p. 29.

lui manquaient, mais malheureusement, en même temps, toutes les prétentions du tourmenté et une recherche étudiée de la naïveté. Cette mode dura pendant près de deux siècles. »

Le grand initiateur français de l'histoire de l'art, l'enthousiaste érudit dont on a bien tort de dédaigner ou de décrier actuellement les immenses travaux parce qu'il n'a pas eu le temps de les terminer et que ses publications de textes contiennent par-ci par-là quelques fautes de lecture, le marquis Léon de Laborde avait une singulière intuition de la vérité quand il a dit : « Tournay, ville française, fut de bonne heure en communication facile et fréquente avec nos sculpteurs ; elle devint, à la fin du quatorzième siècle, le foyer et comme le point de départ de l'influence flamande sur la statuaire française : foyer plus actif, influence plus puissante qu'on ne l'a cru. Son principe dominant, sa règle fut l'imitation de la nature et l'abandon du style, aussi bien dans ce qu'il présentait de faux et de conventionnel que dans ce qu'il avait de noble et de pur : notre école de sculpture, si grande dès le douzième siècle, si célèbre au treizième, était trop fière pour se défendre ou pour composer ; elle fut assez forte pour succomber tout entière [1]. »

C'est dans les Flandres, en effet, que notre école, attardée dans des traditions qui menaçaient de tourner à la formule, devait trouver des éléments de rénovation. Pour nous convaincre de l'exactitude de la doctrine enseignée par le marquis de Laborde, nous n'avons qu'à regarder à l'œuvre le plus grand de nos amateurs et le plus artiste de nos rois du quatorzième siècle [2]. Charles V avait un goût marqué

---

1. *Les Ducs de Bourgogne*, t. Ier, p. 95.
2. Christine de Pisan, *Livre des faits de Charles V* (collection des mémoires publiés par Petitot, t. IV. — Emeric David, *Histoire de la sculpture française*, Paris, 1853, p. 87 et suiv. — Viollet-le-Duc, *Dictionnaire raisonné de l'architecture française*, t. VIII, p. 268. — *Histoire littéraire de la France*,

pour l'art de la Flandre. Parmi les sculpteurs qu'il employa à faire de l'escalier ou de la *grande vis* du Louvre une des merveilles de sa capitale, se trouvait Jean de Liége qui tailla, dit Sauval [1], les figures du roi et de la reine. Ce Jean de Liége est probablement le même artiste qui, au mois de décembre 1368, touchait, sous le nom de Hennequin de Liège, « un acompte de trois cenz franz en rabat de la somme de mil franz d'or en laquelle nous sommes tenuz à lui à cause d'une tumbe d'albastre et de marbre que nous li faisons faire pour nous », disait Charles V, dans une ordonnance de payement [2]. Ce tombeau était destiné à la cathédrale de Rouen et devait recouvrir le cœur du roi. Le même Charles V, ayant perdu son fou Thévenin, choisit encore un artiste flamand pour lui ériger une sépulture dans l'église de Senlis [3]. Car je partage l'opinion de du Seigneur quand il assimile à Jean de Liége, déjà cité, Hennequin de la Croix, auteur du mausolée de Thévenin [4]. Charles V, du reste, a commandé bien d'autres statues à des artistes flamands. Grâce à des documents conservés à la Bibliothèque nationale et mis au jour par de récentes publications [5],

---

t. XXIV (*Discours sur l'état des beaux-arts au quatorzième siècle*), p. 646.

1. *Histoire et recherches des antiquités de la ville de Paris*, t. II, p. 23.

2. Marquis de Laborde, *les Ducs de Bourgogne*, t. Ier, p. 22. — Deville, *Tombeaux de la cathédrale de Rouen*, p. 175. Ce tombeau fut détruit avant la Révolution. Cf. également *Histoire littéraire de la France*, t. XXIV, p. 741.

3. Sauval, *Histoire et recherches des antiquités de la ville de Paris*, t. Ier, p. 331, et t. III, p. 34. — Émeric David, *Histoire de la sculpture française*, p. 92.

4. Notes et observations à la suite de l'*Histoire de la sculpture française*, d'Émeric David, Paris, 1853, p. 302, 303.

5. Léopold Delisle, *le Cabinet des manuscrits de la Bibliothèque nationale*, t. Ier, p. 62. — *Mandements et actes divers de Charles V, recueillis dans les collections de la Bibliothèque nationale*, Paris, 1874, p. 55, 70 et 71. — *Mélanges de paléographie et de bibliographie*, Paris, 1880, p. 297, 298. — L'abbé Dehaisne, *André Beauneveu, artiste du quatorzième siècle*, dans la *Revue de l'Art chrétien*, 3e série, t. II, avril 1884.

nous pouvons fournir une démonstration péremptoire de la thèse que nous soutenons. Les trois statues de Saint-Denis comparées ci-dessus à notre Philippe VI, du Musée du Louvre, et dans lesquelles nous reconnaissons *à priori* le style réaliste des écoles du Nord, sont bien incontestablement et bien précisément flamandes. Elles ont été exécutées par André Beauneveu, de Valenciennes, ou sous sa direction.

Par lettres du 25 octobre 1364, Charles V fit savoir qu'il avait désigné cet artiste pour exécuter à Saint-Denis son tombeau, ceux de ses prédécesseurs, Jean II et Philippe VI, ainsi que celui de la reine Jeanne de Bourgogne [1]. Dans ces lettres, le roi nomme Beauneveu son *ymager* et ordonne de lui délivrer l'argent nécessaire au salaire des ouvriers; le travail était en cours d'exécution en novembre et en décembre 1364 [2].

1. « A Paris, en nostre hostel lez Saint-Pol, 25 octobre 1364. — Charles, par la grâce de Dieu, roy de France, à noz amez et feaulx les généraulx trésoriers à Paris sur les aides ordenées par la délivrance de nostre très chier seigneur et père, que Dieux absoille, salut et dileccion. Nous avons commis nostre amé Andrieu Biauneveu, nostre ymager, à faire faire les tumbes que nous avons ordenées estre faittes pour nos chiers seigneurs les rois Philippe et nostre père, pour nostre très chère dame la royne Jehanne de Bourgoingne, que Dieux absoile, et pour nous. Si vous mandons et enjoinguions estroitement que tantost et sanz délay, vous faciez bailler et délivrer par le receveur général des dictes aides audit Andrieu la somme de cinq cenz frans d'or, pour faire prest et paiement aus ouvriers qui font les dittes tombes et leur distribuer par la fourme et manière que bon lui semblera, sur ce qui peut et poura estre deu pour leur salaire... Par le roy. — N. DE VERRES. » (*Mandements et actes divers de Charles V*, n° 109, p. 55.)

2. Autre mandement de Charles V : « A Paris, 12 décembre 1364. — Charles, etc. Nous vous mandons et enjoingnons estroitement, veu ces présentes et sanz autre mandement attendre, que à Andrieu Beau Neveu, nostre ymager, sur la somme de quatre mille et sept cens frans d'or, que nous avons ordené que il ait et doit avoir pour faire quatre tumbes, c'est assavoir de nostre très chier seigneur et ayeul le roy Phelippe, de la royne Jehanne de Bourgoigne, de nostre très chier seigneur et père, dont Dieux ait les âmes, et aussi une tumbe pour nous, et sur laquelle somme il a ou doit avoir eu par avant la date de ces présentes la somme de nuef cens frans, sur le résidu, qui sont la somme de trois mille et huit cens francs d'or, vous li bailliés et délivrés présentement la somme de deux cens frans d'or pour cest présent mois de décembre, et ensement li bailliés et délivrez pour chascun mois continuelment ensuivant

Auteur indiscuté des statues de Saint-Denis représentant Philippe VI, Jean II et Charles V, le sculpteur André Beauneveu, de Valenciennes, aurait-il été également choisi par la reine Blanche pour exécuter, dans l'église des Jacobins de Paris, la figure possédée actuellement par le Louvre? Cette supposition n'aurait rien d'invraisemblable, et, même sans documents, elle doit être proposée par des raisons d'analogie d'exécution. Ce qu'on peut déclarer avec certitude, c'est que notre statue de Philippe VI, du Louvre, est empreinte au plus haut degré de l'esthétique de l'école flamande [1], et que, groupée avec les statues similaires sculptées pour Saint-Denis par André Beauneveu, et datée par cette comparaison, elle est destinée à nous éclairer d'une manière positive sur le développement encore mal défini de notre art national pendant la seconde moitié du quatorzième siècle.

II

Guillaume de Chanac, évêque de Paris, mort en 1348, belle statue en marbre du quatorzième siècle, venant de l'abbaye Saint-Victor, cataloguée par Lenoir, aux Petits-

---

pour le temps à venir, la somme de deux cens frans d'or, pour la dicte cause et jusques à l'acomplissement de la dicte somme de résidu de trois mille huit cens frans. Esquelles choses nous ne voulons estre fait aucun délay ou destourbier, mais voulons que entièrement et continuelment soit paié par la maniere dessus ditte... Par le roi. — Julianus. »

1. Ce fait coïncide avec la théorie très judicieusement présentée par M. Renan dans l'*Histoire littéraire de la France*, t. XXIV, p. 614 : « L'influence du goût flamand devient dès lors prépondérante en France et dans toute l'Europe, les pays du Midi exceptés. Ce sera à l'historien de l'art au quinzième siècle qu'il appartiendra de raconter cette grande transformation; qu'il nous suffise de faire observer ici qu'à la fin du siècle précédent elle était presque accomplie. Hubert Van Eyck avait trente-six ans en 1400, et, quoiqu'on ne possède aucune œuvre de son jeune frère Jean de Bruges antérieure à la même date, il n'est pas douteux que plusieurs des œuvres qui devaient lui mériter le titre de fondateur de l'école flamande n'existaient déjà à cette époque. »

Augustins, sous le numéro 50; décrite et gravée dans le *Musée des Monumens français*, tome II, 2ᵉ édition, p. 76,

Guillaume de Chanac. — Statue de marbre. Quatorzième siècle.
(Musée du Louvre.)

pl. 67. Gilles Corrozet, dans ses *Antiquitez de Paris*, édition de 1561, fol. 55 verso, en parle ainsi : « En la chapelle de l'enfermerie est l'effigie d'un patriarche d'Alexandrie, évêque de Paris, en albastre blanc, sur un tombeau de marbre noir, autour duquel sont engravez ces vers :

> « Hic situs est dominus G. de Chanac patriarcha
> Alexandrinus, juris dum viveret archa,
> Mores ornatos ad culmen nobilitatis
> Adjungens gratos actus habuit pietatis.
> Plebis ecclesiæ prælatus Parisiensis,
> Cultor justitiæ, perversorum fuit ensis.
> Hunc sibi non solum, sed cum qui post ibi sedit
> Dictus Fulco, dedit Lemovicence solum
> O quam sollicite, quam sancte, quamque perite
> Jus studuit, cleri libertatesque tueri.
> Multos promovit quos sancte vivere novit.
> Clam refovens inopes distribuebat opes.
> Corde Deum sitiens transivit ad atria lucis,
> Sanctæ luce crucis in maio moriens.
> Anno milleno trecenteno quadrageno
> Octoque, centenos annos peragens quasi plenos.
> Pro dilectoris anima tui dulciter ora
> Sancti Victoris conventus qualibet hora. »

Cette figure a été dessinée plusieurs fois pour les recueils de Gaignières. — N° 279 du Catalogue de Versailles [1]. — N'oublions pas de faire remarquer que la mitre a du être refaite, sans qu'on en ait peut-être complètement respecté les proportions originales, et que les yeux de Guillaume de Chanac sont fermés.

III

Jean de Dormans, chanoine de Paris, mort fort jeune, en 1380, statue funéraire venant du collège de Beauvais,

---

1. Un prélat du même nom, qui fut cardinal, a été enterré à Saint-Martial de Limoges. Ce Guillaume Chanac avait reçu dans cette église, en 1385, une sépulture magnifique, sur laquelle s'éleva un monument, longtemps célèbre, par Jean Le Court, artiste avignonnais, et exécuté avec de la pierre venant de Vienne en Dauphiné, c'est-à-dire en marbre. (Voyez Louis Guibert, *Le Tombeau du cardinal de Mende, à Saint-Martial de Limoges.*)

longueur de 1ᵐ,72, exécutée en pierre, avec un masque et des mains en marbre, conservée autrefois au musée des

Jean de Dormans. — Numéro 56 du catalogue des Petits-Augustins. Fac-similé de la pl. 69 du *Musée des Monumens français*.

Petits-Augustins, sous le numéro 56, décrite et gravée dans le *Musée des Monumens français*, tome II, 2ᵉ édition, p. 88, pl. LXIX. — N° 298 du catalogue du musée de Versailles. — La statue, qui portait récemment au musée de Versailles le nom de Jean de Dormans[1], est assez conforme à la gravure de la figure classée par Lenoir, dans le *Musée des Monumens français*, sous le numéro 56. Mais l'affirmation de Lenoir n'a jamais été contrôlée, et, peut-être, ne pourra l'être jamais. Remarquons, cependant, que le personnage représenté est jeune, ce qui concorde avec l'âge où Jean de Dormans mourut. Il existe dans le magasin de la petite Venise une autre figure de pierre et de marbre (les mains manquent). Elle date de la même époque et n'est pas sans analogie, dans la disposition générale, avec la statue de Jean de Dormans. Je la demanderai bientôt. Souvenons-nous qu'on lit dans l'*Histoire généalogique de la maison de France* du P. Anselme, tome VI, p. 333 : « Regnault de Dormans, archidiacre de Châlons, chanoine de Paris, de Chartres et de Soissons, maître des requêtes fut présent à l'hommage que le duc de Bretagne

---

[1]. On lit dans l'*Histoire généalogique de la maison de France* du P. Anselme, t. VI, p. 333 : « Jean de Dormans, licencié ès loix, chanoine de Paris, de Chartres et de Beauvais, mourut à Sens le 2 novembre 1380, âgé de vingt ans, d'où son corps fut apporté à Paris et enterré dans la chapelle du collège de Dormans. »

rendit au roi à Compiègne le 27 septembre 1381. Il mou-

Jean de Dormans.
Statue de pierre et de marbre.
Quatorzième siècle.
(Musée du Louvre.)

Renaud de Dormans.
Statue de pierre et de marbre.
Quatorzième siècle.
(Musée du Louvre).

rut à Paris au mois de mai 1386 et fut enterré en la chapelle du collège de Dormans dit de Beauvais. »

IV

Personnage connu vulgairement sous le nom de Renaud de Dormans, chanoine de Paris, mort en 1386, statue couchée, de pierre et de marbre, longueur 1^m,80. Même provenance, au dire du catalogue. C'est une excellente sculpture; la tête est pleine de vérité, de souplesse et même de naturalisme. — N° 299 du catalogue du musée de Versailles. — Gaignières n'ayant pas fait dessiner le monument de Renaud de Dormans au dix-septième siècle, je ne puis pas contester directement la légitimité de cette attribution. Nous ferons seulement remarquer que le costume porté par le prétendu Renaud de Dormans n'a aucun caractère ecclésiastique; que c'est, au contraire, l'habit des membres du Parlement, avec les trois rangs d'hermines figurés sur l'épaule; que cet habit était peint en rouge, ainsi qu'en témoignent plusieurs traces de couleur encore visibles sur la pierre, et qu'enfin la statue venue au Louvre offre la plus grande analogie avec celle de Philippe de Morvillier, premier président au Parlement de Paris, mort en 1438 et inhumé à Saint-Martin des Champs. On peut vérifier l'exactitude de mon affirmation en regardant la planche 76 du *Musée des Monumens français*, surtout le dessin de Gaignières, conservé au *Cabinet des Estampes*, Pe-11, réserve, f° 60, et en lisant ce passage des *Antiquitez, chroniques et singularitez de Paris*, de Corrozet, édition de 1561, f° 52 : « Derrière le chœur de l'église, dans une chapelle, est un sépulchre sur lequel sont deux effigies de pierre, visage et mains de albastre, l'une d'homme, l'autre d'une dame. Et contre l'un des piliers est une effigie de homme debout, vestue comme un président, de couleur rouge. Contre l'autre pilier est l'effigie d'une dame aussi debout, coiffée à l'antique et son habit doré. Au long du sépulchre est escrit : Cy dessous reposent les corps de nobles personnes messire Philippe, seigneur de Morvillier, Clary et Charenton, conseiller du Roy nostre sire et premier président en son parlement, et ma dame Ieanne du Drac, sa femme, et trespassa ledict président le vingt-cinquiesme jour de juillet, l'an de grâce mil quatre cens trente

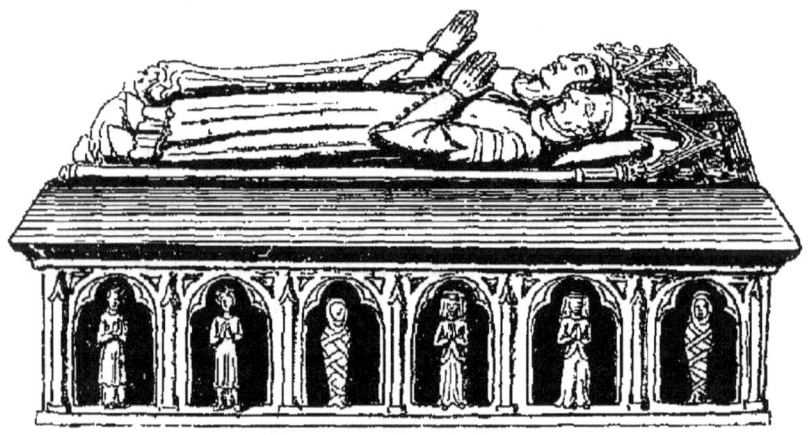

Tombeau de Philippe de Morvillier et de Jeanne du Drac,
à Saint-Martin des Champs.
Fac-similé d'un dessin du *Recueil de Gaignières*.

huict, et ladicte Ieanne l'an mil quatre cens trente-sept[1]. » Il faudra donc que l'avenir restitue à cette figure le nom de Philippe de Morvillier. Non loin de la statue funéraire dont nous venons de parler, Philippe de Morvillier était encore, comme nous l'apprend Corrozet, représenté en pied et de grandeur naturelle contre un des piliers de la chapelle de Saint-Martin des Champs, qu'il avait fait ériger en 1426. Cette seconde statue a été, ainsi que la première, dessinée par Gaignières et gravée dans la *Statistique monumentale de Paris* (prieuré de Saint-Martin, pl. V). Là, le costume du premier président du Parlement est encore semblable à

1. Voyez également la description de la chapelle de Morvillier, publiée en 1630, par dom Martin Marrier. (*Historia monasterii S. Martini de Campis*, p. 563.)

celui de la statue du Louvre. Rien ne démontre, d'autre part, que la statue de Philippe de Morvillier sculptée sur son tombeau, dont le *visage et les mains étaient en albastre*, ait définitivement disparu depuis la suppression du Musée des Monuments français où elle occupait le numéro 449 du catalogue. Tout concours donc à prouver, au contraire, que cette statue est bien celle que nous avons retrouvée.

Depuis qu'une partie de cette notice a été publiée dans la *Chronique des Arts*, j'ai acquis la conviction que le numéro 299 du Musée de Versailles, aujourd'hui transporté au Louvre, est, non pas Renaud de Dormans, mais bien, comme je l'avais pressenti, Philippe de Morvillier. C'est sous ce dernier nom qu'il sera exposé au Louvre. Il est très important qu'on sache véritablement et définitivement à quoi s'en tenir sur un monument de cette valeur. La statue de Morvillier est un chef-d'œuvre qui occupera un jour une place honorable dans la série de nos sculptures françaises. Elle fut très vraisemblablement exécutée, comme la chapelle de Saint-Martin des Champs qui la contenait, avant la mort du président du Parlement. On sait que c'était l'habitude des hauts personnages, au quinzième siècle, de préparer eux-mêmes, de leur vivant, les monuments funéraires destinés à perpétuer leur mémoire. La chapelle de Morvillier, à Saint-Martin des Champs, fut fondée en 1426, par Philippe de Morvillier et par sa femme. On lit dans l'acte de fondation, daté de cette année, acte dont une copie est conservée aux archives nationales (LL 1359, f° 9, r°) : « Item que les dits fondeurs et chascun d'eux pourront estre, se bon leur semble, enterrés et sépulturés en ladite église et monastère de Saint-Martin-des-Champs, en la chapelle de Saint-Nicollas, assés pres de la chapelle Notre-Dame, du costé sénestre, et, en icelle, faire telle représentation par maniere de sépulture comme bon leur semblera. » L'adjudication des travaux de maçonnerie, faite à Adenet Thierry, maçon, eut lieu en 1427, avant Pâques (*Ibid*, f° 70). Il faut remarquer le caractère incontestablement réaliste ou natu-

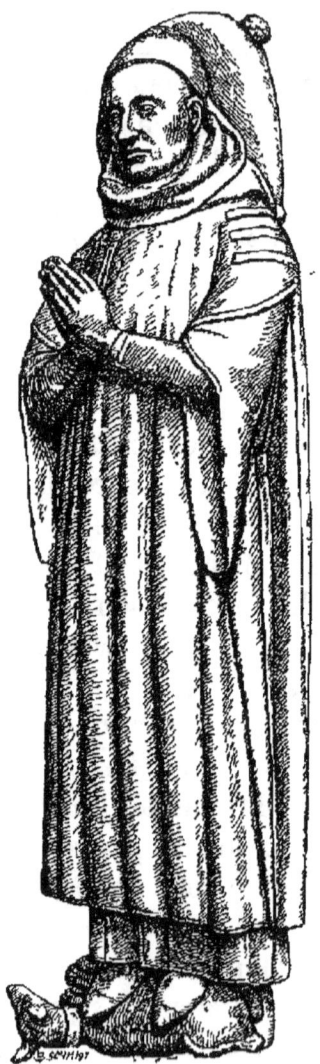

Philippe de Morvillier. — Statue de pierre et de marbre.
(Musée du Louvre.)

raliste du visage, dans une œuvre exécutée, selon toutes les vraisemblances, avant 1438. Ce côté de l'art du moyen âge français n'a pas été encore suffisamment étudié. Les premiers symptômes d'une transformation de notre goût et de notre école se révèlent déjà clairement dans les statues de Philippe VI, de Jean II et de Charles V, conservées à Saint-Denis.

Comme preuve confirmative de ce que je viens d'avancer, je crois avoir retrouvé le véritable Renaud de Dormans, sur lequel je manquais de renseignements précis depuis l'entrée en bloc, au musée des Petits-Augustins, des monuments recueillis par Lenoir au collège de Beauvais. Une statue, reléguée à la petite Venise, magasin du musée de Versailles, et rapportée récemment à Paris, présente avec celle de Jean de Dormans (n° 298 du *Cat. de Versailles*, aujourd'hui au Louvre) la plus grande analogie dans la disposition du costume et dans l'exécution de la sculpture. On peut s'en convaincre en comparant entre elles les gravures de la p. 237. Je n'hésite donc pas à y reconnaître un membre de la famille de Dormans, un des trois « hommes » dont l'épitaphe était commune sur un tombeau de la chapelle du collège de Beauvais, et qui étaient trois frères. Nous connaissions déjà l'aîné, le premier chanoine de la famille, mort en 1380. C'est Jean dont il a été question ci-dessus. Le second s'appelait Bernard; mais nous n'avons pas à nous en occuper, car il était chevalier et devait porter le costume militaire. Le troisième, chanoine comme l'aîné, celui que je prétends restituer à l'histoire et à l'iconographie, se nommait *Reginaldus*, Regnauld, et mourut en 1386. Tous les traits désirables pour justifier mon identification se retrouvent ici : identité dans le costume et, par conséquent, dans le caractère et la qualité; exécution absolument contemporaine des deux sculptures; similitude dans deux œuvres qu'on doit supposer sorties du même atelier. N'en doutons pas : voilà le vrai Renaud de Dormans.

V

Personnage connu sous le nom de Yde de Dormans, dame de Saint-Venant, sœur de Jean et de Renaud de Dormans, morte le 8 octobre 1379, statue de pierre et de marbre; longueur 1^{m}73. Même provenance supposée. N° 1262 du catalogue du musée de Versailles. — Sur les statues de la famille de Dormans, il faut consulter Corrozet, revu par Bonfons, édition de 1586, f° 126, recto et verso, édit. de 1608, p. 150 à 157, et la *Statistique monumentale de Paris*, explication des planches, p. 223; ces deux ouvrages n'ont malheureusement rien décrit. La statue, dite ici de Yde de Dormans, n'est pas sans analogie avec la figure de Jeanne du Drac, dessinée dans un recueil de Gaignières (Pe 11, f° 60) au Cabinet des Estampes. Ce qui m'empêche d'affirmer que la prétendue statue de Yde de Dormans est bien celle de Jeanne du Drac, c'est que Lenoir déclare, sous le numéro 439 de son catalogue, qu'il n'a possédé définitivement que le buste de Jeanne du Drac, le bas de la statue ayant été supprimé. En admettant qu'il s'agisse ici d'une dame ayant appartenu à la famille de Dormans, nous pourrions tout aussi bien être en présence de Jeanne Baube, dame de Dormans et de Lilly, femme de messire Guillaume de Dormans, morte le 14 novembre 1405, ou de Jeanne de Dormans, femme de messire Philibert, seigneur de Paillart, morte l'an 1400.

Voici comment les monuments du collège de Beauvais entrèrent au musée des Petits-Augustins. On lit dans le *Journal de Lenoir*, n° 288 : « Ledit (25 prairial an II), reçu du Comité révolutionnaire de la section du Panthéon quatre statues en pierre de la famille de Dormans : plus, plusieurs épitaphes, aussi en pierre, le tout venant du collège de Lisieux. » Au lieu de *Lisieux*, il faut lire *Beauvais*. Lenoir a réparé ce *lapsus* dans ses catalogues, au numéro 56. On trouvera une excellente notice sur les statues du collège de Beauvais et sur les épitaphes qui les accompagnaient dans les *Inscriptions de la France*, du baron de Guilhermy[1]. F. de Guilhermy acceptait comme prouvées les attributions respectives des trois figures des Dormans données par le catalogue de Versailles. Sans doute, une de ces attributions n'est pas *à priori* invraisemblable; mais voilà tout. Une d'elles est évidemment erronée. Le même érudit nous apprend que l'une des statues de femmes du collège de Beauvais joue à présent le rôle d'Héloïse à côté d'Abailard, sur le tombeau de fantaisie, n° 515 du catalogue de Lenoir, transféré depuis au Père-Lachaise[2].

VI

Personnage connu sous le nom de Hugues de Chatillon, comte de Saint-Pol, mort en 1248, statue de *marbre*; longueur : 2 mètres (n° 1242 du catalogue du musée de Versailles). — Cette figure et la suivante proviennent, au dire du catalogue de Versailles, de l'abbaye du Pont-aux-Dames, en Brie, commune de Couilly (Seine-et-Marne). Elles auraient été données à Louis-Philippe, le 17 mai 1838, par M. Dassy, propriétaire à Meaux. D'après des mémoires rédigés par un témoin oculaire au dix-septième siècle[3], Hugues de Châtillon était représenté sur son tombeau « sous la figure d'un homme d'armes, la main gauche appuyée sur son bouclier ». Ce dernier trait ne correspond

---

1. T. Ier, p. 585 et suiv.
2. Cf., sur les mêmes tombeaux de la chapelle du collège de Beauvais, Piganiol, *Description de la ville de Paris*, édition de 1765, t. V, p. 364 et suiv.
3. G. Berthaut, *l'Abbaye du Pont-aux-Dames*, 1878, in-8, p. 101.

pas à l'attitude de la statue entrée au Louvre. Il résulte, d'autre part, de renseignements communiqués par le dona-

Personnage improprement nommé Hugues de Châtillon.
Statue de marbre. Quatorzième siècle. (Musée du Louvre.)

teur et imprimés ci-après que la statue regardée par celui-ci comme celle de Hugues de Châtillon était, tout au contraire, en pierre et se trouvait réduite, au moment de la donation, à n'être plus qu'un tronçon sans tête ni jambes. Voici, d'ailleurs, comment elle a été décrite sur l'inventaire de Louis-Philippe : N° 1736, auteur inconnu : Hugues de Châtillon, comte de Saint-Pol, père du connétable, statue couchée, en *pierre*, fragmentée; hauteur : 1 mètre. » Enfin, je n'admettrai jamais qu'on puisse attribuer à un personnage du treizième siècle — à moins de supposer une exécution rétrospective de près de cent ans — la statue connue sous le nom de Hugues de Châtillon.

Il est impossible de méconnaître que cette sculpture présente, au contraire, tous les caractères d'une œuvre du quatorzième siècle par l'emploi du marbre, par le costume du personnage, par l'exécution matérielle devenue déjà un peu molle. Toutes les statues de chevaliers du quatorzième siècle, conservées à Saint-Denis, ressemblent à celle-ci par leur tournure générale. Nous citerons particulièrement les figures de Charles comte de Valois, mort en 1325 [1], venant des Jacobins, de Charles comte d'Étampes [2], et d'un prince inconnu venant tous deux des Cordeliers [3]. De plus,

---

1. *Monographie de Saint-Denis*, p. 259.
2. *Ibid.*, p. 272 et 273.
3. *Ibid.*, p. 253. Le grand incendie qui, au seizième siècle, ravagea l'église des Cordeliers et obligea à remanier quelques-uns des tombeaux épargnés par le sinistre, a rendu très difficile les attributions certaines des monuments de cette église.

Cette figure portait au Musée des Monuments français le numéro 25 et était regardée à tort comme la statue de Pierre d'Alençon, fils de saint Louis, mort en 1283. Elle a été gravée dans la planche XXXI du grand ouvrage de Lenoir et page 253 de la *Monographie de Saint-Denis*. Le baron de Guilhermy a démontré l'erreur de Lenoir. En réalité, on a ignoré jusqu'à ces derniers temps le nom précis de ce personnage. M. J.-M. Richard, dans un article remarquable inséré dans les *Mémoires de la Société de l'histoire de Paris*, t. VI, p. 290 et suiv., propose de regarder cette figure comme provenant du tombeau élevé dans l'église des Cordeliers au comte d'Artois Robert l'Enfant, et sculptée, de 1317 à 1320, par un artiste nommé Jehan Pepin de Huy, bourgeois de

il y en a une, celle de Louis de France, comte d'Évreux, mort en 1311, qui, en provenance des Jacobins de Paris (n° 43 du catalogue du *Musée des Monumens français*), dessinée par Gaignières (Cabinet des Estampes, Pe 11, réserve, f° 25 a) et gravée, page 260, dans la *Monographie de Saint-Denis*, offre de tous points la plus complète analogie avec la nôtre. Même disposition de la ventaille et du capuchon de mailles; mêmes manches lacées sur l'avant-bras; même frange au bras et à la fente du bliaut. La ressemblance du costume est absolue dans les deux figures comparées. D'autres difficultés surgissent encore. La statue qui nous occupe est ainsi désignée sur l'inventaire de Louis-Philippe : « N° 1731 ; auteur inconnu ; Gaucher de Châtillon, connétable de France, statue en *marbre*, avec un dais (pas de dimensions indiquées). Versailles, aile droite, galerie basse. » Ajoutons que, contredite déjà par l'inventaire de Louis-Philippe, l'attribution actuelle l'est également par la *Notice historique des peintures et des sculptures du palais de Versailles*, parue en 1839. On y lit, page 106 : « N° 81. — Châtillon (Gaucher de), 2ᵉ du nom, comte de Porcean, seigneur de Châtillon-sur-Marne, etc., connétable de France ; fils aîné de Gaucher de Châtillon, etc. ; né vers 1249 ; marié : 1° en 1281, à Isabelle de Dreux ; 2° à Hélesinde de Vergy ; en 1312, à Isabeau de Rumigny, mort en 1329. Le Père Anselme rapporte que Gaucher de Châtillon fut enterré à l'abbaye de Pont-aux-Dames. Statue couchée, placée autrefois dans l'abbaye de Pont-aux-Dames, en Brie. » Telle est la seule figure de marbre d'un seigneur de Châtillon qui ait jamais été exposée à Versailles. Rien ne

Paris. Le mémoire de M. Richard montre qu'il existait à Paris, dans la première moitié du quatorzième siècle, des sculpteurs dits *tombiers*, qui entreprenaient d'exécuter spécialement les monuments de la sculpture funéraire et répandaient leurs œuvres de tous côtés. Cela servira à expliquer pourquoi on rencontre tant d'œuvres de cette époque taillées sur le même patron et semblant quelquefois sortir d'un même atelier.

peut donc confirmer la dénomination actuellement donnée à la statue connue sous le nom de Hugues de Châtillon.

Mais, s'il est certain que le nom de Hugues de Châtillon

Louis de France, comte d'Évreux.
Fac-similé de la gravure
de la *Monographie de Saint-Denis*.

Louis de France, comte d'Évreux,
sur son tombeau aux Jacobins de Paris.
Fac-similé d'un dessin de Gaignières.

doive être écarté définitivement, il n'est pas impossible que le numéro 1242 de Versailles représente effectivement un membre de la famille de Châtillon, et plus particulièrement Gaucher de Châtillon, ainsi que le prétendait le donateur de ce marbre[1]. Toutefois l'écu, aux armes du connétable, étant

[1]. Voyez, ci-après, la lettre de M. Dassy, adressée à l'intendant général de la liste civile. En outre, on lit dans les *Fastes et annales des évêques de*

une restauration moderne, et, d'autre part, plusieurs seigneurs de la même famille et même plusieurs chevaliers du nom de Gaucher, ayant été inhumés dans la même abbaye, il est prudent de ne rien affirmer trop catégoriquement. Ce qui est sûr, c'est que la statue date de la première moitié du quatorzième siècle.

Un autre fait résulte dès maintenant de notre enquête. C'est qu'il existe souvent, entre les diverses statues funéraires qui nous sont parvenues, des ressemblances telles, dans la composition et dans l'exécution, qu'on pourra bientôt établir des classements par écoles, par ateliers et même par maîtres. Mais, pour parvenir à ce résultat si désirable, pour faire accomplir ce pas énorme à l'histoire de notre art du moyen âge — trop complètement inconnu et qui, cependant, mérite autant que l'art du quinzième siècle italien d'être fouillé et complètement mis en lumière, — il faudrait que des moulages, intelligemment choisis par un spécialiste, permissent de fréquentes comparaisons. Jusqu'à présent les moulages exécutés pour les collections de l'État sont destinés plutôt à étonner et à surprendre le public qu'à l'instruire.

Meaux, manuscrit du dix-septième siècle, rédigé par Janvier, prêtre, curé de Saint-Thibault de Meaux, et conservé dans la bibliothèque de cette ville, t. II, p. 433 : « Au costé gauche de la mesme grille (dans le chœur de l'église de l'église de Pont-aux-Dames) sont en sépulture de *marbre* en bosse, les corps de Gaucher de Chastillon, seigneur de Hau Tour et de Dampierre, et de Marguerite de Dampierre, son espouse. Il y a sur la tombe du mari cette inscription : « Cy gist Messire Gaulcher de Chastillon, seigneur d'Au Tour et de « Dampierre, aisné fils de Gaucher de Chastillon, jadis comte de Porcean et « counestable de France. Il trespassa l'an 1375, au moys d'aoust, jour et feste « de saint Loys. Et a fait faire cette tombe Madame Isabelle de Chastillon, « abbesse de Nostre-Dame de Soissons, fille de nostre counestable et sœur « dudit seigneur. Priés pour les âmes de tous deux ». Renseignement transcrit et obligeamment communiqué par M. Ant. Héron de Villefosse.

VII

Statue connue sous le nom de Marie d'Avesnes, morte en 1244. Marbre, longueur 1ᵐ 85. — N° 1243 du catalogue du musée de Versailles. — L'identité de cette statue n'a jamais été sérieusement constatée. L'attribution actuelle n'est pas vraisemblable. La prétendue Marie d'Avesnes, dont le costume est pareil à celui des dames de la première moitié du quatorzième siècle, ressemble à s'y méprendre à Marguerite d'Artois, femme de Louis de France, comte d'Évreux, sculptée sur son tombeau, aux Jacobins de Paris (n° 38 du catalogue du *Musée des Monumens français*), aujourd'hui à Saint-Denis. Voir la gravure et la description du tombeau de Marguerite d'Artois dans la *Monographie de Saint-Denis*, pages 260 à 262, et le dessin du Recueil de Gaignières au Cabinet des estampes, Pe 11 réserve, f° 25 a. Cette soi-disant Marie d'Avesnes, tirée de Versailles, porte absolument la même coiffure que Blanche de Champagne sur son tombeau, fondu et émaillé à Limoges au commencement du quatorzième siècle (musée du Louvre, n° 70 *bis* du catalogue). La figure dite de Marie d'Avesnes, qui est très bonne, est nécessairement et indiscutablement, non du milieu du treizième siècle, mais de la première moitié du siècle suivant. Elle a été ainsi décrite dans l'Inventaire de Louis-Philippe : « N° 1732. — Auteur inconnu; Marie d'Avesnes, comtesse de Blois, deuxième femme de Hugues de Châtillon, comte de Saint-Pol; statue couchée en marbre, avec un dais. Hauteur : 1ᵐ 87 ; largeur : 0ᵐ 47 ; envoyée à Versailles le 18 septembre 1843 (cette date est évidemment erronée); aile du Midi; galerie basse. » Si l'indication de provenance (l'abbaye de Pont-aux-Dames) est exacte, et si la statue, examinée par nous, correspond bien, ainsi que l'affirme le catalogue de Versailles (éditions de 1839 et de 1860) au numéro 1732 de l'Inventaire de Louis-Philippe,

Dame improprement nommée Marie d'Avesnes.
Statue de marbre. Quatorzième siècle. (Musée du Louvre.)

il faudrait voir dans cette princesse une dame de la famille de Châtillon ayant vécu au quatorzième siècle. A lui seul,

Gaucher de Châtillon a eu trois femmes. Un texte cité par M. Berthaut (*Abbaye de Pont-aux-Dames*, p. 101) signale encore le tombeau d'une dame Marguerite, femme d'un

Marguerite d'Artois,
à Saint-Denis.
Fac-similé et réduction de la gravure
de la *Monographie de Saint-
Denis*.

Marguerite d'Artois,
femme de Louis de France,
comte d'Évreux,
sur son tombeau aux Jacobins de Paris.
Fac-simile d'un dessin de Gaignières.

Gaucher de Châtillon, mort en 1325. On comprendra alors que le problème iconographique soulevé par l'existence de notre statue est assez compliqué, et on nous pardonnera de ne point lui donner provisoirement de solution.

VIII

Trois figures d'enfants représentés gisants sur leur tombeaux. Marbre; quatorzième siècle.

Les trois figures sont sans tête et mutilées en plusieurs endroits. Deux de ces sculptures sont bonnes; l'une d'elles est médiocre : on va voir qu'elles méritaient d'être rapportées à Paris. En effet, à peine les trois tronçons exhumés de la Petite-Venise étaient-ils arrivés au Musée que j'en ai rapproché une charmante tête d'enfant, découverte par moi, il y a douze ans, au Louvre, parmi des fragments abandonnés, et exposée depuis dans la salle de Michel Colombe. Ma joie a été grande quand j'ai constaté que cette tête s'adaptait parfaitement au corps de l'une des trois statues. Ce simple rapprochement enrichit le Louvre d'une excellente sculpture de la première moitié du quatorzième siècle. J'avais cherché en vain, jusqu'à présent, d'où pouvait provenir le jeune enfant couronné, sculpté sur le tombeau dont nous ne possédions qu'un fragment. Le monument, en se complétant, nous a révélé ses origines. Les trois figures viennent de l'abbaye de Pont-aux-Dames, commune de Couilly (Seine-et-Marne), ainsi qu'en témoignent les lettres suivantes, adressées : la première, au comte de Bondy, intendant général de la liste civile, et la seconde, à M. de Cailleux, directeur des musées royaux :

11 mai 1837. — Monsieur, je tiens à votre disposition les statues tumulaires que vous avez bien voulu offrir de ma part à Sa Majesté et qu'elle a bien voulu accepter pour le musée de Versailles. Elles sont au nombre de cinq. Celle d'un des fils de Charles IV, dit le Bel, est presque entière; les deux autres sont plus mutilées. La statue du connétable Gaucher de Châtillon est mutilée; il manque une jambe et un pied. Celle de Marie d'Avesnes est presque entière. Au-dessus des têtes de deux statues sont des espèces de dais

gothiques. Tous ces monuments sont en marbre blanc, et étaient placés dans l'église du Pont-aux-Dames, fondée par la maison de

Statue d'enfant en marbre, supposée être une fille de Charles IV,
provenant de Pont-aux-Dames. (Musée du Louvre.)

Châtillon. Toutes les mutilations qu'elles ont éprouvées sont la suite de l'invasion de ce couvent par l'armée révolutionnaire en 1792, au mois de septembre. Je possède encore deux fragments en pierre de deux guerriers de la maison de Châtillon, mais ils n'ont plus ni tête ni jambes. Sur vos ordres, tous ces objets vous seront remis, et il y sera joint un état plus détaillé qui vous servira pour les vérifier à l'arrivée, etc. — C.-J. Dassy.

Meaux, le 17 mai 1838. — Monsieur, suivant votre lettre du 15 courant, je remets à M. Jacquet (mouleur du musée) les trois statues mutilées des enfants de Charles IV, dit le Bel ; la tête de la statue qui avait été placée sur les entrailles de Blanche, duchesse d'Orléans, fille du premier mariage de Charles IV ; les statues de Gaucher de Châtillon, de Marie d'Avesnes ; les dais qui sont derrière leurs têtes, le tout en marbre blanc, et les trois troncs en pierre des statues de Hugues de Châtillon, père du connétable, et de Gaucher, fils du connétable. Je désire que ces monuments puissent plaire à Sa Majesté, mais je crains bien qu'ils soient bien au-dessous de l'idée qu'elle a pu s'en former lorsqu'elle a daigné les accepter. Recevez, Monsieur, les respectueux hommages de votre très humble serviteur. — C.-J. Dassy.

En arrivant au Louvre, en 1838, le haut de la statue de l'enfant couronné fut moulé, pour qu'on pût en former un buste et le placer dans la série des princes français. Malheureusement, on ne remarqua pas que son costume était celui d'une petite fille, et on exposa bravement le moulage dans le musée historique sous le nom de Philippe de France et le numéro 77 du catalogue de 1839 (2ᵉ partie, p. 104). Depuis 1860, ce prétendu Philippe de France porte le numéro 2202 du catalogue de Versailles. Pour expliquer la méprise, il faut d'abord faire savoir comment les trois monuments furent inscrits sur l'inventaire du roi Louis-Philippe. On lit dans cet inventaire :

1733. — Inconnu. — Philippe, fils de Charles IV, dit le Bel, roi de France, statue en marbre ; 0ᵐ,65, *id.*, *id.* (C'est-à-dire : Envoyée à Versailles, le 18 septembre 1843. Décision de l'intendant général du 11 mai 1838.)

1734. — Inconnu. — N...., fils de Charles IV, dit le Bel, roi de France, statue, *id.*, 0^m,65. *Blanche*
1735. — Inconnu. — N...., fille de Charles IV, etc., statue, *id.*, 0^m,95.

Personnage nommé Philippe de France, fils de Charles IV.
(Moulage du musée de Versailles.)

On comprend immédiatement que, par suite du besoin de compléter les séries historiques et par une confusion après tout bien naturelle, le numéro 1735 fut pris pour le numéro 1733, qui, ainsi que le numéro 1734, n'avait plus sa tête. Je puis affirmer ce fait, car les dimensions de 0^m 65 s'appliquent encore aux numéros 1733 et 1734, tandis que le numéro 1735 mesure toujours, avec sa tête, 0^m 95.

Quelle pourrait être, maintenant, la statue d'enfant que j'ai recomposée ? La réponse n'est pas facile, en l'absence de renseignements certains sur la nature des monuments renfermés jadis par l'abbaye du Pont-aux-Dames. Le recueil des calques du Gaignières d'Oxford, tome XVI, contient bien trois dessins intéressants pour nous. On y voit, f° 72, une figure de femme au bas de laquelle on lit : « Pont-aux-Dames. Au milieu de la nef entre deux autres tombeaux d'enfants. » C'est peut-être, et sous réserve expresse de vérification ultérieure, la tête de cette statue qui est conservée aujourd'hui dans la salle de Michel Colombe, et sur laquelle on peut trouver des renseignements dans le *Voyage littéraire* de dom Martène et de dom Durand, 2ᵉ partie,

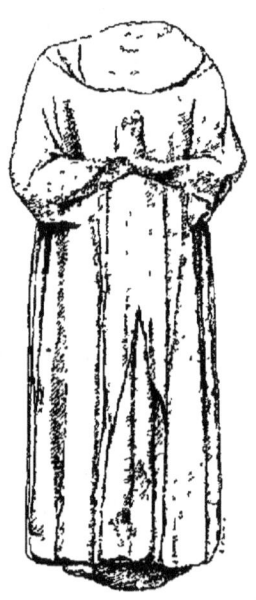

Statue d'enfant provenant de Pont-aux-Dames.
(Musée du Louvre.)

page 71. On remarque encore dans le volume de Gaignières, fº 73, une figure d'enfant, manteau drapé, tête couronnée soutenue par un oreiller, manches du surcot assez larges et descendant presque jusqu'au poignet, pieds visibles au bas de la robe. On lit au-dessous : « Pont-aux-Dames, dans la nef, au costé droit de la duchesse d'Orléans. » On rencontre enfin, fº 74, une figure d'enfant, un lion sous les pieds, la tête sur un coussin, manches assez larges, robe de dessous visible aux poignets seulement et petit collet formé par le capuchon du surcot. On lit au bas : « Pont-aux-

Dames, dans la nef, près la muraille, à costé de la duchesse d'Orléans, sa mère ; deux pieds de large. L'on dit que c'est

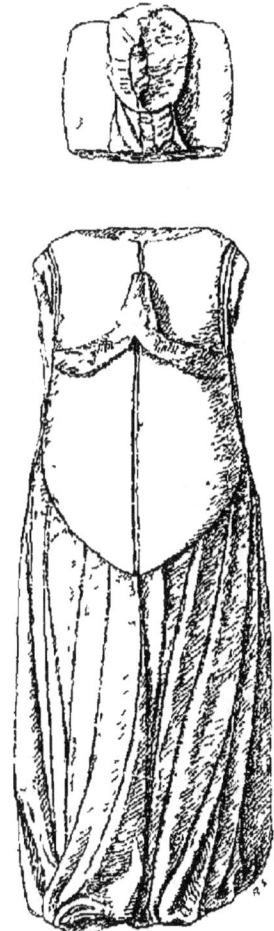

Statue d'enfant provenant de Pont-aux-Dames, trouvée à Versailles, et tête d'enfant trouvée au musée du Louvre.

le plus jeune des deux enfans. » Ce dernier monument est certainement le numéro 1733 de l'Inventaire de Louis-Philippe. Il est encore reconnaissable, malgré les mutilations et l'ablation de la tête qu'il a subies. Cependant tout cela ne nous fournit rien sur la figure de jeune fille dont nous cherchons la trace. L'incertitude augmente quand on lit l'*Histoire généalogique* du P. Anselme, tome I*ᵉʳ*, page 96, où il est établi que Jeanne, fille de Charles IV, inconnue, dit l'auteur, aux généalogistes, mourut le 17 mai 1321, et fut enterrée à Maubuisson. Sans doute quelques-uns des enfants de Charles IV ayant été inhumés dans l'abbaye de Pont-aux-Dames (*Histoire généalogique, ibidem*), il est possible que la princesse, dont la statue vient de se reconstituer au Louvre, ait appartenu à la famille royale, mais rien ne prouve ce fait, et il est prudent de réserver le champ libre aux révélations de l'avenir.

La troisième figure d'enfant, sur laquelle nous manquons de renseignements précis et dont nous donnons également l'image, doit-elle être rapprochée d'une petite tête trouvée récemment dans un vieux magasin au Louvre? Nous ne pouvons que poser la question.

IX

Jeanne de Commynes, comtesse de Penthièvre, femme de René de Brosses, fille de Philippe de Commynes, statue de marbre provenant de la chapelle que l'historien de Louis XI s'était fait construire dans l'église du couvent des Grands-Augustins, à Paris. Dès le seizième siècle, Gilles Corrozet, dans les *Antiquitez, Croniques et Singularitez de Paris*, édition de 1586, folios 86 et 89, nous a parlé de la chapelle de Commynes et de la sépulture de sa fille, qui «gist en la même chapelle sous tombeau de marbre et d'albastre». Millin aussi, dans ses *Antiquités nationales*, tome III, xxv, page 10 et suivantes, a conservé le souvenir de cet édifice et a laissé de la statue de Jeanne une description et une image, grâce auxquelles nous avons pu la reconnaître, bien que les traditions se fussent perdues et que ce monument fût abandonné comme objet de rebut. Au moment de la suppression d'un grand nombre d'établissements religieux, en 1791 et 1792, la statue de Jeanne de Commynes avait été recueillie au dépôt des Petits-Augustins (*Journal de Lenoir*,

Jeanne de Penthièvre,
fille de Philippe de Commynes.
Statue de marbre. (Musée du Louvre.)

Jeanne de Penthièvre.
Fac-similé de la gravure des *Antiquités
nationales* de Millin.

n° 15, et *Notice succincte* de 1793, n°ˢ 18 et 34). Depuis l'an V, elle occupa, conjointement avec celles des père et mère de Jeanne, le numéro 93 du *Catalogue du Musée des Monumens français* jusqu'à la fermeture de ce musée. A cette funeste époque, tandis que les statues de Commynes et d'Hélène de Chambes étaient laissées dans la cour de l'École des Beaux-Arts, elle fut portée à Saint-Denis, où elle resta

TOMBEAU DE PIERRE DE RONCHEROLLES ET DE MARGUERITE DE CHATILLON
à la collégiale d'Écouis.
Fac-similé d'une gravure de Millin.

jusqu'en 1845. A ce moment, le musée de Versailles, qui, depuis 1834, possédait les figures de Commynes et de sa femme, la réclama à son tour. Elle fut inscrite ainsi sur l'Inventaire de Louis-Philippe sous le numéro 2665 : « Jeanne de Penthièvre, morte en 1514, statue couchée en marbre, cédée au Roi par le ministre des travaux publics, le 6 septembre 1845, était déposée à Saint-Denis ; entrée au musée le 8 septembre 1845. » Après 1848, elle revint à Paris, et Ferdinand de Guilhermy, qui la connaissait bien, l'aperçut dans un magasin du musée (*Annales archéologiques*, t. XII, p. 93 et suiv.). C'était Léon de Laborde qui l'avait fait rentrer. Mais, après 1853, les traditions se rompirent complètement ; la statue de Jeanne fut évacuée d'abord sur l'île des Cygnes, portée de nouveau à Versailles en 1869, et emmagasinée depuis dans les bâtiments de la Petite-Venise, au bout du parc. C'est là que je l'ai retrouvée. Ce qui reste du tombeau de la fille de Commynes est un monument important de la sculpture française et de l'école qui succéda immédiatement à celle de Michel Colombe. La place qui doit lui être assignée parmi les ouvrages de la première moitié du seizième siècle a été indiquée par nous dans un article de la *Gazette des Beaux-Arts*, en septembre 1884 [1].

Pour se représenter ce que dut être le sarcophage destiné à soutenir la figure, il faut évoquer l'image de quelques monuments similaires à peu près contemporains de celui-ci. Tels étaient ou sont encore, par exemple, les mausolées de Louis de Poncher et de Roberte Legendre, au Louvre et à l'École des Beaux-Arts ; de trois membres de la famille de Bastarnay, dans l'église de Montrésor, près Loches ; de Renée d'Orléans-Longueville, à Saint-Denis ; de Pierre

---

[1]. Voyez aussi sur ce monument *La Part de l'art italien dans quelques monuments de sculpture de la première Renaissance française*. Paris, 1884, in-8, p. 30 à 33.

de Roncherolles et de Marguerite de Châtillon, à la collégiale d'Écouis[1]; de Charles de Lalaing, au musée de Douai[2]; d'Artus Gouffier et de Philippe de Montmo-

Pierre de Roncherolles et Marguerite de Châtillon,
Fac-similé d'une planche de Millin.

rency, dans la chapelle d'Oiron[3]; de Charles de La Trémouille et de sa femme, autrefois dans l'église N.-D. de Thouars[4]; de Guillaume de Montmorency et d'Anne Pot,

1. Millin, *Antiquités nationales*, t. III, XXVIII, p. 27, pl. IV.
2. N° 838 du *Catalogue du Musée de Douai*.
3. *Gazette des Beaux-Arts*, t. XIII, p. 559 et 561.
4. Bibliothèque nationale, Cabinet des estampes, fonds Gaignières Pe, 7, Réserve, f. 23.

jadis dans l'église de Montmorency[1]; enfin de Charlotte d'Albret, duchesse de Valentinois, dans l'église de la Motte-Feuilly, en Berry. Il est bien certain que les sarcophages dont se composaient les monuments signalés ci-dessus avaient reçu une décoration inspirée dans une certaine mesure par l'Italie. Il suffit, pour s'en convaincre, de jeter les yeux sur quelques-uns de ceux qui subsistent, ou de lire la description de ceux qui ont disparu. Pilastres, arcades, coquilles, niches, arabesques, tout le programme italien s'y retrouve, et des textes subsistent pour prouver que les amateurs contemporains ne s'y trompaient pas plus que nous. Martin Cloistre, de Blois, s'engageait en 1524, vis-à-vis de Guillaume de Montmorency, à fournir pour un tombeau qui lui était commandé, « tous les piliers (pilastres) faits à l'anticque, le mieulx que faire se pourroit et le plus richement; item, sur chascun apostre, une belle coquille[2] ». Le même artiste, dès 1521, s'était obligé à élever, dans l'église de la Motte, la sépulture de Charlotte d'Albret, où devaient être employés des « pilliers taillez à l'antique à candelabres » et des statues de Vertus « sur chascune desquelles Vertuz sera une coquille bien taillée à l'antique[3] ».

La statue de Jeanne de Commynes que j'ai rendue à l'étude est, sinon d'une beauté égale à celle de la statue de Roberte Legendre, au moins d'un intérêt capital pour l'histoire de l'art.

En effet, nous manquons un peu de renseignements sur les sculpteurs français qui succédèrent immédiatement à Michel Colombe, sur l'école des Martin Cloistre ou Claustre, de Blois, et des Bonberault, d'Orléans, etc.

1. A. Duchesne, *Histoire de la maison de Montmorency*, Paris, 1624, p. 364.
2. *Bibliothèque de l'École des Chartes*, IIIe série, t. II, p. 275; article de M. de Montaiglon.
3. Edm. Bonnaffé, *Inventaire de la duchesse de Valentinois, Charlotte d'Albret*, p. 26.

Un monument de provenance et de date certaines est donc précieux à classer au Louvre. Si nous ignorons quel a été

Charlotte d'Albret.
Sculptée sur son tombeau par Martin Cloistre. (Église de la Motte-Feuilly.

l'auteur de la figure en question, nous ne pouvons nous empêcher de faire remarquer l'analogie frappante qu'elle présente avec une figure de femme[1] de l'église de Thouars dessinée dans un recueil de Gaignières (Cabinet des estampes Pe 7, Réserve f° 23) et avec celle de Charlotte d'Albret, œuvre de Martin Cloistre, gravée dans l'*Inventaire de la duchesse de Valentinois*, publié par M. Bonnaffé. Non seulement la disposition du costume, la coiffure, la forme et l'attache du manteau sont les mêmes, mais encore le style paraît identique dans les sculptures comparées. La statue d'Anne Pot, gravée dans l'*Histoire de la Maison de Montmorency*, ressemble aussi beaucoup par la coiffure, par la coupe et les ornements du corsage, par le système des plis, à la statue de Jeanne de Commynes. Rappelons encore ici que le monument de l'église de Montmorency avait été exécuté en 1524 par Martin Cloistre, assisté vraisemblablement de Benoît Bonberault.

X

DEUX ÉCUSSONS DE MARBRE ORNÉS DE TÊTES D'ANGES SCULPTÉS PAR GERMAIN PILON. — Ces charmants et délicats morceaux de sculpture proviennent de la chapelle de Birague, à Sainte-Catherine du Val-des-Écoliers.

Le chancelier René de Birague possédait, dans l'église Sainte-Catherine du Val-des-Écoliers, une chapelle destinée à recevoir son tombeau et ceux des autres membres de sa famille. Quand il mourut à Paris, le 24 novembre 1583, il fut inhumé dans cette chapelle avec une pompe extraordinaire[2] non loin du mausolée qu'avant d'entrer dans les ordres il avait fait élever à sa femme, Valentine Balbiani. La chapelle de Birague a été minutieusement décrite dès 1586 par le continuateur de Gilles Corrozet. Nicolas

---

1. Cf. l'*Inventaire de la duchesse du Valentinois*, p. 27.
2. Voir dans Sauval, *Histoire et recherches des antiquités de la ville de Paris*, t. III, preuves, p. 27, le récit des obsèques du cardinal de Birague, d'après les registres du Parlement.

TOMBEAU DE RENÉ DE BIRAGUE
à Sainte-Catherine du Val-des-Écoliers.
Fac-similé de la gravure insérée dans les *Antiquitez et singularitez de Paris*

Bonfons s'est exprimé ainsi dans les *Antiquitez, croniques et singularitez de Paris*[1] :

« En la chapelle deuxiesme à main droicte, ainsi que l'on entre en ladicte église, est la chapelle du cardinal de Birague, jadis chancelier de France, et est enterré en icelle ; et d'autre part de cette chapelle, en autre tombeau séparé, est son espouse. Vient à advertir le lecteur que la femme dudict seigneur de Birague mourust et passa de ce monde auparavant son mary ; luy estant veuf print les sainctes ordres de prestrise et fut pourveu de dignitez en l'église catholique par nostre sainct Père le Pape, faict cardinal, auquel degré il fina ses jours au grant regret de ses amys.

« L'autel pour célébrer le saint sacrifice de la messe a esté faict de neuf lorsque fut faict le tombeau dudit seigneur de Birague achevé au moys de juin 1585. Au-dessus du tombeau est escrit en lettres d'or, gravé sur une table de marbre noir :

« Quid tibi opus statua, satis est statuisse Birague
Virtutis passim tot monumenta tuæ,
(I. MOREUS R. S.)

« Au-dessous de cet escript est la figure après le naturel du seigneur de Birague, comme un cardinal à genoux, son manteau rouge, et le tout eslevé et eslaboré en bronze, soustenu de deux gros pilliers de jaspe et marbre tout autour, auquel marbre est escript ce qui ensuit :

« Renato Birago patritio Mediolan. multis et summa dignitat. functo tum Franc. cancellario ac demum S. R. Eccle. cardin. Francisca F. unica et Cæs. Birag. agnat. mœstiss. non memoriæ sed desiderii perpet. Monum. H. P. C.

« Vixit annos LXXVII, menses IX, dies XXVI. Obiit VIII cal. decemb. MDLXXXIII. »

Les tombeaux de la chapelle de Birague ont été reproduits dans l'ouvrage de Corrozet continué par Bonfons à

---

1. Fol. 93 recto et suiv.

PROJET DE GERMAIN PILON POUR LE MAUSOLÉE DU CARDINAL DE BIRAGUE
Érigé primitivement en l'église de Sainte-Catherine du Val-des-Écoliers, d'après le dessin de Germain Pilon conservé à la Bibliothèque nationale.

l'aide de deux gravures sur bois, dont nous publions les fac-similés. Ces gravures, exécutées d'après des dessins de Rabel, laissent beaucoup à désirer au point de vue de l'exactitude.

Voici dans quelles circonstances le tombeau décrit par Bonfons et dessiné par Rabel fut élevé. Aussitôt après la mort de René de Birague, ses héritiers, la marquise de Nesle, sa fille et le commandeur César de Birague, son parent, s'occupèrent de lui faire ériger un mausolée. Ils le commandèrent à Germain Pilon, qui, comme on le verra tout à l'heure, se trouvait désigné pour ce travail, et ils passèrent avec lui un contrat pour l'exécution du monument. Un dessin fut remis par Pilon, approuvé par les héritiers, signé et parafé *ne varietur* par deux notaires. Ce dessin existe encore et est conservé à la Bibliothèque nationale; je l'ai déjà publié en 1878 dans l'*Art*. On lit au verso : « Le présent desseing a esté signé et paraphé par les notaires soubsignez suivant le contract et marché fait par Germain Pilon avec madame la marquise de Nesle et monsieur le commandeur de Birague à ce présent. Fait et passé par-devant les notaires soubsignez *ne varietur*. Fait ce premier jour de febvrier mil V^c quatre-vingt-quatre.

LE ROSSIGNOL, GOGUYER. »

Le Laboureur, dans les *Tombeaux des personnes illustres*[1], a mentionné à son tour l'existence de la chapelle de Birague dans les termes suivants : « En l'une des chappelles de la nef de cette église, laquelle on surnomme ordinairement de Birague, parce que ce cardinal la fit richement orner de marbre de plusieurs couleurs, se voyent deux magnifiques tombeaux, l'un desquels a esté par le mesme preslat dressé à la mémoire de Valentine Balbiani, qui fut sa femme avant qu'il eût embrassé la vie ecclésias-

---

[1]. P. 232.

TOMBEAU DE RENÉ DE BIRAGUE
A Sainte-Catherine du Val-des-Ecoliers.
(Fac-similé et réduction du dessin de Gaignières.)

tique, et l'autre en l'honneur du mesme seigneur par Françoise de Birague, marquise de Neelle, sa fille; l'on y void son effigie priante avec sa robbe de pourpre, marque de sa dignité, et au-dessus sont les deux vers latins, etc... »

A la fin du dix-septième siècle, Gaignières fit dessiner les deux tombeaux. Son opérateur fut plus exact que ne l'avait été Rabel au seizième siècle. Par le fac-similé ci-joint du dessin conservé dans les recueils du célèbre amateur, on peut juger que l'exécution du tombeau de René de Birague avait été, à peu de chose près, conforme au devis du sculpteur, parafé par les deux notaires devant lesquels Pilon avait comparu. Il faut surtout remarquer que, d'accord avec les descriptions de Nicolas Bonfons et de Le Laboureur, le dessin de Gaignières nous apprend que le manteau porté par le cardinal de Birague était coloré en rouge[1]. Ce n'est pas d'ailleurs la seule sculpture de bronze du seizième siècle qui ait reçu l'application d'une couleur. Nous avons précédemment démontré que le buste de Jean d'Alesso, regardé à tort comme celui d'Olivier Lefèvre d'Ormesson, avait également été peint en rouge.

J'ai essayé, il y a quelques années, d'exprimer mon admiration pour cet incontestable chef-d'œuvre qu'on appelle la statue de Birague[2]. Pilon n'a jamais fait mieux, et cette figure est, à mon avis, la plus belle de toutes celles de la salle de la Renaissance française. Pour sentir tout ce que vaut cette sculpture à la fois si noble et si émue, si simple et en même temps si grandiose, il faut la rapprocher des monuments similaires. Dans le dôme de Ratisbonne, au milieu de la nef, s'élève la statue de bronze d'un prélat age-

---

[1]. Ce fait a été établi par nous il y a déjà longtemps. Voyez le *Buste de Jean d'Alesso*, Paris, 1883, p. 4 et 5 (*Mémoires de la Société des Antiquaires de France*, t. XLIII, p. 95 à 113, et *Bulletin* de la même Société, p. 97, séance du 16 mai 1883).

[2]. *Germain Pilon et le tombeau de Birague par-devant notaires*. Paris, 1878, in-8.

nouillé devant un grand crucifix. La composition est identique à celle du tombeau de Birague, mais quelle distance entre les deux arts ! Pilon d'ailleurs, dans cet ouvrage, n'est pas seulement supérieur à tous les sculpteurs de la fin du seizième siècle, il mérite d'être égalé aux plus grand maîtres de tous les temps et de tous les pays.

Le père Anselme, dans son *Histoire généalogique,* nous

René de Birague
Statue de bronze, par Germain Pilon.
(Musée du Louvre.)

a laissé une excellente biographie de René de Birague, à laquelle il suffit de renvoyer [1].

Le fondateur de la chapelle de Birague ne fut pas, comme on l'a vu ci-dessus, le premier membre de cette famille qui reçut la sépulture dans l'église Sainte-Catherine du Val-des-Écoliers. Nous avons déjà dit que René de Birague, ayant perdu sa femme, Valentine Balbiani, le 13 janvier 1572, lui avait érigé un tombeau dans sa chapelle. Il s'é-

---

1. *Histoire généalogique de la maison de France,* t. VI, p. 492.

tait adressé pour exécuter le monument au plus grand sculpteur de l'époque, à Germain Pilon, c'est-à-dire précisément à l'artiste destiné plus tard à composer son propre mausolée.

Le tombeau de Valentine Balbiani, dont les parties principales nous sont parvenues, a été décrit avec beaucoup de soin par Nicolas Bonfons. On lit dans les *Antiquitez, croniques et singularitez de Paris,* par Gilles Corrozet, et depuis augmentées par N. B. Parisien, édition de 1586 [1] :

La sépulture de la femme dudict sieur de Birague est près d'iceluy où est escrit ce qui ensuit :

Valentiæ Balbianæ matron. clariss. atque ornatiss. cujus anima salute et quiete fruitur sempiter. corpus Renatus Biragus Franc. chancellar. conjux pientiss. uxoris benemer memor hic condi cur. Obiit anno Christian. salut. MDLXXII. 13 calend. Januar. Vixit annos LIIII, menses sex, dies XX.

Aux deux costez d'icelle sépulture, il y a deux figures de bronze, dont celle du côté droit porte escrit en lettre d'or, au-dessus, en un petit tableau de marbre noir :

Morte n'est point qui vid au ciel.

Au-dessous des pieds d'icelle figure de bronze est escrit en lettres d'or, gravé en marbre :

Qui bien ayme tard oublie.

Au costé senestre est escrit les deux mesmes vers en latin au-dessus et dessouz l'autre figure de bronze [2]. Ce tombeau est magnifiquement eslabouré, le tout en marbre blanc et noir. L'effigie d'icelle dame est tout en albastre, appuiée sur son coulde, deux oreillers de marbre au-dessous, et, au-dessus de ladite effigie, il y a deux figures d'anges, le tout de bronze et autres tenant un rouleau où sont les armes dudit sieur de Birague. Voyez le 2ᵉ livre

---

1. Fol. 93 verso, et 94 recto.
2. Dans le livre II du même ouvrage, fol. 106, ce passage obscur est ainsi corrigé : « Au senestre costé, dessus l'autre figure de bronze, est escrit :
   « *Ne mortuam puta quæ in cœlis vivit:*
« Au-dessous d'icelle, en mesmes lettres d'or, est escrit :
   « *Quod bene quis amat, vix obliviscitur.* »

où sont représentez (*sic*) les figures, ainsi qu'ils se voyent aux tombeaux.

Gaignières, au dix-septième siècle, fit dessiner le tombeau de Valentine Balbiani, comme il avait fait reproduire

Tombeau de Valentine Balbiani.
A Sainte-Catherine du Val-des-Écoliers.
(Fac-similé de la gravure insérée dans les *Antiquitez et singularitez de Paris*.)

celui de René de Birague, et nous pouvons constater que la description de N. Bonfons était rigoureusement exacte.

Les deux ouvrages de Germain Pilon restèrent longtemps intacts à Sainte-Catherine du Val-des-Écoliers. Mais, vers 1760 environ, si nous croyons Piganiol ou son continuateur[1], on commença à porter la main sur eux. « Depuis quelques années, » dit la *Description de Paris*, « on a

1. *Description de Paris*, 1765, t. IV, p. 417 et suiv.

enlevé la plupart des ornemens de bronze du mausolée de René de Birague pour en orner le tabernacle du maître-autel de cette église, » et, d'après Mercier de Saint-Léger,

Tombeau de Valentine Balbiani
A Sainte-Catherine du Val-des-Ecoliers.
(Fac-simile et réduction du dessin de Gaignières.)

le tombeau de Valentine Balbiani, jusque-là distinct et séparé, fut alors rapproché de celui de son mari [1]. C'était le prélude de bien d'autres attentats. Déplacé une première fois, lors de la suppression de l'église de Sainte-Catherine

1. *Journal des Savants*, avril 1784, p. 239.

du Val-des-Écoliers en 1783 [1] pour l'ouverture d'un marché, porté aux Grands-Jésuites, devenus l'église Saint-Paul-Saint-Louis, ce mausolée y fut reconstruit dans la première chapelle à main droite [2] et réuni encore un fois au tombeau de Valentine Balbiani.

Tombeaux de René de Birague et de Valentine Balbiani
Au Musée des Petits-Augustins.
(Fac-similé et réduction de la planche CXXI du *Musée des Monumens français*.)

Survient ensuite la Révolution. Démoli et mutilé, le tombeau collectif de René et de Valentine reprend le cours de ses pérégrinations et arrive au dépôt des Petits-Augustins. Le Journal de Lenoir constate l'entrée de ce monument, morceau par morceau [3], et l'état dans lequel il se trouve. A l'aide de ces matériaux épars, Lenoir essaya de reconstituer l'œuvre de Pilon. Cependant, bien des frag-

1. *Notice sur les tombeaux transférés en 1783 de Sainte-Catherine du Val-des-Écoliers à Saint-Louis des Jésuites*, par l'abbé Mercier, abbé de Saint-Léger de Soissons. Dans le *Journal des Savants*, 1784, p. 238 à 240.
2. Baron de Guilhermy, *Inscriptions de la France*, t. Ier, p. 529.
3. Voyez, dans le t. Ier d'*Alexandre Lenoir, son Journal et le Musée des Monuments français*, les n°s 328, 331, 347, 354.

ments manquaient à l'appel, car, pendant la Terreur, il avait fallu fournir à l'arsenal une partie de la proie qu'il

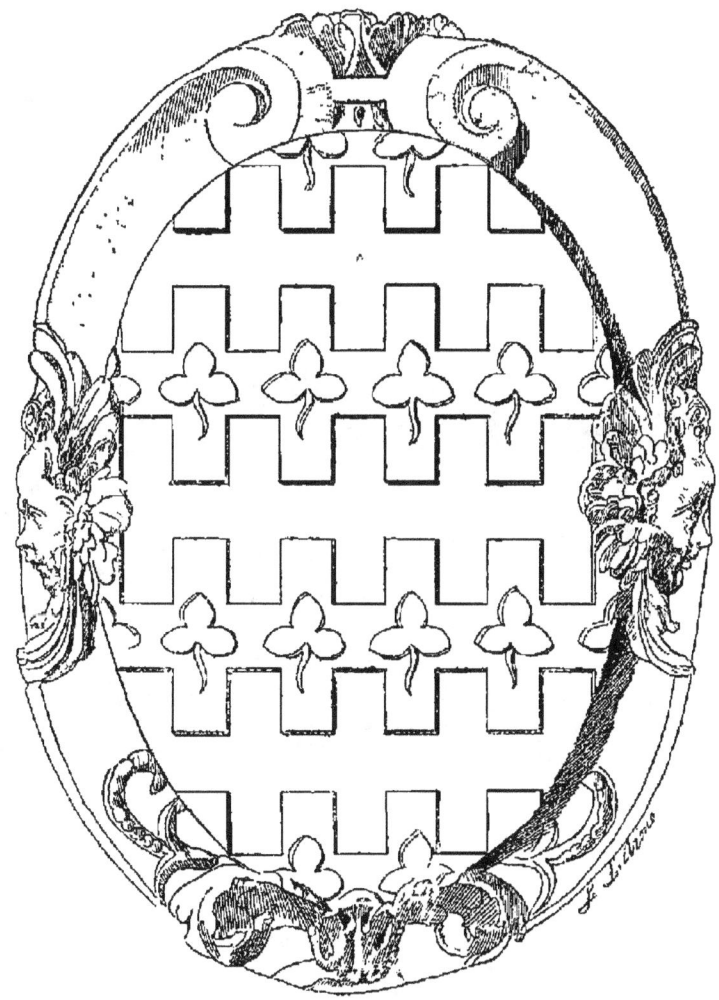

ÉCUSSON AUX ARMES DE BIRAGUE
Sculpté en marbre par Germain Pilon sur le tombeau de Valentine Balbiani.
(Musée du Louvre.)

attendait. Tout le bronze avait disparu, à l'exception de la figure principale [1].

1. *Alexandre Lenoir*, etc., t. Ier, n°s 371 et 424.

On voit, par la planche 121 du *Musée des Monumens français*, comment Lenoir avait arrangé dans son dépôt les fragments recueillis par lui à Sainte-Catherine. Mais on n'aperçoit pas, dans cette planche, deux écussons de marbre

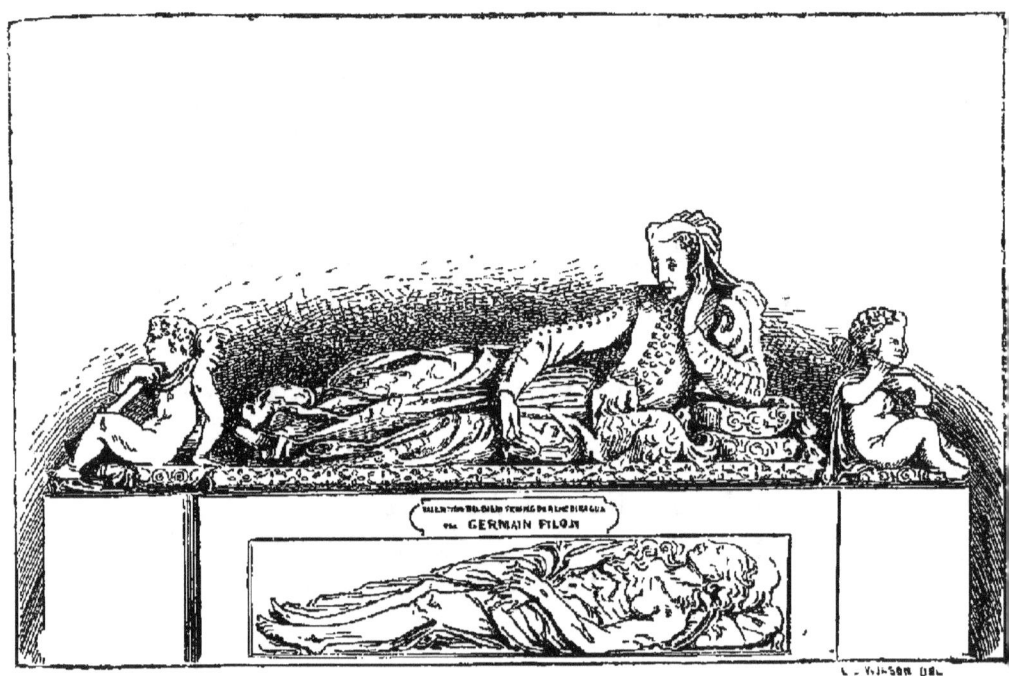

Valentine Balbiani.
Statue de marbre par Germain Pilon. (Musée du Louvre.)

aux armes des Birague et des Balbiani que le dessinateur de Gaignières, fidèle interprète de l'original, nous avait déjà montrés en place. Lenoir avait cependant recueilli ces jolis monuments, et les *Vues pittoresques et perspectives des salles du Musée des Monumens français*[1] nous font savoir,

---

1. Gravées au burin en vingt estampes par Réville et Lavallée, d'après les dessins de M. Vauzelle, avec un texte explicatif par B. de Roquefort. Paris, Didot, 1816.

par une de leurs planches, qu'ils avaient été fixés près du tombeau reconstitué.

ÉCUSSON AUX ARMES DE BIRAGUE ET DE BALBIANI
Sculpté en marbre par Germain Pilon sur le tombeau de Valentine Balbiani.
(Musée du Louvre.)

Le silence de Lenoir dans son texte, comme l'oubli des écusson sur la planche 121, faillit être fatal à ces charmantes sculptures. A l'époque de la suppression du musée des Petits-Augustins, tandis que les figures principales du tombeau étaient apportées au Louvre et exposées dans la galerie d'Angoulême, les écussons étaient abandonnés je ne sais où. Au moment de la fondation du musée de Versailles, des marbres héraldiques comme ceux-là trouvèrent une occasion naturelle de se produire ; cependant, s'ils furent envoyés à Versailles, ils ne furent pas placés près des mausolées de Birague et de Valentine Balbiani, qui, comme eux, avaient fait le même voyage. Frappés de l'anathème qui pèse sur tous les monuments inconnus, ils furent jugés indignes de l'exposition publique et dédaignés jusqu'au jour (mars 1883) où la beauté de leur exécution m'ouvrit les yeux sur leur valeur et me révéla leur origine. Ils sont au Louvre maintenant et seront bientôt rapprochés des autres sculptures provenant de la chapelle de Birague.

XI

Malgré l'état de délabrement dans lequel elles se trouvent, je sollicite également le transport à Paris des figures couchées de Louis de Rouville et de Suzanne de Coësme, sa femme, abandonnés dans le magasin de la Petite-Venise. J'en ai parlé dans le tome Ier d'*Alexandre Lenoir, son Journal*, etc., p. CXLII. Elles provenaient, comme le tombeau de Philippe Desportes, de l'abbaye de Notre-Dame de Bon-Port.

Lenoir, qui les a fait graver par Guyot dans le *Musée des Monumens français*, tome IV, pl. 148, les avait classées sous le numéro 545, p. 179, et les a décrites ainsi : « Les statues en pierre de liais et couchées de Louis, seigneur de Rouville, Grainville et autres lieux, grand-veneur de France, mort en 1527... Louis de Rouville mourut à Lyon et fut enterré à l'abbaye de Notre-Dame de Bon-Port, près le Pont-de-l'Arche, où se voyoit son tombeau. Ce monastère a été vendu et démoli depuis la Révolution. C'est de M. de la Folie, propriétaire des restes de cet antique édifice, que j'ai obtenu les monumens de Desportes et de Rouville. Voici l'épitaphe de ce dernier telle qu'elle étoit figurée sur le monument :

« Cy gist noble et puissant seigneur messire Louis de Rouville, en son vivant chevalier, conseiller, chambellan du roy, notre sire et seigneur du dit lieu de Rouville, de Granville, la Tinturière, Bouille, Saint-Ouen, Villiers Cul-de-Sac ; grand maistre enquesteur et réformateur des eaux et forests en Normandie et Picardie, capitaine des gendarmes, grand veneur de France et lieutenant général du roy notre sire en Normandie, lequel trépassa à Lyon le XVIIe jour de juillet M CCCCC XXVII.

« Louis de Rouville est représenté tout armé, à la manière des chevaliers de son tems. Sa tête est découverte ; il a les cheveux coupés et la barbe longue : On voit sur sa cotte d'armes deux poissons qui composent ses armoiries et la légende suivante qui est gravée sur son baudrier : *Qui le droit de chasse garde le change*. Le vêtement de Coësme, sa femme, est semblable à celui que portoient les femmes à cette époque, comme on peut le vérifier sur les statues qui sont dans le musée, à l'exception cependant d'un tour de gorge fermé et plissé qui monte jusqu'au cou et d'une chaîne d'or à double rang qui descend sur la poitrine. »

Une note inédite de Lenoir datant de 1816 nous fait savoir qu'à cette époque les statues dont nous parlons étaient déjà « extrêmement mutilées ». Il résulte d'une lettre du vendeur du monument, M. de La Follie, que la figure du grand-veneur, comme la plupart des statues funéraires de cette belle époque de l'art, était posée sur un sarcophage décoré sur les flancs de niches, c'est-à-dire d'arcades et peut-être des statuettes aujourd'hui disparues [1].

---

1. Voici la fin d'une lettre dont le commencement a été donné dans l'introduction du tome 1er d'*Alexandre Lenoir, son Journal et le Musée des*

XII

Je compte encore demander le retour à Paris de la belle statue d'Henri IV, attribuée à Barthélemy Prieur, conservée à Versailles sous le numéro 2814. Le roi debout, la tête ceinte d'une couronne de laurier, porte une cuirasse, un grand manteau et s'appuie de la main droite sur une canne. Il importe que le Louvre, si dépourvu de monuments se rattachant à cette intéressante époque de l'art, possède enfin cette sculpture qui provient du Musée des Monuments français, où elle occupait le numéro 116. Lenoir en a traité l'histoire dans une note encore inédite. « N° 116. — Du jardin de Mousseaux. — La statue en pied et en marbre du roi Henri IV, représenté en habit de cour, par Barthélemy Prieur, ainsi qu'on le voit au musée du roy, dans le tableau peint par Porbus. Cette statue étoit originairement à Saint-Cloud. Le duc d'Orléans la fit transporter à Mousseaux lorsqu'il vendit son château de Saint-Cloud au roi Louis XVI. »

En 1816, cette figure d'Henri IV fut restituée au duc d'Orléans[1]. Elle a été décrite par Lenoir dans le tome IV du *Musée des Monumens français*, p. 126, et

---

Monuments français, p. CXLII : « Bonport, le 22 fructidor an IX, etc... Vous paroissez désirer les pierres ornées de petites arcades appartenantes au monument du grand Veneur. Je les joindrai à l'envoy sans que cela augmente notre prix convenu; mais aussi, je vous observe que lorsqu'il a été question de tous ces objets, le fût de la colonne a été distrait et ne faisoit point partie de notre marché. Si votre mémoire ne vous rapelloit point ce qui fut dit à cet effet, consultez la personne qui était avec vous. Vous trouvâtes, l'un et l'autre, le fût cassé, commun, et vous dîtes que le musée en était plein et que vous n'en aviez pas besoin. Marquez-moi si vous êtes d'accord. Vous avés obmis le bas d'une grille en bois que j'ajouterai également à l'envoy. Je ne serais pas peu reconnoissant si vous trouviés l'occasion de placer mes marbres à Paris; je vous les recommande. Comme le bateau pourra se charger de ces objets dans six à huit jours, j'attendrai votre réponse, et vous prie de croire à mon estime particulière. DE LA FOLLIE. »

1. *Musée des Monumens français*, t. VIII, p. 185.

gravée dans la planche 151 du même recueil qui nous montre comment la statue avait été groupée avec les *Esclaves* en bronze, provenant du Pont-Neuf.

XIII

A propos du fragment d'un tombeau célèbre oublié et méconnu à l'École des Beaux-Arts[1], j'ai retracé, avec de grands détails, l'histoire du monument funéraire de Jacques-Auguste de Thou élevé dans l'église Saint-André des Arts, et, par une gravure reproduite d'après une estampe ancienne, j'ai donné l'image primitive de ce monument. C'était l'une des œuvres les plus remarquables de François Anguier, qui l'avait exécutée en utilisant une figure précédemment sculptée par Barthélemy Prieur après la mort de la première femme du président. En attendant que les fragments actuellement retenus à l'École des Beaux-Arts soient définitivement réunis à la figure originale possédée déjà par le Louvre, je vais demander au musée de Versailles de nous rendre, en échange de deux plâtres, les figures originales des deux femmes de Jacques-Auguste de Thou, Marie de Barbanson-Cani et Gasparde de La Châtre, conservées sous les numéros 2818 et 2819. Le lecteur en se reportant au passage cité plus haut comprendra l'intérêt qu'aura pour nos galeries le rapprochement que je sollicite.

XIV

Je crois qu'il y aura lieu aussi de réclamer le retour à Paris du buste de Louis XIV, sculpté par le Bernin pendant son séjour en France. Cette belle œuvre, inscrite sur nos inventaires et cataloguée au musée de Versailles dans

---

1. *Alexandre Lenoir, son Journal et le Musée des monuments français*, t. II, p. 139 à 146.

la notice de Soulié, est justement célèbre. Il en est fréquemment question dans le *Journal du Voyage de Bernin*[1]. Il y a longtemps qu'elle devrait être revenue à Paris, car un de nos prédécesseurs, le marquis Léon de Laborde, désirait déjà en 1851 la voir rentrer à Paris. Il s'exprimait ainsi en s'adressant au Directeur général des Musées nationaux : « 17 octobre 1851. — Monsieur le Directeur général, les lenteurs administratives exigent que vous réclamiez longtemps à l'avance les monuments qui doivent concourir à l'achèvement des salles de la sculpture française, et les circonstances me conseillent de proposer les bonnes choses afin de n'en pas laisser l'honneur à mon successeur possible. Je viens donc vous entretenir de deux statues qu'il est bon de demander pour le musée du Louvre et du buste de Louis XIV qui a sa place réservée dans la salle du Puget. Permettez-moi d'insister de nouveau, et une dernière fois, pour que vous ne laissiez pas à un autre le mérite de placer le buste de Louis XIV par le Bernin dans la salle du Puget. Notre grand artiste n'eut en Italie qu'un rival, le Bernin, et on vit encore en France sur la réputation que les Italiens ont faite à cet infatigable faiseur. N'est-il pas naturel, convenable, je dirais presque patrio-

---

[1]. Voyez Ludovic Lalanne, *Journal du voyage du cavalier Bernin en France*, Paris, 1885, gr. in-8. Voyez notamment de curieux détails sur l'antagonisme du Bernin avec les artistes français, et particulièrement avec Warin, qui fit, en concurrence, un buste de Louis XIV. Ce passage est à retenir : « ... Aussitôt est arrivé M. le marquis de Bellefonds. — M. de la Garde était avec lui. Ils se sont mis ensemble à considérer le buste. M. de la Garde l'a trouvé très ressemblant. Je lui ai dit que l'importance était qu'il ressemblât dans le noble et dans le grand. Ils s'en sont allés, le cavalier répétant à M. de Bellefonds qu'il irait tout le plus tôt qu'il pourrait. Quand ils ont été partis, il m'a demandé qui était ce gentilhomme... et ce qu'il lui avait semblé du buste. Je lui ai dit qu'ils l'avaient trouvé bien ressemblant, lui ai répété ce que je leur avais dit de la ressemblance dans le noble et dans le grand, pour ce que nous avions Warin à Paris, qui pour la ressemblance la donnait à ses portraits; que l'importance était d'y mêler la noblesse et la grandeur. « C'est « cela, m'a-t-il dit; il n'y a que vous qui note ces choses et qui puisse les faire « remarquer. »

tique, d'exposer dans la salle du Puget, en présence de ses fortes conceptions, un buste tourmenté, une œuvre factice quoique habile, surtout lorsque cette œuvre a été exécutée dans le bâtiment même du Louvre et en rivalité des œuvres de nos sculpteurs, dont le chevalier Bernin se moquait outrageusement. Louis XIV dominant les salles de Coysevox, du Puget et des Coustou est en soi d'un bon air et de toute justice. Soyez persuadé qu'un jour ou l'autre cela sera fait, parce que c'est logique et naturel, et aussi parce que, ce buste remplacé par un autre buste, personne, excepté M. Soulié, ne s'apercevra à Versailles du changement. Or, il vaudrait mieux en avoir l'honneur que de le laisser à d'autres. Agréez, etc. »

XV

Nous ne pourrons pas non plus oublier plus longtemps à Versailles une œuvre originale de la valeur du maréchal Maurice de Saxe, sculpté par François Rude, quand un plâtre peut très exactement, au point de vue historique, tenir lieu du marbre. Il serait difficile de rencontrer une meilleure statue rétrospective que celle-là, digne pendant du Louis XIII de Chevreuse. Elle manque à Paris, dans la salle de Rude, pour montrer la souplesse du talent du grand artiste. Rude, dans cette œuvre, est véritablement le rival de Pigalle, et, pour lutter avec le magnifique tombeau de Strasbourg, il semble qu'il ait voulu emprunter à Lemoyne sa manière de traiter le marbre. Et pourtant le résultat de son travail n'est pas un pastiche, mais une œuvre admirable de liberté, de spontanéité et de noblesse.

XVI

Dans le parc de Versailles, le bosquet de la Reine, qui vient d'être remis en bon état par les soins intelligents de la direction des bâtiments civils, nous a donné encore quelques bonnes pièces : une *Vénus de Médicis* (MR. 3278), bronze d'une fonte délicate, et quatre vases en bronze (MR. 3440 à 3443) ont été rapportés à Paris. Ces vases, d'un goût charmant, ont une origine des plus honorables. Ils proviennent d'une fontaine construite, sous Henri IV, à Fontainebleau. Dans le *Trésor des merveilles de Fontainebleau*, p. 156 (lisez 162), le P. Dan s'exprime ainsi au sujet de la fontaine du Tibre[1] : « Cette première et principale fontaine est au milieu de ce jardin (le jardin du Roi), posée en un grand quarré qui est entre les canaux... Autour de ce Tibre et principale figure il y a quatorze jets d'eau, et de plus quatre autres figures de bronze aux coins de ce rocher... Et sur les quatre angles de ce bassin se voyent *quatre grands vases de bronze* qui versent l'eau dans autant de coquilles de pierre, le tout posé dans un autre grand quarré, environné semblablement de ballustres. » Sur la planche en taille-douce qui accompagne le texte, les quatre vases rentrés à Paris sont parfaitement reconnaissables. Le P. Dan ajoute, page 172 de son *Trésor :* « Et sont toutes ces fontaines de l'invention et conduite du sieur de Francine, que le Roy Henry le Grand fit venir de Florence pour les dresser, et toutes celles qui sont icy avec les grottes de Saint-Germain en Laye. »

L'attribution, faite par le P. Dan, à Francine, est confirmée par le document suivant que M. Molinier a décou-

[1]. Cette fonte de bronze, exécutée sous la direction de Vignole et de Primatice (voyez Barbet de Jouy, *Étude sur les fontes de Primatice*), a été détruite à l'époque de la Révolution.

vert à la Bibliothèque du château de Fontainebleau dans des comptes des bâtiments royaux et qu'il veut bien me communiquer :

A la fontaine du Tybre. — Avons trouvé avoir esté faict et fourny

Vase de l'ancienne fontaine du Tibre à Fontainebleau.
(Musée du Louvre.)

de neuf de pierre de gresserie, taillée, layée et pollye, les quatre grandes cocquilles servans à recevoir l'eau des quatre vazes de bronze, estans aux encoigneures de ladicte fontaine, chacune contenant quatre piedz de long, quatre piedz de large, et un pied de hault garnyes de leurs descharges; suivant les modelles arrestez par mondict seigneur de Noyers, qui pour cet effect nous avoient

LA FONTAINE DU TIBRE A FONTAINEBLEAU
D'après une gravure du *Trésor de Fontainebleau*.

esté représentez par ledict Franchine ; lesquelles cocquilles nous avons prisées et estimées cent cinquante livres la pièce, eu esgard aux grandz fraiz et despences qu'il a convenu faire tant pour la fouille et fente de la pierre en lieu esloigné et malaisé, chariages et voictures d'icelle, que pour la longueur de la taille posage et maçonnerie, qui seroit pour les quatre ensemble la somme de six cens livres cy. . . . . VI^c liv.[1]

1. *Comptes des bâtiments de Fontainebleau* en l'année 1639, t. Ier, année 1639, f° 11 recto.

CHAPITRE TROISIÈME

MONUMENTS DES RÉSIDENCES NATIONALES

Le château de Fontainebleau avait fourni, il y a quelques années, aux collections de la Renaissance la belle *Isis*, du Tribolo[1], et la *Madone* de bronze fixée aujourd'hui dans la salle de Michel-Ange. Cette pièce, d'une fonte maladroite et assez rude, me paraît être le surmoulé ancien d'une œuvre originale que je ne connais point, mais qui est d'un grand style et qui appartient au quinzième siècle. Elle offre beaucoup d'analogie avec une Vierge en pâte de carton, peinte et dorée, de la collection Timbal, dont j'ai parlé dans les *Mémoires de la Société des Antiquaires de France*[2]. La sculpture de la Madone de Fontainebleau présente des ressemblances avec les bas-reliefs du South Kensington Museum, nos 7412 et 7590 du catalogue Robinson, et avec un bas-relief en bronze représentant *la Crucifixion*, conservé au musée du Bargello, à Florence. Avant la Révolution, la Vierge de Fontainebleau était placée au-dessus de la porte de la chapelle du château. On lit dans un « rapport fait à la commission temporaire des arts par le citoyen Bonvoisin, l'un de ses membres, sur la mission dont elle l'avoit chargé par son arrêté du 15 prairial, tant à Fontainebleau qu'aux districts qui sont sur la route, etc. : Etat des objets d'art mis en réserve par le citoyen Bon-

---

[1]. Barbet de Jouy, *Supplément à la description des sculptures du moyen âge et de la Renaissance*, p. 4.
[2]. T. XLIII, le *Portrait de sainte Catherine de Sienne de la collection Timbal*, p. 15 et 16.

voisin, membre de la commission temporaire dans le cydevant château de Fontainebleau, le 17 prairial l'an II de

Madone de Fontainebleau.
Bas-relief de bronze. École de Donatello. Quinzième siècle.
(Musée du Louvre)

la République une et indivisible.... N° 51. — Chapelle basse. — Sur la porte, un bas-relief en bronze représentant la Vierge et son enfant. »

Ce bas-relief surmontait la porte de la chapelle, au moins depuis le règne de Louis XIII. On lit, en effet, dans les *Comptes des Bâtimens de Fontainebleau en l'année* 1639, manuscrits de la bibliothèque du château de Fontainebleau, f° 174 recto, le document suivant : « Audict Benoist [serrurier] encore douze solz pour avoir fourny six pattes de fer, sçavoir deux pour tenir la Notre-Dame de bronze qui est au-dessus de la porte de l'entrée de la dicte chapelle, et les quatre aultres servans à tenir le placcard faict de neuf pour l'oratoire de la royne, cy... XII s.[1] »

Le même bas-relief est compris, à la date du 5 février 1794, dans un « état des peintures et sculptures qui sont maintenant en dépôt dans le château et dans les magasins ».

I

Fontainebleau nous a encore rendu un grand bas-relief en bronze, représentant une bataille. C'est une œuvre très intéressante de l'école franco-italienne, connue sous le nom d'École de Fontainebleau. M. Barbet de Jouy en a signalé depuis longtemps l'existence dans le cabinet de l'architecte du château[2]. Ce bas-relief échappa à la destruction qui fit disparaître, pendant la Révolution, plusieurs fontes admirables. Il eut le bonheur d'être compris dans la liste des objets que « les membres de la commission temporaire des arts avoient désignés... pour être en-

---

1. Document communiqué par M. Émile Molinier.
2. *Étude sur les fontes de Primatice*, 1860, p. 26 et 27. « On a conservé à Fontainebleau », dit M. Barbet de Jouy, « et on le peut voir dans le cabinet de l'architecte du château, un bas-relief de bronze long de 1ᵐ,800 sur 0ᵐ,800 de hauteur. Le sujet est une bataille ; c'est une mêlée de cavaliers, vêtus et armés à l'antique, comme l'ont compris les sculpteurs du seizième siècle... Un fleuve et des génies, placés au premier plan, indiquent que l'action a eu pour objet le passage et la défense d'une rivière. Je ne saurais reconnaître là la bataille d'Actium, et ce bas-relief me semble trop court et trop haut pour se bien adapter à un piédestal de l'Ariane. Le style de la sculpture est français. »

voyés à Paris », et il figure, à la date du 5 février 1794, dans un « état des peintures et sculptures qui sont maintenant en dépôt dans le château et dans les magasins ». Depuis 1866 il n'avait pas cessé d'être réclamé par le Musée du Louvre.

Ce bas-relief est certainement celui dont parle l'abbé

BAS-RELIEF DE BRONZE
Représentant, d'après Guilbert, la bataille d'Actium.
École franco-italienne de Fontainebleau.

Guilbert dans sa *Description historique de Fontainebleau*[1], en énumérant les sculptures du jardin de l'Orangerie : « Au milieu est une très belle et grande figure de Cléopâtre (c'est l'Ariane du Vatican), couchée et morte de la piqueure d'un aspic. Sur le pied d'estal est représenté en un bas-relief de bronze le combat d'Octave-Auguste et d'Antoine, près d'Actium, l'an trois mil neuf cent soixante-quatorze, trente-huit ans avant la naissance de Jésus-Christ. »

Faut-il identifier ce bas-relief avec un de ceux qu'on

---

1. T. Ier, p. 216.

trouve mentionné dans les *Comptes des Bâtimens du roi*, publiés par le marquis Léon de Laborde [1], et qui auraient été destinés au piédestal de la figure du Tibre ? J'avoue que pour moi l'évidence n'est pas du tout complète, et, comme M. Barbet de Jouy, je réserve mon opinion jusqu'à la découverte de nouveaux documents.

II

La même résidence contient encore une sculpture très importante que mon devoir m'oblige à revendiquer pour le Louvre, parce qu'elle lui appartient et est inscrite sur ses inventaires sous le numéro 1656 [2] : c'est la statue équestre de Henri IV, traitée en haut-relief par Jacquet, pièce capitale que le visiteur ne peut apprécier convenablement dans la chambre trop étroite qu'elle encombre. Les travaux, entrepris pour la salle de spectacle, ayant détruit la cheminée que décorait cette sculpture monumentale, celle-ci a été déposée sur une nouvelle cheminée factice dans le cabinet où on la voit actuellement. Un moulage pourrait donc, sans inconvénient, être substitué à l'original dans cet ensemble postiche, tandis que le marbre viendrait représenter dans les salles de la Renaissance l'époque de Henri IV, qui n'y fait

---

1. T. Ier, p. 191 et 193. Voici ces textes : « A Pierre Bontemps, imager, pour avoir vacqué à réparer la cire de l'une des pièces d'un des costez du pied dextre de la figure du Tibre, prêt à jetter en cuivre à la fonte et besoigner aux paremens de la figure du Laocon, et de l'un des bras de la figure d'Appollo, à raison de 20 livres par mois. — A Jean Le Roux dit Picart, imager, pour les mesmes ouvrages, à raison de 20 livres par mois. — A Pierre Bontemps, imager, pour avoir vacqué tant au reparement de la figure du Laocon en cuivre, que à mousler en cire les mousles pour jetter et fondre en cuivre les deux longues pièces de basse taille, pour servir aux deux costés de revestement et ornement de la figure du Tybre, à raison de 20 livres par mois. »

2. Voici comment cette pièce est décrite sur les inventaires du Louvre : « Goujon (Jean, style de). Cheminée dite de Henri IV. Elle est ornée de sculptures et surmontée d'un bas-relief représentant ce monarque à cheval; le tout de marbre blanc. — Hauteur, 3 mètres; largeur, 1m,75. — Palais de Fontainebleau, magasins. »

pas suffisamment figure. N'oublions pas que le Louvre, qui est propriétaire de l'ensemble, possède déjà une partie du monument primitif : ce sont les délicats bas-reliefs [1] qui concouraient, avec la statue équestre, à former une cheminée d'un très beau caractère (n°[s] 130 à 155 de la *Description des sculptures du moyen âge et de la Renaissance*). Le père Dan (*Trésor des Merveilles de Fontainebleau*, p. 139 à 141) nous en a conservé une description très complète, à laquelle nous emprunterons le passage suivant : « Dans le milieu de cette cheminée, entre les colonnes, est une grande table de marbre noir sur laquelle est la figure et statue à cheval du Roy Henry le Grand à demy-relief et grande comme le naturel ; il est armé et a la teste couronnée d'un laurier, où, au-dessous de ses pieds, est un casque de marbre blanc, et plus bas, dans un cadre de mesme matière et couleur, est une basse taille où est représentée la bataille d'Ivry et la reddition de la ville de Mantes... L'ouvrage de cette cheminée est du sieur Jacquet, dit Grenoble, sculpteur fort excellent, où il a employé cinq ans au travail de cette rare pièce. »

L'abbé Guilbert, dans sa *Description historique de Fontainebleau* [2], a donné de cet objet d'art une analyse assez détaillée pour en permettre une complète restitution :

La vaste étendue de vingt toises de long sur cinq de large qui

---

[1]. Par une étrange fortune, un de ces bas-reliefs était allé s'égarer, comme spécimen de minéralogie, à l'Ecole de Saint-Cyr; il n'a été restitué au Louvre qu'en 1851, à la suite d'une réclamation de Léon de Laborde, en vertu du document suivant : « Saint-Cyr, le 18 novembre 1851. — Monsieur le directeur, M. le ministre de la guerre ayant, sur votre demande, autorisé la cession au musée du Louvre d'un fragment de sculpture provenant d'une cheminée du château de Fontainebleau, et qui s'est trouvé transporté à Saint-Cyr avec la collection de minéralogie, nous tenons ce fragment à votre disposition. Vous pourrez, Monsieur, le faire prendre, quand vous le jugerez àpropos, à l'Ecole, où il est placé maintenant dans la nouvelle salle des collections scientifiques. Veuillez bien recevoir, Monsieur, l'assurance de notre considération très distinguée. — Pour les membres du Conseil d'administration, le général président, ALEXANDRE. »

[2]. T. II, p. 49 à 52.

occupe cette salle bâtie au midi, entre la cour de la Fontaine et la chaussée royale, lui fit donner le nom de grande salle, qu'elle conserva jusqu'en 1599 qu'Henri IV fit élever à l'une de ses extré-

Henri IV.
Bas-relief sculpté par Jacquet, dit Grenoble, actuellement au château de Fontainebleau.

mités, où est aujourd'hui la porte, une grande cheminée qui changea aussitôt le nom de cette salle en celui de la belle cheminée, que le théâtre de la comédie dressé depuis l'an mil six cent trente trois, lui a toujours disputé et lui a enfin enlevé en mil sept cent vingt cinq, que l'on vit disparoître en quelques heures un monument de la valeur et de la gloire d'Henry le

Grand, dont tout le crime étoit d'être admiré comme le fruit de cinq ans des peines et soins de Jacquet, dit Grenoble, sculpteur célèbre, qui avait fait un chef-d'œuvre,... etc.

Cette magnifique cheminée avoit vingt trois pieds de haut sur vingt de large, et était formée et comme soutenue par quatre colonnes d'ordre de Corinthe, d'un très beau marbre brogatelle, de neuf pieds et demi de haut, non compris leurs bases et chapiteaux de marbre blanc, posés sur des pieds d'estaux aussi de marbre blanc, sculptés et parés en forme de niches de différens marbres à compartimens de pièces rapportées, terminées aux quatre angles par des consoles de bronze, et ornées dans le milieu de leurs vuides, chacun d'un grand vase de bronze sculpté et relevé par diverses figures d'enfans, qui portoient le chiffre d'Henri IV en basse taille et relief, dont la figure équestre ornée et couronnée de laurier, ayant un casque sous les pieds, étoit représentée en marbre blanc, demi-bosse, sur la façade de la cheminée d'un grand marbre noir, qui faisoit le milieu des colonnes. On assure que le portrait de ce Roy était estimé dix huit mille écus.

Au-dessous était la bataille d'Ivry et la reddition de Mantes dans un cadre de marbre blanc.

Deux grandes statues en marbre blanc représentantes l'une l'Obéissance, qui tenoit en main un joug et une dépouille de lion, et l'autre la Paix, qui mettoit le feu à un amas d'armes, répondoient à la statue du Roy, et ornoient le milieu des colonnes de chaque côté, et au-dessus de la figure équestre du Roy on lisoit en lettres d'or sur un marbre noir : *Henricus IV Francorum et Navarrae Rex, bellator, victor et triumphator, bello civili confecto, regno recuperato, restauratoque, pace domui forisque constituta, Regiis penatibus, regali sumptu focum extruxit.* M. D. I. C.

. . . .

Enfin, cette cheminée etoit terminée dans son amortissement par le chiffre de ce Roy, surmonté d'une couronne qu'accompagnoient deux cornes d'abandance, et au-dessous étoient deux lions, symbole de la valeur de ce Roy ; le tout en bronze et relief.

Espérons que la reconstitution de cette œuvre d'art, à l'aide des éléments qui ont survécu, se fera bientôt au Louvre. C'était, il y a trente ans déjà, le vœu du marquis Léon de Laborde.

III

Le jardin de l'Orangerie, à Fontainebleau, possède une belle fontaine, surmontée de la statue de Diane, sur laquelle j'ai récemment appelé l'attention quand j'ai reconnu, dans une fonte excellente, signée B.-P., datée de 1602 ou de 1605 et retrouvée à la Malmaison en 1877, l'épreuve originale en bronze exécutée pour Henri IV par Barthélemy Prieur, d'après le célèbre marbre de la salle des Antiques [1].

En apercevant, à la Malmaison, la fonte originale de la Diane, j'avais été très surpris, car je croyais que le bronze commandé par Henri IV avait été restitué au monument auquel il avait été primitivement destiné. En effet, sous le premier Empire, le duc de Cadore avait ordonné en 1813 de rendre à la fontaine du jardin de l'Orangerie la Diane de bronze qu'on savait avoir été transportée à Paris. Ce fait résulte de la lettre suivante adressée à Denon, directeur des musées impériaux :

Paris, le 9 novembre 1813.

M. l'intendant des bâtimens de la Couronne vient de me rendre compte des changemens qui ont été faits dernièrement parmi les statues qui décoroient le jardin des Tuileries. Je crois devoir vous donner connoissance de ces changemens pour vous mettre à

---

1. Voyez *Études sur les collections du moyen âge, de la Renaissance et des temps modernes au musée du Louvre*, p. 1 à 6, etc. La note sur la Diane parut dans le journal *le Français* du 5 février 1877. Je ferai observer en passant que ce même monogramme B. P., relevé sur quelques pièces de la suite des statuettes dites de Bernard Palissy, a été, je crois, regardé à tort comme la marque du célèbre potier. M. Labarte (*Histoire des arts industriels*, 2ᵉ édition, t. III, p. 355), remarquant les lettres B. P. sur quelques épreuves de la statuette de la *Nourrice*, en conclut qu'elle ne doit pas être attribuée à Guillaume Dupré, ainsi qu'on a été porté à le faire d'après un passage du *Journal* d'Héroard, mais à Bernard Palissy lui-même. L'attribution à Dupré, ou tout au moins à son époque, pourrait être maintenue si on expliquait les lettres B. P. par le nom de Barthélemy Prieur, qui était le coreligionnaire, le beau-père et peut-être le collaborateur de Dupré au Louvre.

même de désigner d'une manière précise, dans l'inventaire, la nouvelle destination qui a été donnée à plusieurs de ces statues, et les nouveaux emplacemens qu'elles occupent actuellement. La Diane en bronze, qui étoit placée sur la terrasse du bord de l'eau, avoit été enlevée du palais de Fontainebleau où elle ornoit la fontaine du jardin particulier de Sa Majesté[1]. Cette fontaine, ayant été achevée, il devenoit nécessaire de la décorer, et il a été jugé convenable et plus éconmique de rendre la Diane en bronze à sa première destination, etc., etc.   Duc de Cadore.

Le ministre de l'intérieur Champagny était sans doute bien inspiré quand il recherchait à Paris la fonte commandée par Henri IV ; mais il était insuffisamment renseigné. Car voici l'histoire de ce monument : La Diane de Fontainebleau, après avoir été enlevée à la fontaine qu'elle couronnait, fut sauvée par une décision de la Commission temporaire des arts[2], qui ordonna son transport dans la capitale. Elle fut, en conséquence, amenée à Paris et déposée dans le jardin de l'Infante pendant le cours de l'an III[3].

---

1. C'est une grosse erreur officielle qui s'est glissée dans tous les documents du Louvre. On lit notamment la pièce suivante : « Bâtiments de la Couronne, division de Fontainebleau, état des statues et bustes existant au château de Fontainebleau. — Dans le jardin de l'Orangerie, statues : une Diane en bronze d'après l'antique. Cette figure était autrefois au château de Fontainebleau : elle a été transportée au jardin des Tuileries pendant la Révolution, et ramenée à Fontainebleau, où elle est placée au milieu du bassin qui porte son nom, etc., etc., etc. Paris, le 12 février 1819, l'architecte du roi, Hurtault. » — La même statue a été ainsi décrite sur l'inventaire général de la Restauration n° 3249 : « Inconnu, — Diane, statue en bronze d'après l'antique, sur piédestal en marbre blanc, orné de quatre têtes de cerf; hauteur, 2 mètres. — Palais de Fontainebleau ; jardin de l'Orangerie ; bon. »

2. « Note des principaux objets d'art énoncés dans le procès-verbal fait à Fontainebleau, en vertu de l'arrêté de la commission temporaire des arts du 15 prairial, à elle remis le 30 du même mois, par le citoyen Bonvoisin, lesquels objets peuvent servir à orner le Muséum... 27. Une statue de Diane en bronze moulée sur l'antique... » On lit également dans un « État des objets d'art mis en réserve par le citoyen Bonvoisin, membre de la Commission temporaire des arts, dans le cy-devant château de Fontainebleau, le 17 prairial, l'an II de la République une et indivisible... 54. Jardin où sont les orangers, — une statue de Diane en bronze, moulée sur l'antique, placée dans le bassin. »

3. Séance du Conservatoire du Muséum, du 19 brumaire an III : « Un membre propose et le Conservatoire arrête qu'à la suite du rapport qui doit être fait au Comité de l'instruction publique..., il sera proposé au susdit

C'est là qu'en avril 1801 Percier et Fontaine furent chargés de venir la chercher pour la conduire à la Malmaison [1], ainsi que le prouve le document suivant :

     Paris, le 19 germinal an IX de la République.
Le Ministre de l'Intérieur à l'Administration du musée central.
 Parmi les statues que vous proposez pour être placées momentanément à la Malmaison, je vous préviens, citoyens, que j'ai choisi le groupe d'Hippomène et Atalante et celui de l'Amour et Psyché. Vous pouvez y joindre l'Appollon et la *Diane en bronze* qui sont dans le jardin de l'Infante... Au reste, vous pourrez vous concerter avec les citoyens Percier et Fontaine, architectes du Premier Consul. Ils sont sans doute chargés de faire transporter ces divers objets à la Malmaison. — Je vous salue. — CHAPTAL.

La désignation des statues à enlever eut lieu le 23 germinal an IX. On lit en effet, à cette date, dans le registre des délibérations du conseil d'administration du musée central des Arts :

 L'administrateur prévient le conseil que ce matin les citoyens Percier et Fontaine se sont présentés et qu'ils ont marqué pour la Malmaison les objets suivans :
 L'Apollon, bronze (d'Orsay) [2] ;

comité d'utiliser le jardin du Muséum en y plaçant les différens bronzes moulés sur l'antique qui vont être transportés de Fontainebleau, et ceux qu'on pourra recueillir, soit dans les différens dépôts, soit dans les maisons d'émigrés ou des condamnés. » Il s'agit bien ici du jardin de l'Infante, comme on le voit par cet extrait de la séance du 3 frimaire an III : « La section d'architecture présente un plan du jardin ci-devant de l'Infante, avec l'indication des places où pourront être placées les statues. »
Séance du Conservatoire du Muséum, du 15 fructidor an III : « Le citoyen Foucou, membre de la commission temporaire des arts, fait part au conservatoire que les bronzes et autres objets d'art de Fontainebleau, reconnus pour être dignes de la collection du Muséum national de Paris, arriveront très incessamment par un bateau qui atterrira au port Saint-Nicolas, d'où le Conservatoire fera faire le transport des objets avec facilité. »
 1. Sur les collections de la Malmaison, voyez ce que j'ai dit dans le *Bulletin de la Société des antiquaires de France*, séance du 11 avril 1877.
 2. C'est le beau bronze exécuté à Rome par Valadier, retrouvé également en 1877 à la Malmaison. Il était passé par le dépôt de vente de la rue de Beaune à la suite de la confiscation opérée sur l'émigré d'Orsay, rue de Varennes.

La Diane, *id.* (Fontainebleau);
Le Gladiateur, *id.* [1];
Le Rémouleur, *id.* [2];
L'Amour et Psyché, groupe de marbre [3].
Hippomène et Atalante, *id.* [4];
Castor et Pollux, *id.* [5];

Voici comment Naigeon l'a décrit : « N° 31, l'Apollon du Vatican, belle copie, grandeur de l'original exécuté à Rome par Valadier, élevé sur un piédestal plaqué en jaune de Sienne et brèche violette, avec guirlandes et têtes en bronze. »

1. Ce bronze ne fut probablement pas porté à la Malmaison, car un Gladiateur en bronze quitta le Louvre le 11 thermidor an X pour aller à Saint-Cloud. Voyez *Alexandre Lenoir, son Journal et le Musée des Monuments français,* t. Ier, p. LXXXI. Cependant on voit encore un Gladiateur en bronze à Fontainebleau, un à Versailles et un à Paris.

2. Même observation que pour le Gladiateur. Le Louvre possède un bronze du Rémouleur. Il y en a une belle épreuve à Versailles, qui fait depuis quelque temps pendant à la *Vénus accroupie* de Coysevox. Sur la provenance du Rémouleur, tiré de Marly, voyez plus loin.

3. Un groupe semblable se trouvait parmi les objets saisis chez l'émigré d'Orsay; Naigeon l'a décrit ainsi pendant son séjour au dépôt de la rue de Beaune : « N° 30. Un groupe de Psyché et l'Amour, exécuté à Rome par Delaistre, le tout sur un piédestal avec bas-reliefs, représentant deux sujets de la même histoire, avec corniche et base à ornemens sculptés : hauteur totale, dix pieds et demi, le dessous formant poele. » Le registre de Naigeon indique que l'objet avait été destiné au Directoire, c'est-à-dire au palais du Luxembourg. Le groupe de François-Nicolas Delaistre est aujourd'hui au musée du Louvre, sous le numéro 310 de la *Description des sculptures modernes.* Il n'avait pas été porté à la Malmaison, car il fut demandé pour Saint-Cloud le 11 thermidor an X. Voyez *Alexandre Lenoir, son Journal et le Musée des Monuments français,* t. Ier, p. LXXXI.

4. Réservé pour le Muséum, ainsi que Naigeon l'a constaté sur le registre des monuments entassés pendant la Révolution à l'hôtel de Nesle, ce groupe provenait de la saisie révolutionnaire opérée chez l'émigré d'Orsay, rue de Varennes. Voici la description de Naigeon : « N° 12. Un groupe, Atalante et Hippomène, ouvrage d'italien moderne, marbre ; hauteur, 5 pieds ; sur un pied de trois différens marbres plaqués de rouge, jaune et bleu turquin, à ornemens de guirlandes et têtes de béliers en bronze vert. » C'est le numéro 1944 de l'inventaire de la Restauration ainsi décrit : « Hippomène et Atalante, groupe en marbre ; hauteur, 1^m,88, estimé 6,000 francs. — Palais de Saint-Cloud, salle verte du fond, puis allée des Orangers. » En effet, ce groupe fut porté à Saint-Cloud par le citoyen Hersent, le 11 thermidor an X. Voyez *Alexandre Lenoir, son Journal,* etc., t. Ier, p. LXXXI.

5. Ce marbre provenait de la saisie opérée chez l'émigré d'Orsay, rue de Varennes. Il a été ainsi catalogué par Naigeon dans le dépôt de la rue de Beaune : « N° 4. — Le groupe de Castor et Pollux, bonne copie d'après l'antique, hauteur 5 pieds 1/2, sur un pied en marbre plaqué de blanc et chipolin, hauteur 30 pouces. » Naigeon a indiqué que le groupe avait été destiné au

Bacchus et un faune, *id.*¹.

Deux grands vases en marbre; plus huit vases de marbre, forme Médicis :

Le citoyen Raymond, présent au choix fait par ces citoyens, sitôt qu'il a été déterminé, a donné des ordres au citoyen Pellagot, charpentier, de les transporter à la Malmaison. Le conseil arrête qu'il sera retiré un reçu de ces objets des mains des citoyens Fontaine et Percier autorisés par le ministre à les demander².

La Diane de Fontainebleau n'était donc plus à Paris quand on organisa, postérieurement, la décoration du jardin des Tuileries, et elle n'avait pas pu être portée sur la terrasse du bord de l'eau, comme le pensaient Denon et le duc de Cadore. C'est ce qu'on oublia en 1813 et ce qu'on a ignoré jusqu'en 1877. Or, si le premier bronze de la Diane, parti pour la Malmaison, était bien précisément celui de

Muséum. Ce groupe est ainsi décrit sur l'inventaire de la Restauration : « N° 1906, — inconnu. — Castor et Pollux, groupe en marbre d'après l'antique, hauteur 1ᵐ,85, largeur 1ᵐ,30. — Jardin des Tuileries, deuxième salle de verdure, à droite dans le bois. »

1. Ce marbre, réservé pour le Muséum, comme l'indique une note de Naigeon sur le registre du dépôt de l'hôtel de Nesle, est ainsi décrit après la saisie opérée chez l'émigré d'Orsay : « N° 5. Un groupe pouvant servir de pendant au précédent. Il représente Bacchus appuyé sur un jeune faune, de même grandeur et pied semblable au groupe précédent. » Le groupe précédent était celui de Castor et Pollux. Je crois qu'on peut assimiler ce groupe au numéro 1902 de l'inventaire de la Restauration, ainsi rédigé : « Inconnu. — Bacchus, statue en marbre d'après l'antique. — Hauteur, 1ᵐ,80. — Rambouillet, jardin anglais, au-dessus du rocher. En très mauvais état, ne valant pas la peine d'être restauré. Abandonné. »

2. 445ᵉ séance du Conseil d'administration du musée central des arts, 23 germinal an IX. Voici le début de la séance : le ministre de l'intérieur prévient l'administration que, parmi les statues qu'elle propose pour être placées momentanément à la Malmaison, il a choisi le groupe d'Hippomène et d'Atalante, et celui de l'Amour et Psyché. Il l'invite à y joindre l'Apollon et la Diane en bronze qui sont dans le jardin de l'Infante. Quant aux deux groupes des Tuileries, il ne faudra en disposer que lorsqu'ils auront été remplacés par les statues de Ménars que l'administration attendra. Le ministre ajoute que, s'il se trouve dans le dépôt du musée un plus grand nombre de vases, l'administration les joindra aux deux déjà indiqués, ainsi que les bronzes dont elle ne ferait point usage. Il l'invite à s'entendre avec les citoyens Percier et Fontaine, architectes du Premier Consul, et lui annonce qu'il a chargé le citoyen Raymond du transport de ces objets à la Malmaison.

Fontainebleau, portant les initiales B. P. et la date 1602 (?),

le second bronze, conservé alors dans le jardin des Tuileries, avait au contraire une tout autre origine. On peut également établir son histoire sur pièces justificatives. Après avoir quitté les Tuileries, il n'a pas changé de place depuis 1813 et se dresse toujours sur la fontaine restaurée du jardin de l'Orangerie, à Fontainebleau. Examinons-le de près. Sur sa base primitivement carrée ou polygonale mais arrondie à la suite d'un remaniement, on lit deux inscriptions. Vers le bord antérieur, une première inscription, gravée et mutilée plus tard lorsqu'il fut nécessaire d'appliquer la statue sur un support circulaire ou cylindrique, donne les lettres.... ERS 1684. Ensuite une seconde inscription, rapportée et vissée sur la base, porte un nom et une date : « KELLERS, 1684. »

Cette fonte des frères Keller, datée seulement de 1684, ne pouvait pas, bien entendu, figurer en 1642 sur la fontaine de Diane quand l'a décrite le père Dan. Elle a de plus une origine certaine. Elle vient de Marly et elle a été signalée par Piganiol[1] et par Dargenville[2]. On en voit la reproduction dans la gravure ci-contre.

1. « Le quatrième (bronze) représente Diane. Il a été jetté en fonte par les Kellers d'après la Diane antique qui est dans la grande galerie du château de Versailles. » (*Description de Versailles et de Marly*, édition de 1767, t. II, p. 293.)

2. « Les jardins hauts consistent en plusieurs belles allées qui conduisent à un belvédère orné de deux groupes de bronze, *Hercule qui tue l'Hydre* et *Diane jetée en fonte par les Kellers* d'après l'antique placé dans les galeries de Versailles. » (*Voyage pittoresque*, Marly, p. 178.)

DIANE CHASSERESSE.
Fonte signée des Keller et exécutée en 1684. (Palais de Fontainebleau.)

Voici comment elle parvint au Louvre. Dès le 19 germinal de l'an II elle avait été réservée pour le Muséum des Arts [1]. En arrivant à Paris, les bronzes de Marly furent placés provisoirement dans le jardin du Palais National. En fructidor an III, le Conservatoire du Muséum mit en réquisition le Gladiateur mourant et la Diane [2], et, peu de temps après, tous les bronzes de Marly furent transportés au Louvre [3].

C'est ainsi que la Diane de Marly, fondue pour Louis XIV par les Keller, entra au Musée du Louvre et qu'elle se trouva substituée à la Diane de Fontainebleau, fondue pour Henri IV par Barthélemy Prieur, dont la trace, à partir de 1801, avait été perdue.

On voit combien il est important, dans les collections publiques, de connaître très exactement les origines de tous les monuments qui les composent. Tous les jours, de graves inconvénients peuvent résulter d'une confusion de la

1. « 10 germinal an II. Statues réservées pour le Muséum à Marly : La Diane antique, bronze; le Bachus en marbre; le Mercure qui enlève Psiché, bronze; le Laocoon, bronze; Vénus accroupie, bronze; le Rotator, bronze; le Gladiateur mourant, bronze; Atalante, antique de marbre, marquée n° 3. »

« Etat des objets extraits de Marly par la Commission des arts de Versailles... N° 67. Il y a neuf statues ou groupes de bronze dans les jardins hauts. Ces statues sont Hercule et l'Ydre, Vénus accroupie, le Rémouleur, la Diane antique, Pœtus et Arie, Flore, Mercure et Pandore, Larcon (sic pour Laocoon) et le Gladiateur mourant; toutes ces statues sont sur des piédestaux de pierre et désignés sous les numéros 68 à 76. — Pour copie conforme : DAMARIN, secrétaire de la commission. »

2. Séance du Conservatoire du Muséum du nonidi fructidor an III. — « Le Conservatoire arrête qu'il met en réquisition les deux figures de bronze, le Gladiateur et la Diane, pour être transportées au Muséum, et que copie de l'arrêté du procès-verbal sera donnée au citoyen Boucault. »

3. Séance du 19 fructidor an III. — « En vertu de l'arrêté du comité d'instruction publique, en date du 10 germinal dernier (article 17), qui charge le Conservatoire de retirer de tous les dépôts provisoires les objets d'arts nécessaires au complettement du Muséum, et conformément à l'intention de la commission exécutive de décorer l'entrée, la cour et le jardin du Muséum d'une manière analogue au but et aux richesses de cet établissement; en conséquence, le Conservatoire arrête que les citoyens Hersent et Boucaut transporteront au Muséum, dans le plus court délay, les bronzes provenant de Marly et déposés dans le jardin du Palais National. »

nature de celle que je combats. C'est par pur hasard que la Diane de Fontainebleau a été retrouvée en 1877. Elle avait été vendue trois fois à des particuliers et elle aurait pu ne jamais rentrer dans les collections nationales, comme tant d'objets d'art qui ne sont pas revenus du gouffre de la Malmaison. Que penser des imprudents qui écrivent avec aplomb l'histoire de l'art d'après des monuments pris les trois quarts du temps les uns pour les autres? Faut-il aussi s'étonner si tant de collections publiques n'exposent plus que des copies à la place des originaux, qu'elles ont possédés mais qui leur ont échappé depuis longtemps. Le public demande naïvement qu'on mette pour lui la science en madrigal, en manuels scolaires et en conférences. Il est servi à souhait, de notre temps; cependant, ce pauvre public ferait bien mieux de laisser ses professeurs se livrer tranquillement à quelques heures d'analyse que de réclamer d'eux l'improvisation d'une synthèse dont presque tous les éléments sont erronés.

Hâtons-nous de reconnaître que l'erreur sur la Diane de Fontainebleau, erreur qui a failli devenir si désastreuse, était fort naturelle et bien excusable, tant est belle la fonte des Keller. Ma démonstration aurait été pénible, si je n'avais pas trouvé des arguments irréfutables dans les signatures. Il est, en effet, excessivement difficile de suivre une piste au milieu des nombreuses reproductions en bronze du chef-d'œuvre antique qui circulent partout. J'avais bien avec moi le Père Dan, dont l'autorité n'est pas à dédaigner; mais j'étais contredit par l'abbé Guilbert, qui s'exprimait ainsi sur la Diane de Fontainebleau en 1731 : « La statue de Diane chasseresse, les cheveux retroussés, le carquois sur le dos, un arc et un cerf en main et quatre grands chiens ou limiers de bronze aux angles de son piédestal de pierre, est élevée sur un massif, orné de quatre têtes de cerfs de bronze, qui versent l'eau par la bouche et forment un bassin rond de trente pieds de diamètre, où l'on descend par cinq degrez de pierre. Cette statue a cinq pieds de haut et a été moulée et fondue par Vignole [1] sur l'antique en marbre blanc, qui fut apportée à Fontainebleau

La Diane chasseresse du château de Fontainebleau.
D'après une planche du P. Dan, en 1643.

par le *Primatice* et qu'Henri IV fit placer au Louvre dans la salle des Antiques, d'où elle a passé à la grande gallerie de Versailles. Elle a été gravée par Mellan [2]. »

En présence de la signature et de la date relevées sur la fonte portée en l'an IX à la Malmaison, il ne faut pas

1. Cette opinion de Guilbert était partagée par M. Claudius Tarral, qui m'a fait part de très ingénieux aperçus au sujet de cette statue.
2. La planche de Mellan est gravée d'après le marbre, et non d'après un bronze. La gravure de Bosse, insérée dans le livre du P. Dan, est conforme à la statue rapportée de la Malmaison; on y voit un support sous le ventre de la biche. Dans la statue actuellement à Fontainebleau, le support a été supprimé.

tenir compte de l'opinion de Guilbert; mais il ne faudrait pas s'étonner que des fontes en bronze de la Diane, datant du seizième siècle ou du dix-septième siècle, rôdassent encore *incognito* aux environs de Paris. Piganiol (*Description de la ville de Paris*, tome IX, p. 456) et d'Argenville (*Voyage pittoresque*, p. 229) signalent tous deux, à Sceaux, la présence d'une « Diane en bronze, donnée à M. Servien par Christine, reine de Suède ». Christine distribua en effet, à ses amis, bon nombre d'objets d'art enlevés par les Suédois en Allemagne et en Bohême, pendant la guerre de Trente ans. Ses présents n'étaient pas vulgaires. C'est par suite d'un de ses dons, fait au même Servien, conservé d'abord à Meudon, puis acquis pour Sceaux par Colbert, que nous possédons le beau groupe de Mercure et Psyché, d'Adrien de Vries, venant de Prague. La Diane donnée à Servien — si Piganiol et d'Argenville ne se trompent pas — pouvait bien avoir les mêmes origines et avoir été exécutée par les sculpteurs de l'école de Jean de Bologne, dont les ouvrages étaient accaparés par les empereurs, les rois de Bohême et les autres souverains d'Allemagne. Toute bonne fonte de la Diane est donc à recueillir et mérite d'être examinée de très près. Nous savons de plus que la Diane de Sceaux a quitté, à la Révolution, cette résidence pour venir à Paris [1]. Sauval enfin, dans son ouvrage intitulé *Histoire et Recherches des antiquités de la ville de Paris* [2], dit en parlant de la Diane à la biche : « On m'en a fait voir un jet de bronze à Grœwich, maison de plaisance des rois d'Angleterre; on prétend même qu'il y en a encore en Flandres, en Allemagne et en Italie. »

Les fontes de la Diane à la biche ne sont donc pas rares.

1. On lit, en effet, dans le registre des délibérations de la commission temporaire des arts, à la date du 10 floréal an II, f° 65 recto : « La Diane et le Gladiateur en bronze qui existent à Sceaux sont renvoyés au Conservatoire du Muséum des arts. »
2. T. II, p. 45.

Il y en a une au musée de Marseille. Sans compter celles qui entrèrent dans les collections parisiennes par suite de confiscation révolutionnaire, je dois signaler la Diane de bronze acquise, le 3 juillet 1818, de Mme de l'Estang, pour les musée nationaux [1]. C'est une de celles-là que je voudrais voir transporter à Fontainebleau sur la fontaine du jardin de l'Orangerie, tandis que l'admirable fonte des Keller viendrait au Louvre, pour qu'on puisse la rapprocher de celle de Barthélemy Prieur et comparer entre elles, à quatre-vingts ans de distance, les fontes françaises du dix-septième siècle.

IV

A la suite d'un examen qui m'a été récemment prescrit par M. le Directeur des musées nationaux, je solliciterai bientôt le retour à Paris des monuments suivants, actuellement déposés à Compiègne :

LE CHANCELIER D'AGUESSEAU (M. R. 1866) très remarquable statue, sculptée par Pierre-François Berruer, commandée sous Louis XVI, en 1777, par le comte d'Angivillier, pour décorer les galeries du Musée déjà projeté du Louvre. Cette statue, placée provisoirement, après son exécution, dans la salle des Antiques du Louvre, a été signalée dès 1787, par Thiéry (*Guide des amateurs et des étrangers voyageurs à Paris*, tome Ier, p. 336). Avant d'être portée à Compiègne, elle décorait le vestibule du palais des Tuileries, où elle faisait, comme aujourd'hui, pendant à une statue du chancelier de l'Hopital, par Gois père (M. R. 1867), commandée à la même époque et dans les mêmes circonstances ;

---

1. Inventaires des résidences vers 1818 : « Tuileries, n° 83. — Inconnu. — Diane à la biche, statue en bronze d'après l'antique. Hauteur, 2 mètres. Acquise par Mme de l'Estang, le 3 juillet 1818, pour un prix de 10,000 francs. — Terrasse du bord de l'eau. »

Un buste d'homme en marbre blanc, par Simone Bianco, signé en grec : ΣΙΜΩΝ ΛΕΥΚΟΣ Ο ΕΝΕΤΟΣ ΕΠΟΙΕΙ, et inscrit sur les inventaires du Louvre sous le numéro MR. 2598. Il est nécessaire de rapprocher cette sculpture de deux autres bustes du même artiste, moins beaux et plus endom-

Vase en porphyre, provenant de la collection du duc d'Aumont.
Fac-similé de la planche I du catalogue d'Aumont. (Palais de Compiègne.)

magés, conservés actuellement au musée du Louvre. J'ai parlé ci-dessus de ce monument ;

Deux vases de porphyre d'une grande beauté ; hauteur 1^m,02, largeur 0^m,60. Ces vases proviennent de la collection du duc d'Aumont et ont été achetés pour Louis XVI, par le marchand Paillet, à la vente du célèbre amateur, au prix de 14,521 livres. Ils sont ainsi décrits au catalogue du duc d'Aumont : *Porphyre de première qualité :* n° 1. — Deux vases, forme d'urne, à tête de bélier saillante, prise de chaque côté dans le bloc ; les cornes, parfaitement dégagées à jour, en figurent les anses et soutiennent la voussure de la gorge à bord à godron, la panse entourée, du haut, d'un fil de perles et à côtes torses sur le pourtour ; le tout sculpté à bas-relief ; ils sont posés sur piédestal de granit gris tacheté de rose, tirant sur le violet ; hauteur de chaque vase : 36 pouces six lignes, sur 21 pouces de diamètre, y compris la saillie des têtes ; hauteur des piédestaux, 32 pouces. (Voyez la planche I.) Ces morceaux, extraordinaires par leur importance en cette matière, sont majestueux par leur forme et admirables par l'art du plus riche et difficile travail ; ils méritent d'être placés dans les cabinets les plus distingués. » Après leur acquisition par Louis XVI, nos vases furent remisés au Louvre, dans la salle dite magasin des Antiques, en attendant l'ouverture du Muséum. Ils y furent vus par Thiéry, quand celui-ci cita, en 1787, dans son *Guide du voyageur à Paris* (t. 1er, p. 336), « quatre grandes jattes de porphyre, et beaucoup d'autres vases de matières précieuses comme serpentin, granit, porphyre, jaune antique, etc. ». Ils concoururent, en 1793, à la décoration du muséum des Arts et furent catalogués dans la Notice de 1793 sous le numéro 5 de la page 105. Inscrits à l'époque de la Restauration, sur l'inventaire général des musées, sous les numéros 2863 et 2864, ils n'ont jamais cessé d'appartenir au Louvre.

V

Le château de la Malmaison n'était plus, à proprement parler, une résidence nationale, quand il devint, à titre privé, la propriété de l'empereur Napoléon III. Cependant, la vente de ce domaine a fait, en 1877, rentrer dans les magasins de l'État un certain nombre d'objets d'art très importants qui en étaient sortis il y a bientôt quatre-vingts ans et qui ont bien failli n'y jamais revenir, puisqu'ils ont été aliénés à trois reprises différentes, une première fois en 1826 à M. Haguerman, banquier suédois ; une seconde fois à la reine d'Espagne Marie-Christine, en 1842 ; une troisième fois, en 1861, à l'empereur Napoléon III. La qualité du dernier propriétaire et le caractère public qu'affectaient ses acquisitions particulières elles-mêmes ont fort heureusement permis cette tardive revendication.

Voici quelles furent les pièces du mobilier national qui décorèrent la Malmaison de 1800 à 1815, et quelles sont celles qui viennent d'être restituées au Musée.

Le 6 germinal an IX (27 mars 1801), Chaptal, ministre de l'intérieur, donna à l'administrateur du Musée central[1] et à l'administrateur du Musée des Monuments français[2] l'ordre de faire porter à la Malmaison des statues et des vases. En vertu de cet ordre, les objets suivants sortirent du Louvre :

1. Une note autographe de Chaptal, écrite au bas de la lettre adressée à l'administrateur du musée, est ainsi conçue : « Vous donnerez des ordres pour que les statues qu'on a désignées au chateau de Ménars soient portées à la Malmaison. — CH. »
Il s'agissait d'*Atlas* et *Phaetuse*, sculptures de Théodon, que le marquis de Marigny avait fait transporter à Ménars et qui furent alors revendiquées par l'Etat. L'ordre ministériel fut modifié quelques jours après par une lettre en date du 19 germinal an IX, dont le commencement a été publié ci-dessus, p 301, et dont voici la fin :
« Quant aux deux groupes des Tuileries, il ne faudra en disposer que lorsqu'ils auront été remplacés par les statues de Ménars que vous attendez. S'il se trouvoit dans votre dépôt un plus grand nombre de vases, je vous invite à les joindre aux deux en marbre indiqués dans votre note. Au reste, vous pourrez vous concerter avec les citoyens Percier et Fontaine, architectes du Premier Consul. Ils sont sans doute chargés de faire transporter ces divers objets à la Malmaison. — Je vous salue. — CHAPTAL. »
P.-S. — Si l'administration peut disposer d'un plus grand nombre de bronzes, je l'autorise a les placer à la Malmaison.
2. « Paris, le 6 germinal an IX de la République.
« Le ministre de l'intérieur à l'administration du musée des monumens françois.
« Je vous invite, citoyens, à vouloir bien me faire savoir s'il n'y aurait pas dans le dépôt de votre établissement des statues ou grands vases pour être momentanément placés à la Malmaison. Je n'ai pas besoin de vous faire observer qu'il ne s'agit ici que d'objets propres à la décoration et nullement de ceux qui serviraient au complément de la collection des monumens de l'École françoise. — Je vous salue. — CHAPTAL. »

ÉTAT *des colonnes, statues, bustes, tables et vases remis aux citoyens Percier et Fontaine, pour la décoration du palais consulaire de la Malmaison, d'après les ordres du ministre de l'intérieur.*

STATUES ET BUSTES

12 bustes en porphyre représentant les 12 empereurs. Ils sont décorés de draperies en bronze doré.

1 buste en porphyre représentant Alexandre, la draperie en bronze doré.

1 buste en porphyre représentant Minerve, la draperie en bronze non doré. Elle est montée sur un cippe en zinc vert garni de bronzes dorés.

BRONZES D'APRÈS L'ANTIQUE ET L'ÉCOLE FLORENTINE

Ariane abandonnée.

La Diane chasseresse.

L'Hercule Farnèse.

Deux groupes, sous deux aspects différens, de l'enlèvement d'Orithie.

Deux groupes, sous deux aspects différens, de l'enlèvement de Déjanire.

Le Laocoon, bronze réparé, surmonté (*sic*) sur socle de bronze doré.

Une Vénus sortant du bain, sur socle de griotte d'Italie.

Marc-Aurèle à cheval, d'après l'antique.

L'Hermaphrodite, d'après celui antique de Borghèse.

Hercule portant sa massue.

Deux chevaux en bronze, sur socle de bois.

Une tête en bronze d'Antinoüs, garde-meuble, n° 213.

Une tête en bronze, garde-meuble, n° 294.

Une tête en bronze, garde-meuble n° 291.

Une tête en bronze, garde-meuble, n° 287.

Une tête de philosophe avec barbe, sur socle de marbre vert de mer, brisé.

Une tête de Bacchus indien, sur socle de marbre vert de mer.

STATUES

L'Apollon, bronze de la grandeur de l'orignal.

La Diane, bronze de la grandeur de l'orignal.

La statue de Zénon, marbre, copie de l'antique.

Le petit Apolline, marbre, copie de l'antique.

Le faune flûteur, marbre, copie de l'antique.

Une statue en marbre, représentant un chasseur, copie de l'antique.

Une statue représentant Mars, production de l'école florentine. Elle avait été extraite de Versailles.

Voici les objets qui furent envoyés à la Malmaison par le conservateur du Musée des Monuments français sur l'invitation du ministre de l'intérieur :

Le 6 germinal an IX, le ministre autorise la remise des objets ci-après pour la décoration du château de la Malmaison, savoir:

1° Une statue en marbre, représentant Vénus, venant de Sceaux;

2° Une statue en marbre, représentant Méléagre, venant du même lieu;

3° Autre statue en marbre, représentant Diane, venant du palais des Cinq-Cents et originairement de Marly;

4° Autre statue en marbre, représentant Flore, venant du même lieu;

5° Autre statue en marbre, représentant Cérès, venant du même lieu;

6° Autre statue en marbre, représentant Pomone, du même lieu;

7° Autre statue en marbre, venant du même lieu;

8° Autre statue en marbre, représentant une nymphe, du même lieu;

9° Autre statue en marbre, représentant un Bacchus, d'après Michel-Ange, venant du même lieu;

10° Autre statue en marbre, représentant un Berger, venant du même lieu;

11° Deux grands vases en marbre blanc, venant de Sceaux;

12° Quatre bustes d'après l'antique, avec des fûts de colonne en marbre noir, faits au Musée;

13° Quatre autres bustes, aussi en marbre blanc, venant de Sceaux; plus, un gros fût de colonne en marbre noir;

14° Deux colonnes de 12 pieds en brèche violette, pour la décoration de la serre, provenant de Magny;

15° Deux têtes de philosophes, en bronze, provenant de Saint-Germain-des-Prés; plus, deux fûts de colonne en marbre noir;

16° Un buste en marbre blanc, copie de l'antique, venant de la salle des Antiques ;

17° Autre buste en marbre blanc, posé sur un socle rond de marbre noir, venant de la salle des Antiques ;

18° Un bas-relief en marbre blanc, représentant la Mélancolie, par Girardon, venant de Saint-André-des-Arcs ;

19° Un bas-relief du premier style grec, encadré en marbre, venant de la salle des Antiques, au Louvre ;

20° Une statue de grandeur naturelle, en terre cuite, représentant un capucin, par Germain Pilon, provenant des Grands-Augustins ;

21° Six têtes colossales en marbre blanc, représentant des empereurs romains, provenant de la salle des Antiques ;

22° Un groupe en albâtre représentant sainte Anne montrant à lire à la sainte Vierge, venant d'Écouen ;

23° Une statue colossale en marbre blanc, représentant Neptune, par Pujet, achetée à M. Donjeux ;

24° Une statue colossale en marbre, représentant une nymphe, achetée au même ;

25° Une statue colossale en marbre, représentant une Diane, attribuée à Goujon, achetée à M. Donjeux ;

26° L'Amour prêt à lancer un trait, en marbre blanc, par Tassaërt, posé sur un piédestal circulaire en marbre blanc orné de guirlandes de fleurs ; le tout provenant de la commune de Sceaux, où il avait été déposé ;

27° Deux colonnes de marbre blanc, pour la chapelle ;

28° Deux colonnes en marbre grand antique, provenant des Feuillants et restaurées au Musée ;

29° Deux autres colonnes en granit gris, venant de Sainte-Geneviève ;

30° Huit colonnes de marbre rance, qui soutiennent le temple qui orne le parc, provenant de plusieurs églises de Paris ; plus, le pavé en marbre dudit temple [1].

Mais Alexandre Lenoir ne borna pas à cet apport la part qu'il prit à la décoration du château de la Malmaison. Il nous a fait connaître, dans un curieux article du *Dictionnaire de la conversation*, les autres monuments dont il embellit le séjour favori de l'impératrice Joséphine, en

---

[1]. Cette énumération des objets portés à la Malmaison forme l'article 1062 du *Journal de Lenoir*.

même temps qu'il fournit de nouveaux renseignements sur les pièces que nous avons déjà énumérées :

Mᵐᵉ Bonaparte. qui aimoit et savoit la botanique, fit construire dans le parc une serre vaste et magnifique, dont M. Thibant, membre de l'Institut, fut l'architecte. Outre la partie où se trouvoient les plantes exotiques les plus rares, au centre étoit un salon vaste décoré à l'antique, d'un excellent goût, ayant une ouverture ornée de deux belles colonnes de marbre, brèche violette de 12 pieds avec chapiteau et bases dorés, que j'avois procurées à cette noble dame, qui me nomma le conservateur honoraire de ses antiquités. Son amitié pour moi m'étoit précieuse et datoit de plusieurs années. Pendant le séjour de son mari en Italie, elle reçut du roi de Naples une collection choisie de vases grecs peints et une suite de bronzes antiques provenant des découvertes faites à Herculanum et à Pompéia. Au nombre de ces antiques remarquables sont dix tableaux grecs peints sur un enduit de ciment recouvert de stuc, représentant les neuf muses et Apollon Musagète. Ces antiques précieuses, publiées dans le voyage de Naples de l'abbé de Saint-Non, sont aujourd'hui au musée du Louvre. Devant les serres, on trouvoit une fontaine construite avec une colonne de granit antique de quatorze pieds de haut que je transportai de Metz[1]; elle supportoit un vase antique en porphyre de grande dimension. Le parc fut planté et distribué de nouveau sur les plans de M. Bertault, architecte en vogue pour ce genre de travaux. Il imagina des percés nouveaux et ingénieux qui rendirent la vue du château plus agréable ; mais, le nivellement des eaux ayant été mal calculé, elles couloient péniblement. C'est sur cette rivière, qui serpentoit dans le parc et arrivoit près du château, que l'on voyoit se promener deux cignes noirs. Sur

1. J'ai retrouvé, dans la correspondance de Lenoir, un passage qui a trait à cette pièce

« Paris, le 2 juillet 1807.
« Alexandre Lenoir au ministre de l'intérieur.

« ..... Sa Majesté l'impératrice, que j'ai eu l'honneur de voir ce matin, m'a prévenu que M. de Vaublanc, préfet de la Moselle, se faisoit un plaisir de lui offrir les cinq colonnes de granit antique qui sont abandonnées et éparses dans la ville de Metz; c'est-à-dire deux sur la place de l'Archevêché et trois et une moitié sur la berge du rempart, près la porte Saint-Thibault. Sa Majesté me charge de les faire transporter avec le monument dont j'ai l'honneur de vous entretenir, etc. (Il s'agit de l'autel sculpté des Grands-Carmes.)

« LENOIR. »

un rocher d'où l'eau paroissoit sortir, je fis construire huit colonnes ioniques de marbre rouge de huit pieds de haut, l'une et l'autre provenant du musée des Petits-Augustins. Je procurai aussi un Saint François en habit de capucin, par Germain Pilon [1], pour être placé dans une grotte, ainsi qu'un bas-relief funéraire, sculpté en marbre par Girardon [2], afin qu'il y eût dans le parc un tombeau suivant l'ordonnance d'un jardin anglois. Ce n'est pas tout, une grande pièce dessinée en formée de miroir étoit au sommet d'une colline à la gauche du parc. Je l'ornai de deux colonnes rostrales de quatorze pieds, sculptées, en marbre sérancolin, provenant du château de Richelieu en Poitou [3]; au centre je

1. Cette statue de terre cuite a disparu. Un marbre représentant le même sujet se trouve aujourd'hui dans l'église Saint-François, car il exista à la fois un marbre et une terre cuite de cette sculpture. On lit en effet dans la *Notice historique des Monumens des arts réunis au dépôt national des Petits-Augustins*, l'an IV° de la République : « N° 292. — *Grands-Augustins*. — Saint François dans l'attitude de recevoir les stygmates, terre cuite de grandeur naturelle, par Germain Pilon. On voit ce modèle exécuté en marbre dans la salle des Antiques, au Louvre. »

2. Ce bas-relief provenait du tombeau de Anne-Marie Martinozzi, princesse de Conti, élevé dans l'église Saint-André-des-Arcs. Il consiste, dit le *Dictionnaire* de Huitault et Magny, « en une belle figure de marbre blanc à demi-bosse et accompagnée des attributs qui désignent la Foi, l'Espérance et la Charité... Les ornemens de ce tombeau sont aussi de marbre blanc, à la réserve d'une urne qui en fait l'amortissement, et de quelques festons de bronze doré; le tout du dessin et ciseau du fameux Girardon. » Le bas-relief portait au musée des Monumens français le numéro 193, jusque dans l'édition du catalogue de 1806 : on l'appelait le « Monument de la Mélancolie ». Il fut alors demandé par Joséphine, comme il résulte de ce billet :

« Le chambellan de service près S. M. l'impératrice a l'honneur de prévenir Monsieur Lenoir que S. M. désire qu'il apporte lundy, à la Malmaison, le petit monument de la Mélancolie.

« A Malmaison, ce 2 avril 1807. »

Qu'est devenu ce marbre? Il est probablement resté dans une des petites propriétés qui furent taillées dans le parc de Malmaison, et il est vraisemblable qu'on le retrouve aujourd'hui momentanément exposé dans les salles du musée des arts décoratifs, au palais de l'Industrie, après modification des attributs.

3. Voici un extrait de la lettre de Lenoir, dans laquelle il sollicita l'acquisition de ce monument : « Paris, le 31 décembre 1806. — Lenoir au ministre de l'intérieur. — Monseigneur, conformément à vos intentions, je me suis rendu au château de Richelieu, situé dans le département d'Indre-et-Loire, pour l'examiner et vous rendre compte de son état actuel. J'ai, en conséquence, l'honneur de vous soumettre les détails ci-joints sur ce beau monument, ainsi que sur la manière d'utiliser avantageusement les objets d'art qui y sont maintenant à vendre. Excellence, parmi ces objets précieux, j'en ai remarqué plusieurs que je vous demande pour le musée que je dirige et dont voici la

plaçai une statue colossale de Neptune, par Puget, achetée à la vente de l'amateur Donjeux[1]. Je fis venir de Metz la façade d'une chapelle gothique des Grands-Carmes, de trente-six pieds de haut,

note : 1° deux obélisques en marbre de Givet, d'une très belle proportion, portant chacun 14 pieds de haut posés sur des boules de cuivre et sur des bases ou piédestaux massifs de même marbre ornés de leurs bases et de leurs corniches ; 2° deux colonnes rostrales en marbre seraucolin, de la même proportion, d'un charmant style et d'un dessin gracieux, ornées chacune de six proues de vaisseaux prises dans la même masse et d'ancres enlacées de rubans, parfaitement sculptées ; 3° quarante-deux mascarons servant de consoles, très bien sculptées, propres à supporter des bustes.

« Monseigneur, les objets ci-dessus détaillés, que j'ai l'honneur de vous demander pour le musée des Monumens français, n'excèderont pas, y compris le transport à Paris, la somme de dix-huit cens francs. Cette somme, pour le tout, est arrêtée avec les propriétaires, si vous me l'accordez.

« Salut et respect. « LENOIR. »

On sait tout ce que Richelieu a fait pour la marine française ; il n'y a donc pas à s'étonner de rencontrer dans son château, sous forme de colonnes rostrales, une allusion figurée à ses fameuses ordonnances. Notre confrère, M. Guillaume, m'a fait remarquer que le même emblème se retrouvait dans le Palais-Cardinal et se montre encore aujourd'hui, au Palais-Royal, dans la galerie des Proues. Ces colonnes rostrales décoraient la porte principale du château du côté de l'extérieur. On les voit gravées dans deux planches du *Magnifique château de Richelieu en général et en particulier*, etc., *gravé et réduit au petit pied* par Jean Marot, in-4° oblong. Les deux pyramides en marbre violet étaient placées sur la même porte du côté de la cour intérieure.

1. On lit dans le *Catalogue des objets précieux trouvés après le décès du citoyen Vincent Donjeux, ancien négociant de tableaux et curiosités*, par les citoyens Lebrun et Paillet, 29 avril 1793, p. 129 : « N° 490. Une grande figure de Neptune en marbre blanc, de l'école de Girardon, de forte proportion. Elle sera vendue à la campagne. » Cette figure, en effet, décorait le parc de la belle maison de campagne possédée par Donjeux au Grand-Gentilly. Le fils de ce célèbre marchand avait apparemment racheté un grand nombre des œuvres d'art de son père. Mais, par suite des événements de la Révolution, il tomba dans la plus grande misère, et, en germinal an IX, il offrit de vendre au gouvernement quelques statues. Voici celles qui furent achetées par Chaptal, sur la proposition de Lenoir, ainsi qu'il résulte d'une lettre de sa correspondance :

« Paris, 14 germinal an IX de la République.

« Le ministre de l'intérieur au citoyen Lenoir.

« J'ai reçu, citoyen, la lettre par laquelle vous annoncez que, parmi les statues que le citoyen Donjeux offre de céder au gouvernement, vous avez remarqué une figure de Neptune exécutée par Puget, une Flore assise, par Pigal, et une Diane chasseresse que vous croyez d'un sculpteur de l'école de Jean Goujon. L'évaluation que vous en faites me paraît modérée, et, puisqu'elles sont dignes d'entrer dans le Musée des Monumens français, je vous autorise à proposer 1500 francs au citoyen Donjeux, etc. — Je vous salue. CHAPTAL. »

Dès l'an X, les trois statues furent exposées au Musée des Petits-Augustins : le Neptune sous le numéro 313, avec cette indication nouvelle, « qu'elle ornoit autrefois une des pièces d'eau du château de Sceaux »; la Diane chasseresse, sculptée à jour et d'une légèreté extraordinaire[1] ; elle devoit être placée sur le penchant d'une autre colline légèrement boisée, située près du château. Elle auroit été vue de la bibliothèque. Pendant le séjour du général Bonaparte en Égypte, je fis placer à la porte du château donnant sur le parc et en tête du pont-levis, deux obélisques de quatorze pieds, en marbre rouge de Givet, ornés d'hiéroglyphes dorés, que je m'étois procurés du château de Richelieu, où ils me furent vendus avec d'autres antiquités par M. Boutron, qui en est encore le propriétaire. C'est une surprise que Mme Bonaparte et moi avions l'intention de procurer au général à son retour en France[2]. Le château de la Malmaison n'éprouva aucun changement dans sa construction ; l'intérieur, seul, fut restauré. La façade extérieure donnant sur la cour fut décorée d'une suite de statues en marbre, d'après l'antique, venant de la destruction de Marly, vendues, ainsi que le château, à un nommé Audrianne. J'ornai le péristyle et l'antichambre de bustes en marbre et en bronze... [3].

sous le numéro 543, attribuée à Jean Goujon ; la figure, de Pigalle, sous le numéro 403, avec cette description supplémentaire : Une statue en marbre blanc, représentant une Nymphe assise dans l'attitude de retirer une épine de son pied. »

1. Voyez, sur les curieuses vicissitudes subies par ce monument, la *Notice sur les Grands Carmes de Metz et sur leur célèbre autel*, par M. E. de Bouteiller, Metz, 1860, p. 38 à 44. Il a été gravé par les soins de Lenoir. C'est en 1807 qu'eut lieu le transport de l'autel des Carmes :

« Paris, le 9 juin 1807.

« Alexandre Lenoir, administrateur du Musée des Monumens françois, à son Excellence le ministre de l'intérieur.

« Monseigneur, vous m'avez chargé de me transporter à Metz pour y examiner deux monuments dans le style sarazin, improprement dit gothique, qui existent dans l'église des Grands Carmes, et que S. M. l'Impératrice et Reine désire faire placer dans son parc à la Malmaison.

« Monseigneur, il résulte de cet examen que ce monument peut très bien se démonter et se transporter malgré les difficultés qu'il présente à cause de son extrême délicatesse ; mais il m'est impossible de vous présenter, Monseigneur, un résultat exact de la dépense..... La chapelle principale, qui est celle que désire Sa Majesté l'impératrice et reine, servoit de fond à l'église et de dossier au maître-autel. »

Toutes les caisses étaient arrivées à la Malmaison le 23 septembre 1807.

2. Cette allégation de Lenoir est absolument inexacte. Les deux obélisques, qui existent encore et sont restés devant le château de la Malmaison, n'ont été apportés de Richelieu qu'en 1807, comme en fait foi la lettre du même Lenoir publiée ci-dessus. Cette prétendue surprise n'est qu'une invention romanesque imaginée après coup par Lenoir.

3. L'article est signé : Ch{er} Alexandre Lenoir.

Voici maintenant les objets d'art qui ont été récemment réintégrés dans les magasins de l'État :

Diane chasseresse, dite *Diane à la Biche*, statue en bronze d'après l'antique. Le bronze est signé : D. P. 1502. Il provenait originairement de Fontainebleau. Voir le P. Dan, *Trésor des Merveilles de Fontainebleau*, liv. II, p. 174. Cette statue, exécutée par Barthélemy Prieur et groupée avec les quatre chiens possédés déjà par le Louvre (n°s 161 à 162 ter du *Catalogue de la sculpture moderne*), décorait la fontaine dite de Diane commandée par Henri IV [1].

Apollon du Belvédère, copie en bronze signée : « G. LOVIS VALADIER, Rome, 1770. » — Haut., 2m24.

Les deux Centaures de la villa Adriana (Clarac, texte, tome IV, pl. n° 1780 et 1781), copies en bronze de 1m,40 de hauteur.

L'Amour, statue de marbre blanc, par Tassaert, avec son piédestal, venant d'un dépôt créé temporairement par la Révolution à Sceaux, et peut-être originairement de Choisy-le-Roi. Sur Jean-Pierre-Antoine Tassaert, voir Ed. Félis, *les Artistes belges à l'étranger*, tome II, p. 1 à 20.

Flore, statue de marbre blanc, signée : « FREMIN AN 1709, » venant de Marly. Citée comme une des meilleures figures de René Frémin, dont les œuvres en France sont très rares (D'Argenville, *Vie des fameux Sculpteurs*, p. 233, et *Mémoires inédits sur la vie et les ouvrages des Académiciens*, t. II, p. 201 à 209).

Diane, statue de marbre blanc, signée ainsi : « FAIT PAR ANSELM FLAMEN, NATIF DE SAINT-OMER, 1714, » venant de Marly (Piganiol, *Nouvelle description des châteaux et parcs de Versailles et Marly*, 8e édition, tome II, p. 291.)

L'Air, statue de marbre blanc, ainsi signée : « BERTRAND F. AN 1709, » venant de Marly. Philippe Bertrand, né à Paris vers 1664, mort dans la même ville le 30 janvier 1724, fut reçu académicien le 26 novembre 1701.

Pomone, statue en marbre blanc, non signée ; mais Piganiol (*Nouvelles descriptions des châteaux et parcs de Versailles et Marly*, 8e édition, tome II, page 285) nous apprend que cette figure est de Barrois. François Barrois, sculpteur de la maîtrise, né à Paris en 1659, mort dans la même ville le 10 octobre 1726, fut reçu académicien le 30 octobre 1700.

---

1. Voyez un article du journal *le Français*, du 5 février 1877, et ce que nous avons dit ci-dessus de ce monument.

Deux colonnes rostrales en marbre de couleur, hautes de 3ᵐ,50 environ. Venant du château de Richelieu en Poitou.

Fragment d'une colonne de granit antique provenant de la fontaine de la Malmaison et auparavant de Metz.

Vase de porphyre en forme d'amphore, surmonté de deux anses, d'une hauteur de 0ᵐ91. Venant de la même fontaine.

Neuf vases de marbre blanc, de style Louis XIV, dont un très grand et très beau.

Deux piédestaux en bleu turquin.

VI

Les jardins publics de Paris, comme les Tuileries et le Luxembourg, peuvent être assimilés aux résidences nationales puisque les sculptures qui les décorent sont inscrites sur les inventaires du Louvre.

Ils ont, depuis 1870, rendu aux Musées nationaux quelques ouvrages très importants comme le *Faune flûteur* de Coustou, le *Mercure* en plomb de Pigalle, qui est passé, sinon par le Musée des Petits-Augustins, au moins par le dépôt de Nesle et qui provient d'Anet[1], le *Soldat de Marathon* de Cortot, *Thésée et le Minotaure* de Ramey, la *Jeanne d'Arc* de Rude, etc. Ces jardins ont encore à nous restituer quelques bonnes pièces, par exemple le petit *David* en marbre du

---

1. Commission temporaire des arts, registre des délibérations, f° 96, verso : « Dagomet donne avis à la commission de l'envoi qu'il a fait de plusieurs meubles provenant du ci-devant château d'Anet, estimés à la somme de mille soixante livres, et transportés au dépôt national, rue de Beaune. La Commission arrête qu'il en sera fait mention au procès-verbal, ainsi que de l'envoi d'une figure de *Mercure* en plomb, de grandeur naturelle, provenant du même château. » D'autre part, sur le « Registre de réception des objets d'art et antiquités trouvés chez les émigrés et condamnés, et réservés par la Commission temporaire des arts », Naigeon a écrit : « Du 16 du même mois (prairial), reçu du citoyen Dagomet, commissaire surveillant la vente des meubles du même lieu (Anet, district de Dreux), par le citoyen Lecomte, messager, un *Mercure* en plomb, de grandeur naturelle, par Pigalle. » Naigeon a mis en note : « La tête de cette figure a été sciée en partie et quelques parties mutilées. » Une seconde note marginale indique que cette sculpture fut portée au Directoire, c'est-à-dire au Luxembourg.

parterre du Luxembourg dont j'ai montré récemment, dans la *Gazette archéologique*[1], toute la valeur. Les jardins des

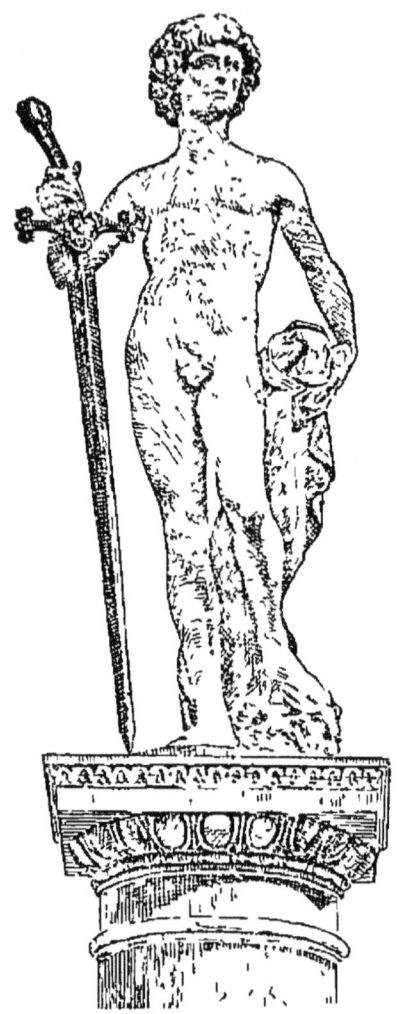

David. Statue de marbre, seizième siècle. (Jardin du Luxembourg.)

Ministères sont dans le même cas. Pendant son passage aux affaires étrangères, M. Waddington a fait transporter

1. *Le David de bronze du château de Bury, sculpté par Michel-Ange.* Paris, 1883, in-4°, planches.

au Musée du Louvre le groupe de l'*Amour et l'Amitié* de Pigalle, qui se trouvait dans le jardin du palais du quai d'Orsay. Voici l'histoire de ce marbre signé de son auteur et daté de 1758 : Il fut payé 10,600 francs par Louis XV en 1760[1] et destiné au château de Bellevue. L'Amitié est représenté sous les traits de la marquise de Pompadour. Saisie en 1793 sur « l'émigré Condé » qui en était alors propriétaire, cette sculpture entra le 7 floréal an II au dépôt de la rue de Beaune et fut inscrite par Naigeon sous le numéro 47 des articles provenant de « Condé, maison de la Révolution ». Une note marginale consignée sur le registre de Naigeon constate que l'*Amour et l'Amitié* fut porté au palais du Directoire. Or, ce palais du Directoire était le palais du Luxembourg. En 1816, le 4 mai, le marbre fut restitué au prince de Condé. On lit dans les *Nouvelles archives de l'art français*[2] : « Note des objets d'art appartenant à S. A. S. Mgr le prince de Condé, lesquels ont été enlevés de son château de Chantilly par le fait de la Révolution et se trouvent maintenant au palais du Luxembourg, etc., 3e article. — La figure de l'*Amour et de l'Amitié* par Pigalle (à rendre). » Le groupe rendu au prince de Condé fut installé au palais Bourbon, et c'est sur le jardin de ce palais qu'a été édifié le ministère des affaires étrangères.

1. *Livre-Journal de Lazare Duvaux,* bijoutier ordinaire du roi, introduction p. ccv. Voyez également sur ce marbre un article de M. Chabouillet, intitulé : *Louis XV et Mme de Pompadour, statues de Pigalle,* publié en juin 1886 dans la Revue *les Lettres et les Arts,* p. 278 et suiv.
2. Deuxième série, tome III, p. 333.

CHAPITRE QUATRIÈME

MONUMENTS RÉCEMMENT ACQUIS

Que les acquisitions du Musée du Louvre soient anciennes ou récentes, aucune d'elles n'a séjourné au Musée des Monuments français. Je n'ai donc pas en ce moment à insister sur ce chapitre que j'aurai d'ailleurs l'occasion de développer dans mon *Histoire du département de la Sculpture moderne*. Je ne puis pas cependant, en traitant de l'avenir de nos collections de sculpture du Louvre, passer complètement sous silence tout ce qui a été acheté par lui ou tout ce qui lui a été donné depuis soixante ans.

I

Je parlerai, au moins pour mémoire, de la collection Durand, dont je publierai prochainement l'inventaire. Cette collection, acquise en 1824, nous a fourni un bronze très précieux et très curieux. On en a trouvé ci-dessus l'histoire. La collection Révoil, dont j'ai imprimé la description[1], est venue en 1828, par son entrée au Louvre, créer le département des objets d'art du moyen âge et de la Renaissance. Elle ne renfermait qu'un petit nombre de monuments de grande sculpture. Nous lui devons cependant la belle inscription de Poncie d'Aiguière et l'écusson aux armes du roi de Naples René d'Anjou, sculpté par Francesco Laurana[2].

1. *La collection Révoil du Musée du Louvre.* Caen, 1886, in-8.
2. Voyez ci-dessus, p. 180.

Sous le règne de Louis-Philippe, on acheta peu d'œuvres anciennes de sculpture, si ce n'est pour le Musée de Versailles, et la liste civile se borna presque à faire exécuter rétrospectivement d'innombrables séries de bustes et de statues. Quelques dons importants vinrent, cependant, pendant cette période enrichir les collections nationales. Nous en avons parlé à propos des statues provenant de l'abbaye de Pont-aux-Dames.

II

De 1848 à 1853, le département de la sculpture du moyen âge et de la Renaissance fut, en principe, véritablement fondé au Louvre par le marquis Léon de Laborde, et de judicieuses acquisitions vinrent s'adjoindre au vieux fonds des collections nationales, que l'éminent érudit ramenait à Paris et groupait avec tant de goût et d'intelligence. Quelques pièces des collections Soulages et Debruge-Dumesnil furent habilement recueillies. J'insisterai seulement sur la pièce capitale passée de la collection Debruge-Dumesnil au Musée du Louvre.

Dans l'étude des sciences physiques et naturelles les facultés de l'imagination, rigoureusement soumises à la raison, sont parfois d'un grand secours. C'est à elles qu'on doit ces théories hypothétiques qui, plus ou moins discutables en elles-mêmes, ont mené cependant aux plus importantes découvertes. Il y a donc intérêt à transporter dans l'histoire de l'art la méthode des sciences physiques. A défaut de documents définitifs, quand on possède une base solide reposant sur des faits, on peut très légitimement se servir du procédé de l'hypothèse, à condition d'en contrôler les opérations avec la plus sévère critique et de n'en accepter les résultats que sous bénéfice d'inventaire. Dût-on ne pas parvenir du premier bond à la vérité, peu importe. L'hypothèse raisonnée est comme un coup de sonde jeté dans l'inconnu, dont le résultat, même négatif, a encore sa valeur.

Le Musée du Louvre expose, dans les salles de la Renaissance, un buste de jeune fille qui est, à mon avis, une des plus belles œuvres de sculpture possédées par cet établissement. L'excellence exceptionnelle de ce petit marbre, sorti évidemment des mains d'un artiste considérable, torture depuis longtemps ma pensée comme une énigme et pose à tout ami de l'art un problème dont j'espère hâter la solution ; je veux parler du portrait de Béatrix d'Este, catalogué sous le numéro 12 de la Notice des sculptures de la Renaissance. Je demande la permission de soumettre aux érudits quelques observations et quelques conjectures qui conduiront peut-être à en découvrir l'auteur.

Mais, me dira-t-on, l'œuvre est connue et classée depuis longtemps. Depuis quarante ans, en effet, il est universellement admis, d'après le très exact catalogue rédigé en 1847 par M. Labarte pour la collection Debruge-Dumesnil[1], que le numéro 103 de cette collection[2], acheté ensuite par le Louvre, est un ouvrage de Desiderio da Settignano. Le marquis de Laborde, à qui l'État doit cette excellente acquisition, avait, en apparence, adopté l'opinion de M. Labarte. Il faut remarquer cependant que le savant conservateur du Louvre n'a jamais professé ce sentiment d'une façon très explicite ; et, quand il l'a consigné très laconiquement et très dubitativement sur les registres d'acquisition du Musée,

1. P. 37, 38 et 444.
2. M. Labarte, qui n'a jamais négligé les questions d'origine, n'a pas indiqué dans son catalogue la provenance du buste de Béatrix. C'est évidemment que, après l'avoir cherchée, il n'avait pu parvenir à la connaître. Quelle valeur faudrait-il donc attribuer à l'indication d'origine prêtée à cette sculpture par le tome VI du Clarac continué, d'après lequel (p. 212, n° 3,437) le buste aurait fait partie de l'ancienne collection Grimani de Venise? L'*Anonyme* de Morelli et les excellentes notes qui l'accompagnent, tout en parlant de la célèbre collection vénitienne, ne disent rien de ce portrait de Béatrix. Le marbre, gravé dans le même tome VI de Clarac, est déclaré avoir été attribué à la fois à Desiderio et à Sansovino. La seconde de ces attributions est invraisemblable. La première est erronée.

on doit supposer qu'il se promettait de revenir sur un problème à la solution duquel son esprit était si préparé. C'est ce que ne permirent malheureusement ni la Révolution de 1848, qui le destitua, ni, après sa réintégration, son départ définitif du Louvre. Échappée à l'examen du marquis de Laborde, l'attribution émise une première fois n'a plus jamais été discutée en France. Acceptée seulement sous toutes réserves dans les deux éditions du Catalogue des sculptures modernes, elle fut adoptée sans aucune restriction par l'opinion publique qui lui voua une foi inébranlable. La protestation d'un érudit américain [1] n'altéra en rien la ferveur de cette croyance. Plus de vingt livres, de nombreux articles, la *Gazette des Beaux-Arts* elle-même, sont là pour en témoigner.

Une aussi longue possession d'état constituerait, en faveur de l'attribution à Desiderio da Settignano, une présomption de vérité, si la valeur de ces appréciations diverses, toutes concordantes entre elles, n'avait disparu devant un fait établi depuis 1862 par M. Gaëtano Milanesi (*Giornale storico degli archivi toscani*, tome VI, p. 14 et 15). Desiderio da Settignano est mort fort jeune, à 35 ans, et fut enterré à San-Pietro Maggiore de Florence, le 16 janvier 1463, c'est-à-dire douze ans avant la naissance de Béatrix d'Este dont on prétend qu'il a sculpté le portrait. Nous voilà donc à tout jamais débarrassés d'une attribution fantaisiste. Très excusable et même très suffisamment approximative quand elle fut émise, il y a quarante ans, cette opinion avait perdu depuis longtemps, au milieu des progrès de la science, le mérite d'être vraisemblable. En effet, de tous les grands sculpteurs de la Renaissance italienne, il n'y en a guère qui ait moins produit que Desiderio ; il n'y en a pas dont le talent, faute de nombreux éléments de comparaison, échappe davantage à l'appréciation et dont les œuvres certaines

---

1. Perkins, *Les Sculpteurs italiens*, éd. française, tome II, p. 209.

soient moins facilement assimilables à la manière de notre buste.

Béatrix d'Este, fille d'Hercule Ier, duc de Ferrare, naquit le 29 juin 1475[1]. Elle épousa Ludovic le More, le 17 janvier 1491[2], à Pavie, et le mariage fut consommé le lendemain 18 janvier. Elle avait à ce moment 15 ans 6 mois et 20 jours. Elle mourut le 2 janvier 1497, dans sa vingt-deuxième année, c'est-à-dire à l'âge de 21 ans 6 mois et 4 jours. Indépendamment du portrait qui nous occupe, les traits de la princesse ont été conservés à l'histoire par d'assez nombreux monuments. C'est la fillette dessinée, dit-on, par Antonio da Monza sur le bel acte de constitution de son douaire, décoré de charmantes miniatures et exposé au *British Museum*[3]. C'est la jeune mère que Zenale a agenouillée devant la madone dans le beau tableau du Musée de Brera; enfin c'est la morte que Cristoforo Solari a couchée sur le tombeau de marbre de la Chartreuse de Pavie.

Il n'est pas difficile de trouver dans une vie si courte le moment précis où la princesse fut représentée ; le portrait, aujourd'hui à Paris, fut exécuté certainement avant son mariage, car l'inscription la désigne seulement comme la fille d'Hercule d'Este et non comme la femme de Ludovic le More. La sculpture doit donc nécessairement être antérieure

---

1. La date de 1475 est donnée deux fois, par Litta, aux familles *Este* et *Sforza*.

2. « Anno millesimo quadringentesimo nonagesimo primo, indictione nona, die lune decima septima mensis januarii ». Cette date exacte du contrat de mariage de Béatrix m'est fournie par le texte d'un acte de donation faite par Ludovic à ses enfants naturels, le dernier février 1500, dont j'ai trouvé une copie dans l'*Archivio notarile* de Crémone.

3. Nous devons à l'obligeance de M. le marquis G. d'Adda la connaissance de cette pièce et la communication de la photographie gravée en 1877 dans la *Gazette des Beaux-Arts*. L'acte est du 28 janvier 1494, signé par Ludovic le More et légalisé par le notaire Stefano Gusberti, à Vigevano. — Sur Frà Antonio da Monza, imitateur ou élève de Léonard, voir Rio, *Art chrétien*, 1861, III, p. 52 et 53; et Turotti : *Leonardo da Vinci e la sua scuola*, p. 53 et 54.

à la date de janvier 1491, et d'une manière sensible, car on sait que les événements imminents et d'aussi grande importance qu'un mariage sont devancés par tous ceux qui peuvent y faire allusion. Nous avons encore un autre moyen de serrer la date de plus près. Certainement, le modèle représenté avait au moins dix ans et, vraisemblablement, de douze à quatorze ans. C'est une enfant, ce n'est pas encore une jeune fille. Or, comme Béatrix était dans la onzième année de son âge du 29 juin 1486 au 29 juin 1487, dans la douzième du 29 juin 1487 au 29 juin 1488, dans la treizième du 29 juin 1488 au 29 juin 1489, et dans la quatorzième du 29 juin 1489 au 29 juin 1490, nous pouvons dire que son buste fut exécuté de juin 1486 à juin 1490 et, suivant toutes probabilités, en 1487, 1488 ou 1489.

La princesse, née à Naples, habita vraisemblablement les États de son père, c'est-à-dire Ferrare, ou Modène, ou ceux du duc Jean-Galéas de Milan, que gouvernait son fiancé Ludovic le More, auquel elle avait été promise en 1480, dès l'âge de six ans[1]. Il y a donc tout lieu de supposer que la sculpture fut exécutée à Modène, à Ferrare[2] ou à Milan, à Milan surtout lorsque, en 1487, 1488, 1489, l'âge de Béatrix rapprochait l'époque fixée à son union. Qu'on regarde en même temps le costume de la princesse. Elle porte la ferronnière, la résille, la grosse natte de cheveux, la robe des femmes milanaises. Son épaule gauche est chargée d'une

---

1. *Storia di Milano*, di Pietro Verri; Firenze, Le Monnier, 1851, tome II, p. 65. Verri croyait Béatrix un peu plus âgée qu'elle ne l'était, puisque, *ibidem*, il dit qu'elle se maria dans sa dix-septième année. Mais Litta fait foi contre tout.

2. On ne trouve rien sur cette sculpture ni sur les artistes qui pourraient en avoir été les auteurs dans l'excellent livre de M. le marquis Campori : *Gli Artisti italiani e stranieri negli stati estensi*, Modene, 1855. Rien non plus dans le livre si curieux de Pomponio Gaurico intitulé *De sculptura* et dédié « *ad Divum Herculem Ferrariæ principem* », c'est-à-dire au père de Béatrix d'Este.

écharpe sur laquelle nous aurons à revenir tout à l'heure et dont l'ornement en soutache est tout spécialement milanais, et se fait également remarquer dans la miniature attribuée à Antonio da Monza.

Or, que sculptait-on à Milan en 1487, 1488 et 1489 ? Il est facile de le savoir. La Lombardie, longtemps en retard sur le reste de l'Italie, donnait en ce moment l'exemple d'une production fort active et d'un merveilleux épanouissement de tous les arts. La cathédrale de Milan, la Chartreuse de Pavie, cent palais publics et particuliers, exerçaient le talent d'une foule de sculpteurs. La capitale des États de Jean-Galéas, comme on l'a très bien dit[1], était une ruche autour de laquelle bourdonnait un essaim d'artistes. Les ouvrages de tous ces travailleurs existent encore aujourd'hui et se trouvent presque tous en place. Le Dôme de Milan et la Chartreuse de Pavie sont en quelque sorte les archives des monuments de la renaissance lombarde, et on peut dire qu'il ne manque presque rien au chartrier. Certes, le duc de Milan comptait autour de lui de nombreux hommes de talent. Les plus illustres, en ce moment, les seuls qui eussent pu prétendre à l'honneur de retracer l'image de la fiancée promise à l'oncle de leur seigneur, — et on peut dire à leur véritable souverain, car Jean-Galéas-Marie était éclipsé par le régent qui gouvernait sous son nom et se montrait le protecteur intelligent de tant d'artistes, — les plus illustres, dis-je, étaient les Mantegazza et l'Omodeo. Les frères Mantegazza entreprenaient de sculpter la fameuse statue équestre de Francesco Sforza, qu'un autre devait exécuter, et dirigeaient la construction de la Chartreuse de Pavie, œuvre privilégiée du duc; ils en décoraient la façade. Antonio Omodeo partageait avec eux la direction des bâtiments de la Chartreuse et préparait la coupole du Dôme de

---

[1]. Perkins, *Les Sculpteurs italiens*, édit. française, tome II, p. 158.

Milan. Eh bien! ni les Mantegazza[1], ni l'Omodeo[2], ni les plus habiles de leurs collaborateurs, les Rodari de Como, Alberto Maffiolo de Carrare, auteur du *Lavatojo dei Monachi*, ni Tommaso da Cazzanigo, sculpteur du tombeau de la famille Brivio[3], — dont les œuvres, je le répète, sont parfaitement connues, — ne pouvaient tailler cette image de marbre. Et alors on ne faisait rien[4] à Milan qui ne fût dans le goût des Mantegazza, de l'Omodeo ou des Rodari, la sculpture affectant un caractère éminemment collectif dans lequel disparaissent les personnalités. On sait aussi avec quelle rapidité déclina l'école lombarde. Au goût rude et âpre des Mantegazza, de l'Omodeo, de tout l'atelier primitif de la Chartreuse, succéda le goût affadi, recherché, précieux, lourd ou exagéré de Benedetto Briosco, d'Agostino Busti, de Cristoforo Solari, de Marco Agrate. L'œuvre examinée n'appartient, on peut le dire, ni aux prédécesseurs, ni aux contemporains, ni aux successeurs exclusivement lombards de l'Omodeo; et, cependant, sous bien des points de vue, elle peut être revendiquée par l'école milanaise.

Mais, quoique la sculpture ait dû être exécutée à Milan ou dans les environs, le duc Louis le More, qui savait comprendre l'artiste que n'avait pas apprécié Laurent de Médicis et que devait dédaigner Léon X, Louis le More pouvait bien appeler de Toscane un sculpteur digne du modèle qu'il voulait lui proposer. Et, en effet, — nous entrons dans le vif du sujet, — la sculpture que nous analysons, en même

---

1. La réputation de Cristoforo et d'Antonio Mantegazza était si grande qu'ils furent chargés d'exécuter la statue équestre du duc Francesco Sforza. Ils étaient sculpteurs en chef de la façade de la Chartreuse dès 1478. Cristoforo mourut en 1482, et se trouve donc tout naturellement éliminé.

2. Omodeo, nommé architecte en chef de la Chartreuse en 1490. Voyez Perkins, p. 147.

3. Mongeri, l'*Arte in Milano*, 1872, p. 52.

4. Il faut faire une exception pour les sculptures du baptistère de San-Satiro.

temps qu'elle est l'œuvre d'un maître consommé, a un parfum absolument florentin. Transportons-nous donc, un instant, à l'époque de Ludovic et voyons sur qui un duc de Milan, en 1487, 1488 ou 1489, a pu jeter les yeux, une fois qu'il avait résolu de demander à un maître toscan de premier ordre le portrait de sa fiancée.

L'école des della Robbia était dans toute sa fleur. Elle produisait les merveilleux ouvrages qu'on connaît. Les Rossellino, les Majano et leurs imitateurs modelaient leurs chefs-d'œuvre ; mais la sculpture que nous examinons est trop ferme, trop précise, pour pouvoir être attribuée à l'école des della Robbia. Il faudrait donc songer à l'école rivale. Donatello était mort depuis longtemps ; ses meilleurs élèves, ses émules, étaient eux-mêmes descendus dans la tombe. En 1487, ni Desiderio, ni Michelozzo, ni Filarete, ni Mino, n'étaient plus.

L'Italie attendait déjà Michel-Ange ; et la mort, en frappant à côté de lui les plus jeunes et les plus illustres têtes, semblait accumuler les ruines du quinzième siècle autour du berceau de l'homme qui devait porter à la Renaissance le dernier coup. Sur les sommets de l'art, Verrocchio seul restait encore debout et pour bien peu de temps. En 1484, il terminait, à Florence, son groupe de l'*Incrédulité de saint Thomas*. En 1488, il mourait à Venise, exclusivement occupé, pendant ses dernières années, de la figure équestre de Colleoni. Mon énumération n'est cependant pas complète. Un Florentin, en 1483[1], s'était présenté au régent du duché de Milan en lui offrant de mettre à son service les ressources de son talent et en lui déclarant qu'il savait pratiquer tous les arts de la paix et de la guerre. Il lui disait nommément : « In tempo

1. C'est la date donnée par Amoretti et qui est généralement adoptée, notamment par M. le marquis Campori (*Gazette des Beaux-Arts*, tome XX, p. 40).

di pace credo satisfare benissimo a paragoni de omni altro in architettura, etc.; item conducero in *sculptura de marmore*, di bronzo e di terra. » L'homme qui offrait à Ludovic le More de travailler pour lui le *marbre* s'appelait Léonard.

Personne n'ignore que le Vinci se livra à la sculpture dès sa plus tendre jeunesse. Vasari nous en a conservé le témoignage dans deux passages : « Non di meno, benchè egli a si varie cose attendesse, non lasciò mai il disegnare ed il fare di rilievo » (Ed. Lemonnier, tome VII, p. 12). — « Non solo operò nella scultura facendo nella sua giovanezza di terra alcune teste di femine che ridono, che vanno formate per l'arte di gesso, e parimente teste di putti che parevano uscite di mano d'un maestro » (*Ibid.*, p. 13). Lomazzo posséda une œuvre de scultpture de Léonard : « Anch' io mi trovo una testicciuola di terra di un Cristo, mentre che era fanciullo, di propria mano di Leonardo Vinci » (*Trattato dell' arte della pittura*, Rome, 1844, in-8°, tome Ier, p. 213). Il cite (*ibid.*, p. 301) une autre œuvre qui était en possession de Leone Leoni. M. Turotti a pu dire, en traduisant Rio : « Gli scrittori che di lui parlarono, prima del Vasari, appena ricordarono le opere del suo pennello e lo additano come gran scultore. Paolo Giovo, originario di Como, contemporaneo di Leonardo ed osservatore abbastanza giudizioso per giudicare con competenza di ciò che più specialmente destava l'entusiasmo del quale quell' artefice era l'oggetto, gli consacrò qualche linea in una delle sue istorie, ma non per entusiasmarsi dei lavori del suo pennello, de' quali un solo è rammentato dall' istorico che superficialmente, come se la pittura fosse stata un' accidentalità nella carriera di Leonardo, ed una specie di sviamento imposto al suo genio, per che egli afferma positivamente che la scultura era la prediletta sua cura. Un' altra testimonanza ancora più decisiva, quantunque puramente negativa, è quella di Fra Luca Paciolo[1], pel quale Leonardo in ricambio del suo *commentario su Vitruvio* compose il suo trattato *della*

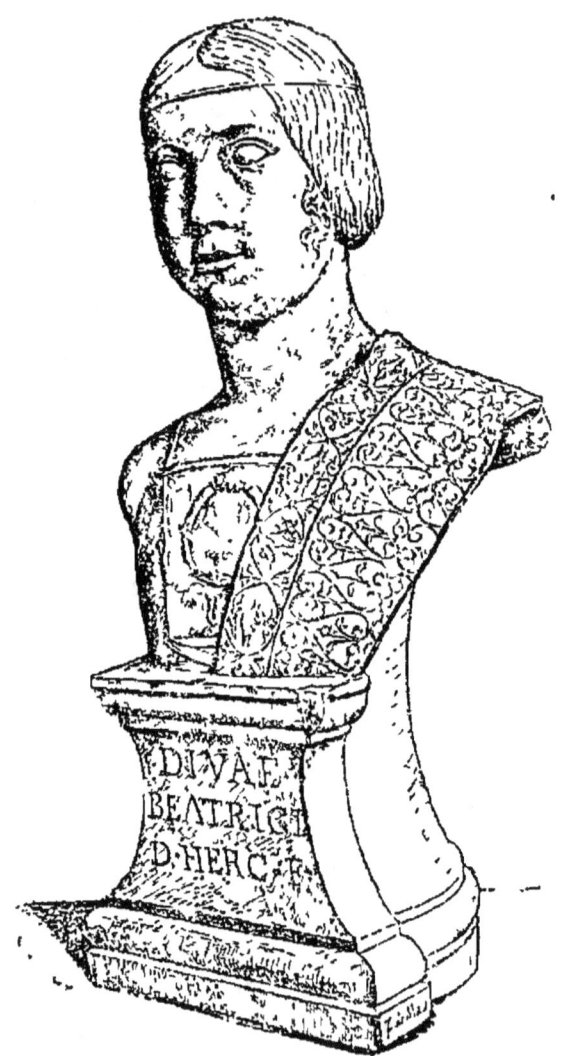

Buste en marbre de Béatrix d'Este. (Musée du Louvre.)

divina proporzione, e che, in un' opera in cui parlava acci-

1. Le texte imprimé de M. Turotti porte : « Fra Luca Paolo », mais c'est évidemment une erreur typographique pour « Fra Luca Paciolo ».

dentalmente dei pittori più illustri del suo tempo (1494), ommetteva il nome d'un amico, sotto il cui pennello era già fiorito più d'un capo lavoro[1]. »

Donc, si aujourd'hui nous ne possédons aucun ouvrage authentiquement sculpté par Léonard, il n'en est pas moins certain que Léonard a beaucoup sculpté, en dehors de la fameuse statue de Francesco Sforza. Il a déclaré lui-même, dans son *Traité de peinture*, qu'il avait autant sculpté que peint : « Adoperandomi io non meno in scultura che in pittura ed esercitando l'una e l'altra in un medesimo grado, mi pare, etc., etc., » (*Trattato della pitturra*, p. 38). Admiré comme il méritait de l'être, devenu le commensal, l'ami de Ludovic le More, associé à toutes les fêtes du duc et à sa plus grande intimité, directeur de l'Académie qui portait son nom, Léonard fut, de 1484 à 1489, le souverain ordonnateur des arts à la cour de Milan. A qui donc le Régent pouvait-il songer en 1487, 1488, 1489 ou 1490 s'il eût voulu faire exécuter excellemment le portrait de la jeune fiancée dont il était épris? Il n'avait pas la liberté de faire un choix, en admettant qu'il y eût intérêt pour lui à être libre. On peut dire que, étant donnés les rapports si connus et si intimes de Ludovic le More et de Léonard, il est presque nécessaire que les traits de la future duchesse aient été reproduits, à l'aide de tous les procédés dont disposait l'artiste favori, par sa propre main ou tout au moins sous sa direction, dans cette école qu'on appelait son académie. On voit maintenant où je suis conduit par une série d'hypothèses non pas absolument gratuites et qu'aucun fait connu, en tout cas, ne vient démentir. Rien ne serait plus naturel que l'existence d'une sculpture de Léonard représentant Béatrix d'Este.

Pourrait-on dire que le buste du Louvre émane, à quel-

---

[1]. *Leonardo da Vinci e la sua scuola*, 1857, p. 61 et 62.

que degré que ce soit, du maître milanais? Hélas! la comparaison avec une autre œuvre sculptée par Léonard est actuellement impossible. Y a-t-il assimilation nécessaire entre le buste de Béatrix et ce que l'on connaît de l'œuvre peint et dessiné de Léonard? Non, sans doute. Je ferai seulement remarquer que l'exécution du marbre, — travail incontestable d'un artiste éminent, — ne contredit en rien l'attribution que je voudrais en faire à l'atelier d'où est sorti le portrait de femme connu sous le nom de la *Belle Ferronnière* et les deux célèbres portraits de la bibliothèque Ambrosienne de Milan. Exécution poussée très loin et qui cependant ne nuit pas à l'ampleur de l'effet ; minutieuse interprétation des détails, qui ne rétrécit en rien l'expression générale ; finesse et profondeur : telle est l'appréciation qu'on peut formuler devant cette sculpture ainsi que devant n'importe quelle œuvre du Vinci et de son école. Le portrait de Béatrix d'Este est un de ces ouvrages florentins comme Léonard en a peints et comme il peut en avoir sculptés ou inspirés pendant la première période de son séjour à Milan. Arrivons, s'il est possible, à des faits plus positifs.

Béatrix porte une écharpe couverte et l'on peut dire surchargée à l'excès (ce qui n'est pas purement florentin) de ces soutaches, de ces broderies bien connues de ceux qui ont étudié les manuscrits de Léonard et les bordures de vêtements de quelques-uns de ses portraits de femme, notamment celui de la Joconde. L'habitude qu'avait le maître de se complaire à retracer des tresses, des rosettes et des enchevêtrements de cordelettes avait frappé Vasari qui, à ce sujet, s'est exprimé ainsi : « Oltrechè perse tempo fino a disegnare gruppi di corde fatti con ordine e che da un capo seguissi tutto il resto fino all' altro, tanto che s'empiessi un tondo che se ne vede in istampa uno difficilissimo e molto bello, e nel mezzo vi sono queste parole *Leonardus Vinci accademia*[1]. » Et, en effet, plusieurs estampes[2], représentant des entrelacs très compliqués[3] et portant au milieu les mots : LEONARDI VINCI ACADEMIA, nous sont parvenues pour nous témoigner de l'exactitude du fait allégué par Vasari et de ce trait caractéristique du peintre de la Cène. Or, je crois reconnaître le goût léonardesque dans la broderie essentiellement milanaise qui surcharge l'étoffe de l'écharpe de Béatrix au point de la faire disparaître sous l'ornement. Certains dessins disséminés dans les manuscrits autographes de Léonard conservés à Paris justifient à la fois et le biographe des artistes italiens, qu'on accusait d'affirmer sans preuves, et l'attribution du dessin des gravures qu'on a supposées copiées d'après Dürer. Oui, Vasari était, en cela bien, informé : Léonard perdait son temps à combiner laborieusement des entrelacs. Sans que ces dessins parussent avoir le moindre rapport avec les pensées qui l'agitaient ou les observations scientifiques qu'il consignait à côté d'eux, il crayonnait çà et là des enlacements de cordelettes sur les marges de ses manuscrits. C'était peut-être une habitude inconsciente de sa main pendant que son esprit voyageait ailleurs. Passavant s'est donc trompé dans son *Peintre-graveur*[4], quand il suppose que Dürer et l'Allemagne ont eu besoin d'inspirer le dessin des estampes qui portent le nom de l'académie de Léonard. M. le marquis d'Adda a déjà démontré surabondamment cette erreur[5]. N'admît-on pas à la lettre l'assertion de Vasari, il faudrait au moins voir, dans le sujet de ces gravures, de véritables patrons de passementerie comme le propose M. d'Adda ou

1. Ed. Lemonnier, tome VII, p. 14.
2. Passavant, le *Peintre-graveur*, tome V, p. 179 et 182.
3. Le centre d'une de ces estampes a été reproduit par Amoretti en tête des *Memorie storiche di Leonardo da Vinci*.
4. Tome V, p. 183.
5. Cf. *Saggio delle opere di Leonardo da Vinci*, Milan, 1872, p. 21 et 22, et *Gazette des Beaux-Arts*, 1re période, tome XVII, p. 434.

bien même un signe machinal et habituel de la main du Vinci, une sorte de paraphe recueilli dans quelques exem-

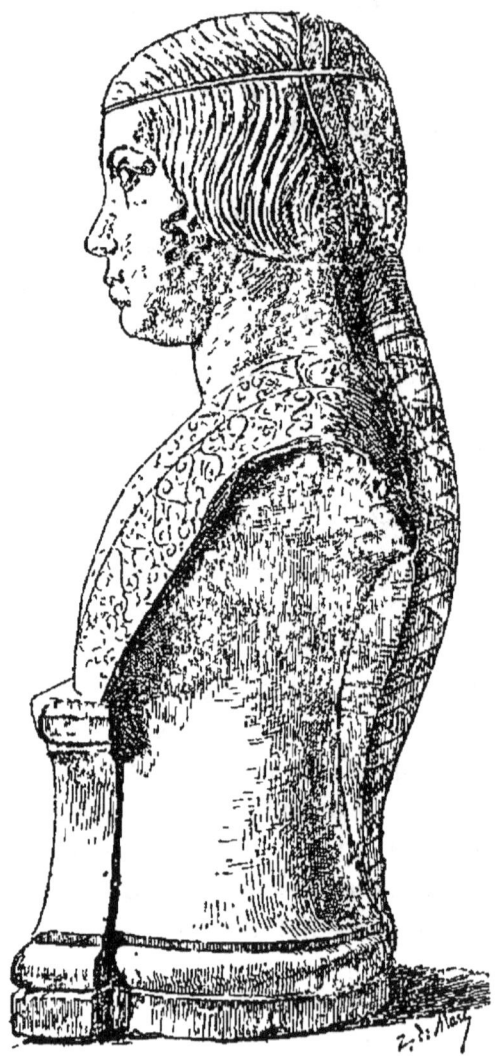

Buste en marbre de Béatrix d'Este, vu de profil

plaires principaux, par des élèves respectueux de tout ce qui émane du maître.

On m'a objecté avec raison que, même en Italie, le goût

pour les enlacements de cordelettes pourraient bien n'avoir pas été exclusivement la manie de Léonard. Cette observation est judicieuse, et, sans sortir du Louvre, j'ai trouvé dans le tableau de Pérugin (nº 442 de l'école italienne), sur l'escabeau soutenant les pieds de la Vierge, un dessin d'arabesques composé d'entrelacs. Le Jean-François de Gonzague agenouillé aux pieds de la *Vierge de la Victoire* est revêtu, par-dessus sa cuirasse, d'une cotte d'armes toute couverte de passementerie. Mais il n'en est pas moins vrai que Léonard a, plus que personne et jusqu'à l'exagération, partagé l'engouement de son époque pour ce motif décoratif tout particulièrement répandu dans le nord de la Péninsule et que, actuellement, ces « treccie di cordicella » sont regardées en Italie, par les savants les plus compétents, comme un des caractères de son école et comme le « tema favorito dei ghiribizzi del Vinci[1] ».

Enfin une dernière particularité doit appeler l'attention de quiconque veut pénétrer le secret de ce chef-d'œuvre. M. le baron de Guilhermy, dans le remarquable travail qu'il a publié sur le musée des sculptures modernes du Louvre, où il a si parfaitement compris et analysé la beauté du buste de Béatrix, a écrit les lignes suivantes : « Des ornements brodés sur le devant de la robe semblent une allusion à l'espérance d'une prochaine union. On y voit deux mains tenant une nappe d'où s'échappe, à travers le tissu, pour retomber sur le calice d'une fleur, une poussière fécondante et mystérieuse[2]. » Cette allusion à un mariage pro-

---

1. G. Mongeri, *Bulletino della consulta archeologica di Milano*, anno III, fasc. 2º 1876, p. 28. — Voyez surtout un excellent article de M. le marquis d'Adda, intitulé *Essai Bibliographique sur les anciens modèles de lingerie, de dentelles et de tapisseries* (*Gazette des Beaux-Arts*, 1re période, tome XVII, p. 434 à 436).

2. *Annales archéologiques*, tome XII, p. 295.

M. le marquis d'Adda, que j'avais consulté et dont l'obligeance égalait le savoir, a bien voulu me répondre que cet emblème lui était connu; que Ludovic le More, auquel il en attribue l'invention, l'avait employé, même après son machain, si bien saisie par M. de Guilhermy, confirme d'abord la date de 1488, 1489 ou 1490 au plus tard, assignée par nous à l'exécution de l'œuvre. Peut-être nous apprend-elle plus encore ? C'est presque l'équivalent d'une signature ou tout au moins d'une indication de provenance. Qui donc, en ce moment, aimait à voiler sa pensée sous une forme incompréhensible au vulgaire ? N'était-ce pas l'avare possesseur de tant de secrets enfouis pêle-mêle dans ses cahiers d'observations ? N'était-ce pas l'homme bizarre qui, écrivant à rebours bien plus parce qu'il voulait soustraire ses travaux à la curiosité de ses contemporains que parce qu'il était gaucher, semblait confier à des hiéroglyphes les découvertes de son génie ? Y avait-il, même au quinzième siècle, beaucoup de poètes, y avait-il un seul sculpteur capable d'inventer une aussi gracieuse et, dans une époque tant éprise de l'antiquité, une aussi chaste allégorie ? Allons plus loin. Ce petit ornement en apparence insignifiant contient, à l'état de rébus, la constatation d'une des grandes découvertes des sciences naturelles, qui, vaguement connue de l'antiquité et consignée par elle dans les écrits d'Aristote, avait en

riage, avec la devise milanaise « tale a mi quale a ti » : et qu'il résulte de la lecture de la nouvelle X (quatrième partie) des *Novelle del Bandello* que le voile tenu par les deux mains serait un bluteau, et la poussière, de la farine. Voici ce que dit Bandello : « ... Come una de le assise de li Duchi del grasso Milano, quella dico del buratto, dimostra : avvenga tale a te quale a me. » Le texte est formel, mais ne dit pas si le bluteau accompagné de la devise *tale,* etc., auquel il fait allusion, est, comme ici, entouré d'un anneau nuptial et suspendu au dessus d'une fleur. J'avoue ne pas comprendre ce que signifierait de la farine versée sur le calice d'une fleur qui s'entr'ouvre pour la recevoir. En admettant même que l'emblème expliqué par Bandello ait été absolument semblable à celui que nous signalons sur le corsage de Béatrix, le peuple milanais, qui n'était pas dans le secret de la science, peut très bien avoir appelé *buratto* ce qui avait seulement les apparences d'un bluteau. Quant à la persistance de l'usage de cette figure allégorique, Ludovic peut avoir conservé, après son union avec Béatrix, un symbole qui lui plaisait par son caractère ingénieux et dont le sens se trouva modifié. Mais il me semble qu'ici, employé certainement avant son mariage (voyez les raisons fournies par nous à propos de l'âge de Béatrix), cet emblème a une signification spéciale et s'explique naturellement par l'interprétation de M. le baron de Guilhermy.

quelque sorte sommeillé jusqu'à la Renaissance. Celui qui a tracé ce symbole savait théoriquement, au quinzième siècle, que les fleurs ont des sexes et connaissait les lois qui président à leur reproduction. Ces vérités de l'ordre physique couraient-elles les ateliers de sculpteurs, qu'ils fussent de Milan, de Florence ou d'ailleurs? Qui donc, au contraire, avait — autant que Léonard — fait de la botanique l'objet de ses observations, consignées encore aujourd'hui dans ses ouvrages, soit publiés, soit inédits? Mon collègue et ami, M. Charles Ravaisson-Mollien, qui a commencé depuis longtemps une étude sur Léonard de Vinci et qui a publié déjà plusieurs de ses manuscrits, a bien voulu rechercher et exposer, dans la *Gazette des Beaux-Arts*, en 1877, ce que Léonard paraît avoir connu de la génération des plantes.

En résumé, le buste dont il s'agit ne peut pas, par des raisons chronologiques, être l'œuvre de Desiderio da Settignano. L'ornementation du corsage de la future duchesse de Milan présente une allégorie impliquant une connaissance scientifique qui ne devait appartenir, à la fin du quinzième siècle, qu'à un petit nombre d'esprits supérieurs, et qu'il est plus naturel d'attribuer à un artiste savant et érudit qu'à tout autre.

Il a été démontré que le portrait de Béatrix fut exécuté de 1487 à 1490, dans le nord de l'Italie, et qu'il respire le goût florentin en même temps qu'il trahit une influence lombarde. Il y a là un ensemble de faits qui conviendrait éminemment à Léonard de Vinci. Je sens autant que personne, cependant, combien je suis loin d'avoir dit le dernier mot dans la question d'attribution, mais j'ai, du moins, frayé le chemin et circonscrit le terrain sur lequel devra porter une nouvelle enquête. Je voudrais qu'on cherchât à Milan, à Ferrare, à Modène autour de Léonard, de son maître, de ses élèves, et particulièrement de Lorenzo di Credi, qui était aussi sculpteur[1]. Enfin, si je ne prétends pas avoir prouvé que le buste de Béatrix soit certainement exécuté par Léonard de Vinci lui-même, je crois avoir établi comme présomption qu'il a été conçu sous son inspiration. Une telle hypothèse ne saurait être rejetée sans examen ni discussion. Elle gardera pour elle quelque vraisemblance jusqu'à ce que la preuve contraire ait été faite. Que d'autre part on n'oublie pas qu'il a existé des sculptures de Léonard et de son école; qu'il en existe probablement encore sans que nous nous en doutions, et que des tâtonnements analogues aux miens peuvent seuls hâter le moment de leur découverte.

III

De 1852 à 1869 la liste des acquisitions du Musée du Louvre a été publiée par M. le comte de Nieuwerkerke[2], et c'est pendant cette période qu'entrèrent au Musée les collections Sauvageot[3] et Campana[4]. La seconde était assez riche en œuvres de sculpture. Elle nous procura de nombreuses terres cuites émaillées des della Robia, quelques stucs intéressants et, dans la série des marbres, un bas-relief important de Mino, que j'ai publié après l'avoir restitué à son véritable auteur; car on le disait à tort de Rossellino[5]. Elle contenait aussi deux statues en marbre provenant de la façade originale du dôme de Florence. Ces statues seront prochainement étudiées et commentées par nous. Mais le département de la sculpture du moyen âge,

1. Gaye, *Carteggio*, tome I, p. 367. — Vasari, éd. Lemonnier, tome V, p. 248.
2. *Rapport de M. le comte de Nieuwerkerke sur la situation des musees imperiaux*, 1853-1869. Paris, 1869, in-8.
3. A. Sauzay, *Catalogue du musée Sauvageot*. Paris, 1862, in-12.
4. *Catalogue des tableaux, des sculptures de la Renaissance et des majoliques du Musée Napoléon III*. Paris, 1862, in-12.
5. Voyez dans le *Musée archéologique* : Un bas-relief de Mino da Fiesole au musée du Louvre. Paris, 1876.

de la Renaissance et des temps modernes ne fut définitivement séparé du département de la sculpture antique qu'en 1871. Les acquisitions et les donations depuis cette époque prirent une plus grande importance, et nous en donnerons l'énumération complète dans notre *Histoire du département*. Le nouveau service créé au Louvre eut, dès le début, la main heureuse en achetant de M. Alfred Ramé la curieuse statue en bronze de Blanche de Champagne, sur laquelle M. Benjamin Fillon nous a transmis les renseignements suivants : « Telle est la destinée du tombeau de Blanche de Champagne, femme de Jean V, dit le Roux, duc de Bretagne, que l'on voyait autrefois dans l'église de l'abbaye de la Joie, dont cette princesse fut fondatrice. Blanche était fille de Thibaut VI, comte de Champagne... Elle mourut à la Tour Hélé... le 5 août 1283. Son fils, Jean II, chargea des artistes de Limoges de lui élever un mausolée que l'on suppose avoir été de cuivre émaillé... En parcourant, il y a quelques mois, les anciennes archives du château de Nantes, j'ai retrouvé la quittance du prix d'exécution :
« Sachent touz que nous, Guillaume Le Borgne, chevallier,
« avons heu et receu des exéqutors de nostre cher segnour
« de bone memoyre Johan, jadis duc de Bretagne, conte
« de Richemond, defunt, quatre cenz et cinquante... pour
« la façon de la tombe et de la sepulture nostre chere
« dame dont Deux ayt l'ame, madame Blanche ma mere,
« jadis duchesse de Bretaygne, ainsi que le dit nostre cher
« segnor aveyt quemandé fére à Limoges au temps qu'il
« vivayt, et... les dits exequtors envers ceux que font ladite
« tombe... a la somme des dites quatre cenz et cinquante
« (livres). — A Venes. Tesmoyng nostre seaul le... jour..
« l'an de grace mil treys cenz et seys (1306). »

Sur ces curieuses œuvres des ateliers de Limoges au quatorzième siècle, on lit dans le glossaire des *Émaux* du marquis de Laborde, page 283 : « 1327 — Item je lais huit cent livres pour faire deux tombes hautes et levées de l'œuvre de Limoges, l'une pour moi et l'autre pour Blanche d'Avaugor, ma chere compagne. » Testament de Hugues de Hugues de Haric cité par du Cange.

IV

Les tendances nouvelles manifestées par l'acquisition de la statue de Blanche de Champagne s'affirmèrent en 1874 par l'achat de la Vierge dite d'Olivet, admirable ouvrage français de l'Ecole de la Loire [1], par l'achat de la porte de marbre du palais Stanga à Crémone [2] et, en 1878, par celui du buste de Filippo Strozzi, sculpté par Benedetto da Majano. Cette sculpture de marbre est ainsi signée en dessous :

FILIPPVS ST[ROZA] MATEI FILIVS
BENEDITVS [D]E MAIANO FECIT

Le beau buste, acquis du prince Strozzi, n'avait jamais quitté le célèbre palais de sa famille. Il a été signalé par Vasari en ces termes : « Dopo fece Benedetto in Santa Maria Novella di Fiorenza, dove Filippino dipinse la cappella, una sepoltura di marmo nero, in un tondo, una Nostra Donna e certi angeli con molta diligenza, per Filippo Strozzi vecchio : il retratto del quale, che vi fece di marmo, è oggi nel suo palazzo [3]. » On voit au Musée de Berlin la terre cuite peinte du même buste.

Dans l'intervalle qui sépare ces deux dernières acquisitions, le Louvre reçut de M. His de la Salle une des plus

---

1. Voyez sur ce monument le mémoire de M. Anatole de Montaiglon, publié d'abord dans la *Gazette des Beaux-Arts*, et tiré à part sous ce titre : *La Famille des Juste en Italie et en France*, Paris, 1878, in-8, et un article de M. Edm. Bonnaffé dans le journal *le Français* du 7-8 mai 1875.
2. Sur la porte du palais Stanga, voyez la *Gazette des Beaux-Arts*, février 1876.
3. Vasari, édition Lemonnier, t. V, p. 131.

généreuses donations qui lui aient jamais été faites. A l'incomparable collection de dessins déjà livrée et apportée au Louvre, à la madone de la famille Arrighi de Florence[1], sculptée par Mino da Fiente, déjà installée dans la salle de Michel-Ange depuis 1862, M. His de la Salle voulut ajouter une remarquable suite de bas-reliefs de bronze de l'Ecole de Padoue, dont M. Barbet de Jouy a publié l'inventaire en 1876[2].

V

Depuis que les trois grands arts du dessin ont affecté, chez les divers peuples de l'Europe occidentale, une personnalité assez tranchée pour permettre de distinguer à des signes certains les caractères de leur nationalité, — c'est-à-dire depuis la Renaissance du onzième siècle, — notre école de sculpture n'a jamais cessé de produire des œuvres de premier ordre et a tenu presque constamment le premier rang parmi les écoles rivales. Cette vérité, qui est proclamée par tant de monuments, n'est pas suffisamment évidente quand on pénètre dans l'étroit corridor où d'admirables mais trop rares sculptures, anneaux éparpillés d'une chaîne rompue, ont la prétention de constituer un musée du moyen âge digne de la France; et l'on gémit en voyant la place trop restreinte que les pouvoirs publics ont départie, dans le Louvre, aux premières et grandes époques de l'art essentiellement national. Mais un excellent livre[3], écrit par un savant consciencieux d'après des documents

---

1. *Bulletin de la Société des antiquaires de France,* juillet 1881, p. 223.
2. *Supplément à la description des sculptures du moyen âge et de la Renaissance,* in-12 de 11 pages. Sur la donation His de la Salle (sculptures), consultez un article de M. Louis Gonse dans la *Gazette des Beaux-Arts,* octobre et décembre 1877, et *Chronique des Arts,* 1878, p. 65 et 106. Voir également une Notice sur M. His de la Salle et sa collection, lue à l'Académie des Beaux-Arts en 1881 par M. Anatole Gruyer, in-4.
3. *Histoire de la sculpture française,* par Émeric David, publiée en 1853. L'ouvrage avait été composé et écrit avant 1817.

d'histoire et en face du rapprochement momentané de nombreux chefs-d'œuvre, a mis le fait hors de doute, même pour ceux qui ne peuvent comprendre le langage des pierres et qui restent sourds à l'éloquence des monuments. La démonstration est désormais scientifiquement établie et pourrait être enseignée par des aveugles. L'éducation de l'avenir est assurée de ce côté. La France a été de tout temps la patrie privilégiée des sculpteurs. La sculpture française doit donc occuper chez elle, c'est-à-dire sur le sol qui l'a vue naître et dans les musées destinés à l'abriter, une place proportionnelle à son importance dans le développement des facultés artistes de notre pays. Le Louvre, à cet égard, a une grande tâche à accomplir et connaît tous ses devoirs. Mais, héritier naturel et légitime de tous ceux des monuments mobilisés par la Révolution qui, recueillis momentanément par Lenoir, puis abandonnés ensuite, n'ont pas encore reconquis une place définitive dans leur domicile originel, le Louvre est dans la situation d'un fils de famille sans ressources qui se console de sa pauvreté momentanée par ses grandes espérances. La fortune paternelle est imprescriptible et inaliénable, et lui fera nécessairement retour. Il est facile de prévoir et d'affirmer qu'avant peu de temps le Musée des Monuments français sera reconstitué sur une base scientifique, dans la mesure du possible et en respectant tout ce qu'il faudra respecter. Il y a des œuvres patriotiques qui s'imposent à des époques, et des besoins publics contre lesquels d'étroites convenances personnelles et les partis pris des bureaucraties obstinées ne sauraient prévaloir. Comprendrait-on que ce qui fut jugé utile de 1795 à 1816 ne fût pas considéré comme nécessaire après la réhabilitation de notre art national? L'art français est donc assuré d'avoir un jour, au Louvre, la place qu'il mérite. Les pouvoirs publics, qui dirigent la France et ont la responsabilité de l'enseignement des générations nouvelles, décideront de l'heure où justice sera faite. Le procès est déjà instruit. Reconstitué sur le papier, le Musée des Monuments français n'attend, pour ressusciter à la lumière, que le coup de baguette du magicien qu'on appelle l'État. En attendant, il importe de combler, dans les étroites limites des crédits budgétaires, les lacunes qui existent parmi les séries de l'art étranger, lacunes qui pourraient devenir irréparables si, en face des acquisitions intelligentes et judicieuses des divers musées de l'Europe, l'occasion et l'heure propices n'étaient habilement choisies avant l'appauvrissement du marché et l'épuisement de toutes les sources. Le Louvre s'est donc enrichi en 1880 de plusieurs pièces importantes appartenant toutes à l'art italien de la Renaissance : un buste de marbre et un bas-relief de terre cuite.

Le petit saint Jean, représenté en buste, provenant de la collection de M. His de la Salle, est connu depuis longtemps, et il était apprécié comme il convient, bien avant d'entrer au Louvre. Cette charmante sculpture était particulièrement chère à son intelligent possesseur, qui n'avait pas attendu, pour la comprendre et l'aimer, que la mode se fût engouée de l'art du quinzième siècle. Depuis près de cinquante ans elle faisait partie de son cabinet, formé dans ces temps fabuleux et préhistoriques où il suffisait d'être éclairé et connaisseur pour devenir le plus heureux des amateurs de la Renaissance italienne. Le personnage de saint Jean-Baptiste est peut-être, de toutes les figures non divines du Nouveau Testament, celle qui a le plus constamment et le plus heureusement inspiré l'art italien. Il serait long et difficile d'énumérer tous les chefs-d'œuvre qui, d'un bout à l'autre de la Péninsule, ont traduit pour les yeux le chapitre des textes sacrés racontant la mission du précurseur. Chaque maître a compris le sujet à sa manière. A côté de Donatello, le principal et le plus énergique des interprètes pittoresques de l'épisode biblique, qui retrace habituellement, avec un réalisme grandiose, les aspects sinistres et terribles de l'ascétique docteur du désert, quelques artistes, et parmi eux l'auteur du marbre acquis par le Louvre, n'ont pas voulu reproduire exclusi-

Buste de saint Jean-Baptiste, par Mino de Fiesole.
Musée du Louvre.)

vement la sauvage apparence du prêcheur amaigri des mortifications de la chair dans la période dramatique de sa vie. Ici, c'est le doux compagnon de l'enfance de Jésus qu'on offre à notre vénération. La prédestination et le rôle historique du saint ne sont indiqués que par le naïf enthousiasme de l'attitude et l'extase répandue sur une enfantine et délicate physionomie.

Bien venu de longue date dans l'estime des artistes, ce gracieux saint Jean a même déjà conquis une honorable notoriété dans l'histoire de l'art. M. Perkins, après l'avoir dessiné et fait graver dans son *Histoire des sculpteurs italiens*, s'est exprimé ainsi à son sujet : « La collection de M. His de la Salle possède un petit saint Jean d'une grande beauté, qu'on attribue et avec raison à ce même sculpteur (Desiderio da Settignano). L'expression des yeux levés vers le ciel rappelle Mino de Fiesole, et la bouche entr'ouverte fait penser à Donatello ; mais cette figure a trop d'âme, trop d'intensité dans l'expression, pour qu'on puisse la donner au premier de ces artistes, et elle n'est pas assez réaliste pour qu'on soit en droit d'y voir la main du second. Elle répond bien à l'idée que nous nous faisons du talent de Desiderio [1]. »

Je partage absolument l'opinion de M. Perkins, quant à la valeur esthétique de ce bel objet d'art, mais je diffère de sentiment avec lui quant à l'attribution. Cette sculpture doit être regardée comme un travail de Mino, car elle possède tous les caractères que présentent les œuvres authentiques de cet artiste. La petite tête est pleine de grâce, mais l'exécution, en somme, est assez sèche et poussée très loin. Le modelé, singulièrement simplifié, ne comporte que peu de plans. Les yeux ont bien la dureté habituelle des sculptures du maître ; l'iris et la prunelle sont indiqués par le procédé ordinaire. Je sens bien ce qui a porté M. Perkins à nommer Desiderio, c'est le charme exquis de l'expression. Cependant la grâce n'a pas été le don exclusif de Desiderio, qui a travaillé à côté de Mino et qui lui a communiqué quelques-unes de ses qualités. Il faut être très sobre de ses attributions à cet insaisissable Desiderio dont les œuvres, en dehors de l'autel du Sacramento, à San-Lorenzo, et du tombeau de Marsuppini à Santa-Croce, ne sont encore ni

---

1. C. Perkins, *les Sculpteurs italiens*, édition française, t. 1er, p. 209.

bien connues ni suffisamment définies. Nous avons, au contraire, de graves raisons pour désigner Mino comme l'auteur du petit buste de saint Jean. Nous savons de source certaine, grâce à un contrat communiqué par M. Milanesi et publié par M. Müntz dans le tome Ier de ses *Arts à la cour des papes*, que Mino exécuta pour la Badia de Florence le tombeau du comte Ugo. C'est une de ses œuvres capitales. Or, de chaque côté du sarcophage au-dessus duquel repose l'effigie du comte Ugo, sont disposés deux petits génies chargés de porter des écussons. Les têtes de ces génies, et notamment la tête du génie de gauche, offrent la ressemblance la plus complète avec la tête du saint Jean de M. de la Salle. Même air inspiré; même bouche ouverte; même extase dans l'attitude; même manière de traiter les cheveux. Quand on a vu les deux monuments ou qu'on a rapproché leurs deux photographies; quand on regarde le dessin précis de M. Letrône, il est impossible de douter. Qu'on rappelle aussi à son souvenir la charmante petite tête de l'enfant tenu dans les bras de la *Charité*, figure allégorique provenant du tombeau de Paul II et déposée aujourd'hui dans les « grottes » de Saint-Pierre à Rome. Ce bas-relief de marbre est indiscutablement un ouvrage de Mino, et, plus que tout autre, proclame hautement le nom de son auteur. Là encore la similitude avec le petit buste de M. de la Salle est absolue. Le buste de saint Jean est donc certainement l'œuvre de Mino. En venant prendre place au Musée, cette belle pièce se retrouve dans le milieu même où elle a été conservée pendant de longues années. Elle est, en effet, entourée, comme naguère chez M. His de la Salle, des charmantes sculptures du quinzième siècle que les musées nationaux et la salle de Michel-Ange doivent à la générosité du respectable amateur. Elle augmente en même temps, et d'une façon fort heureuse, le groupe des œuvres du même maître possédées par le Louvre.

VI

Le bas-relief de terre cuite peint et doré, également entré au Louvre en 1880, représente la Madone et l'enfant Jésus. Il était placé dans la chapelle d'une villa appartenant à la marquise Vettori, située dans le val d'Elsa, à San-Lorenzo a Tignano, près de Tavarnelle[1], entre Florence, Sienne et Volterre. Il vient donc des environs de Sienne. Mais, ne connût-on pas sa provenance, son caractère suffirait à la faire deviner. Dans cette œuvre d'un charme pénétrant, la tête, d'un caractère idéal et d'un type agrandi, les mains et les bras d'une élégance suprême, les plis souples, simples, abondants et sans manière, le style plein de noblesse et vrai sans réalisme, la couleur et le fond doré : tout la rapproche de l'art siennois, plus encore que de l'art florentin. Son auteur a vécu évidemment dans le commerce intellectuel plus ou moins immédiat des grands maîtres du siècle, de Jacopo della Quercia, de Michelozzo et de Donatello. Il est resté étranger au froid et pédantesque réalisme où se sont souvent confinés leurs successeurs exclusivement florentins. L'œuvre témoigne en même temps d'autres préoccupations que l'imitation absolue de la nature ou la puérile recherche des raffinements réclamés par d'uniformes compositions dépourvues de pensées. L'idéal, déjà, jette un voile à demi transparent sur les accents trop particuliers et trop individuels du modèle. Le sentiment se fait jour également et réagit sur la forme. Bien entendu, nous sommes toujours dans la seconde moitié du quinzième siècle. Le costume n'est pas encore devenu draperie; les accessoires de la composition, comme la chaise, s'accusent toujours avec une forme définie et individuelle. La minutieuse narration, non

---

[1]. Ces renseignements m'ont été transmis par M. Bardini, de qui le musée a acquis le bas-relief.

MADONE DE TERRE CUITE PEINTE ET DORÉE
Bas-relief italien du quinzième siècle. (Musée du Louvre.)

plus, n'est pas encore remplacée par l'action. Un peu plus d'effort, cependant, et nous voilà dans le drame. Quelque chose des temps nouveaux s'annonce, car ce style grandiose, malgré ses tempéraments, fait pressentir la prochaine entrée en scène de Michel-Ange.

Il y a dans la maison de Michel-Ange, via Ghibellina, à Florence, un petit bas-relief que je n'ai jamais pu regarder sans émotion, car il résume dans un cadre étroit toute la doctrine du maître : toutes ses autres œuvres eussent-elles disparu, cette sculpture suffirait à faire comprendre la part immense de l'homme extraordinaire dans la transformation de l'art au commencement du seizième siècle. Depuis Vasari[1] qui mentionne le premier ce bas-relief, on le regarde comme un ouvrage de la jeunesse du Buonarroti, dans lequel l'élève de Bertoldo, le protégé de Laurent le Magnifique, aurait voulu imiter Donatello. En réalité, il révèle et promet déjà le sculpteur du tombeau de Jules II et de la chapelle des Médicis. Le sujet est des plus simples qu'on puisse proposer à l'imagination des artistes. La Vierge, assise devant sa maison, tient l'enfant Jésus sur ses genoux, tandis que des petits enfants animent en jouant le fond de la scène. Voici comment Michel-Ange a compris le thème inépuisable dont bien des siècles d'interprétation n'ont pas encore altéré la fraîcheur. On est à la veille du massacre des Innocents. L'Enfant-Dieu s'est endormi sur le sein qu'il presse encore. La Vierge, rêveuse, grave, triste, presque hautaine, le regard inquiètement fixé devant elle, semble avoir un pressentiment de son malheur et comme une vision de l'avenir. La composition, par ses lignes générales, est toujours dans la donnée courante du quinzième siècle. Mais nous n'avons plus devant nous la mère gracieuse, rieuse, insouciante, inconsciente que Rossellino, les Majani, Mino, les della Robbia, Verrocchio lui-même,

---

1. *Le Vite*, édition Lemonnier, t. XII, p. 164.

nous ont tant de fois fait contempler dans son impassible et rayonnante sérénité. La scène ne se passe pas dans l'atelier de l'artiste, au milieu des meubles et des ustensiles ordinaires de la vie du quinzième siècle. Ici tout est généralisé. Le visage n'est plus un portrait, mais un type d'expression raisonné. Le vêtement est devenu draperie; le siège n'est plus une chaire finement décorée; c'est un cube indéterminé. Le drame se joue sans décors compliqués, partout où voudra le transporter le pensée du spectateur, dont l'âme est aussi intéressée que les yeux. Pour la première fois dans les temps modernes, l'unité, ou pour mieux dire l'ubiquité de temps et de lieux est conquise par la tragédie pittoresque, l'idéal a fait irruption dans l'art redevenu classique, et cette fois la révolution est complète. Michel-Ange a renouvelé l'école froidement réaliste, maniérée et conventionnellement naturaliste de Florence.

Mais ce souffle puissant qui a raffermi les âmes énervées et retrempé l'art florentin dans les dernières années du quinzième siècle, d'où venait-il? *A priori*, un historien philosophe répondra qu'il devait descendre des hauts sommets de la Toscane ou des Marches, de ces écoles qui étaient restées les citadelles de l'idéal, et notamment de cette Sienne qui a toujours gardé, dans son isolement, le culte des sereines pensées. Le bas-relief acheté par le Louvre est un document destiné à conduire *à posteriori* aux mêmes conclusions. Un germe d'agrandissement se manifestait donc dans l'art, et des ferments révélaient par-ci par-là leur existence aux environs de Sienne, pendant le quinzième siècle. L'apparition de Michel-Ange, dès lors, au lieu d'être un accident, devient la conséquence logique du développement des idées. Tout le monde nomme Jacopo della Quercia comme l'ancêtre siennois de Michel-Ange; mais il n'est pas inutile de compléter l'arbre généalogique de cette filiation intellectuelle et de compter tous les degrés de parenté qui peuvent rattacher entre eux les deux sculpteurs. Le génie de Michel-Ange, comme celui de Raphaël, comme celui de Léonard de Vinci, est un admirable composé de plusieurs des éléments de la Renaissance italienne. L'œuvre de ces hommes prodigieux fut la résultante des aspirations diverses et de la fusion de deux écoles, parmi lesquelles figure toujours en première ligne l'école florentine. Mais il est intéressant de remarquer que, pour arriver à l'apogée de la gloire et produire une génération capable de l'élever aux dernier degré du sublime, il fallut à l'école purement florentine le contact et comme la fécondation d'un autre art.

Voilà donc l'œuvre à l'accent héroïque, l'œuvre pleine de saveur locale d'un penseur qui fut le témoin et peut-être l'agent plus ou moins conscient d'une grande révolution. Dans la lutte ardente, dans la marche des idées, s'il fut un des concurrents, il s'attarda et se laissa dépasser. Par sagesse ou faute de tempérament, il se montra modéré dans ses revendications nouvelles, n'alla pas jusqu'aux dernières conséquences de ses principes et ne fit subir à l'art ni violences mortelles ni emportements destructeurs. En un mot, ce ne fut pas dans son esprit que les mélanges des deux essences contraires, l'idéal et le réel, que l'âme de Sienne et l'âme de Florence se combinèrent dans des proportions capables de produire l'explosion formidable qui fit voler en éclats le moule désormais trop étroit de la pensée du quinzième siècle. Avec Michel-Ange, l'art pouvait aller plus haut, mais il devait mourir de cet effort. Comme le Sodoma, qui fut, lui aussi, un grand interprète des tendances de son époque et en quelque sorte le satellite d'une autre planète, l'auteur de notre bas-relief n'était peut-être pas, selon la belle expression de M. Timbal, d'assez haute stature pour devenir le père de la décadence. C'était cependant un esprit puissant, une âme profonde et sensible qui, sans rien répudier des traditions et des convictions du quinzième siècle, avait amené ou suivi l'art jusqu'à un point

Madone de marbre
Bas-relief sculpté au-dessus de la porte latérale du dôme de Sienne.

au delà duquel il fut dangereux pour la Renaissance de s'avancer. On ne peut s'empêcher de rêver en contemplant cette admirable sculpture; et, avant d'enfanter Michel-Ange, il semble que la nature et la Toscane, en inspirant son auteur, hésitèrent un moment, se recueillirent et voulurent s'essayer.

Fantasmagorie, illusion ! diront les amateurs à courte vue qui sont passés indifférents devant cette œuvre considérable pendant les deux années qu'elle fut exposée en vente à Florence et qui n'ont pas tenté d'arracher à ce sphinx son facile secret. Je prétends au contraire, en interrogeant et en interprétant, demeurer sur le terrain le plus rigoureusement scientifique. L'œuvre analysée par nous n'est pas isolée. D'autres témoignages viennent corroborer la déposition et confirmer ses indications révélatrices. Tandis que l'art mourait de consomption à Florence, il y eut en Toscane, dans la seconde moitié du quinzième siècle, un courant d'activité très appréciable qui se dirigea dans un sens très différent du courant général. Un groupe d'hommes fut entraîné par lui et poussé vers un style nouveau dont Michel-Ange devint plus tard le plus haut interprète. Un bourgeon gonflé de sève et de sucs généreux jaillissait du vieux tronc amaigri et décharné de l'art toscan. Qu'est-ce donc, en effet, que le bronze énigmatique du Musée de la Renaissance qu'on appelle la *Madone de Fontainebleau*, avec ses formes agrandies, idéales et légèrement surhumaines, sinon le surmoulé d'une œuvre qui appartient à cette série de travaux ? Qu'est-ce donc que les bas-reliefs en stuc du South Kensington Museum, n°s 7412 et 7590 du catalogue de M. Robinson, sinon des sculptures animées de ce souffle héroïque et qui, sans abandonner les caractères d'exécution communs à toutes les œuvres du quinzième siècle, paraissent cependant soumises à une sorte de dilatation intellectuelle ? Qu'est-ce donc que ce merveilleux bas-relief de marbre placé à Sienne extérieurement, au-dessus de la porte latérale de la cathédrale, du côté de la place où se trouve l'*Opera del duomo*, sinon un produit certain de la même école et peut-être un ouvrage du même atelier[1]? L'avenir nous livrera des noms. En attendant, voilà des œuvres.

Au mérite d'art, qui est fort grand, le bas-relief acquis par le Louvre joint l'avantage de nous transmettre de précieux renseignements sur la manière dont certaines sculptures de la Renaissance étaient peintes, et d'établir une fois de plus et d'une façon indiscutable qu'en Italie l'école la plus raffinée du quinzième siècle, imitant en cela l'école grecque des plus beaux temps de l'art et la grande école gothique du moyen âge, n'a pas reculé devant la polychromie dans la statuaire.

La liste des acquisitions, de 1879 à 1881, a été publiée dans le *Journal officiel* du 23 juillet 1881, page 4048.

VII

En 1882 le Musée s'est enrichi d'une œuvre très remarquable de la sculpture flamande, le tombeau de J. de Cromois, venant originairement de la Belgique. Jean de Cromois fut abbé de Saint-Jacques de Liège, de 1504 à 1525. C'est lui qui commença la reconstruction de Saint-Jacques. Il en était considéré comme le réformateur et il fut enterré devant le maître autel, dans l'église de cette abbaye. Le *Gallia christiana* (tome III, page 986) dit, en parlant de lui : « Johannes IV, Curvimosanus (Cromoys) majori ex parte monasterium de novo construxit. Ejus tempore floruit monastica disciplina et per ipsius alumnos multis in locis primæ integritati restituta est. Efflavit animam die penultima septembris anno 1522 (alias 1525 vel 1526), sepultus ante majus altare sub tumulo marmoreo. » L'ins-

---

[1]. Cette belle sculpture est connue et admirée partout en Europe, excepté en France, car elle est moulée et photographiée depuis longtemps. Le moulage est catalogué et exposé au musée de Berlin sous le numéro 1671. Il est en vente à Sienne. La photographie porte le numéro 244 du catalogue de Lombardi.

cription que porte la tombe corrige et complète la notice du *Gallia*, en fixant d'une manière définitive la mort de Jean de Cromois à l'année 1525.

Le monument consiste en une dalle funéraire sculptée en bas-relief, d'une hauteur de $2^m,78$ sur une largeur de $1^m,68$. L'abbé, mitré et crossé, repose dans l'attitude traditionnelle, la tête appuyée sur un riche coussin. Autour du corps se développe un charmant motif d'architecture composé de pilastres et d'un arc formant niche, le tout chargé de délicieuses arabesques. La mitre, la crosse et les orfrois de la chape sont décorés des plus délicats travaux exécutés avec une finesse et un goût remarquables. En haut se voient deux anges au milieu de rinceaux du caractère le plus exquis. On lit sur la base des pilastres l'inscription suivante divisée en deux parties, la première moitié se trouvant à gauche, la seconde moitié à droite du spectateur :

```
IOHANNES CVRVIMOSANVS ABBAS XXXVIII
        NOBIS EREPTVS EST A
         VIRGINIS PARTV 1525
```

Une autre inscription, en grandes capitales romaines, gravées en relief, contourne toute la dalle. En voici la transcription :

```
CVRVIMOSANE, DECVS, FLOS, GLORIA RELIGIONIS
SICCINE NOS ORBAS HIC SITVS ANTE DIEM?
OMNIS TE SEXVS, ÆTAS, ORDOQVE REQVIRIT;
FLAGITAT ET PATREM LEGIA TOTA SVVM.
EXTINCTVS VIVES; DOMVS HÆC TE SACRA LOQVETVR
AVSPICIO CVIVS TAM BENE STRVCTA NITET
```

Cette tombe, taillée dans une épaisse dalle de marbre noir de Dinan, appartient au plus bel art de la Renaissance flamande du seizième siècle. Le dessin des délicates arabesques, le charme des figures d'anges, rappellent les meilleurs travaux de ces artistes de Bruxelles qui, avec Van

Orley et son école, avaient apporté et ont propagé dans leur patrie les enseignements de la Renaissance italienne.

Le tombeau de l'abbé de Cromois est depuis longtemps célèbre, il a toujours été regardé comme un chef-d'œuvre. On lit dans les *Délices du païs de Liége, ou description géographique, topographique et chorographique des monuments sacrés et profanes de cet évêché*, etc. Liége, 1738, petit in-folio, tome Ier, page 169 : « Les curieux, qui ont du goût pour les pierres sépulcrales, peuvent trouver en ce temple (Saint-Jacques) de quoi les contenter. Ils y verront, dans le plus grand nombre qui en relève la décoration, trois qui sont dignes de leur attention : celle d'Olbert, premier abbé, celle de Cromois et celle de Balis. La seconde est d'un goût et d'une beauté à satisfaire les curieux et les plus critiques, ce qui signifie que la pierre sépulcrale de l'abbé Cromois est unique en son espèce. » L'existence de ce beau monument qui, de Liége, avait été successivement apporté à Charleville et à Paris, m'a été signalée par M. Alfred Ramé. On en trouvera la description et le dessin dans le tome VII du *Bulletin de l'Institut archéologique liégeois*, année 1863.

VIII

Signalons encore le beau buste en haut-relief de Dordet de Montal[1] déjà exposé dans la salle de Jean Goujon, les bustes et les gaines en faïence de Rouen de la vente Hamilton, quatre remarquables figures de l'école gothique italienne du treizième siècle, Vertus qui portaient le sarcophage d'un tombeau comme on en voit dans la cour de la chapelle des Pazzi, à Florence, sur un mur de Santa-Croce ; le charmant *Enfant à la cage*, de Pigalle[2], donné par M. Costantini ;

1. Voyez *l'Art*, année 1881, *Chronique des Arts*, 1881, p. 186, et *Bulletin monumental*, 1881, p. 423.
2. Ce modèle a été également exécuté en bronze. On lit dans un « État des objets désignés par le Conservatoire pour être transportés du dépôt de Nesle au

un buste de femme âgée exécuté en plâtre par Jacques-Edme Dumont et donné par Mme veuve A. Dumont en 1884; enfin quelques fragments des ruines des Tuileries, attribués récemment au Louvre par la direction des Beaux-Arts et la direction des Bâtiments civils. N'oublions pas enfin plusieurs sculptures excellentes de la donation Gatteaux [1], quelques bonnes pièces de la collection Thiers [2] et la belle série de sculptures de la donation Davillier que j'ai publiées, décrites et cataloguées déjà deux fois [3]. Quoique je n'aie pas non plus à revenir sur la collection Timbal, dont j'ai catalogué les grandes sculptures de pierre, de marbre, de bois et de stuc [4], je m'arrêterai cependant, en terminant, pour étudier un curieux buste qui lui appartient.

IX

La collection Timbal contient une sculpture de plâtre que j'ai ainsi décrite sous le numéro 21 de la *Notice* de cette collection, parmi les bas-reliefs :

« Portrait de femme. — Figure d'applique en stuc peint destinée à un médaillon. — Hauteur 0^m,490. — Largeur 0^m,370.

« La femme représentée dans ce portrait porte une robe légèrement plissée, peinte en rouge. Un voile blanc, sous

---

Museum national des Arts, sçavoir : MARBRE, escalier. 1, un buste en marbre blanc représentant Buffon, par Pajou (d'Angiviller, émigré); 167, deux vases de porphyre rouge cannelés, à anses (Brissac); 162, deux têtes de nègres (Condé-Chantilly). — BRONZE, n° 12 du Conservatoire. Un enfant assis tenant une cage, par Pigal (Noailles-Mouchi condamné). »

1. Une liste sommaire des objets de la collection Gatteaux a été publiée dans le *Journal officiel* du 23 juillet 1881.

2. Sur la collection Thiers, voir un article de Timbal dans la *Chronique des Arts*, année 1877, p. 306 à 308.

3. Voyez *Le Baron Davillier et la collection léguée par lui au Musée du Louvre*, Paris, 1884, in-8, et le *Catalogue de la collection Davillier*, Paris, 1885, in-8.

4. *Catalogue de la collection Timbal*. Paris, 1882, in-12.

lequel l'oreille se dessine, couvre entièrement les cheveux

Buste dit de sainte Catherine
Marbre conservé à Sienne, dans la famille Palmieri.

et la nuque. Les carnations sont exprimées par la couleur.
« Ce stuc est la reproduction, contemporaine de l'origi-

nal, d'un marbre du quinzième siècle qui passe pour être le portrait de sainte Catherine de Sienne et dont on voit un moulage moderne, à Sienne, dans la maison de la sainte.

« École italienne, quinzième siècle. »

Lorsque j'ai dû rédiger précipitamment les notices des sculptures de marbre, de pierre, de plâtre et de bois de la collection Timbal, en septembre 1882, j'ai parlé de ce prétendu portrait de sainte Catherine d'après des souvenirs que je n'avais pas pris la peine de fixer avant l'entrée de l'intéressant stuc dans les collections du Louvre. Comme je redoutais les défaillances ou les illusions de ma mémoire, j'ai profité d'un récent voyage en Italie pour approfondir la question que l'acquisition de cette sculpture était venue nous poser. Fort heureusement je ne m'étais pas trompé. Le stuc peint de la collection Timbal est bien une reproduction d'après une œuvre du quinzième siècle qui alors ne m'était connue que par un moulage moderne exposé dans la maison de la sainte et qui passait pour un portrait authentique de Catarina Benincasa. Restait cependant à retrouver l'original et à vérifier l'exactitude de l'attribution. Voici le résultat de l'enquête que j'ai ouverte à Sienne.

Le marbre original est à Sienne même. Après avoir appartenu à la famille Sani, il est actuellement conservé dans la famille Palmieri. J'ai eu l'honneur d'en faire passer une photographie sous les yeux des membres de la Société des Antiquaires. Cette photographie a été exécutée il y a déjà quelques années, à une époque où le marbre original possédait encore toute sa patine. On y remarque la coloration en noir de la prunelle des yeux. Depuis et à une date récente que je ne saurais autrement déterminer, le visage a été lavé avec des mordants, sinon même retouché et regratté au ciseau. Ainsi amolli, il a perdu la fleur de son exécution, tout le reste du buste demeurant intact et le marbre conservant

Fac-similé d'une estampe du dix-septième siècle, représentant le buste dit de sainte Catherine.

ailleurs sa belle patine et sa couleur ambrée. On lit au-dessous, sur une sorte de tablette réservée au bas du buste, en lettres capitales qui ont été peintes ou dorées, mais qui sont actuellement presque complètement effacées, les mots suivants : AVE MARIA GRATIA PLENA. Cette inscription, qui caractérise et accompagne d'habitude les représentations de la Vierge Marie, semble infirmer *à priori* la tradition d'après laquelle cette sculpture est considérée comme un portrait de sainte Catherine. Cette tradition d'ailleurs appelle un examen scrupuleux auquel il lui sera, je crois, difficile de survivre.

L'opinion qui proclame que ce marbre représente sainte Catherine n'est pas d'invention récente et a des racines lointaines dans le passé. En effet, une estampe du dix-septième siècle, dont un fac-similé photographique accompagne cette note, reproduit exactement le marbre de Sienne et le stuc du Louvre au milieu d'un cadre ovale ou d'une bordure sur laquelle on lit : SERAPH(*ica*) VIRGO S(*ancta*) CATHARINA SENEN(*sis*) SPONSA XPI (*Christi*) ÆTATIS SUÆ XXXIII (*anno*).

Au-dessous de cette image se trouve gravée la lettre suivante :

EFFIGIES MARMOREA S. CATHARINÆ APVD SENENSEM NOBILEM VIRVM ADRIANVM DE SANIS. OPVS CELEBERRIMI SCVLPTORIS IACOBI DELLA QVERCIA QVI DEFVNCTA ROMÆ SERAPH(*ica*) VIRGINE ANNO MCCCLXXX INDVCTO IN EIVS VVLTVM GYPSO SIMVLACRVM INDE AFFABRE DVXIT.

Il résulte de ce texte que le marbre de Sienne serait le portrait de sainte Catherine, qu'il aurait été exécuté après la mort de la sainte, d'après un moulage pris sur son cadavre, et que l'auteur de l'œuvre serait Jacopo dalla Quercia.

De formidables objections se dressent immédiatement contre les diverses allégations contenues dans la lettre de

cette estampe. Tout d'abord, nous ne pouvons pas oublier que l'inscription peinte et dorée du marbre original, nécessairement antérieure à l'attribution de la planche gravée au dix-septième siècle, nous signale cette œuvre comme un simple buste de madone. Ensuite, si, réellement, le portrait transmis par le marbre et consacré par l'estampe a été, même passagèrement, en possession d'état de cette illustre attribution, comment expliquer que ce type proclamé authentique n'ait pas eu d'écho dans l'art siennois et ne soit pas devenu populaire? On sait par quels nombreux monuments les Siennois se sont complu à honorer leur noble et pure concitoyenne. Pendant la plus belle période de l'art de la Renaissance à Sienne, il n'est pas de maître qui n'ait eu à reproduire la glorieuse fille de saint Dominique. Eh bien! toutes les représentations de sainte Catherine sont différentes entre elles et émanent d'un type idéal imaginé individuellement par chaque auteur. Aucun accord, pour les traits généraux du visage, parmi les artistes qui se sont appliqués à les traduire. Plus tard, au dix-septième siècle, à peu près contemporainement avec l'estampe citée et reproduite plus haut, Corneille Galle gravait un autre *véritable portrait* de sainte Catherine qui n'offre avec le marbre de Sienne aucune espèce de ressemblance. Et, chose digne de remarque, cette gravure était destinée à accompagner un ouvrage traitant de la vie de la sainte, rédigé à l'usage et par les soins de ses dévots. Il résulte de cet ensemble de faits qu'à toutes les époques le type iconographique de sainte Catherine n'a visiblement jamais été arrêté ni fixé par un monument authentique. Cette preuve devient encore plus évidente quand on compare l'iconographie vague et flottante de sainte Catherine avec l'iconographie si précise, si homogène, on pourrait dire si byzantine d'un autre saint de la même ville, dont les Siennois, dans toutes leurs représentations, ont toujours respectueusement conservé les traits traditionnels et l'attitude consacrée. Je veux parler de saint Bernardin. Ce qu'ils ont fait pour saint Bernardin, les Siennois l'auraient fait pour sainte Catherine s'ils avaient eu des documents certains ou seulement réputés tels.

Discutons maintenant les renseignements accessoires fournis par l'inscription. Le visage de la sainte a-t-il pu être moulé? Même en l'absence de témoignages directs, rien ne serait plus acceptable, si l'usage de mouler en plâtre avait été à cette époque tel qu'il le devint au siècle suivant. Sans doute le quatorzième siècle connut et pratiqua le moulage, comme en témoigne Cennino-Cennini, mais il n'en prodigua pas l'emploi, ainsi que le fit l'art de la Renaissance [1].

Une nouvelle difficulté se présente quand on veut concilier la lettre de l'estampe gravée au dix-septième siècle avec les données certaines de l'histoire. Jacopo dalla Quercia, dont le buste serait l'œuvre indiscutable, est né de 1371 à 1373 [2]. Cet artiste avait donc de sept à neuf ans en 1380, au moment de la mort de sainte Catherine. Si précoce qu'on le suppose, il ne peut avoir, dans son enfance, exécuté un travail de cette importance.

Veut-on objecter que l'inscription, qui précise l'époque du moulage, peut, en réalité, être considérée comme muette sur l'époque de l'exécution en marbre? Une difficulté non moins grande surgit aussitôt. Jacopo dalla Quercia mourut en 1438 [3], c'est-à-dire avant le complet épanouissement de la première période de la Renaissance et longtemps avant l'épuisement de ce style. Sa manière

---

1. Vasari, *Le Vite*, dernière édition de M. G. Milanesi, t. III, p. 373. Voyez également notre travail intitulé : *Quelques monuments de la sculpture funéraire des quinzième et seizième siècles*. Paris, 1882, in-8, et une communication faite par nous à la Société des Antiquaires, en 1886, sur l'histoire du moulage au moyen âge et à la Renaissance.

2. Vasari, *Le Vite*, dernière édition de M. G. Milanesi, t. II, p. 110.

3. Vasari, *Le Vite*, dernière édition de M. G. Milanesi, t. II, p. 119.

grandiose, presque excessive, toute personnelle, qui, par

Sainte Catherine de Sienne.
Buste de terre cuite, quinzième siècle. École des della Robbia.

certains côtés, procède encore du moyen âge et qui semble
en même temps annoncer les derniers développements dont

l'art deviendra susceptible sous la main de Michel-Ange, est assez facile à discerner. Ses plis abondants, ses anatomies énergiques et presque redondantes, les affirmations sans réticences et les emportements généreux de son ciseau sont bien connus. Dans ses œuvres empreintes de douceur ou de calme recueillement, comme le tombeau d'Ilaria de l'église de Lucques, il sait mitiger l'ardeur de son tempérament sans jamais tomber dans l'affadissement ou le caractère conventionnel. Or, il est impossible de retrouver dans le marbre de Sienne aucun des traits distinctifs des œuvres de Jacopo dalla Quercia. La sculpture très intéressante et très distinguée que nous examinons est, avant tout, d'une extrême froideur. Tout y est compassé depuis l'expression de la physionomie jusqu'à la disposition du costume. Tout y sent la convention, la tradition, la recherche de certains petits effets, comme celui de l'oreille aperçue à travers une étoffe transparente et légère. C'est là l'œuvre d'une école raffinée et épuisée, d'où l'émotion et l'inspiration se sont retirées pour faire place à l'habileté de main et à la rapidité d'exécution d'après des procédés courants et des méthodes pratiquées dans des ateliers d'une production active et constante. Or, ces traits généraux, qui correspondent à un certain état d'une école d'art qu'on peut théoriquement définir, il est facile de les retrouver historiquement au moment où ils caractérisent les œuvres de la plastique italienne. Mais il faut pour cela dépasser de beaucoup l'époque de la mort de Jacopo dalla Quercia et arriver aux quarante dernières années du quinzième siècle.

C'est le moment où la sculpture florentine parvient, avec Mino, au comble de la grâce, mais d'une grâce un peu superficielle, sans émotion, à fleur de peau, et qui se transforme bientôt en un procédé d'école. On trouverait facilement une foule d'œuvres similaires de la fin du quinzième siècle parmi lesquelles notre sculpture viendrait d'elle-même se classer naturellement. La tournure générale du buste dit de sainte Catherine fait tout à fait penser à l'école de Mino. Ce sont bien ses draperies aux plis d'une timidité un peu raide. Le voile qui sert de coiffure est absolument dans la manière du maître et rappelle même son genre d'exécution, jusque dans les gaufrures ou la lisière empesée qui le bordent. Le procédé de l'oreille entrevue à travers un voile a été pratiqué plusieurs fois par Mino (Madone de Pise, chez M. Gavet; grande Madone de la collection Timbal).

Enfin, si l'on considère attentivement ce buste, on s'aperçoit qu'il manque d'équilibre. Le corps obéit à un mouvement qu'une action et des gestes supprimés devaient expliquer. Il n'est pas bien difficile de reconnaître alors que, vraisemblablement, nous sommes en présence d'un morceau détaché d'une composition tant de fois éditée, et immédiatement la pensée restitue ce qui manque à la scène. Les bras de la femme devaient, dans le modèle original, retenir sur les genoux l'enfant Jésus, et la tête de la Vierge — car c'est une Madone — s'infléchissait légèrement vers le visage du Sauveur. Rappelons-nous le mouvement de presque toutes les madones de Mino, et pour préciser davantage, celui de la Vierge de la collégiale d'Empoli. A Empoli, le bas-relief de marbre blanc découpé et destiné à être appliqué sur un fond de couleur différente offre absolument les mêmes dispositions, quant à l'épaisseur. La composition s'y présente également de trois quarts et la sculpture est tirée pareillement d'un bloc taillé en biseau. On pourrait même citer, en dehors de l'école de Mino, d'autres bustes de madones qui sont le résultat d'un travail semblable d'imitation et de simplification. On pouvait voir récemment chez M. Charles Stein, à Paris, un très intéressant bas-relief découpé représentant une femme, c'est-à dire la Madone, et datant du quinzième siècle, qui, sans ressembler le moins du monde par les traits ou l'exécution à la sculpture de Sienne, en reproduit cependant la disposition générale.

Je ne crois pas qu'il soit besoin de pousser plus loin l'analyse pour avoir le droit d'affirmer que le prétendu buste de sainte Catherine n'a aucune valeur iconographique, mais que c'est une œuvre intéressante sortie de l'atelier de Mino da Fiesole. Un élève ou un imitateur, assez près du maître, a copié ou consulté un morceau qui se trouvait à sa portée dans l'école.

Je ne terminerai pas cette note sans dire un mot des nombreux stucs italiens de la Renaissance qu'on rencontre encore fréquemment dans le commerce et qui ont même pénétré dans les collections les mieux composées. Ces stucs fournissent de très précieux renseignements sur l'histoire de la plastique et constituent une branche de la curiosité qui n'a pas encore été suffisamment exploitée. On peut, en effet, affirmer que le moulage des ouvrages de sculpture a été presque autant pratiqué au quinzième siècle que de nos jours. Il n'est guère de chefs-d'œuvre, surtout parmi les bas-reliefs, qui, dès leur apparition, n'aient été l'objet de reproductions par le moulage, sans compter les copies et les imitations. On conçoit que ces œuvres, multipliées par une opération peu coûteuse, aient été rapidement répandues de tous côtés par les habitudes d'une époque où chaque rue, chaque maison et souvent chaque chambre d'une même maison, étaient décorées d'une image de piété. La reproduction des sculptures à l'aide du plâtre, de la terre cuite, de la pâte de papier, du cuir et du carton, le tout peint et doré, était le mode le plus expéditif et le moins dispendieux de satisfaire dans bien des cas le besoin de mobilier religieux ressenti par la société. Il est facile, ainsi, d'expliquer le grand nombre de monuments de cette nature qui nous sont parvenus et de comprendre leur valeur pour l'histoire de l'art. Combien de pièces remarquables, disparues en original ou encore méconnues, ne sont arrivées aujourd'hui à la notoriété que dans cet état! La plupart du temps, ces

La Vierge et l'enfant Jésus.
Bas-relief en pâte de carton peint et doré. École de Donatello Quinzième siècle
(Musée du Louvre. N° 92 du Catalogue de la Collection Timbal.)

moulages, répétés à satiété au coin des rues ou dans les oratoires particuliers des maisons, des palais et des églises de certaines villes, décèlent le voisinage de quelques chefs-d'œuvre originaux encore ignorés sur place, ou proclament leur lieu d'origine, quand ces originaux ont été déplacés. Citons quelques exemples. Le magnifique bas-relief de marbre, exposé depuis quatre ans seulement au Musée d'Ambras, à Vienne, après avoir été longtemps oublié dans le château impérial d'Inspruck, où je l'ai vu en 1875, à terre, dans une salle basse, au milieu des selles et des armures de rebut, n'a été connu jusqu'à ces derniers temps que par une épreuve en stuc de la première collection Timbal, aujourd'hui chez M. Dreyfus, et par une autre épreuve de même matière, très altérée, entrée au Louvre avec la collection Campana et non exposée à cause de sa mauvaise conservation. Un buste de Madone de carton peint et doré, d'un grand caractère, dont l'original est à découvrir, a été acquis par le Louvre avec la seconde collection Timbal (n° 22 de la *Notice*). Ce moulage nous conserve un type précieux qui a certainement impressionné de nombreux esprits au quinzième siècle. M. Odier, à Paris, possède un bas-relief en pierre grise acquis à Vérone, qui est un dérivé du même modèle avec quelques variantes. J'en ai vu récemment à Venise un stuc peint et doré. M. Paul Durrieu, à Paris, M. Adolf von Beckerath, à Berlin, et le Musée royal de cette ville en possèdent d'autres épreuves. L'épreuve de M. Durrieu a été rencontrée à Vérone. L'original, on peut l'assurer, est une œuvre de haute valeur, que les moulages exécutés dès le quinzième siècle et que ses autres dérivés remplacent momentanément en attendant qu'ils le fassent retrouver et qu'ils servent, en dernier lieu, à établir son identité, son authenticité et son pays d'origine. Telle est l'utilité des stucs peints de la Renaissance.

X

Un legs de M. Walferdin a fait entrer au Musée, en 1880, une épreuve en terre cuite des trois bustes de Franklin,

Docteurs de l'Église, sculptés pour la façade primitive du dôme de Florence.
Quatorzième siècle.
(Ancienne collection Campana, actuellement au Louvre.)

de Voltaire et de Diderot. On sait que le sculpteur Houdon popularisa, par de nombreuses épreuves estampées sur des modèles originaux exécutés préalablement par lui, la physionomie des grands hommes de son temps. Il tira surtout profit de ce procédé pendant la Révolution en multipliant ses bustes de terre cuite. « Le citoyen Houdon », dit un document contemporain, « possède ceux de Voltaire, Buffon et Franklin. Il les vend 72 fr. chacun, si l'on ne prend que les têtes, et 96 fr. si on les veut avec les épaules. »

Tous ces éléments nouveaux, groupés méthodiquement, viendront se rapprocher du vieux fonds de sculptures modernes, possédé par le musée du Louvre, dont j'ai commencé d'établir les origines dans le journal *l'Art* (n^{os} des 15 février, 1er et 15 mars 1886), et dont j'ai étudié un certain nombre de monuments dans des dissertations insérées par la *Gazette des Beaux Arts*, par les *Mémoires* et le *Bulletin de la Société des antiquaires de France* et par diverses revues.

Tels sont, dans leurs lignes principales, quelques-uns des travaux préparatoires accomplis en vue de la formation du musée de la sculpture moderne au Louvre. Je devais présenter cet exposé à la Société des Antiquaires comme un témoignage de gratitude pour l'appui qu'à plusieurs reprises j'ai reçu d'elle. Je demande en même temps la permission de placer sous la sauvegarde de sa publicité le résultat de mes efforts et les preuves de mon activité dans cette laborieuse entreprise.

LE FONDS DE SAINT-DENIS

AU MUSÉE DU LOUVRE [1]

Les musées et les collections publiques d'objets d'art se composent, comme les bibliothèques publiques, de *fonds* particuliers, c'est-à-dire de certains groupes de pièces d'origine commune, qui, ayant possédé à un moment donné une personnalité, sont venues se réunir successivement et se fondre définitivement dans une collection générale toute impersonnelle. Avant d'entreprendre des catalogues systématiques et raisonnés de tous les monument contenus dans un musée, avant même de les étudier isolément et individuellement, il importe au plus haut degré de connaître l'histoire des enrichissements successifs de ce musée, et de savoir à quelles acquisitions principales il doit son existence. Il est donc intéressant de fixer, dès leur entrée dans nos collections nationales, le souvenir des objets qui viennent par groupes s'ajouter aux richesses antérieures, et de publier des inventaires de ces mêmes groupes, pour en signaler immédiatement l'existence aux savants. C'est faciliter en même temps, pour l'avenir, la recherche des provenances, question capitale dans l'étude scientifique de toute œuvre d'art. Les magasins du chantier de l'église de Saint-Denis, ayant recueilli un grand nombre d'œuvres d'art provenant du musée des Petits-Augustins, la liste des monuments que

1. La première partie de ce mémoire a été publiée pour la première fois en juillet 1882 dans la *Gazette des Beaux-Arts*, t. XXVI, 2ᵉ période, p. 37 et suiv., sous ce titre : *L'Ancien Musée des Monuments français au Louvre*.

ces magasins ont renfermés fait partie intégrante de l'histoire du Musée des Monuments français.

En 1878, nous disions, en publiant le Journal de Lenoir : « Le musée des Petits-Augustins n'est pas mort. L'œuvre avait une telle cohésion, une telle vitalité, que ses débris, dispersés partout, tendent toujours à se rapprocher et s'agitent encore jusqu'au fond des caveaux, où quelques-uns d'entre eux moisissent. La reconstitution du Musée des Monuments français sera un besoin de l'avenir; elle s'imposera à la Commission des Monuments historiques, quand celle-ci aura épuisé son action sur l'architecture. Le Louvre, entré depuis longtemps, Dieu merci ! dans la voie scientifique, montrera avec orgueil, en face de ses incomparables collections de peintures modernes et de sculptures antiques, le rétablissement raisonné du Musée des Monuments français. Honneur à Lenoir ! »

Ce vœu a-t-il été complétement exaucé le jour où, en 1881, la Commission des Monuments historiques ayant décidé que les monuments renfermés dans les chantiers de l'église de Saint-Denis seraient mis à la disposition du musée de Cluny, les portes de ces chantiers nous ont été ouvertes après un premier prélèvement opéré? Peu importe au lecteur; pour nous-même, la joie domine les regrets. La décision de la Commission est le commencement du rétablissement du Musée des Monuments français ; et puis, les monuments transportés au musée de Cluny y seront bien traités sous l'active et affectueuse surveillance de l'éminent directeur de cet établissement[1]. D'ailleurs, nous ne sommes pas revenus de Saint-Denis les mains vides. Autorisé par M. le ministre de l'instruction publique, en août 1881, à rechercher dans les chantiers ce qui, après la prélibation

---

1. Depuis que ce travail a paru dans la *Gazette des Beaux-Arts* en 1882, M. du Sommerard est mort; mais en présence de son honorable successeur, je n'ai rien à changer à mon appréciation.

du musée de Cluny, pouvait convenir au musée du Louvre, j'ai trouvé parmi les détritus de toutes sortes, et sous un amas de décombres, quelques sculptures du plus haut intérêt archéologique, et même de la plus grande valeur d'art. On en jugera prochainement, quand les objets rapportés de Saint-Denis seront exposés dans les nouvelles salles de la sculpture moderne que l'administration se propose d'organiser au Louvre. A la vue de quelques épis glanés, le public pourra imaginer ce qu'aurait été la moisson dans un terrain aussi fertile.

FRAGMENTS D'ARCHITECTURE DE DIVERSES ÉPOQUES

I

Parmi les pièces que je fus étonné de rencontrer encore dans une mine aussi souvent et naguère aussi profondément exploitée, se classe en première ligne, par son importance et par la date de son exécution, un chapiteau de marbre blanc. Dans le nord de la France, les sculptures taillées sur place, dans le marbre blanc, sont fort rares. La matière première n'étant pas fournie par la nature, ni couramment apportée par le commerce, les sculpteurs de ce pays, au moyen âge, n'avaient ordinairement à leur disposition, en fait de marbres, que les débris des ouvrages antiques de l'époque romaine[1]. Toute sculpture en marbre de l'école romane, ou même des premiers temps de l'école gothique, ayant un caractère français bien tranché et trouvée sur notre sol, suppose la destruction préalable d'une œuvre antique, et on peut dire que la plastique du moyen âge, comme la paléographie, a chez nous ses palimpsestes.

Je ne connaissais le monument rencontré à Saint-Denis, ni par une description complète, ni par une image. Lenoir,

---

[1]. Voyez Viollet-le-Duc, *Dictionnaire raisonné d'architecture*, V° marbre.

qui l'a possédé dans son musée, ne l'a pas mentionné dans ses catalogues ; M. de Guilhermy ne l'avait pas signalé, nommément dans la liste publiée par le *Bulletin de la Société des Antiquaires*, en 1876 (*Mémoires* de cette Société, tome XXXVII, p. 197 et 198), qui énumère quelques-uns des objets enfouis dans les magasins de Saint-Denis. Notre regretté confrère ne m'en avait jamais parlé. Sa sagacité n'en aurait certainement pas méconnu l'importance ; et il faut admettre que cette sculpture, dans ses parties les plus curieuses, avait toujours échappé à ses intelligentes investigations, cachée qu'elle était sous d'énormes madriers qui portaient la plupart des objets enlevés depuis pour le musée de Cluny, ou employée momentanément, dans la basilique, à quelque décoration provisoire, sans qu'il fût possible d'en examiner la face postérieure[1]. Ce qui est non moins extraordinaire, c'est qu'elle n'ait pas été mise en lumière par Viollet-le-Duc qui, à ma connaissance, n'en a jamais rien dit dans son *Dictionnaire d'architecture*, ni au mot *chapiteau*, ni au mot *sculpture*, ni au mot *marbre*. Le monument oublié dans l'ombre mérite cependant une mention spéciale et une description détaillée. Ce chapiteau était destiné à être engagé dans une œuvre de maçonnerie. Trois de ses faces, les seules qui pussent être vues, ont été sculptées. Il a dû couronner quelque colonne engagée dans un pilier d'une

---

[1]. C'est évidemment à cette circonstance qu'il faut attribuer le silence de M. de Guilhermy sur la valeur de cette pièce, car il en a connu du moins la face antérieure. Il en parle ainsi dans sa *Monographie de Saint-Denis*, p. 208 : « ... L'autre chapiteau est en marbre blanc; nous en ignorons l'origine. On assure qu'il avait été porté de Saint-Denis aux Petits-Augustins. Le style du travail accuse au moins le onzième siècle. Nous y voyons sculpté un sujet que les artistes romans ont singulièrement affectionné, *Daniel dans la fosse aux lions*. Le prophète, assis, la tête appuyée sur la main gauche, semble sommeiller paisiblement entre deux lions énormes auxquels le sculpteur s'est efforcé de donner un aspect effrayant. Les deux chapiteaux surmontent de mauvaises colonnes modernes en pierre, de forme octogonale, sur lesquelles on a reproduit les monogrammes de Dagobert et de Nantilde, tels qu'ils existent dans nos plus anciens monuments de paléographie. »

église romane de construction analogue à celle de la nef de Saint-Germain des Prés, à Paris. Le sujet qui le décore représente Daniel dans la fosse aux lions. Le même sujet se trouve sur un chapiteau roman de Saint-Benoît-sur-Loire, signalé dans le *Bulletin monumental*, tome XXII,

Chapiteau de marbre de l'abbaye Sainte-Geneviève de Paris,
taillé au douzième siècle dans un chapiteau de la basilique de Clovis. Face.
(Musée du Louvre.)

p. 129, et sur un autre chapiteau roman du musée de Toulouse, photographié par M. Bélon. Cette sculpture, avec toute l'âpreté de son style, avec son magot rabougri, aux yeux hébétés, pour personnage, et ses animaux fantastiques et conventionnels, d'une tournure chinoise ou indienne, date de la fin du onzième siècle, ou plutôt du douzième siècle. Notre excellent collaborateur, M. Letrône, l'a fidèlement traduit dans son dessin. C'est un très bon spécimen de l'art roman, dans sa période hiératique. Il présente de nombreux points de ressemblance avec quelques monuments connus de la sculpture romane, et surtout avec le chapiteau publié par Viollet-le-Duc, dans son *Dictionnaire d'architecture* (V° chapiteau, n° 12). Le caractère chimérique et baroque des figures, — notamment de celles des animaux, — malgré la sauvagerie et la crudité de leur style — n'exclut pas une certaine finesse d'exécution. A considérer la matière, précieuse pour l'époque, dans laquelle la sculpture est taillée, on comprend qu'on doit être en présence de l'œuvre soignée et caressée d'un artiste qui a voulu faire honneur à la pierre de choix qu'il décorait.

C'est donc un type excellent à classer dans les collections du Louvre, pour représenter toute une période de l'histoire de l'art. Mais ce monument possède en outre un caractère qui le recommande tout particulièrement à l'attention des historiens. Le marbre a reçu successivement l'empreinte de deux arts différents. En effet, si l'on examine attentivement la face postérieure du chapiteau, celle qui était destinée à être engagée, comme la colonne elle-même, dans le pilier de l'église, on y remarque la trace encore visible de feuilles d'acanthe. Ces feuilles, après y avoir existé, ont disparu, mais non pas toutes, sous le marteau qui s'est borné à abattre les volutes trop saillantes, et à parer sommairement la face qu'on devait relier à la maçonnerie. Notre chapiteau roman n'est donc que le restant d'un gros chapiteau corinthien, dont il a été tiré, comme il l'aurait été d'un bloc venant de la carrière. Son auteur s'est attaqué à une œuvre antique, comme il aurait opéré sur une pierre quelconque. Nous touchons du doigt, par ce fait, à une curieuse transformation de l'art, qui se produisit quand l'école nationale, franchement émancipée de l'imitation servile, ne se contenta plus, comme aux temps barbares, d'utiliser des fragments antiques ou de les copier. Cette école fait ici manifestement œuvre personnelle, et dédaigne à ce point l'art antérieur, qu'elle lui demande, non plus des modèles et des formules à suivre, mais des matériaux à transformer.

D'où provenaient précisément et la sculpture romane et la sculpture romaine de notre chapiteau? A quels monuments d'architecture a-t-il successivement appartenu? Il

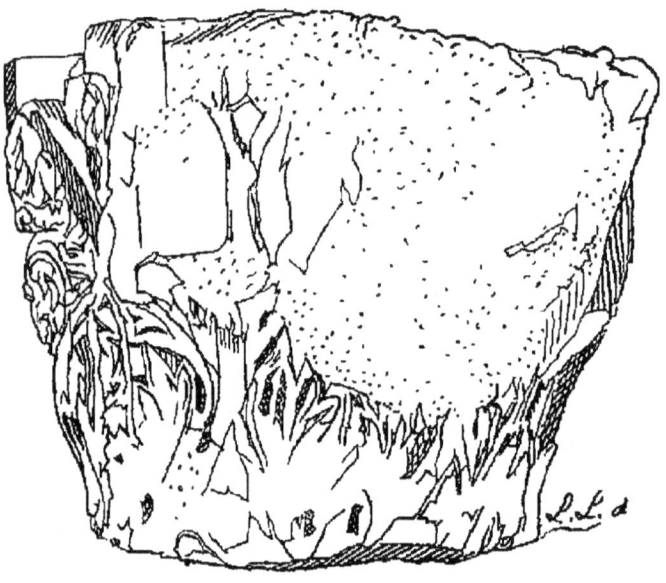

Chapiteau de marbre de l'abbaye Sainte-Geneviève de Paris, provenant de la basilique des saints Apôtres, élevée par Clovis. Revers. Sixième siècle. (Musée du Louvre.)

n'est pas même nécessaire de résoudre ces questions pour pouvoir, dès maintenant, affirmer l'importance du témoignage que le marbre trouvé par nous à Saint-Denis vient apporter à l'histoire de l'art. Sa pure et simple exposition est, à elle seule, un enseignement. Supposons un instant que nous ne sachions rien sur sa provenance, la présence de ce monument à Saint-Denis n'aurait rien d'extraordinaire. Point n'est besoin d'imaginer qu'il ait dû être apporté de bien loin. Il existe à Paris assez d'autres chapiteaux de marbres contemporains de celui-ci, pour établir qu'au moyen âge un sculpteur de l'école romane pouvait trouver sous sa main, dans les ruines de l'ancienne Lutèce, la matière première nécessaire à un ouvrage semblable à notre chapiteau. Ce sont les six chapiteaux de l'église de Montmartre, tirés de la basilique mérovingienne primitive, sculptés en marbre et parvenus jusqu'à nous avec leur décoration originelle. (*Statistique monumentale* d'Albert Lenoir. Egl. de Monmartre, pl. VIII et IX, et explication des planches.) N'oublions pas non plus le chapiteau de marbre publié par M. Lenoir, dans le même album, parmi les monuments de Notre-Dame (Egl. de N.-D., pl. XIX, et *Paris à travers les Ages*, 12ᵉ livraison, p. 5, fig. 3), et le petit chapiteau de Saint-Germain des Prés, dont il sera question plus loin. La basilique de Saint-Denis elle-même a possédé des chapiteaux de marbre (Guilhermy, *Monographie de Saint-Denis*, p. 16, 17 et 18; Lenoir, *Musée des Monumens français*, t. VII, p. 64).

La France peut montrer d'ailleurs d'autres chapiteaux ou d'autres sculptures datant approximativement des cinquième, sixième ou septième siècles, qui nous permettront de faire d'utiles comparaisons. J'en ai remarqués au musée de Marseille, au musée du Puy en Velay, au musée de Narbonne[1], au musée de Nantes[2]; à Moissac[3], dans l'église;

---

1. N° 544. Voyez aussi un autre chapiteau sans numéro apparent, placé dans une salle située au bas de l'escalier menant du musée à la cathédrale.

2. « Nous décrivons sous le numéro 39 », dit M. Parenteau dans son *Catalogue du musée de Nantes*, « un magnifique chapiteau en marbre blanc, malheureusement fragmenté, orné de feuillages d'acanthe de forme antique; les caulicoles affectent la forme de bandelettes; au centre, une croix grecque inscrite dans un cercle. Ce chapiteau, découvert au chevet de la cathédrale de Saint-Pierre de Nantes, devait faire partie de la basilique élevée par saint Félix et célébrée par Fortunat. La colonne devait avoir de 16 à 18 pieds de haut. (Fouilles du chœur de Saint-Pierre en 1849, pl. VIII, n° 1, hauteur, 0ᵐ,70). » Les traces de feuilles d'acanthe sont absolument les mêmes qu'au Louvre. Nous reviendrons ci-après sur cette belle pièce.

3. A Moissac, à gauche dans l'église, on voit un sarcophage mérovingien supporté par deux chapiteaux en marbre de la même époque. Sur la corbeille sculptée de ces chapiteaux, deux oiseaux becquètent une pomme de pin ou

à Bordeaux, dans l'église Saint-Seurin [1], etc. Le grand ouvrage de M. Le Blant sur les sarcophages chrétiens de la Gaule nous fournirait encore plus d'un exemple probant, et je me garderai bien d'omettre une pièce fort précieuse à classer dans la série, quoique, par exception, cette pièce ne soit pas en marbre. Il s'agit d'un petit chapiteau en pierre calcaire trouvé par M. Héron de Villefosse en Algérie, à Ain-Zoui (Vazanis). Rencontrée près du désert, cette sculpture possède une date assez facile à déterminer. De toute nécessité, elle est antérieure à l'invasion de l'Afrique par les musulmans.

Les feuilles d'acanthe de la plupart de ces chapiteaux ne sont pas sans analogie avec ce qui subsiste de la décoration primitive du chapiteau du Louvre. Le travail de la sculpture, dans presque tous les monuments comparés, date partout d'un bas temps. Nous proposerions donc, *à priori*, de voir dans le chapiteau du Louvre, un fragment tiré de quelque basilique chrétienne de Paris, et retaillé sur place au douzième siècle, par un artiste roman.

Mais, par une étrange fortune, nous sommes en état de faire directement une démonstration bien plus concluante encore. Le lieu précis où le chapiteau de marbre fut originairement trouvé nous est parfaitement connu. C'est le sol même de Paris qui nous l'a rendu.

Les circonstances de la découverte sont scientifiquement constatées et datent presque d'hier. C'était en 1807. Frochot embellissait à sa manière la montagne Sainte-Geneviève et, naturellement, on continuait, pour parvenir à ce résultat, de démolir les édifices que la Révolution avait laissés debout. On remplaçait les monuments par des rues, et

une fleur de chardon. Ce sont peut-être deux morceaux d'une basilique antérieure.

1. A Saint-Seurin, chapiteau de *marbre*, au portail, en entrant à gauche. Dans la crypte, on voit des sarcophages et des bas-reliefs offrant, dans le feuillage, beaucoup d'analogie avec la sculpture dont nous parlons.

la rue Clovis n'était pas encore venue consacrer, par les baraques qui la décorent, le souvenir de la fondation de la monarchie française. Frochot, il faut lui rendre cette justice, agissait du reste en galant homme, et avait réservé les droits de la science. « M. le conseiller d'État, Frochot, préfet du département de la Seine », dit Lenoir, dans l'édition de 1810 de son catalogue, page 51, « a ordonné qu'il seroit fait de fouilles dans l'église avant de la livrer à la destruction. MM. Rondelet, membre de l'Institut, et Bourla, architecte des Domaines, ont été nommés commissaires pour surveiller ces fouilles. J'ai été appelé pour les assister. » Les fouilles et recherches commencèrent le 10 mai 1807. Leur résultat, joint à celui des démolitions, fit entrer d'importants monuments au Musée des Monuments français. La pièce principale était notre chapiteau de marbre ; et un document survit pour établir judiciairement sa provenance.

« Paris, ce 16 mai 1808.

Alexandre Lenoir au Ministre de l'intérieur.

Monseigneur, j'ai l'honneur de vous adresser l'état des avances et déboursés pour le transport au Musée des Monumens français des monumens du moyen âge qui ont été réservés de la démolition de l'ancienne église Sainte-Geneviève, ainsi que les sculptures de l'école de Jean Goujon qui décoroient l'une des maisons du pont Saint-Michel : 1° Quinze tombeaux anciens en pierre creusés dans la masse, que l'on croit être ceux de Clovis, de Clotilde et de ses enfans, etc.[1] ; 2° quatre chapiteaux qui couronnoient les gros piliers de l'église, représentant une zodique complet[2], plus quatorze chapiteaux plus petits, *dont un en marbre représentant Daniel dans la fosse aux lions.* LENOIR.

Nous avons maintenant le droit d'affirmer que cette sculpture dédaignée, incomprise et absolument inconnue, est un monument capital pour l'art et pour l'histoire de

1. Quelques-uns de ces tombeaux sont gravés dans la *Statistique monumentale* de M. Albert Lenoir.
2. Ces chapiteaux sont dans la cour de l'École des Beaux-Arts.

notre pays. On sait qu'après la défaite et la mort d'Alaric, roi des Visigoths, à la bataille de Vouglé, Clovis et sainte Clotilde, en actions de grâces de leur victoire, firent élever sur la montagne Sainte-Geneviève une église dédiée à Saint-Pierre et à Saint-Paul. Ils y choisirent le lieu de leur sépulture. C'était une basilique aux chapiteaux de marbre décorés nécessairement, comme ceux de l'abbaye Montmartre, de feuilles d'acanthe dégénérées de l'ancien style gallo-romain. Notre chapiteau conserve sur une de ses faces des traces de cette décoration originelle. On sait également que la basilique primitive devenue l'abbaye Sainte-Geneviève, détruite en 857 par les Normands, fut entièrement reconstruite aux onzième et douzième siècles et transformée en église romane. Cette modification radicale a laissé des marques non moins évidentes sur notre chapiteau qu'elle a transfiguré, qu'elle a contresigné et authentiqué et, en quelque sorte, enregistré pour l'histoire. Saluons donc respectueusement cette vénérable pierre qui a appartenu au premier monument commémoratif d'une victoire de la France. C'est une relique nationale.

II

Les chantiers et magasins de l'église de Saint-Denis renfermaient une collection admirable de fragments d'architecture datant de toutes les époques de notre art et de nature à former des séries et des suites bien précieuses pour l'étude. La collection des chapiteaux notamment aurait suffi presque seule à fournir assez de documents pour écrire l'histoire de ce membre d'architecture pendant le moyen âge et la Renaissance. Le Musée de Cluny, grâce à l'activité et à la prévoyance manifestée en 1881 par son éminent directeur, la possède actuellement; elle y sera bien placée et profitera beaucoup au public, si, bien comprise par l'Administration, elle est disposée scientifiquement et si, par une classification méthodique, elle constitue un enseignement. Le Louvre, faute de place et avec le caractère actuel de ses collections de sculptures, n'aurait pu recueillir ces séries dans leur ensemble. Il aurait dû se contenter d'abriter quelques types choisis parmi les meilleurs de chaque série. Le sort n'a pas voulu qu'il en fût ainsi et c'est le contraire qui a eu lieu. Appelé seulement à glaner après la récolte des riches, le Louvre exposera non sans orgueil les pièces de rebut qu'il a été admis à ramasser et qui donneront une prodigieuse idée de ce qu'aurait pu être une sélection de types opérée à son profit.

Tout d'abord et sans compter le magnifique chapiteau décrit ci-dessus, on lui a laissé le plus important monument de toute une série, le plus curieux fragment sculpté qui subsiste de la basilique mérovingienne de Saint-Germain des Prés dédiée à saint Vincent. Il est vrai que c'est une petite pièce qui ne paye pas de mine et qui, dans son état actuel et avec ses mutilations, ne sera jamais appelée à provoquer des convoitises ou des admirations inexpérimentées. Ce n'est point là gibier d'amateur. J'ai prévu en le recueillant les objections qu'elle soulèverait. On ne se croira pas obligé de se gêner avec une personne d'aussi discrète attitude, qu'on suppose sans recommandation d'art et d'archéologie. Mais il faut se défier de cette apparente modestie. La sournoise sait bien que, même pour un monument, dans un dépôt public, le mérite et la célébrité ne comptent pour rien, s'ils ne sont constatés par une grosse étiquette. Aussi, pendant qu'elle était anonyme, s'est-elle amusée aux dépens de ceux qui la méconnaissaient et aimait-elle à se faire prendre pour un vulgaire moellon. Vérification faite, ce moellon, qui est de marbre, est gravé dans le *Musée des Monumens français* d'Alexandre Lenoir, pl. LIX, n° 522, et dans la *Statistique monumentale* de

M. Albert Lenoir (Atlas, église de Saint-Germain des Prés, pl. I).

C'est un monument de premier ordre. C'est tout ce qui nous reste d'une splendide basilique aux colonnes de marbre, aux lambris dorés, aux murailles et au pavé décorés de

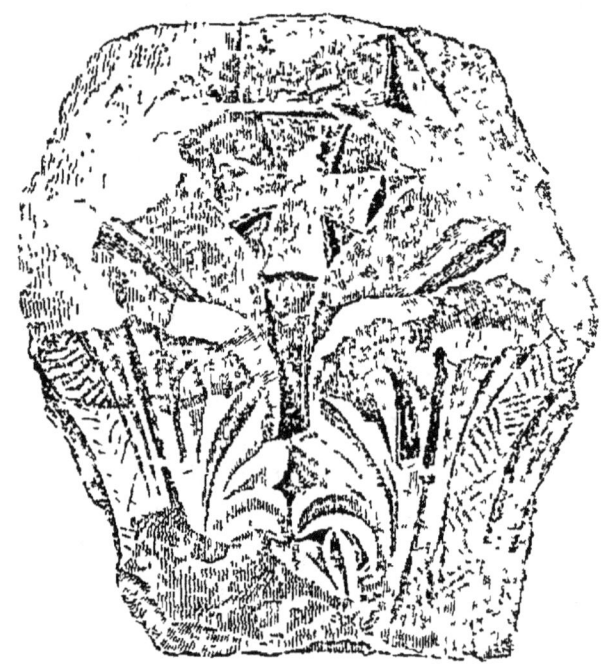

Chapiteau de marbre de la basilique chrétienne de Saint-Vincent, de Paris, aujourd'hui Saint-Germain des Prés Sixième siècle.
(Musée du Louvre.)

mosaïque dont la description nous est parvenue dans des textes historiques [1]. Découvert le 22 germinal an II, sous le pavé de l'église actuelle de Saint-Germain des Prés, ce chapiteau fut recueilli immédiatement par Alexandre Lenoir et classé dans son musée [2]. Il appartient vraisembla-

---

1. Voir dom Bouillart, *Histoire de Saint-Germain des Prés*.
2. On lit dans le *Musée des Monumens français*, t. II, p. 24 : « Dans les fouilles que nous fîmes dans ce temple (Saint-Germain-des-Prés) par ordre du

blement par son style, par ses ornements et sa sculpture à l'époque mérovingienne. Un chapiteau presque identique, trouvé à Nantes dans les déblais, lors des travaux entrepris pour l'allongement de la cathédrale, et regardé comme

Chapiteau de marbre de la basilique chrétienne de Nantes. Sixième siècle
D'après une estampe du Catalogue de M. Parenteau.
(Musée archéologique de Nantes.)

provenant d'une basilique chrétienne, a été publié par M. de Caumont[1].

Document unique sur une époque de l'art qui nous échappe presque complètement dans ses manifestations

gouvernement, nous trouvâmes un chapiteau de marbre que nous considérons comme le débris de ceux qui coiffent les colonnes de l'ancienne église dont parle dom Bouillart. »

1. *Bulletin monumental*, t. XXII, p. 483 et 484. Ce chapiteau de marbre, comme celui de Paris, est décoré de feuilles d'acanthe et d'une croix. Voici ce que dit le *Bulletin* : « M. Nau a trouvé dans les déblais, qui ont été exécutés pour l'allongement de la cathédrale de Nantes, un fragment de chapiteau corinthien en marbre blanc, d'un style plus pur que les précédents et qui, selon toute apparence, est un de ceux qui décoraient la première basilique chrétienne élevée à Nantes. Ce chapiteau, d'un volume considérable, devait appartenir à une colonne d'un grand diamètre, et l'on peut avec ce fragment se faire une idée de ce qu'était la première basilique de Nantes. » Nous avons parlé de ce chapiteau dans le paragraphe précédent.

nationales, le chapiteau de Saint-Germain des Prés est destiné à devenir, comme l'os antédiluvien de Cuvier dans le domaine de la paléontologie, le point de départ de reconstitutions archéologiques. Les architectes nous sauront gré de ne pas le mépriser et de l'avoir conservé en nature à leurs études. La salle chrétienne du Louvre, qui ne fait que de naître, mais qui est déjà si bien disposée, assurera à notre monument un asile définitif et les honneurs auxquels il a droit.

III

D'autres fragments d'architecture sculptée, provenant de Saint-Denis, de l'abbaye de Sainte-Geneviève et d'autres églises de Paris, attendaient encore dans la poussière le retour du goût public et le regard d'amis compatissants. Nous citerons : deux fûts de colonnes disposées en spirales datant du douzième siècle. Ces colonnettes sont en pierre et proviennent de l'église de Saint-Denis. Elles ont appartenu à quelque portail roman, comme la cathédrale de Chartres nous en montre un si beau spécimen. Lenoir avait classé aux Petits-Augustins deux monuments semblables sous le numéro 523 et les a fait graver dans le tome II du *Musée des Monumens français*, 2ᵉ édition, pl. LXI;

Colonnette du portail de Saint-Denis. Douzième siècle. Fragment original. (Musée du Louvre.)

Deux animaux chimériques venant de l'abbaye de Sainte-Geneviève décrits dans la *Statistique monumentale de Paris* (abbaye de Sainte-Geneviève, pl. XIII), et que nous avons fait reproduire ici d'après la gravure donnée par M. Albert Lenoir ;

Des fragments de corniches et de tailloirs de chapiteaux

Chimère provenant de l'abbaye Sainte Geneviève.
Douzième siècle (Musée du Louvre.)

venant de la même abbaye, cités et gravés dans la *Statistique monumentale de Paris* (Atlas, tome Ier et pl. XI de Sainte-Geneviève). Nous faisons figurer ici d'après les

Chimère provenant de l'abbaye Sainte-Geneviève
Douzième siècle. (Musée du Louvre.)

estampes publiées par M. Lenoir un de ses tailloirs de chapiteaux qui datent du douzième siècle; les autres sont décorés de nœuds, d'entrelacs et de rinceaux élégants de feuilles et de fruits;

Un fragment de corniche sur lequel est sculpté un crapaud monstrueux; douzième siècle ;

Un morceau d'une frise en pierre, dont la décoration consiste en un demi-cercle surmonté de langues de feu ou d'un ornement pyriforme au milieu duquel est placée une tête ou mascaron grotesque; deux rinceaux sortent de la bouche du mascaron ;

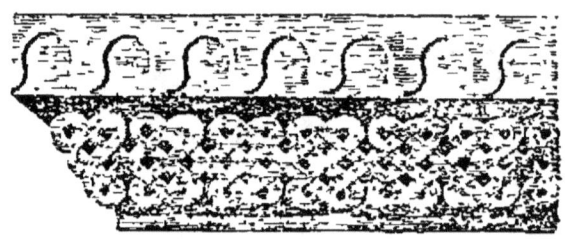

Tailloir de chapiteau de l'abbaye Sainte Geneviève.
(Musée du Louvre.)

Quelques chapiteaux intéressants des treizième, quatorzième et quinzième siècles ;

Des chapiteaux en marbre et des colonnes provenant du château de Gaillon (commencement du seizième siècle), etc., etc.

IV

Nous insisterons principalement sur un grand chapiteau en pierre du douzième siècle, décoré de deux oiseaux et de deux griffons. Ce monument, d'un style roman bien accusé, appartient à l'histoire de l'art par la notoriété qu'il a reçue en passant par le Musée des Petits-Augustins. S'il n'a pas figuré au catalogue de Lenoir, il a été du moins gravé, page 38, dans les *Vues pittoresques et perspectives des salles du Musée des Monumens français*, par Reville et Lavallée, Paris, 1816, in-folio. Il résume, dans un excellent exemple, la décoration empruntée aux bestiaires de l'époque et prodiguée sur tant de chapiteaux romans. D'après le baron de Guilhermy, ce chapiteau proviendrait de Saintes[1]. Il faut le confronter avec un chapiteau moulé pour le

Chapiteau de pierre (douzième siècle),
provenant du Musée des Monuments français.
(Musée du Louvre.)

Trocadéro, et exposé dans l'escalier du musée de sculpture comparée.

V

Nous appellerons encore l'attention sur un chapiteau du plus pur et du plus délicieux goût de la Renaissance fran-

---

1. M. de Guilhermy, dans la *Monographie de Saint-Denis*, p. 208, s'est exprimé ainsi en parlant de deux chapiteaux de la basilique : « L'un (c'est celui qui nous occupe), exécuté en pierre et provenant d'une église de Saintes, représente des griffons quadrupèdes et des oiseaux qui cherchent à s'entre-dévorer ; des cordons nattés et entrelacés couvrent le tailloir (ils sont aujourd'hui perdus, mais je crois que M. Debret avait mis sur ce chapiteau un tailloir emprunté aux débris de Sainte-Geneviève). Cette sculpture du douzième siècle a été donnée en 1817 à la basilique de Saint-Denis, par M. Jacquemard, antiquaire. » M. de Guilhermy, qui n'avait pas remarqué la gravure de notre chapiteau sur la planche des *Vues pittoresques,* etc., a dû rajeunir au moins d'une année le don fait par M. Jacquemard.

çaise. Malgré ses mutilations, c'est un des types les plus charmants à proposer à l'étude. Ce monument, oublié de nos jours, était estimé autrefois et compris même au dix-huitième siècle. Il servait de bénitier, croyons-nous et

Bénitier provenant de Saint-Victor.
(Musée du Louvre.)

sous réserve de vérification, dans l'église de l'abbaye Saint-Victor. Aux mauvaises heures du vandalisme, Lenoir l'avait arraché, avec la cuve baptismale de la même abbaye, à une destruction déjà commencée et dont il porte les marques. C'était le 25 pluviôse an III. Lenoir nous a raconté l'affaire dans son *Journal*[1]. La cuve baptismale de Saint-Victor n'a jamais quitté la place où Lenoir l'avait mise dans son musée,

1. *Alexandre Lenoir, son Journal et le Musée des Monuments français*, t. Ier, p. 78, n° 532.

au-dessus de la porte de la façade de Gaillon. Elle est restée à l'École des Beaux-Arts et, toute rongée et détériorée qu'elle soit par une meurtrière exposition au dehors, elle doit à cette circonstance d'être encore aperçue du public[1]. Que serait-il advenu du bénitier, s'il n'avait été reconnu et recueilli une seconde fois? L'oubli et le dédain peuvent devenir quelquefois aussi funestes que le marteau. Lenoir, après avoir parlé du château de Gaillon, s'exprimait ainsi dans son *Musée des Monumens français*, tome IV, page 61 : « L'abbaye Saint-Victor, avant sa destruction, renfermoit un autel du même tems, dont les ornemens et les arabesques étoient de la première beauté, parfaitement conservés ainsi que les dorures et les couleurs dont on l'avoit rehaussé suivant l'usage. Ce beau monument, modèle parfait de l'architecture du quinzième siècle, que j'espérois réunir dans ce musée avec ceux qui y sont déjà, a été brisé entièrement pour faire du moellon. »

VI

Nous signalerons enfin *une main tenant une épée couronnée*, bas-relief de marbre blanc plaqué sur marbre rouge (hauteur $1^m,12$, largeur $0^m,35$). Cette pièce provient de la décoration de la chapelle de Montmorency, aux Célestins de Paris. C'est le « dextrochère mouvant des nuages » qui porte l'épée du connétable. Quelques objets semblables existaient déjà dans le Musée du Louvre ou sont encore restés à Saint-Denis. Il y en avait un très grand nombre autour du monument qui renfermait le cœur du connétable Anne. Ces sculptures décoratives furent apportées en 1791 et 1792 au Musée des Monuments français (*Journal de Lenoir*, nos 8 et 97). Pour reconnaître quelle était la dispo-

---

[1]. Voyez *Alexandre Lenoir, son Journal et le Musée des Monuments français*, t. II, p. 47 et 49.

sition de la chapelle des Montmorency, il faut consulter Millin, *Antiquités nationales*, tome Ier, n° 3, pl. XIV, p. 71 ; le *Musée des Monumens français*, tome IV, p. 94 et suiv., et surtout le volume de Gaignières, *Églises diverses de Paris*, au Cabinet des Estampes (Pe. 11 réserve). Les

Fragment de la décoration du tombeau de Philippe Desportes.
(Musée du Louvre.)

gantelets d'Anne de Montmorency et son casque sont restés, si je ne me trompe, à l'École des Beaux-Arts et n'ont pas accompagné au Louvre la colonne du connétable. De pareilles répartitions de monuments morcelés entre deux établissements publics, comme le Louvre et l'École des Beaux-Arts en présentent tant d'exemples, se comprenaient à une époque où il était permis d'ignorer la provenance individuelle d'innombrables débris partout dispersés.

Mais, aujourd'hui, à mesure que la lumière se fait, je crois que maintenir ces divisions, ce serait s'associer à l'acte de vandalisme qui les a opérées. L'inattention des générations précédentes, qui consacra ces barbares fractionnements,

Tombeau de Philippe Desportes à l'abbaye de Bon-Port.
Fac-similé d'une planche de Millin.

était excusable dans une certaine mesure, puisqu'elle était involontaire. Aujourd'hui, notre indifférence serait de la complicité.

Tous les fragments d'architecture recueillis à Saint-Denis viendront grossir utilement au Louvre le lot d'objets similaires que le Musée national avait obtenu lors de la première répartition des monuments du dépôt des Petits-

Augustins. Ce premier apport avait été très considérable, quoiqu'il n'ait pas été suffisamment apprécié. Nous rappellerons que le Louvre possédait déjà de nombreux fragments de la décoration architectonique de Gaillon, une des

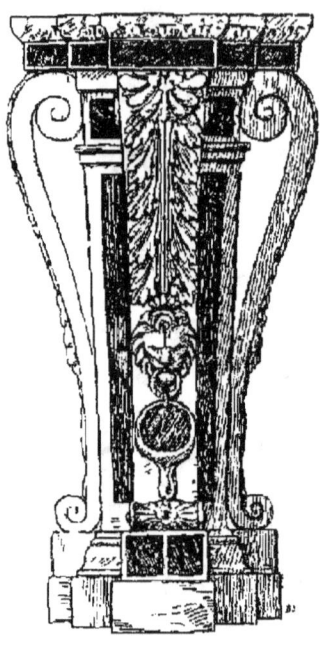

Pied de l'autel de la chapelle d'Anet.
(Musée du Louvre.)

deux fontaines du même château, de nombreux pilastres de même provenance (*Musée des Monumens français*, tome II, 2ᵉ édition, p. 140, pl. LXXVIII, etc.), les têtes de lion de la salle actuellement désignée sous le nom de Houdon, le magnifique encadrement du saint Georges de Michel Colombe fixé provisoirement dans la même salle, trois panneaux de la chapelle de Commynes, dont le reste se détruit à l'École des Beaux-Arts (*Musée des Monumens français*, tome II, 1ʳᵉ édition, p. 136, et 2ᵉ édition, p. 157, 160, 175, et tome VIII, p. 26), la cheminée du château de

Villeroy, achetée par Lenoir à M. Boigre (n° 551 *bis* du *Catalogue du Musée des Monumens français*); les doubles Φ du tombeau de Philippe Desportes à l'abbaye de Bon-Port (Millin, *Antiquités nationales*, tome IV, n° XL, pl. 1, p. 5; — N° 346 du Catalogue de Lenoir et *Musée des Monuments français*, t. IV, p. 173); enfin, les pieds ou supports de l'autel de la chapelle d'Anet exposés sans indication de provenance dans la salle de Jean Goujon, mais signalés dans l'*Histoire du château d'Anet*, par Désiré Roussel, recueillis par Lenoir et ensuite par le Louvre. On lit dans un état des objets d'art provenant de l'ancien Musée des Monuments français et demandés par M. le Directeur des musées royaux le 9 novembre 1821. « ..... Deux piédestaux semblables. Ils sont en pierre de liais et proviennent des démolitions du château d'Anet; sans destination. »

MONUMENTS DES DOUZIÈME ET TREIZIÈME SIÈCLES

VII

J'ai traité précédemment des fragments d'architecture sculptée recueillis à Saint-Denis. La série des sculptures proprement dites débute chronologiquement par quelques têtes d'hommes coiffées d'un diadème, la barbe et les cheveux longs, les yeux à fleur de tête. Ce sont là des fragments de figures de pierre appartenant à l'école romane des onzième et douzième siècles. Puis, nous rencontrons cinq petites têtes de rois, le front ceint de la couronne, taillées dans la pierre et mesurant de 19 à 21 centimètres de haut. Spécimens de l'art de la fin du douzième siècle ou, tout au plus, des premières années du treizième, ces sculptures ne manquent pas d'intérêt ni même de charme, et leur provenance originelle, que je suis parvenu à déterminer, montre la valeur de notre gratuite acquisition. Ces têtes proviennent, en effet, de statues représentant les vieillards de l'Apocalypse qui étaient sculptées à Saint-Denis comme au portail de la cathédrale de Chartres. Elles entrèrent au musée des Petits-Augustins en vertu d'une décision du

Fragment d'une figure provenant des chantiers de Saint-Denis.
Onzième ou douzième siècle.
(Musée du Louvre.)

ministre Quinette [1]. Lenoir en a parlé dans le *Musée des Monumens français* quand il a dit : « Suger, qui a fait construire cette partie de l'église de Saint-Denis, avoit fait représenter dans l'archivolte du portail trente-deux rois

---

1. *Note des objets qui restent à recueillir dans la ci-devant abbaye de Saint-Denis, d'après l'autorisation du ministre de l'intérieur...* 3° Dans l'église, vingt-quatre têtes environ, débris de monumens du moyen âge, provenant de la démolition du portail », etc.

dont je n'ai pu retrouver parmi les démolitions que quelques têtes. » Apportées d'abord à Paris, nos têtes furent

Tête de l'un des vieillards de l'Apocalypse, venant de Saint-Denis.
(Musée du Louvre.)

ensuite renvoyées à Saint-Denis, en 1846 [1]. M. de Guilhermy, qui ne paraît pas avoir connu les pièces originales, s'est occupé dans les *Annales archéologiques* [2] de la res-

1. Voyez l'État des objets transportés à Saint-Denis (*Musée des Monumens français*, t. VIII, p. 178, et *Alexandre Lenoir, son Journal*, etc., t. Ier, p. 186, n° 525.
2. T. Ier, p. 204. M. de Guilhermy s'est exprimé ainsi sur ces monuments : « Les révolutionnaires avaient décapité tous les personnages des tympans et des voussures, etc.... Les vingt-quatre vieillards de l'Apocalypse, rangés aux cordons des voussures, devaient, suivant le texte, avoir la couronne en tête; le sculpteur, qui les a pris sans doute pour des musiciens de bas étage, les a coiffés de bonnets et de calottes d'une extrême vulgarité. Montfaucon, qui n'était pas fort en archéologie nationale, avait pris ces bonnets juifs pour des couronnes royales; c'en fut assez aux yeux du restaurateur moderne pour en affubler les personnages royaux de l'Apocalypse. »

tauration des vieillards de l'Apocalyse sur les tympans et les voussures du portail de Saint-Denis.

Tête de l'un des vieillards de l'Apocalypse, venant de Saint-Denis.
(Musée du Louvre.)

VIII

Voici un évêque debout. Cette statue, malgré l'absence de la tête et des deux mains, est digne d'un souvenir. Elle est en pierre et mesure 2^m,35 de hauteur. Le numéro 620 du Journal de Lenoir, à la date du 14 brumaire an IV, parle sans doute de cette pièce, sans qu'on puisse cependant rien affirmer. En 1848, elle était déposée dans la chapelle Saint-Jean, la dernière du chevet, à l'intérieur. Avant la Révolution, elle surmontait peut-être le pignon occidental de la nef. Quand je l'ai aperçue pour la première fois, elle était placée près de la niche du chien qui, la nuit, garde le chantier de l'église. L'exagération de la

Figure d'évêque, probablement de saint Denis,
provenant du pignon occidental de la basilique. Treizième siècle.
(Musée du Louvre.)

longueur de cette figure se trouve justifiée par les exigences de la perspective. Placée très haut, elle était vue d'en bas en raccourci.

IX

Arrêtons-nous devant un mascaron de pierre, tête grotesque aux longs cheveux, mesurant, en hauteur, 0^m,20. Cette sculpture d'une admirable souplesse montre ce dont

Mascaron en pierre du treizième siècle. (Musée du Louvre.)

étaient capables les imagiers du treizième siècle. Elle représente tout un côté encore mal compris de leur talent. Une terre cuite du dix-huitième siècle ne serait ni plus fantaisiste ni plus libre d'exécution. C'est un portrait-charge comme les artistes de la première époque gothique se complaisaient à en sculpter sur les corbeaux, les corniches et quelquefois les gargouilles des cathédrales. De nombreux monuments similaires datant des douzième et treizième siècles pourraient être rapprochés de ce spécimen. L'église de Notre-Dame de Châlons-sur-Marne, entre cent autres édifices, possède de très nombreux corbeaux sculptés qui ont été moulés pour leur beauté. Je ne connais rien dans ce genre de plus puissant, de plus sincère, de plus naïf et de plus large que le mascaron recueilli à Saint-Denis en septembre 1881. Lui aussi est digne du moulage. Puisque l'occasion s'en présente, je ferai observer qu'on n'a peut-être pas assez remarqué jusqu'ici certaines sculptures du moyen âge appliquées à des membres d'architectures et qui produisent la plus admirable des décorations sans cesser d'appartenir à l'art le plus élevé et le plus raffiné. Dans cette classe de chefs-d'œuvre, nous indiquerons une clef de voûte venant de Saint-Bénigne de Dijon, conservée au musée de cette ville ; plusieurs têtes humaines placées au milieu de feuillages, dans les voussures de l'archivolte du portail de la Couture, au Mans ; une autre série de têtes, fixées au-dessus des chapiteaux du triforium, dans l'église de Semur-en-Auxois, etc., etc. : le tout du treizième siècle.

X

Quelques monuments analogues accompagnent ce curieux mascaron. Je signalerai d'abord une tête d'animal chimérique, moitié humaine et moitié canine, sculptée en pierre au treizième siècle, et j'insisterai sur un dernier mascaron auquel on a fait injustement une renommée historique. C'est une tête d'homme. Les cheveux longs et bouclés aux extrémités sont cachés par une coiffe coupée selon la mode du treizième siècle. Cette tête est encore un portrait-charge ainsi que le démontrent l'absence de toute régularité dans les traits, les yeux complètement dissemblables, et d'autres défauts individuels, volontairement reproduits d'après nature. Œuvre caractérisée de la statuaire courante du treizième siècle, elle a été débarrassée

Mascaron grotesque du treizième siècle, regardé par Lenoir comme un portrait de Suger (Musée du Louvre.)

de l'épaisse couche de couleur à l'huile qui la défigurait. Elle a 23 centimètres de haut et est en pierre.

Lenoir, après avoir recueilli cette sculpture à Saint-Denis, s'était amusé à la faire passer pour un portrait de Suger et l'avait reproduite par la gravure; c'était son numéro 520. « Le médaillon, » dit Lenoir, « dont on voit la gravure (pl. 43) au-dessus des tombeaux d'Adam et de

Pierre d'Auteuil est tout ce qui nous reste des monumens qui furent érigés à la mémoire de ce grand ministre. Cette tête, que j'ai sauvée de la dévastation, formoit la clef d'une des voûtes de la partie de l'abbaye de Saint-Denis qu'il avoit fait construire, et ce portrait est d'autant plus précieux qu'il a été exécuté par des sculpteurs contemporains de Suger [1]. » Lenoir eut même l'aplomb, un jour que le premier Consul était venu visiter le dépôt, de chercher à attendrir Bonaparte sur le ministre de Louis VII, en lui montrant notre mascaron. Quelque temps après, dans un mémoire adressé au chef du Pouvoir exécutif, Lenoir évoquait ce souvenir et lui disait : « Après avoir jeté des fleurs sur les cendres d'Héloïse, vous avez dirigé vos pas dans le treizième siècle. Là un sentiment naturel a fixé votre attention sur le buste du ministre Suger. » L'Empire succéda au Consulat et la Restauration à l'Empire sans qu'aucune atteinte fût portée au culte historique dont ce monument était l'objet. Il fut transporté avec égards à Saint-Denis, vers 1817, lors de la suppression du Musée des Petits-Augustins et installé dans la basilique restaurée. M. de Guilhermy réclama avec énergie dans les *Annales archéologiques* contre cette surprise de la crédulité publique : « On a aussi imaginé », dit-il, « de fabriquer un Suger au moyen d'un mascaron de pure fantaisie, extrait d'une clef de voûte de l'ancien cloître, face bouffie et triviale, enluminée récemment d'un rouge d'ivrogne. Soyez donc un des plus grands hommes de France pour qu'il soit permis de venir vous caricaturer ainsi jusque dans le sanctuaire que vous avez édifié de vos mains et glorifié de votre génie ! » Cette élo-

---

1. Cette allégation de Lenoir est absolument erronée. La tête, gravée sur la planche 43 du *Musée des Monumens français*, date incontestablement du treizième siècle, et non du douzième; de plus, comme elle est sculptée en ronde bosse et non pas en bas-relief, il paraît difficile qu'elle ait pu décorer une clef de voûte. Nous pensons donc qu'il ne faut pas prendre cette affirmation au pied de la lettre.

quente protestation n'a pas suffi, et le même érudit dut revenir à la charge, en 1848, dans la *Monographie de Saint-Denis*. « Vous pourriez croire », dit-il encore, « que l'imagier qui tailla cette sculpture, au treizième siècle, voulut faire la caricature de quelque moine peu tempérant. La face a été enluminée à nouveau d'une manière triviale ; les cheveux dorés sont, en partie, couverts d'une espèce de serre-tête attaché sous le menton qui achève de rendre le personnage complètement grotesque..... C'est une honte qu'on ait pu travestir à ce point le grand abbé Suger, l'une des plus vénérables et des plus nobles figures de notre histoire. »

XI

Voici encore trois têtes qui méritent un regard. Elles proviennent d'un grand cul-de-lampe ou du tailloir d'un chapiteau sculpté en pierre, au treizième siècle, ou tout au plus au commencement du quatorzième. Ce fragment d'architecture était destiné à supporter quelque construction posée en encorbellement. C'est de la belle et bonne sculpture française de la grande époque gothique, car je ne crois pas que les savants copistes qui ont rempli les magasins et l'église de Saint-Denis de leurs étonnants pastiches aient pu, malgré leur habileté, atteindre un semblable résultat.

XII

Passerai-je indifférent près de cet *Enfer*, fragment d'une sculpture en pierre représentant le *Jugement dernier* : largeur $1^m,18$; hauteur $0^m,83$? Il n'est guère de cathédrale du treizième siècle qui n'ait possédé le même sujet sculpté au-dessus d'une de ses portes. Ce *Jugement dernier*, qui a été horriblement mutilé, provient vraisemblablement de la partie méridionale de l'église abbatiale de Saint-Denis [1] ; il présente encore quelques traces des beautés de son exécution, qui était fort remarquable. On aperçoit en

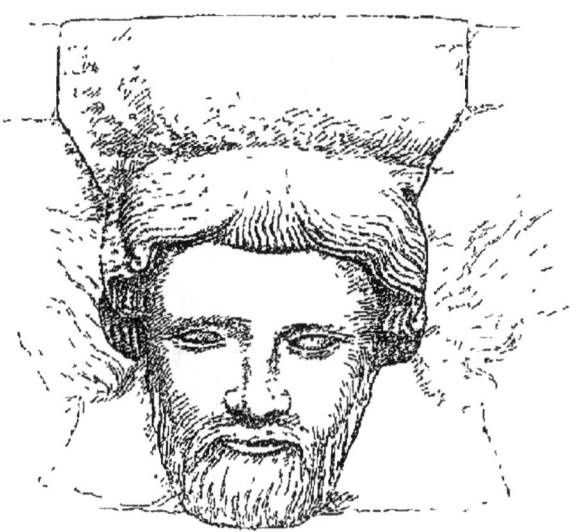

Cul-de-lampe provenant des chantiers de Saint-Denis.
Treizième siècle. (Musée du Louvre.)

quelques endroits des restes de la peinture qui le recouvrait.

XIII

Citons encore un *Christ apparaissant à la Madeleine*, fragment d'un groupe de pierre représentant la scène du *Noli me tangere*. Le Christ, aujourd'hui tout seul, est debout, drapé, le flanc droit découvert. Il mesure 2^m,22. Cette figure était autrefois placée dans une niche et faisait pendant à une *Madeleine agenouillée*, disposée dans une niche voisine. Les deux sculptures étaient fixées sur le

---

[1]. Voyez Viollet-le-Duc, *Dictionnaire raisonné d'architecture*, t. VII, p. 427.

mur extérieur des chapelles de l'église de Saint-Denis[1].
Elles furent transportées à l'intérieur et placées pendant
quelque temps dans la première chapelle du nord de la

Le Christ apparaissant à la Madeleine.
Fin du treizième ou commencement du quatorzième siècle.
(Musée du Louvre.)

nef[2]. M. de Guilhermy attribuait notre Christ à une
« époque déjà un peu avancée du quatorzième siècle ». Je
crois, au contraire, que cette noble sculpture se rattache

1. *Annales archéologiques*, t. 1er, p. 409; t. V, p. 203.
2. *Monographie de Saint-Denis*, p. 16.

encore par son style à la grande époque de l'art gothique, et je la daterais, sinon des dernières années du treizième siècle, au plus tard des premières du quatorzième.

MONUMENTS DU QUATORZIÈME SIÈCLE

XIV

Arrivons au quatorzième siècle. Nous remarquons les monuments suivants : *Fragment d'une figure de marbre couchée sur un tombeau.* La tête, brisée au cou, nous est seule parvenue. Elle appartenait à une statue de marbre

Philippe, comte d'Évreux. (Musée du Louvre.)

blanc destinée à être appliquée sur un fond de marbre noir. Les cheveux sont longs. Le front était ceint d'une couronne qui a disparu. Cette tête est, ou prétend être, le portrait de Philippe, comte d'Évreux et roi de Navarre, mort en Espagne, le 16 septembre 1343. C'est un morceau du tombeau de ce prince qui était aux Jacobins de la rue Saint-

Jacques. L'image de ce tombeau, où Philippe d'Évreux était représenté à côté de sa femme, nous a été transmise par plusieurs dessins de Gaignières[1]. On lit au bas de l'un de ces dessins : « Tombeau dans lequel sont les cœurs de

Philippe, comte d'Évreux et roi de Navarre,
sur son tombeau dans l'église des Jacobins de Paris.
(Fac-similé d'un dessin de Gaignières.)

Philippe, roi de Navarre, comte d'Évreux, et de Jeanne de France, sa femme, qui est le troisième au milieu du chœur des Jacobins de la rue Saint-Jacques. Il est de marbre noir, les figures de marbre blanc, et autour est écrit : Cy gist le cœur du roy Philippe, par la grâce de Dieu roy de Navarre

1. *Églises diverses*, Pe, rés., f° 25 b. — Gaignières d'Oxford, t. Ier, f° 19.

et comte d'Évreux, lequel trespassa au siège devant..... au royaume de Grenade, lequel il avoit mis contre les mescréants de la foy, l'an 1343, le XVIe jour de septembre. — Cy gist le cœur de Jeanne, par la grâce de Dieu reyne de Navarre, comtesse d'Évreux, fille de Loys, roy de France, aisné fils du roy Philippe le Bel, laquelle trespassa à Con-

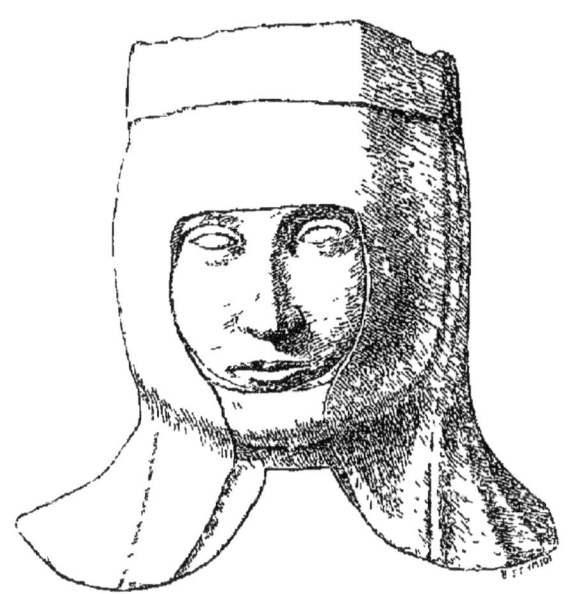

Jeanne de France. (Musée du Louvre.)

flans-lez-Paris, l'an 1349, le VIe jour d'octobre, et a fait faire cette sépulture leur fille la reyne Blanche. » Cette tête de Philippe d'Évreux commandée rétrospectivement et probablement sans documents bien précis, comme on peut s'en convaincre en la regardant, est d'une assez médiocre exécution. La sculpture est pleine de mollesse et les traits du personnage, au lieu d'être énergiquement arrêtés, sont flottants et indécis.

Fragment d'une figure couchée sur un tombeau, marbre blanc, sculpté de manière à être appliqué sur un fond.

Hauteur 0ᵐ,28. Cette tête est le portrait de Jeanne de France, reine de Navarre, la femme de Philippe d'Évreux, roi de Navarre. La princesse eut deux tombeaux sur lesquels elle était représentée couchée. L'un était à Saint-

Jeanne de France, Reine de Navarre,
sur son tombeau dans l'église des Jacobins de Paris.
(Fac-similé d'un dessin de Gaignières.)

Denis, aux pieds de Louis X; l'autre aux Jacobins, à côté de son mari. Voyez le monument qui précède. Gaignières nous a fait connaître par ses dessins l'image de ces deux sépultures[1]. Le fragment entré au Louvre provient du tombeau des Jacobins sur lequel la reine de Navarre était

1. Gaignières d'Oxford, t. III, f° 40, et *Églises diverses de Paris*, au Cabinet des Estampes de Paris, Pe, rés., f° 25 b.

représentée sans couronne de marbre. Cette œuvre est de la bonne sculpture courante du quatorzième siècle. Elle avait été placée par Lenoir dans un encadrement de marbre quadrilobé. La statue venant du tombeau de Saint-Denis, entrée aux Petits-Augustins le 29 vendémiaire an IV [1], classée par Lenoir sous le numéro 51 des diverses éditions de son catalogue, est retournée dans l'église de Saint-Denis [2]. Quant à la tête qui a survécu au tombeau disparu des Jacobins, elle vint aussi à Saint-Denis, après 1816. M. de Guilhermy, qui s'est mépris sur son identité, a signalé sa présence dans la basilique [3].

XV

Un monument mérite de nous une étude toute particulière. C'est le portrait d'un personnage ayant vécu à la fin du quatorzième siècle. Les cheveux sont courts; la barbe, conservée au menton seulement, est divisée en deux touffes. C'est la mode dont les nombreux portraits historiques de Jean Galeas Visconti, duc de Milan, nous ont transmis le type. Ce masque de marbre blanc était destiné à être inséré dans un coussin de pierre ou de marbre de couleur et à accompagner une statue de pierre. Les exemples de monuments semblables sont nombreux. Il faut comparer celui-ci avec certaines statues de l'église d'Eu dont les moulages sont à Versailles, notamment avec Philippe d'Artois, comte d'Eu, mort en 1497. Il faut en rapprocher aussi la tête de Jean de Bourbon, comte de la Marche, mort en 1393, et celle de Catherine, sa femme, fille de Jean VI, comte de Vendôme, morte le 1er avril 1412, telles qu'elles sont sur les tombeaux du

---

1. Voyez : *Alexandre Lenoir, son Journal*, etc., t. Ier, p. 90, n° 616.
2. *Ibid*, t. Ier, p. 183.
3. *Monographie de Saint-Denis*, p. 252.

musée de Vendôme [1]; les têtes de deux des figures représentant un seigneur et une dame de Bueil, dont les moulages

Léon de Lusignan, roi d'Arménie, mort en 1393. Statue de marbre.
(Basilique de Saint-Denis.)

se voient au Trocadéro sans être classés à leur véritable date; ainsi que les têtes de Léon de Lusignan, roi d'Ar-

1. Sur ces figures, consultez, dans les Recueils de Gaignières, le « dessin du tombeau de Jean de Bourbon, premier du nom, comte de la Marche, de Vendôme, etc , dans la chapelle Saint-Jean de l'église collégiale de Saint-Georges de Vendôme ».

ménie, et de Louis de Sancerre, morts le premier en 1393, le second en 1402. Le trait caractéristique commun à toutes ces effigies est une manière spéciale d'interprétation des yeux, qui paraissent, en quelque sorte, atteints de strabisme. Mais, étant donnée la manière, je ne connais pas de sculpture de cette période du quatorzième siècle plus belle que la nôtre. La provenance d'une tête isolée n'est pas facile à retrouver. Essayons cependant de remonter un peu vers son origine. J'ai dû raisonner d'abord ainsi : Le marbre, rencontré à Saint-Denis après que la Révolution en eut vidé l'église, n'a pu être apporté que par la translation des monuments du Musée des Petits-Augustins opérée en 1817. C'est donc dans cet établissement que nous devons chercher les traces de notre sculpture. On sait comment Lenoir avait décoré la salle du Musée des Monuments français consacrée au quatorzième siècle. Il nous l'a racontée lui-même dans un de ses ouvrages[1]. La tête de marbre a pu être utilisée là. Elle aurait appartenu à l'un des personnages placés sous les arcades. Notre tête n'étant pas couronnée, il faut tout d'abord écarter tous les rois de France. L'hésitation ne peut se produire qu'entre Bertrand du Guesclin, René d'Orgemont, Léon de Lusignan [2], Louis de Sancerre, Arnould (disait Lenoir, lisez Nicolas) de Braque et Bureau de la Rivière. Mais du Guesclin, d'Orgemont, Lusignan, Sancerre et Braque ont leur tête. Nous sommes forcé de nous rabattre sur Bureau de la Rivière.

Cependant une difficulté se présente aussitôt. Nous savons, par les anciennes descriptions de Saint-Denis, que la statue de Bureau de la Rivière, qui avait été enterré aux pieds de Charles V, était de bronze et qu'elle avait été fondue à la Révolution. Cette difficulté serait insurmontable

---

1. *Musée des Monumens français*, t. II, 2ᵉ édit., p. 46.
2. Lusignan serait même à écarter *à priori*. Il était, et il est encore couronné comme roi d'Arménie.

si Lenoir avait toujours été éclairé et scrupuleux dans ses attributions. Malheureusement il n'en est rien. Lenoir, d'ailleurs, nous apprend lui-même qu'il a cru posséder dans

Louis de Sancerre, connétable de France, mort en 1402. Statue de marbre.
(Basilique de Saint-Denis.)

son musée une statue de Bureau de la Rivière. Il dit dans un de ses ouvrages [1] : « La statue de Bureau de la Rivière, sculptée en pierre à l'exception du masque et des mains qui étoient de marbre, posée sur un cénotaphe en marbre noir, composoit son tombeau que l'on a détruit en 1793. Nous n'avons pu recueillir de ce monument que le masque de la

1. *Musée des Monumens français*, t. II, 2e édit., p. 101.

statue que nous avons fait poser sur modèle de cette figure que l'on a placée à la suite de celles des chevaliers du quatorzième siècle qui forment la décoration de cette salle. »

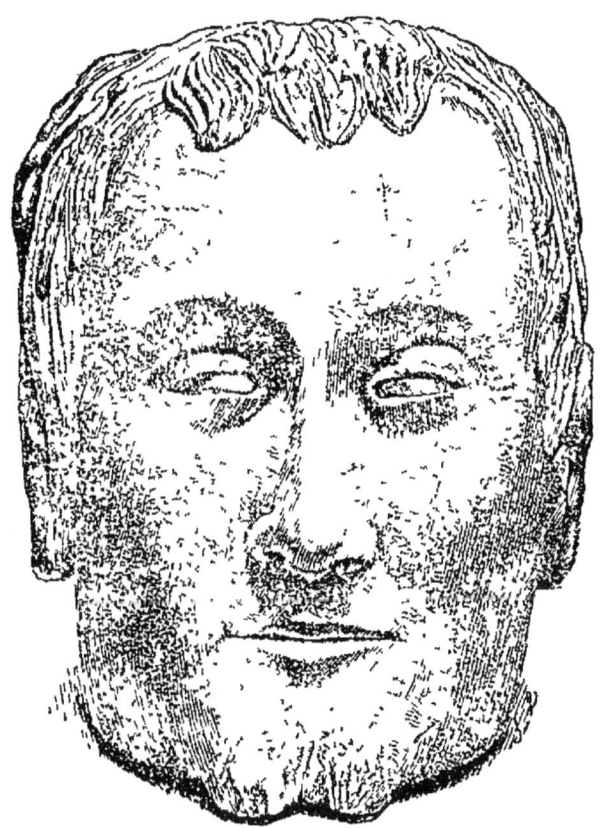

Tête d'homme en marbre. Fin du quatorzième siècle.
(Musée du Louvre.)

C'était le numéro 72 du catalogue, à partir de 1810. Il fut porté à Saint-Denis vers 1817.

Il y a longtemps que M. de Guilhermy s'était aperçu de l'erreur ou de la supercherie et il l'a signalée dans les termes suivants : « Messire Bureau de la Rivière est, comme le rapporte dom Millet, « aux pieds du roy Charles V, sous une « tombe de cuivre qui est à demy couverte du marchepied

« de l'autel Saint-Jean, au costé qui regarde vers le midy,
« autour de laquelle tombe est gravée l'épitaphe. » La tombe
a été fondue en 1793. Mais, au Musée des Petits-Augustins,

Philippe d'Artois, comte d'Eu, mort en 1397
(Église d'Eu)

on fabriqua un Bureau de la Rivière, composé, comme la
statue symbolique de Nabuchodonosor, de je ne sais combien de matières différentes : tête de pierre, masque de
marbre, corps de plâtre, et sous les pieds un lion qu'à son
poli on croirait sculpté en marbre. Nous ignorons à l'effigie
de quel personnage on aura dérobé ce visage de marbre

dont le travail — d'une époque un peu moins ancienne que le temps de Bureau de la Rivière — ne manque pas de finesse. Les traits sont délicats; une mince touffe de barbe s'allonge en pointe au-dessous du menton. Il n'y a de vrai,

Fragment de la statue de Bureau de la Rivière, telle qu'elle avait été composée par Lenoir. (Musée de Cluny.)

dans ce monument, que l'inscription reproduite sur le bord du socle en lettres gothiques, d'après le texte original conservé par les historiens de Saint-Denis[1]. » J'ai donc été d'abord porté à penser que la tête de marbre recueillie au Louvre pouvait être le visage de marbre que Lenoir prétendait être le portrait de Bureau de la Rivière et dont M. de Guilhermy signale la finesse. J'imaginais, en effet, que l'erreur une fois reconnue, la statue fabriquée par Lenoir avait été retirée de l'église, et que le masque de

1. *Monographie de Saint-Denis*, p. 174.

marbre, isolé du plâtre disparu, avait erré de magasin en magasin jusqu'au jour où je l'ai aperçu dans l'atelier de l'un des ouvriers de la basilique. Ce n'était pas, du reste, la première fois que ce masque curieux attirait l'attention. Il a été moulé et copié par l'artiste qui a composé le buste de « Jean de Pastoret » (sic) exécuté pour le Musée de Versailles. Ce sculpteur, désirant se procurer une tête du quatorzième siècle, moula simplement la tête dont nous nous occupons en ce moment. Cependant, rien ne l'autorisait, croyons-nous, à supposer que ce masque fût le portrait de Jean Pastourel. En effet, si Sédile de Sainte-Croix, femme de ce magistrat et morte avant lui, fut enterrée à Saint-Denis, Pastourel, à qui l'honneur de la sépulture royale avait été accordé, refusa en mourant cette faveur et fut enseveli obscurément à Saint-Victor [1].

Depuis, j'ai retrouvé dans le musée de Cluny la statue au masque de marbre de ce fameux Bureau de la Rivière fabriqué par Lenoir, et dont M. Darcel, sur ma demande, a bien voulu me procurer un moulage. Je crois donc qu'il faut provisoirement s'abstenir, à propos du masque en question, de toute attribution définitive.

XVI

Deux mots sur la *Flagellation*, le *Portement de croix*, la *Crucifixion*, la *Mise au tombeau*, fragments d'un rétable; bas-relief sans fond, de marbre blanc appliqué sur marbre noir, ayant 2 mètres de long sur 45 centimètres de haut; quatorzième siècle. Cette sculpture fut portée au Musée des Petits-Augustins, le quatrième jour complémentaire de l'an V, par le citoyen Louis-François [2]. Elle provenait de la

1. *Monographie de Saint-Denis*, p. 174.
2. *Alexandre Lenoir, son Journal et le Musée des Monuments français*, t. Ier, p. 128, n° 901.

Sainte-Chapelle de Paris. Après 1816 et au moins jusqu'en 1848, elle fut placée dans la chapelle de la Trinité de l'église de Saint-Denis [1].

MONUMENTS DU QUINZIÈME SIÈCLE

XVII

Ce qui reste des tombeaux de Charles VII et de Marie d'Anjou n'est pas indigne, assurément, de l'hospitalité du Louvre. J'ai donc reconnu et recueilli avec une joie facile à comprendre les deux numéros suivants :

Charles VII, fragment de la statue couchée sur le tombeau de ce roi à Saint-Denis ; buste de marbre de la seconde moitié du quinzième siècle, mesurant 54 centimètres de hauteur. Les tombeaux de Charles VII et de Marie d'Anjou, sa femme, qui étaient à Saint-Denis, furent brisés en 1793. Quelques morceaux seulement purent être sauvés. « Le reste de la statue, dit Lenoir en parlant du buste de Charles VII, a été brisé par les malveillans. » Ce fragment entra aux Petits-Augustins le 14 brumaire an IV.

Lenoir n'avait pu conserver que le haut de la figure et il en forma le buste que l'on voit aujourd'hui. La même amputation fut jugée par lui nécessaire pour la figure de Marie d'Anjou. Les deux bustes étaient classés aux Petits-Augustins sous les numéros 85 et 87. Ils ont été gravés dans le *Musée des Monumens français* [2] et reproduits dans notre tome II, p. 97. Ils étaient portés par deux colonnes de marbre blanc, ornées de chapiteaux sculptés venant de Gaillon. J'ai eu la bonne fortune de retrouver également les deux supports, isolés des bustes et oubliés dans d'autres coins des chantiers de l'église de Saint-Denis. La

1. *Annales archéologiques*, t. V, p. 206.
2. T. II, 1re édit., p. 120. — 2º édit., p. 140, pl. LXXVIII.

sculpture du tombeau de Charles VII, de la plus haute valeur historique, possède, en outre, un intérêt d'art très

Charles VII.
Fragment de la statue couchée sur le tombeau de ce roi à Saint-Denis.
(Musée du Louvre.)

appréciable. Française, cette œuvre est datée. Nous savons, en effet, grâce au texte précieux du *Compte de l'ordinaire de la prévôté de Paris en* 1464[1], qu'on travaillait à Paris, en 1463, au tombeau de Charles VII. On lit dans le Compte :

Marie d'Anjou
Fragment de la statue couchée sur le tombeau de la reine à Saint-Denis.
(Musée du Louvre.)

« En l'hostel de la Reine, près Saint-Paul, réparations des galleries dudit hostel où est le grand préau de la Fontaine-au-

1. Sauval, *Histoire et recherches des antiquités de la ville de Paris*, t. III, p. 373.

Lion, sous laquelle gallerie étoient les ouvriers, tailleurs de pierre et images, besognans de marbre et de pierre la sépulture de feu le roi Charles dernier trespassé. » Lenoir nous a fait connaître que la restauration en plâtre de quelques parties du buste de Charles VII, a été exécutée par Beauvallet [1].

Marie d'Anjou, fragment de la statue couchée sur le tombeau de cette reine à Saint-Denis, buste de marbre. Hauteur 0^m,56. La coiffure de Marie d'Anjou, dans le fragment de sa statue, aujourd'hui au Louvre, est tout particulièrement décrite par l'*Histoire de l'abbaye de Saint-Denis* [2] de Félibien. On y lit : « Cette pieuse reine mourut le 29° de novembre 1463 et fut enterrée à Saint-Denis avec le roi Charles VII, son époux. Leur tombeau se voit entre ceux des rois Charles V et Charles VI. Il est de marbre noir, et par-dessus sont deux figures d'albastre qui les représentent couchés : Le roi en habit royal, la couronne sur la tête, et la reine aussi couronnée et vestuë d'un manteau royal, avec la coiffure de veuve, c'est-à-dire le voile et la guimpe. » Ce buste a été gravé précédemment dans le *Musée des Monumens français* [3].

MONUMENTS DU SEIZIÈME SIÈCLE

XVIII

Le seizième siècle est représenté dans le fonds de Saint-Denis par des monuments non moins importants. Parlons d'abord d'une pièce capitale qui doit être citée avant toute autre comme possédant les caractères d'une œuvre exécutée

---

1. On lit dans la *Description*, etc., de l'an XI, p. 156 : « N° 85. — Charles VII —. Ce buste, que le citoyen Beauvallet a restauré avec beaucoup d'art et de soin, est posé sur une colonne de marbre ornée d'un chapiteau arabesque, que j'ai retirée des démolitions du château de Gaillon. »
2. P. 360.
3. T. II, pl. LXXVIII.

en France, non seulement sous la plus manifeste influence italienne, mais peut-être encore par un Italien, au moins en partie. C'est un bas-relief de marbre haut de 1 mètre, large de 2 mètres 29 centimètres, représentant la mort de la Vierge. Au centre, la Vierge expirante est étendue sur un lit et entourée des douze apôtres dans divers attitudes. Fond d'architecture, de mer et de paysage. Dans le ciel, on voit l'âme de la Vierge portée dans le Paradis par des anges. Nous empruntons aux *Annales archéologiques*[1] une très exacte description donnée par Didron. Elle est nécessaire, car l'aspect païen de la scène reproduite ne laisserait pas aisément deviner le sujet : « Le bas-relief se compose de deux parties. Dans le bas, douze hommes aux pieds nus ou chaussés de sandales découvertes, assistent à la mort d'une femme étendue sur un lit de parade. Ces douze hommes sont les Apôtres; cette femme qui meurt, c'est la sainte Vierge. Saint Pierre, habillé d'une aube sur laquelle est croisée l'étole du prêtre officiant, met entre les mains de Marie la palme que l'archange Gabriel avait cueillie dans le Paradis et que saint Jean va porter devant le cercueil de celle que Jésus lui avait donnée pour mère. Saint André, vieillard à la longue barbe pointue, lit dans un livre les prières des morts. Saint Paul, tête chauve, accoudé sur un pupitre, comme attribut des nombreuses épîtres qu'il a écrites, chante ou pleure celle de ses épîtres où il proclame la résurrection et la vie éternelle. Saint Jean, imberbe, est debout, mains jointes et abaissées en signe de douleur. Un apôtre, que rien ne caractérise, tient un encensoir dont il va honorer les restes mortels de la Vierge... Dans la partie supérieure, Marie, pied gauche sur les nuages, pied droit sur la tête d'un ange, monte au ciel en compagnie de quatre petits anges ou génies qui lui font de la musique. »

1. T. XII, p. 310.

LA MORT DE LA VIERGE
Bas-relief de marbre. Composition italienne exécutée probablement en France dans la première moitié du seizième siècle.
(Musée du Louvre.)

Nous savons comment cette admirable sculpture entra au Musée des Petits-Augustins le 5 pluviôse an II, après avoir été tirée de Saint-Jacques-la-Boucherie [1]. Lenoir la classa sous le numéro 132. On la trouvera dans les éditions du catalogue du Musée des Monuments français de l'an V et de l'an VI ainsi décrite : « De Saint-Jacques-la-Boucherie. Un grand bas-relief en albâtre représentant la mort de la Vierge. Plusieurs figures de ce monument, qui a été très mutilé par les malveillans, sont de ronde bosse ; les détails en sont fins et délicats. Ce travail paraît dater du commencement du seizième siècle. » En l'an VIII, le bas-relief disparut du catalogue, et, en l'an X, le numéro 132 fut supprimé. Lenoir, dans le *Musée des Monumens français*[2], en parlant du tombeau de Philippe et de Charles d'Orléans, qu'il avait composé à sa manière sous le numéro 80 de son catalogue, nous apprend ce que notre sculpture était devenue. « Nous avons fait entrer, dit-il, dans la composition de ce monument des arabesques du tems et un grand bas-relief en albâtre représentant la mort de le Vierge provenant de Saint Jacques-la-Boucherie. Des détails précieux et des expressions vraies et variées se remarquent dans ce morceau dont on ignore l'auteur. » L'*Essai d'une histoire de la paroisse de Saint-Jacques-la-Boucherie*, de l'abbé Villain [3], ne parle pas de la *Mort de la Vierge* ; les documents des Archives nationales (cartons de la série administrative), que j'ai consultés, sont également muets. Elle a été gravée dans le *Musée des Monumens français*[4] et en partie dans les *Annales archéologiques*[5].

1. *Alexandre Lenoir, son Journal et le Musée des Monuments français*, t. Ier, p. 30, n° 219.
2. 2e édit., t. II, p. 124.
3. Paris, 1758, in-8.
4. T. II, pl. LXXV, n° 80.
5. T. XII, p. 310.

Je crois qu'il serait difficile de nier que ce remarquable bas-relief porte à la fois un des caractères de deux arts différents. En effet, seul un Italien a pu concevoir le sujet de cette manière. Le fond d'architecture et de paysage est absolument italien par la composition. C'est surtout l'Italie

Détail de l'ornementation du lit de la Vierge.

qui abusait alors, dans la sculpture, de ces vues perspectives empruntées à la peinture. Les exemples de Ghiberti et de Rossellino s'étaient propagés. Le bas-relief de Francesco Laurana, à Saint-Didier d'Avignon, montre une nouvelle application de ce principe, condamnable au point de vue esthétique absolu, mais dont le génie de quelques maîtres du quinzième siècle a su tirer un parti merveilleux. La Vierge et les quatre anges musiciens qui accompagnent son élévation au ciel sont d'un style purement italien. On les croirait copiés sur certaines peintures de l'école florentine ou de l'école ombrienne. Au contraire, les physionomies et les attitudes des personnages du premier plan sont empreintes, dans une certaine mesure, de la simplicité et de la naïveté de l'art français. Ils n'ont pu être sculptés que de ce côté-ci des Alpes. Ajoutons que les *fabriques* répandues dans le paysage montrent, par leur forme et la disposition de leurs toitures, que le modèle en a été pris en France. Le même phénomène de juxtaposition de deux arts se reproduit à Avignon dans le rétable de l'église Saint-Didier, et à la Major de Marseille dans le rétable de l'autel Saint-Lazare. Les deux figures qui flanquent de chaque côté le rétable de Saint-Didier ne seraient pas données sans hésitation à l'art italien, si elles nous parvenaient isolées et dépourvues de toute mention d'origine. Quant aux statues de valeur inégale qui ornent le monument de Saint-Lazare, quelques-unes d'entre elles trahissent l'influence d'un art différent de celui de l'Italie, et elles sont, dans plusieurs endroits, en contradiction manifeste avec le style purement italien de la décoration de ce monument. Si je ne me trompe, c'est en quelque sorte le dernier écho de la vieille école alourdie de la Bourgogne.

Il semble donc que la sculpture de la *Mort de la Vierge* soit le résultat des procédés de l'art italien importés et pratiqués à ce moment en France ; et il est impossible, après ce que nous avons dit de l'atelier étranger du Petit-Nesle [1], de ne pas rapprocher, par la pensée, le bas-relief de Saint-Jacques-la-Boucherie du groupe d'artistes ultramontains embauchés par la cour de France et domiciliés à Paris au

1. *La Part de l'art italien dans quelques monuments de sculpture de la première Renaissance française.* Paris, 1885, in-8.

commencement du seizième siècle. Une part importante du travail, soit à titre d'influence, soit même à titre direct, doit leur être incontestablement réservée dans cette œuvre d'art. Qu'on nous pardonne, en l'absence d'une preuve

L'âme de la Vierge portée au ciel.
Fragment du bas-relief la *Mort de la Vierge*

documentaire, la hardiesse de cette affirmation. Il y a des cas d'évidence dans lesquels l'usage normal de l'appareil scientifique devient véritablement superflu.

A gauche, vers l'angle supérieur du bas-relief, on lit un monogramme composé de plusieurs lettres parmi lesquelles une *M* est parfaitement visible. Ce monogramme est tracé sur le fond à l'aide d'une pâte qui dut être autrefois dorée.

XIX

Cet écu, parti des armes de France et de Bretagne, soutenu par deux anges, c'est le couronnement du tombeau de Renée d'Orléans-Longueville, aux Célestins de Paris.

Écusson de marbre aux armes de France et de Bretagne,
provenant du tombeau de Renée d'Orléans-Longueville, aux Célestins.
(Musée du Louvre.)

Les nombreux accidents et déplacements subis par le tombeau de Renée d'Orléans ont obligé les architectes de Saint-Denis à éliminer certaines parties anciennes très endommagées et à leur substituer, au cours des restaurations successives, des parties neuves [1]. C'est ainsi que ce petit

---

1. Voici l'indication des premières restaurations commandées par Lenoir au Musée des Monuments français : « Devis des prix de sculpture demandé par le citoyen Lenoir, conservateur du Musée des Monumens français, au citoyen Lamotte, sculpteur, employé depuis deux ans et demi à la restauration des monumens. — Monument de Renée d'Orléans. — Avoir posé et fait les

TOMBEAU DE RENÉE D'ORLÉANS-LONGUEVILLE,
A SAINT-DENIS
(Fac-similé d'une planche de Millin.)

fragment fut détaché du mausolée primitif et finit par s'égarer au milieu des débris accumulés sous les hangars des chantiers de Saint-Denis. La provenance originelle que je lui assigne n'est pas douteuse, car il a été gravé, avec l'ensemble du tombeau, dans les *Antiquités nationales* de Millin[1] et dans la *Statistique monumentale* de M. Albert Lenoir. Il faisait partie d'une composition d'inspiration évidemment italienne, mais lui-même n'est pas du tout nécessairement italien par l'exécution, pas plus que les anges posés sur le tombeau des enfants de Charles VIII, à Saint-Gatien de Tours.

XX

Voici une tête d'homme sculptée en terre cuite qui réclame pendant quelques instants toute notre attention. Les yeux sont fermés, et les traits sont encore contractés par les dernières convulsions de l'agonie. Hauteur, 0^m,20. Cette tête, qui malheureusement est mutilée à l'endroit du nez et dans la partie inférieure de la barbe, a été trouvée par moi scellée au plâtre dans le mur d'un magasin, à côté d'autres

---

racois d'une frize à entrelacs, fleurettes, portant de long deux mètres vingt-cinq centimètres, et de large vingt-cinq centimètres. — Une frize dans le milieu de la corniche qui couronne ledit monument, ainsi qu'en retour, composée de figures, inseaux et autres, ayant de long deux mètres soixante centimètres sur huit de large. — Pour nettoyer les deux pilastres en albâtre avec les chapiteaux et les arabesques qui sont dedans, portant lesdits pilastres un mètre cinquante-six centimetre de haut. — Pour nettoyer le bas relief en marbre du milieu, composé de figures dans des niches où il est, pilastre et arabesque, portant de haut un metre sur deux metres trente-six centimetres de long et le jointoyé partout. — Nettoyer la statue en marbre de Renée d'Orléans. — Avoir fait et posé la sculpture dénommée ci-dessus audit monument. — Le nettoyage et fourniture de pilastre. — Ensemble, vaut la somme de trois cents francs. »

La planche LXXXVIII du *Musée des Monumens français* nous montre comment Lenoir avait arrangé le tombeau de Renée d'Orléans-Longueville, qui portait sur son catalogue le numéro 93.

1. T. Ier, n° 3, pl. XVI, p. 103.

fragments de sculptures qui en avaient été détachés pour être portés au musée de Cluny.

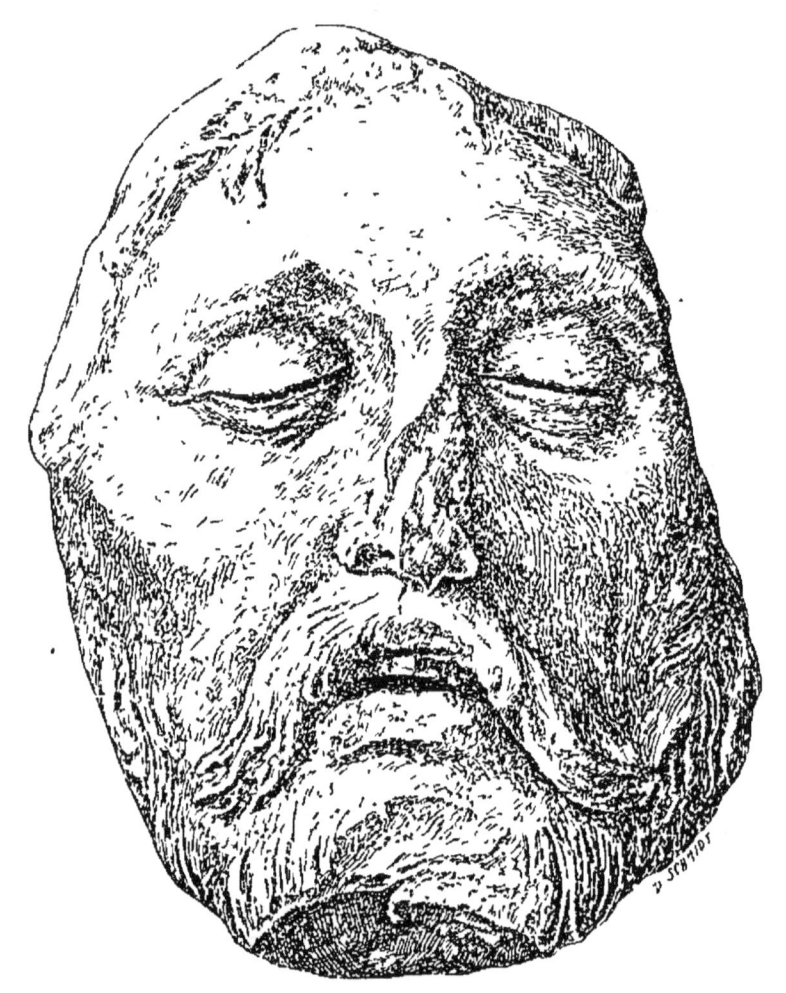

Visage de Henri II, au moment de sa mort.
Moulé et sculpté en terre, d'après nature, en 1559
(Musée du Louvre.)

Notre terre cuite est, par elle-même, un monument d'art très intéressant. Le point de départ de l'œuvre est évidemment un moulage pris sur nature, mais ce moulage a été retouché à l'ébauchoir et remodelé à la main avant la cuisson. Le procédé du moulage, destiné à conserver scrupuleusement la physionomie des personnes mortes, a été employé de tous les temps. Sans parler de l'antiquité, dont les habitudes à cet égard sont bien connues [1], les Italiens du quinzième siècle ont largement exploité ce procédé [2].

Au seizième siècle, en France, le moulage de la tête, après le décès des personnages illustres, était couramment pratiqué. C'était une des premières cérémonies prescrites par l'étiquette des obsèques royales [3]. Sans nous arrêter à l'opération, devenue depuis traditionnelle, qui fut faite sur le cadavre de Louis XII [4], et sur celui d'Anne de Bretagne [5],

1. Voir à ce sujet une note d'Adrien de Longpérier sur les têtes en cire placées dans les sépultures antiques, dans l'*Annuaire de la Société des antiquaires de France*, 1854, p. 161-163.

2. Voyez *Quelques Monuments de la sculpture funéraire des quinzième et seizième siècles*, Paris, 1882, p. 16 et suiv. Je profite de l'occasion pour corriger une inexactitude que j'ai commise dans le *Portrait de sainte Catherine de Sienne de la collection Timbal*, p. 8. Il faut faire remonter au moins au quatorzième siècle l'usage du moulage en plâtre, dont parle très explicitement Cennino Cennini. L'habitude de mouler les traits des morts n'était pas perdue en Italie au seizième siècle, comme le prouve le beau buste de Francastoro de la collection d'Ambras à Vienne.

3. « Soudain, après le trespas du Roy ou Royne est prins leur pourtraict en cire appliquée sur la face, pour, sur icelui, dresser l'effigie apres le vif. » Du Tillet, *Recueil des Roys de France*, 1612, p. 242 ; Claude Guichard, *Funerailles et diverses manières d'ensevelir des Romains, Grecs et autres nations*. Lyon, 1581, p. 537 ; A. du Chesne, *Les Antiquitez et recherches de la grandeur et majesté des roys de France*, Paris, 1609, p. 532.

4. *Nouvelles archives de l'Art français*, 1879, p. 12, 13 et 26. Sans vouloir, pour le moment, remonter plus haut, il est permis d'affirmer que le moulage fut employé pour conserver à l'histoire le visage du roi Charles VIII. En effet, étant connu le personnel officiel d'artistes italiens qui entourait ce prince, on peut conclure de la présence de ces artistes à la cour de France, que le procédé florentin fut utilisé pour la cérémonie des obsèques royales dès 1498. De plus, il existe un texte : « La vraye ordonnance faicte par Messire Pierre d'Urfé... pour l'enterrement du corps du bon roy Charles huictiesme que Dieu absoille... » (Godefroy, *Le Cérémonial de France*, Paris, 1619, p. 37), où se lit le renseignement suivant : « Premierement, le visaige dudict seigneur, *faict au vif*, aura le bonnet abatu et la couronne en tête... » Soit dit en passant, il faut faire une grande attention à la valeur iconographique du buste de Charles VIII du musée du Bargello, à Florence.

5. On lit dans la *Vie de la reine Anne de Bretagne*, par Leroux de Lincy, 1860, t. II, p. 201 : « Le peintre Perreal, dit Jehan de Paris, exécuta aussi la

rappelons-nous que le marquis Léon de Laborde, dans son livre : *la Renaissance des arts à la cour de France*, a publié le compte des dépenses faites pour mouler le visage de François Ier quelques instants après sa mort. Voici ce texte curieux :

Pour l'effigie dudict feu Roy ;
A François Clouet, paintre ordinaire du Roy, la somme de huict vingt seize livres dix huict sols tournois, à luy ordonnée pour son paiement de plusieurs parties de son mestier et autres frais et despenses par luy faictes pour les causes selon et ainsy qu'il s'ensuit. Assavoir :

Pour le voiage dudict Clouet par lui faict en diligence sur chevaulx de poste depuis la ville de Paris jusques au lieu de Rambouillet où ledict feu Roy alla de vie à trespas pour faire ce qui lui seroit commandé pour le faict desdicts obseques et funerailles . . . . X livres.

Ledict Clouet arrivé audit lieu auroit esté commandé de moller et prendre le trait du visage[1] affin de faire l'effigie dudict feu seigneur, et pour ce qu'il lui avoit convenu achatter huict livres de cire jaune, huile d'olive et coton pour lesdits molles et faire le creux dudict visage pour ce.. . . . . C solz.

.... Pour le sallaire de trois hommes qui ont besongné par l'espace de huict jours entiers avec ledit Clouet pour luy ayder à faire le modelle d'icelle effigye et de deux paires de mains, les unes clozes et les autres joinctes, et pour chacune journée desdits hommes, XXX solz, cy. . . . . XXXVI livres.

En terre à potier pour faire ledict modelle . . . . . VI solz.

Pour un sac de plastre pour faire le creux dudict modelle. . . . . VI solz.

---

pourtraiture de la reine, moulée sur sa face... Sur le drap d'or estoit une faincte et remembrance faicte pres du vif apres la face de la dicte dame, où avoit besongné Jehan de Paris, peintre et varlet de chambre du roy, nostre sire et de la feue reine, lequel ouvra moult en tous ses affaires. » (*Relation des funérailles*, p. 72.)

1. « Prendre le trait du visage, » cela veut dire dessiner. On voit quelquefois des crayons des seizième et dix-septième siècles représentant des personnes mortes. Le Louvre possède et expose un de ces dessins datant des premières années du dix-septième siècle, n° 1396 de la *Notice des dessins*, par M. Reiset. Un dessin fut exécuté par Dumoustier d'après le visage de Henri IV après la mort du roi. (Malherbe, *OEuvres complètes*, édit. Lalanne, t. III, p. 184.)

Pour quinze livres de cyre pour mouller ladicte effigye cy. . . . . IV livres X solz.

Pour deux journées de deux hommes qui ont aidé audict Clouet à moller ladicte effigye à raison de XXX solz, pour chacune journée desdits hommes, pour ce. . . . . VI livres.

Pour le poil dont a esté faict la barbe et les cheveux de ladicte effigye. . . . . IX livres.

Il résulte de ce texte qu'un modèle de terre était l'un des résultats obtenus par les artistes chargés de perpétuer les

Masque moulé sur le visage de Jeanne de France.

traits des morts. Les produits de cet art spécial nous sont d'ailleurs connus par quelques monuments à peu près contemporains. Un masque, moulé sur le visage de Jeanne de France, fille de Louis XI et première femme de Louis XII, était naguère exposé au Musée des Souverains sous le numéro 50 du catalogue. Cette sculpture était un estampage moderne en plâtre, exécuté d'après le monument original conservé à Bourges[1]. En 1507, quand François de Paule

1. Voyez Pierquin de Gembloux, *Histoire de Jeanne de Valois*, Bourges, 1840, in-4, p. 208, 272, et Paris, 1842, in-8, p. 276, 281 et 282. Cf. Louis Raynal, *Histoire du Berry*, Bourges, 1845, t. III, p. 232; on y lit : « Le visage avait été moulé après sa mort, et on avait préparé, avec du carton recouvert de

mourut au couvent des Minimes, au Plessis-lez-Tours, dit Leroux de Lincy [1], « ce fut Jean Bourdichon que la reine chargea de faire le portrait du saint homme, ainsi que l'artiste l'a déclaré dans le procès-verbal de canonisation daté de l'an 1513. Il dit avoir moulé ses traits restés intacts depuis douze jours, afin de les peindre plus exactement ». On pourrait encore signaler, au commencement du dix-septième siècle, le beau buste de Henri IV en cire, de la collection de M. le duc d'Aumale, en le rapprochant de plusieurs lettres de Malherbe à Peiresc [2].

Le masque venant de Saint-Denis, qui nous conserve un spécimen aussi rare des travaux préparatoires de la sculpture funéraire du seizième siècle, est donc précieux et mérite d'être signalé. Cependant ce monument, quelque

plâtre, une effigie qui avait ensuite été peinte. Cette effigie, qui resta longtemps au couvent de l'Annonciade, est aujourd'hui conservée à la cathédrale, où on l'expose à la vénération des fidèles, le jour où l'Eglise a permis d'honorer la mémoire de Jeanne. » En temps ordinaire, on peut la voir dans la sacristie.

1. *Vie de la reine Anne de Bretagne*, 1860, t. II, p. 20.
2. Malherbe, *Œuvres complètes*, édit. Lalanne, t. III, p. 175, 177, 178 et 179. Voici quelques passages de ces lettres : « L'on prépare les funérailles du roy ; je crois que vendredi prochain l'effigie sera mise en public... Il se fit deux effigies par commandement. Du Pré en fit une, et Grenoble l'autre ; il s'en fit une troisième par un Baudin (lisez Boudin) d'Orléans, qui se voulut faire de fête sans en être prié : celle de Grenoble l'emporta, pour ce qu'il eut des amis ; elle ressembloit fort à la vérité, mais elle étoit rouge, et étoit faite en poupée du Palais. Celle de du Pré, au gré de tout le monde, étoit parfaite ; je fus pour la voir, mais elle étoit déjà vendue. Je vis celle de Boudin, qui n'étoit pas mal. Cette effigie fut vêtue d'un pourpoint de satin cramoisi rouge, d'une robe de velours violet fleurdelisée et doublée d'hermine, etc... » Cf. Jal, *Dictionnaire de biographie et d'histoire*, aux mots *Henri IV* et *Isaac Briot*. Le buste de cire de Henri IV est gravé dans la *Gazette des Beaux-Arts*, t. XXIV, 2e période, p. 199.

Si nous voulions dépasser les premières années du dix-septième siècle, les monuments de cette nature seraient trop nombreux pour être tous énumérés. Tout le monde connaît le masque en plâtre de Napoléon, le masque en plâtre de Canova du musée de Venise, le masque de Cromwell, en cire, exposé au British Museum. Denon avait formé une suite curieuse de ces masques. On les trouve indiqués dans la *Description des objets d'art qui composent le cabinet de feu M. le baron V. Denon* (Monuments antiques, historiques et modernes, etc.), par L.-J.-J. Dubois, Paris, 1826, in-8, nos 647 et suiv. Parmi ces monuments, on remarque le masque de Charles XII, roi de Suède.

intéressant qu'il soit au point de vue de la technique et de la plastique, est encore plus important au point de vue de l'iconographie et de l'histoire. Quand on considère le visage du personnage inconnu et qu'on le compare au portrait de Henri II, dont le buste [1] est gravé ci-dessus, il est impossible de ne pas y reconnaître les traits de ce roi de France. La construction de la tête, la disposition caractéristique de la barbe sont les mêmes des deux côtés. Rien ne serait plus naturel que d'expliquer, par analogie, l'existence d'un portrait funéraire de Henri II, après ce qu'on sait de l'opération ordonnée au moment du décès de François Ier. Mais je suis en état d'établir directement, à l'aide d'autres pièces d'archives, que le visage de Henri II a été moulé sur son lit de mort par suite d'une commande officielle. Voici ce qu'on lit dans le « Roole des parties et sommes payées pour les obseques et pompes funebres du feu roi Henri II, en 1559 [2] :

« Et premierement à François Clouet, peintre et valet de chambre dudit seigneur, a scavoir vingt solz en plâtre, huile et pinceaulx pour mouler le visaige et effigie d'iceluy deffcunct roy ; douze livres dix solz pour vingt cinq livres de cire blanche emploiée pour ladicte effigie ; quarante huict solz pour six livres de céruse pour mettre avec ladicte cire blanche. »

De ce qui précède, il n'est plus maintenant téméraire de conclure que le portrait de Henri II, retrouvé à Saint-Denis, est le produit du travail ordonné à l'occasion des obsèques de ce souverain, en 1559.

On doit supposer que ce masque levé et retouché d'après nature a pu servir plus tard à Germain Pilon qui fut chargé

---

1. Sur ce buste, voyez : *Quelques sculptures de la collection du cardinal de Richelieu, aujourd'hui au musée du Louvre*, Paris, 1882, in-8.
2. *La Renaissance des arts à la cour de France*, p. 98. Cf. *Nouvelles archives de l'art français*, 1879, p. 16, où se trouve un texte plus correct et plus complet.

par Catherine de Médicis de représenter Henri II sur son tombeau de Saint-Denis, dans différentes attitudes et notamment mort, étendu sur le dos, et dépouillé de ses vêtements. Cependant Pilon, tout en consultant ce document plastique, n'a pas conservé aux traits du monarque la contraction

Maquette en terre cuite de la figure de Henri II, à Saint-Denis, par Germain Pilon.
(Musée du Louvre.)

qu'une mort violente et douloureuse y avait empreinte. Il a préféré donner à la figure de l'église de Saint-Denis le calme

Maquette en terre cuite de la figure de Henri II, à Saint-Denis, par Germain Pilon.
(Musée du Louvre.)

et la majesté que nous y admirons encore et qui diffèrent tant de l'expression des statues de Louis XII et de Fran-

chef-d'œuvre de Pilon à la mémoire du lecteur, je reproduirai ici une petite figure de terre cuite trouvée en 1851 dans un dépôt du Louvre, qui jusque-là n'avait jamais paru sur les inventaires du Musée et qui, même aujourd'hui qu'elle est exposée dans la salle de la cheminée de Bruges, n'est pas appréciée à sa véritable valeur. C'est une maquette originale plutôt encore qu'une excellente réduction de la statue nue et couchée de Henri II à Saint-Denis [1].

La présence du portrait funéraire de Henri II dans les chantiers de l'église Saint-Denis, au milieu de tant d'autres débris de la vieille abbaye, bien qu'elle fût ignorée, est cependant toute naturelle. En effet, du Tillet [2] nous apprend

1. Je dois cependant prévenir loyalement le lecteur que telle n'était pas l'opinion du savant qui a découvert cette petite figure. M. Léon de Laborde, alors conservateur de la sculpture moderne du Louvre, a consigné son sentiment sur le registre d'acquisition du musée, en 1851, dans les termes suivants : « N° 23. — G. Pilon (d'après). — Statue couchée de Henri II. Bonne reproduction réduite de l'admirable statue du tombeau placé dans l'église de Saint-Denis. On ne peut songer à considérer cette copie, fidèle jusque dans les plis des draperies, comme un premier jet de la pensée du maître. — Terre cuite. Longueur, 54 centimètres; largeur, 16 centimètres. — Un artiste de talent aura fait cette copie, dans l'intention de la faire passer pour une ébauche de G. Pilon. Je l'ai trouvée dans les magasins (remises du bord de l'eau). Elle n'était pas portée sur les inventaires. » Ce qui m'empêche de partager le sentiment du marquis de Laborde, c'est que rien, dans cette sculpture, ne sent la copie, et que tout y trahit, au contraire, l'ébauche primesautière d'un artiste faisant acte d'invention. Le travail, en effet, très largement traité, révèle la plus grande liberté chez l'exécutant. La manière dont l'anatomie du torse est rendue me parait tout à fait celle d'un maître. Enfin, l'exagération dans le mouvement du cou et surtout de la tête renversée dans l'abandon de la mort : l'intention, dépassée par la main, de traduire, à l'endroit des épaules et des omoplates, l'opposition entre la rigidité de l'ossature humaine et la mollesse des chairs mortes et affaissées, me persuadent que la statuette du Louvre est bien une œuvre originale et peut-être la maquette même de Pilon. Inutile de rappeler le goût de Pilon pour l'argile et l'habitude qu'il a toujours eue de faire cuire ses modèles. Ce n'est donc pas là que je chercherais une copie de la belle statue de Henri II de Saint-Denis. J'hésite même à regarder comme une copie le Christ mort ou le *Gisant* que j'ai retrouvé à Saint-Denis en 1881 et publié précédemment dans les *Mémoires de la Société des Antiquaires de France*, t. XLI, et dans une brochure : *Supplément au mémoire intitulé : Deux épaves de la chapelle des Valois à Saint-Denis*, Paris, 1881, in-8.

2. *Recueil des Roys de France*, 1612, p. 247, et Claude Guichard, *Funérailles et diverses manières d'ensevelir des Romains, Grecs et autres nations*, Lyon, 1581, p. 546.

que les « poisles et despouilles des effigies des Roys et Roynes portez à leurs exeques appartiennent aux abbé et religieux de Saint-Denis. » Nous savons, d'autre part, par Saint-Foix[1], que plusieurs *effigies* des rois de France étaient conservées dans la basilique qui leur servait de tombeau.

XXI

Germain Pilon, le maître dont nous venons de pronon-

Louis XI. Sculpture attribuée à Germain Pilon.
N° 156 du *Musée des Monumens français*. (Musée du Louvre.)

cer le nom, à propos du tombeau de Henri II, n'est pas

1. *Essais historiques*, 1755, t. II, p. 181.

absent lui-même de notre apport de Saint-Denis. Le petit roi sans tête, représenté debout, vêtu du manteau royal fleurdelisé et fourré d'hermine, est bien de son style. Il est en marbre et mesure 50 centimètres de haut. Il a fait partie du Musée des Monuments français, de 1806 à 1816, sous le numéro 158. Lenoir, qui l'avait acheté au marbrier Balleux, en avait intelligemment deviné l'auteur quand il l'a décrit ainsi : *Petite statue en albâtre représentant Louis XI, attribuée à Germain Pilon.*

XXII

Elles sont bien dans la manière de Pilon les trois pièces que voici : *Saint Jean prêchant dans le désert* (bas-relief de pierre, 0^m,73, largeur 0^m,65), *Jésus et la Samaritaine* (bas-relief, mêmes matière et dimension), une cariatide drapée (haut-relief, hauteur 0^m,80). Ce sont des fragments de la chaire du couvent des Grands-Augustins. On sait par Millin [1] ce qu'était cette chaire. Adossée contre un pilier, elle était formée de trois panneaux de pierre tenus par six montants en forme de cariatides. Nous possédons non seulement une description détaillée de ce beau monument, mais, ce qui vaut mieux encore, une reproduction graphique. Il était attribué, par tradition, à Germain Pilon [2] sous l'ancien régime, et la vue de l'œuvre ne peut que confirmer cette opinion, à savoir qu'il a été exécuté d'après une esquisse du maître. L'exécution directe de la sculpture pourrait lui être discutée à cause de l'absence de variété dans la composition de deux des bas-reliefs, ainsi qu'on peut le constater à l'aide des deux gravures ci-jointes.

---

1. *Antiquités nationales*, Grands-Augustins, t. III, n° XXV, pl. II, p. 10.
2. On lit dans Piganiol, *Description de Paris*, édit. de 1765, t. VII, p. 124 : « La chaire du prédicateur est un excellent morceau de sculpture de Germain Pilon, qui la fit en 1588. On y voit de très beaux bas-reliefs... Mais en 1684 on s'avisa mal à propos de les faire dorer; on s'aperçut alors que la dorure en avoit gâté entièrement les beautés. »

La Révolution fit passer cette sculpture au Musée des Petits-Augustins. Lenoir la reçut complète aux premières heures du bouleversement[1]. Intacte encore en l'an IV,

La chaire des Grands-Augustins, telle qu'elle était avant la Révolution
(Fac-similé d'une planche de Millin.)

elle occupait le numéro 294 du catalogue du Musée des Monuments français. Lenoir utilisa diversement les détails de cette œuvre d'art, après les avoir isolés les uns des autres. A l'aide du bas-relief de *Saint Jean prêchant à la foule* et des cariatides, il forma un piédestal pour la

---

1. *Alexandre Lenoir, son Journal*, etc., t. Ier, p. 2, n° 19. C'est par erreur que Lenoir a dit dans la *Notice succincte* de 1793, n° 21, que ces bas-reliefs étaient en plâtre.

statue de David, de Francheville[1]. Les deux autres bas-reliefs, *Saint Paul prêchant* et la *Samaritaine*, furent employés au tombeau de Villers de l'Isle-Adam[2]. Au moment de la suppression des Petits-Augustins, le *Saint Paul* vint au Louvre. Il ne fut pas compris, en 1824, au nombre des quatre-vingt-quatorze monuments, catalogués par Clarac, qui formèrent la galerie d'Angoulême ; mais il fut exposé, lors du remaniement des salles de la Renaissance, par Léon de Laborde, et il a été décrit par M. Barbet de Jouy sous le numéro 123 de la *Description des Sculptures du moyen âge et de la Renaissance*. Les deux autres bas-reliefs de la chaire, c'est-à-dire *Saint Jean* et la *Samaritaine*, furent, après 1816, portés à Saint-Denis. Le baron de Guilhermy a constaté qu'en 1848 la *Prédication de saint Jean dans le désert* était déposée dans la chapelle de Saint-Jean-Baptiste, au chevet de l'église [3].

Le même auteur ne dit rien de la *Samaritaine* qui, déjà, était peut-être égarée et qui a tant souffert d'avoir été long-temps méconnue. Une des six cariatides cataloguées dès 1793 par Lenoir, sous le numéro 39 de la *Notice succincte*, accompagna, on ne sait pourquoi, les deux bas-reliefs à Saint-Denis. C'est celle qui est mentionnée ci-dessus. Elle était enfoncée dans le sol de l'un des magasins de Saint-Denis et avait échappé à l'attention, parce que, après avoir été retournée la face contre terre, elle servait de support à des madriers. Les cinq autres cariatides restèrent à l'Ecole des Beaux-Arts après 1816. Quatre d'entre elles, aperçues subrepticement par Léon de Laborde, furent réclamées par

1. On lit dans les Catalogues de Lenoir : « N° 121... Statue en marbre blanc, représentant David vainqueur de Goliath, par Francheville. Tout le piédestal de cette statue est nouveau, il a été fait avec les marbres du musée. Le bas-relief qui en fait le milieu vient des Grands-Augustins. » Le piédestal du David est gravé dans le *Musée des Monumens français*, t. IV, p. 154.
2. N° 447 des Catalogues de Lenoir. Ces deux bas-reliefs sont gravés dans la planche 101 du *Musée des Monumens français*, p. 50.
3. *Monographie de Saint-Denis*, p. 20.

lui en 1850 [1], et rapportées au Louvre en 1851. Elles ont été décrites dans le catalogue des sculptures de la Renais-

La prédication de saint Paul.
Bas-relief de pierre provenant de la chaire des Grands-Augustins.
(Musée du Louvre.)

sance sous les numéros 124 à 127. La dernière de ces six pièces demeure encore à l'École des Beaux-Arts; réclamée vainement en 1866 [2], je l'ai reconnue le 4 août 1882

1. *Gazette des Beaux-Arts*, 2e période, t. XXVI, p. 294.
2. *Ibid.*, p. 297.

horriblement mutilée et devenue méconnaissable, abandonnée à l'état de moellon dans le jardin de l'École des Beaux-

La prédication de saint Jean.
Bas-relief de pierre provenant de la chaire des Grands-Augustins et des chantiers de Saint-Denis, attribué à Germain Pilon.

Arts, près du mur de l'hôtel de Chimay. Elle appartient au Louvre qui ne saurait être responsable de l'état de dégradation dans lequel cette sculpture se trouve actuellement.

XXIII

N'est-il pas encore de Pilon, ou certainement de son ate-

Cariatide de la chaire des Grands-
Augustins.
(Musée du Louvre.)

Cariatide de la chaire des Grands-
Augustins.
(École de Beaux-Arts.)

lier, ce *Christ mort* ou ce *gisant* de pierre peinte, couché

GISANT OU CHRIST MORT
Figure de pierre. N° 319 du Catalogue du Musée des Monuments français.
(Musée du Louvre.)

sur son linceul et mesurant deux mètres de haut sur quarante-quatre centimètres de largeur? Il a fait partie du Musée des Monuments français, et a été décrit par Lenoir, de 1806 à 1816, sous le numéro 349 de son catalogue. Envoyée à Saint-Denis, après la suppression du musée des Petits-Augustins [1], cette sculpture fut utilisée pas Debret, pour la décoration de la basilique.

M. de Guilhermy la désigne ainsi, dans sa *Monographie de Saint-Denis* : « Une statue de Henri II, sculptée en pierre, par Germain Pilon, et transformée depuis quelques années, en Christ au tombeau. » Regardez bien, dit ailleurs [2] le même érudit, « et vous reconnaîtrez l'amant de Diane de Poitiers, qui fait ici fonction d'un Christ au sépulcre. Si le personnage nous inspire peu de dévotion, tâchez au moins de retrouver, sous le badigeon cadavéreux qui le souille, les beautés merveilleuses de cette statue, que Germain Pilon sculpta en pierre, comme modèle de l'effigie de marbre qui repose dans la splendide chapelle funèbre des Valois. » Quand bien même on ne partagerait pas absolument l'opinion de M. de Guilhermy, on ne saurait nier l'analogie que présente cette œuvre, d'une part, avec la figure de marbre de Saint-Denis, d'autre part, avec l'esquisse en terre cuite du Louvre.

MONUMENTS DU DIX-SEPTIÈME SIÈCLE

XXIV

Au dix-septième siècle, nous comptons encore quelques pièces de remarque. La *Femme debout, drapée et pleurant*, est le fragment d'un mausolée sculpté en marbre blanc. Ce

---

1. *Musée des Monumens français*, t. VIII, p. 178, et *Alexandre Lenoir, son Journal et le Musée des Monuments français*, t. 1er, p. 186.
2. *Annales archéologiques*, t. XII, p. 204.

fragment, haut de 60 centimètres, provient du tombeau de Claude de l'Aubépine, morte en 1627. C'est l'une des deux petites pleureuses tenant une torche renversée, qui accompagnaient l'épitaphe. On lit au bas du dessin de Gaignières, qui les représente : « Epitaphe de pierre escrit en lettres d'or sur un marbre noir, dans la chapelle du Crucifix, près de l'autel. Elle est la première chapelle à main droite en entrant, du côté du grand autel de l'Église des Jacobins de la rue Saint-Jacques, à Paris [1]. »

XXV

N'aimât-on point Sarrazin, il faudrait s'arrêter ici devant son chef-d'œuvre : Quatre bas-reliefs représentant la *Justice*, la *Tempérance*, la *Prudence* et la *Force* [2]. Ces bas-reliefs proviennent du couvent des Jésuites et du monument élevé dans leur église par Anne d'Autriche à la mémoire de Louis XIII, dont le cœur était conservé à côté, dans une enveloppe d'argent, et soutenu par deux anges de même métal. C'était, dans son ensemble, une œuvre de Jacques

---

1. Cabinet des estampes de la Bibliothèque nationale, Pe, 11, rés. f° 25.
2. En voici la description :

La Justice. — Cette Vertu, sous les traits d'une femme assise et costumée à l'antique, est tournée de trois quarts vers la droite dans l'attitude de la méditation, la tête appuyée sur la main gauche. Elle tient une épée de la main droite. Devant elle, un génie ailé porte une balance.

La Tempérance. — Sous les traits d'une femme assise tournée de profil vers la gauche. Elle laisse tomber le contenu d'une aiguière qu'elle tient de la main droite; devant elle un génie ailé.

La Prudence. — Représentée par une femme assise, la tête tournée de profil vers la droite. Elle porte un serpent enroulé autour de son bras gauche et regarde un miroir que lui présente un génie ailé debout devant elle.

La Force. — Personnifiée par une femme assise, casquée et costumée à demi en Minerve, cette Vertu tient de son bras droit une colonne et appuie le bras gauche sur sa hanche. Devant elle un génie ailé, vu de face, porte une palme et une branche de laurier.

Ces quatre médaillons de marbre, de forme ovale, sont sculptés en bas-reliefs et mesurent 1^m,25 de hauteur sur 0^m,74 de largeur.

Sarrazin, datant de 1643. Piganiol nous en a laissé une description très précise[1] :

« Auprès du maître-autel, du côté de l'Évangile, est une chapelle sous l'un des arcs de laquelle est le cœur du roi Louis XIII, soutenu en l'air par deux anges d'argent, dont la draperie est de vermeil, de même que le cœur, la couronne, les armes de France et les autres accompagnemens. Sur les deux jambages de l'arc, on remarque quatre bas-reliefs de marbre, qui représentent les Vertus cardinales, et qui sont dans des ovales de marbre, entre lesquels on lit les inscriptions suivantes, qui sont gravées sur des espèces de draperies, aussi de marbre, et tenues par deux génies en pleurs.

AUGUSTISSIMUM
LUDOVICI XIII
JUSTI REGIS
BASILICÆ HUJUS
FUNDATORIS
MAGNIFICI
COR
ANGELORUM HIC
IN MANIBUS
IN CŒLO
IN MANU DEI

« L'inscription qui est vis-à-vis nous apprend que c'est la reine Anne d'Autriche qui a fait ériger ce monument au cœur du Roi son mari.

SERENISSIMA
ANNA AUSTRIACA
LUDOVICI XIV
REGIS MATER
ET REGINA REGENS
PRÆDILECTI
CONJUGIS SUI AMORIS
HOC MONUMENTUM P.
ANNO SALUTIS
M DC XLIII

« Ce magnifique monument est de l'invention et de

---

1. *Description de Paris*, édit., de 1765, t. V, p. 7. Cf. également Germain Brice, *Description de la ville de Paris*, 1752, t. II, p. 178, 179, et baron de Guilhermy, *Inscriptions de la France*, t. Ier, p. 507.

LA FORCE

Bas-relief de marbre par Jacques Sarrazin. (Musée du Louvre.)

l'exécution de Jacques Sarrazin, excellent sculpteur de ce temps-là, etc. »

Cette attribution est confirmée par Caylus [1].

Le numéro 333 du Journal de Lenoir [2] nous apprend comment ces marbres entrèrent aux Petits-Augustins, en 1793, le 13 floréal an II. Nos médaillons occupèrent, dès l'an VIII, le numéro 246 du catalogue du Musée des Monuments français, ainsi rédigé : « Du même lieu (St-Paul-St-Louis) — Quatre médaillons en marbre blanc représentant la Justice, la Charité, la Force et la Prudence. Ces bas-reliefs, d'un style très correct, ont été exécutés par Sarrazin, pour le même monument que ci-dessus. »

XXVI

Bien qu'il ait été excessivement célèbre autrefois, ce n'est pas un chef-d'œuvre que le tombeau de Charles de Valois, comte d'Angoulême, fils naturel de Charles IX et de Marie Touchet. Il provient des Minimes de la place Royale, et il est gravé dans la *Monographie de Saint-Denis* [3]; mais il méritait bien d'être recueilli par la Direction des musées nationaux, pour être transmis au musée de Versailles, où, déjà, il occupe très honorablement une place.

XXVII

C'est à destination du même musée que nous avons

---

1. Voyez les *Mémoires inédits sur la vie et les ouvrages des membres de l'Académie royale de peinture et de sculpture*, t. Ier, p. 120.
2. *Alexandre Lenoir, son Journal et le Musée des Monuments français*. t. Ier, p. 51.
3. P. 311. C'est le numéro 182 du Catalogue de Lenoir aux Petits-Augustins. Il est dessiné plusieurs fois dans les recueils Gaignière, et notamment dans le volume cédé en 1883 par M. Albert Lenoir au Cabinet des estampes. Voyez sur ce monument l'*Histoire de l'abbaye d'Orbais*, par dom du Bout, publiée dans la *Revue de Champagne*.

demandé plusieurs épitaphes : celle de Pierre Séguin [1], soixante-troisième doyen du chapitre de Saint-Germain-l'Auxerrois, mort en 1672 ; celle de Catherine de Brinon et de Catherine-Cécile Langloys de Canteleu, sa fille, morte en 1699, petit monument de marbre noir affectant la forme d'un cœur [2] ; celle de Jules Hardouin Mansart [3], l'architecte de Versailles ; enfin l'épitaphe du grand paléographe et diplomatiste Jean Mabillon [4].

MONUMENTS DU DIX-HUITIÈME SIÈCLE

XXVIII

Les monuments du dix-huitième siècle ne sont pas nom-

---

1. Voyez baron de Guilhermy, *Inscriptions de la France*, t. Ier, p. 164. Cf. également Sauval, *Histoire et recherches des antiquités de Paris*, t. Ier, p. 239.

2. Voyez baron de Guilhermy, *Inscriptions de la France*, t. Ier, p. 320.

3. Voici l'épitaphe de Jules-Hardouin Mansart, gravée sur une table de marbre légèrement bombée :

HIC JACET
JULIUS HARDOUIN MANSART
COMES SAGONENSIS
REGII ORDINIS EQUES
REGIORUM EDIFICIORUM SUMMUS PRÆFECTUS
QUIBUS TITULIS AUCTUS
A LUDOVICO MAGNO
QUAM MERITO FUERIT
DOCEBUNT POSTEROS ILLUSTRIA TOTO REGNO
TAM PUBLICA QUAM PRIVATA ARCHITECTURÆ MONUMENTA.
VIXIT ANNOS LXIII
OBIIT DIE XI MAII
ANNO SALUTIS M. DCC VIII.

Marbre blanc. Hauteur, 0^m,52 ; largeur, 0^m,93.
Cette inscription, qui surmontait dans l'église Saint-Paul, avec un buste attribué à Coysevox, le tombeau du célèbre architecte, avait été classée par Lenoir, aux Petits-Augustins, sous le numéro 299 de son Catalogue (voyez *Musée des monumens français*, t. V, p. 52). Le baron de Guilhermy en a parlé dans ses *Inscriptions de la France*, t. Ier, p. 293.

4. L'épitaphe de Mabillon (marbre blanc ; hauteur, 0^m,60 ; largeur, 0^m,34) a été publiée en fac-similé par le baron de Guilhermy, *Inscriptions de la France*, t. Ier, p. 352.

breux ici ; mais deux d'entre eux, de premier ordre, sont dus, l'un à Pajou et l'autre à Berruer.

Marie Leczinska, avec les attributs de la Pitié, de la Prudence et de la Charité. La reine abrite de son manteau deux enfants dont l'un embrasse une cigogne. De la main gauche, elle soutient un médaillon du roi Stanislas de Pologne, duc de Lorraine; statue de marbre. Hauteur 1^{m}62, largeur 67 centimètres. Cette statue avait été commandée à Pajou, après la mort de Marie Leczinska, et exposée au Salon de 1769. Offerte au Gouvernement, elle fut refusée le 29 juin 1798, ainsi que le constate une lettre publiée dans le tome Ier de cet ouvrage. Alexandre Lenoir accepta quelques temps après le don qui fut fait de cette figure au musée des Petits-Augustins, l'exposa, et la classa plus tard, après l'avènement de Louis XVIII, sous le numéro 330 du catalogue de 1816. Quand le Musée des Monuments français fut supprimé, Lenoir constata le transport de la statue à Saint-Denis.

XXIX

Louis XV récompensant la Peinture et la Sculpture. Bas-relief de marbre signé : Par M. Berruer, en 1770. Hauteur 0^{m}70. largeur 0^{m}51. Cette sculpture a été exécutée par Pierre Berruer, pour sa réception à l'Académie de peinture et de sculpture, qui eut lieu le 23 février 1770. Le sujet fait allusion à l'acceptation, par Louis XV, du titre de protecteur de l'Académie, titre qui lui fut offert après la mort d'Orry, en 1747 [1]. Le bas-relief de Berruer fut employé à la décoration de la salle d'assemblée de l'Académie, au Louvre, et avait été introduit dans le piédestal du buste de Louis XV [2].

---

1. *L'Ecole royale des élèves protégés*, p. 17, et *Livre-Journal de Lazare Duvaux*, t. Ier, p. 154.
2. *Archives de l'Art français*, t. II, p. 359.

TOMBEAU DU DUC D'ESTRÉES
(Fac-similé de la gravure publiée par Millin.)

XXX

Monument funéraire du duc d'Estrées, vice-amiral et maréchal de France. Groupe allégorique de marbre blanc. Hauteur 1m,42. — Larg. 0m92. — Le portrait en médaillon du duc d'Estrées est soutenu par un génie tenant un cœur dans la main gauche. Ce monument provient de l'église des Bons-Hommes, de Passy, et se trouve décrit et gravé dans les *Antiquités nationales* de Millin.

Thiéry, en 1787, dans le *Guide des amateurs et des étrangers voyageurs à Paris*, p. 4 et 5, parle ainsi de ce tombeau : « L'on voit dans la chapelle de la Vierge, qui est auprès, le mausolée du maréchal et vice-amiral Jean d'Estrées, mort en 1707. Sur le sarcophage, terminé des deux côtés en proue de vaisseau, est un génie appuyé sur des palmes et des trophées, et tenant un médaillon contenant le portrait de ce maréchal et celui de son épouse, Marie-Marguerite Morin, morte en 1714. » Bien que Lenoir n'ait pas reconnu ce monument, c'est celui qu'il a décrit ainsi dans son catalogue :

N° 307. — Des Minimes de Passy. — Un génie soutenant un médaillon, sculpté en marbre blanc par Van Cleve ; ouvrage du dix-huitième siècle. Les deux personnages qui sont représentés sur le médaillon sont inconnus (édition de 1810). En l'an IV le même monument portait le numéro 323.

Voilà encore une bonne recrue pour le musée de Versailles.

Quelques pièces sont encore restées à Saint-Denis, dans les magasins, mais elles viendront sans difficulté se réunir à celles qui sont précédemment parvenues au Louvre. Nous croyons pouvoir indiquer les objets suivants : un chapiteau de marbre médiocrement conservé et complétement salpêtré, mais qui, sauf vérification ultérieure, me paraît de style mérovingien; le bas d'une robe de femme sculpté en marbre, provenant d'une statue du quatorzième siècle, comme on en voit au musée de Cluny; et, dans la crypte de la basilique, les bas-reliefs du jubé de Chartres sculptés par François Marchand, d'Orléans, parmi lesquels un choix pourrait être fait et se porterait sur les fragments les moins mutilés.

Longue est l'histoire de ces bas-reliefs, dont nous avons déjà parlé plusieurs fois et sur lesquels il reste encore beaucoup à raconter.

Dans ce rapide aperçu, nous sommes loin d'avoir tout dit.

L'inventaire complet et l'historique détaillé des monuments rapportés au Louvre en 1881 sont beaucoup trop volumineux pour trouver place ailleurs que dans notre *Histoire du département de la sculpture du moyen âge, de la Renaissance et des temps modernes;* cependant, on voit, par ce qui précède, que le fonds de Saint-Denis méritait d'entrer au Louvre, que tout ce qui a passé par les Petits-Augustins n'est pas à dédaigner, et que, sans appauvrir personne, il est facile de reconstituer, dans une certaine mesure, au siège des Musées nationaux, l'ancien Musée des Monuments français. Hélas! l'œuvre de sauvetage opérée par Lenoir, non seulement n'a pas pu être achevée, mais encore, dans bien des cas, les meilleurs de ses résultats ont été perdus, et perdus par notre faute, à une époque qui professe une admiration bruyante, sinon sincère, pour la statuaire du moyen âge, et qui ouvre à ses moulages un musée comme celui du Trocadéro. N'oublions et ne dédaignons pas plus longtemps les originaux qui dorment dans la poussière, ou qui, morcelés et mutilés, achèvent de mourir sous nos yeux insensibles et sous notre ciel inclément.

TABLE DES MATIÈRES

LE FUTUR MUSÉE DE LA SCULPTURE
DU MOYEN AGE, DE LA RENAISSANCE ET DES TEMPS MODERNES AU LOUVRE

Avertissement. 1

L'ANCIEN FONDS DU MUSÉE DU LOUVRE

Chapitre premier. — Monuments conservés au Louvre, mais actuellement déplacés ou inconnus. 9

Chapitre deuxième. — Monuments conservés en originaux à Versailles 219

Chapitre troisième. — Monuments des résidences nationales. 291

Chapitre quatrième. — Monuments récemment acquis. . . 325

LE FONDS DE SAINT-DENIS AU MUSÉE DU LOUVRE

§ 1. — Fragments d'architecture de diverses époques, du sixième au seizième siècle 379
§ 2. — Monuments des douzième et treizième siècles. . . . 400
§ 3. — Monuments du quatorzième siècle. 412
§ 4. — Monuments du quinzième siècle. 424
§ 5. — Monuments du seizième siècle. 427
§ 6. — Monuments du dix-septième siècle 434
§ 7. — Monuments du dix-huitième siècle. 439

FIN DU TOME TROISIÈME

TABLE DES MATIÈRES DES TOMES II ET III
DE L'OUVRAGE DE Louis COURAJOD

Alexandre Lenoir et le Musée des Monuments Français

L'ouvrage de Louis Courajod : *Alexandre Lenoir et le Musée des Monuments français*, comprend trois volumes parus en 1878, 1886 et 1887. Le tome Ier (Paris, Champion, in-8 de CLXXV-212 p.) se compose d'une longue introduction sur l'histoire des Musées pendant la Révolution et du texte des journaux où Lenoir inscrivait, jour par jour, le mouvement des objets d'art (entrées ou sorties) au dépôt des Petits-Augustins. Une table des noms de lieux serait au moins indispensable pour faciliter les recherches dans ce volume ; nous espérons la voir paraître bientôt. La composition des tomes II et III est toute différente. Dans le second volume, Courajod étudie les monuments dont il subsiste quelques débris à l'École des Beaux-Arts, c'est-à-dire sur l'emplacement même du Musée des Monuments français ; et, dans le troisième volume, sous ce titre assez vague : *Le futur musée du Moyen âge, de la Renaissance et des temps modernes au Louvre*, l'auteur a réimprimé quelques-unes de ses plus importantes études sur des sculptures françaises et italiennes conservées au Louvre. Malheureusement, le classement de tous ces mémoires archéologiques est défectueux, les articles sont reliés par des transitions arbitraires, certains articles même n'ont pas été intégralement reproduits, des préambules contenant d'importantes indications de méthode ou de doctrine ont parfois disparu, d'autres ont été scindés et réintroduits en divers chapitres ; on trouvera sur ce point des explications assez précises — du moins, on l'espère — dans la bibliographie des travaux de Louis Courajod, qui sera insérée au tome III des *Leçons de l'École du Louvre*, publiées par MM. Henry Lemonnier et André Michel (Paris, Picard). Mais l'absence de titres explicatifs et surtout de tables, rendent le maniement de ces deux volumes, bourrés de faits et de documents précieux, extrêmement difficile et compliqué, il semble que l'auteur se soit fait un malin plaisir de dérouter le lecteur novice. C'est le désir d'aider les recherches qui a inspiré la publication de cette table analytique des matières ; elle n'a d'autre but que de fournir la réponse à la question suivante quels sont les monuments étudiés par L Courajod dans ces volumes et à quelles pages ?

Il nous suffit de penser que ce petit travail sera utile à quelques érudits, et que nous aurons ainsi aidé à faire mieux connaître les écrits d'un homme, dont la mémoire nous est chère.

G. Brière.

Décembre 1901.

TABLE DES MATIÈRES DU TOME II

[Paris, Champion, 1886. In-8 de xlvi-272 p.]

Avertissement.. i-xlvi
    Étude critique sur la publication intitulée: *Archives du Musée des Monuments français* (Inventaire des richesses d'art). Tome Ier, publié en 1883. Extrait du *Bulletin Critique* du 15 juin 1885... iii-xxxvi
    Lettre de M. Albert Lenoir en réponse à cet article et réplique de L. Courajod... xxxvi-xli

Introduction.
    L'influence du Musée des Monuments français sur le développement de l'art et des études historiques pendant la première moitié du xixe siècle........................... 1-18

LES DÉBRIS DU MUSÉE DES MONUMENTS FRANÇAIS A L'ÉCOLE DES BEAUX-ARTS................................... 19-204

    Histoire de la dispersion des sculptures après la destruction du Musée (gr.)... 19-44

I. *La Cour de l'École.*

    Études sur la façade du château d'Anet, la façade provenant du château de Gaillon, la Vasque de Saint-Denis (gr.)........ 44-52

II. *La Cour en hémicycle.*

[Études sur les fragments de sculpture encastrés dans les panneaux de l'hémicycle]................................ 52-131
1er panneau à gauche : (gr.)................................ 54-73
  1. Morceau de réception de Claude Poirier (en 1703)...... 54-56
  2. Morceau de réception de Jean Cornu (en 1681) (gr.) ... 56
  3. Fragment d'une frise sculptée provenant du château d'Écouen (gr.).. 56-62
  4. Génie armé de l'épée de connétable, provenant d'Écouen (gr.).. 62-64

5, 6, 7. Autres fragments du château d'Écouen...	64
8. Fragments de décoration du tombeau des Commynes (gr.). [Cf. tome III, pp. 259-266.]	64-71
9, 10. Têtes de lions fondues pour Lenoir, employées pour orner le tombeau de Villiers de l'Isle-Adam... . .	71-72
11. Fragment indéterminé (xiiie siècle)...	72
12. Fragment décoratif du tombeau du duc de Rohan-Chabot (gr.) [Cf. p. 110]...	72-73
2e, 3e et 4e panneaux à gauche : (gr.)....	74-104
Fragments de décorations provenant du château de Gaillon (gr.) [Cf. t. III, pp. 27-30.]...	74-83
De la part de l'art italien dans quelques monuments de la première Renaissance française. [Généralités]... ... ... ,	83-96
Tête de jeune guerrier attribuée à Antoine Juste (au Musée du Louvre) (gr.)...	96-104
5e panneau à gauche : (gr.)...	104-110
1. La Foi et l'Espérance (bas-relief, début du xvie siècle)....	104-105
2. Monument funéraire de Jacques Cappel (bas-relief).. ...	106-108
3. Bas-relief : Réparation publique de l'attentat commis sur les religieux des Grands-Augustins (gr.)...	108-110
4. Fragment du tombeau de Rohan-Chabot [Cf. p 72]... .	110
1er panneau à droite : (gr.)...	110-112
1. Combat de gladiateurs, bas-relief par Legros	110
2. Morceau de réception de Frémin : le Temps découvre la Vérité...	110-112
3. Enfants pleureurs (xviie siècle).	112
4. Fragment du château d'Écouen	112
5. Idem de Gaillon...	112
2e panneau à droite : (gr.)...	113-124
1. Fragments décoratifs provenant du château de Gaillon, médaillons et plaquettes (gr.).	113-117
2. Débris du tombeau de Nicolas Braque et de l'une de ses deux femmes (gr.)...	117-124
3e panneau à droite : (gr.)	124-126
1. Casque et gantelets provenant du tombeau d'Anne de Montmorency reconstitué par Lenoir...	124
2. Deux petits génies funéraires (fin xiie et xviie s.).	126
3. Niche Renaissance	126
4e panneau à droite : (gr)....	125-126
Fragments du château de Gaillon	126
5e panneau à droite : (gr)....	127-128
1. Deux lions de marbre, de Saint-Jean-de-Latran, à Paris ..	128
2. Fragments de Gaillon, d'Écouen et de la chapelle des Commynes...	128
Les trois derniers panneaux à droite	128-131
1. Tombe plate de Jean Disse, chanoine de Notre-Dame de Noyon (gr.)...	128-130

2 Chapiteaux romans de Sainte-Geneviève..	130-131
3. Tombe plate de Jacques Longuejoue	131
4 Dalle tumulaire de Michel de Troyes......	131

III. *Le Jardin de l'Ecole*.. 131-158

1. Frontons provenant de l'attique du Louvre, enlevés en 1806 lors des travaux de Percier, attribués à Ponce (8 bas-reliefs) (gr)..	134-139
2. Figures décoratives du sarcophage du tombeau de Jacques-Auguste de Thou à l'église Saint-André-des-Arcs et histoire de la dispersion de ce tombeau (gr.)....	139-146
3 Fragment de décoration provenant de l'hôtel d'O (gr.)....	146-149
4. Fragment provenant d'une maison du Pont Saint-Michel..	149-150
5. Bas-relief, marbre, par Anguier, provenant du château de Vincennes	150-151
6. Cariatide mutilée de la chaire des Grands-Augustins.....	151
7. Fragment du tombeau des Boullenois à l'église des Carmes..	152-154
8. Autres débris, épitaphes.........	155-158

IV. *La Chapelle*.... 158-202

1. Colonnes provenant de l'église Saint-Père de Chartres....	158-159
2. Buste dit . G. de Rochefort, marbre (gr.)................	159-160
3 Statue gisante, cadavre de Catherine de Médicis par J. Della Robbia (gr.)...........	160-166
4. Le lion du tombeau de l'amiral de Chabot et histoire de ce tombeau (gr.)..	166-187
5. Trois bas-reliefs, marbre, scènes de la Passion, provenant de Notre-Dame de Chartres...,.	187-189
6. Les anges de Veirier au Louvre et les anges de l'école de Puget à l'École des Beaux-Arts (gr)....	191-202
Conclusion..	202-204

Bibliographie des travaux d'Alexandre Lenoir.......... 205-234

Notice sur Alexandre Lenoir.............	205-207
Bibliographie des éditions successives du *Catalogue du Musée des Monuments français*	207-214
Éditions diverses du *Musée des Monuments français*	214-220
Autres ouvrages d'A. Lenoir.....	220-234
Réimpression de la première édition du *Catalogue du Musée des Monuments français*, publiée en 1793, d'après un exemplaire annoté par A. Lenoir..............	234-270

TABLE DES MATIÈRES DU TOME III
[Paris, Champion, 1887. In-8 de 466 p.]

LE FUTUR MUSÉE DE LA SCULPTURE DU MOYEN AGE, DE LA RENAISSANCE ET DES TEMPS MODERNES AU LOUVRE

Avertissement. [De la nécessité de reconstituer le Musée des Monuments français et d'en rechercher les débris]...... 1-6

L'Ancien Fonds du Musée 7-376
   Préambule.......... 7-8

CHAPITRE Ier.

Monuments conservés au Louvre, mais actuellement déplacés ou inconnus 9-218

Avant-propos......... 9-10
Études critiques sur les monuments suivants :
1. Deux fragments des constructions de Pie II à Saint-Pierre de Rome (gr.)............ 10-17
2. La cheminée de la salle des Cariatydes (gr.)...... 17-27
3. Les arabesques, pilastres encadrant le Saint-Michel de Gaillon et autres fragments de même provenance encastrés dans les murs de la salle Houdon (gr.)........ 27-30
4. Le tombeau de Michel de Marolles par B. de Mello (gr.).. 31-37
5. Fragments des mausolées du comte de Caylus par Louis-Claude Vassé et du marquis du Terrail par Broche le Jeune (gr.)........ 37-52
6. Le buste de Condé par Coysevox (bronze)........ 52-55
7. Le buste de Michel Le Tellier par Coysevox (gr.)...... 55-73
8. Le buste de Mignard par Martin Desjardins (gr.).... 73-89
9. Bas-relief par Paolo Bernini.......... 89-91
10. Le buste du chancelier Séguier par L. Hérard........ 91-96
11. Sculptures de Gérard Van Obstal........ 96-102
12. Faux Antiques · La Conclamation (bas-relief) (gr.).. 102-103
13. Les bustes à l'antique du sculpteur italien Simone Bianco (gr.)............ 103-107
14. Observations sur les bustes de Henri II, Charles IX, Henri III, attribués à Germain Pilon (gr.)...... 107-114

15. Les esclaves du tombeau de Casimir de Pologne restitués à l'atelier de Germain Pilon. (Épaves de la chapelle des Valois à Saint-Denis) (gr.)... 114-131
16. Le buste de Jean de Bologne par P. Tacca (gr.)... 131-139
Étude sur les statuettes de J. de Bologne provenant des collections du cardinal de Richelieu. ... 139-142
17. La statue de Robert Malatesta (gr.)... 142-157
18. Quelques sculptures Vicentines (gr.) ... 158-164
19. Variantes des bas-reliefs de l'armoire de Saint-Pierre-aux-liens au Louvre et au South-Kensington-Museum (gr.). 164-180
20. Un fragment du retable de Saint-Didier d'Avignon par Francesco Laurana (gr.)... 180-190
21. Le buste de Jean d'Alesso (gr.)... 190-204
22. Un faux portrait de Philibert Delorme [surmoulage d'antique] (gr.).. 204-218

Chapitre II.

Monuments conservés en originaux au Musée de Versailles [transportés au Musée du Louvre] ... 219-290

Notices sur les monuments suivants :
1. La statue funéraire de Philippe VI et l'influence de l'art flamand sur la sculpture française à la fin du xive s. (gr.). 219-233
2. Statue funéraire de Guillaume de Chanac (gr.).. 233-235
3. Statue funéraire de Jean de Dormans (gr.)... 235-237
4. Statue funéraire de Philippe de Morvilliers (gr). 238-242
5. Statue funéraire d'Yde de Dormans... 243-244
6. Statue funéraire d'Hugues de Châtillon (?) (gr) 244-249
7. Statue funéraire de Marie d'Avesnes (?) (gr). 250-252
8. Trois figures d'enfants (statues funéraires) (gr.). 253-259
9. Statue funéraire de Jeanne de Commynes et autres statues de la même école [Cf t. II, l'étude sur le tombeau des Commynes, pp 64-71, 128] (gr.)... 259-266
10. Deux écussons de marbre provenant des tombeaux des Birague par Germain Pilon à Sainte-Catherine du Val des Écoliers et histoire de ces tombeaux (gr.)... 266-281
11. Statues funéraires mutilées de Louis de Rouville et de Suzanne de Coesme... 281-282

Monuments réclamés .
12. Henri IV, statue attribuée à B. Prieur [par Barthélemy Tremblay et G. Gissey].. 283-284
13. Statues des deux femmes de J.-A. De Thou [Cf. l'histoire de ce monument, t. II, pp. 139-146]... 284
14. Le buste de Louis XIV par le Bernin 284-286
15. La statue du Maréchal de Saxe par Rude. 286

16. Les vases de la fontaine du Tibre à Fontainebleau, transportés ensuite dans les Jardins de Versailles (gr.) — 287-290

Chapitre III.

Monuments des résidences nationales.

[Sculptures provenant de ces résidences ou réclamées] — 291-324

I. *Château de Fontainebleau.*
  1. Vierge, bronze. (École italienne du xv° siècle) (gr.) — 291-293
  2. Bas-relief bronze, figurant une bataille. (École de Fontainebleau) (gr.) — 293-295
  3. La cheminée de Jacquet dit Grenoble, à Fontainebleau (gr.) — 295-298
  4. La statue de Diane à Fontainebleau, bronze, fonte des Kellers en 1684 (gr.) — 299-310

II. *Château de Compiègne.*
  5. Monuments demandés : D'Aguesseau par Berruer, Vases de porphyre de la collection du Duc d'Aumont (gr.). — 310-312

III. Les objets d'art provenant de la Malmaison — 312-322

IV. *Les Jardins de Paris (Tuileries et Luxembourg)*
  [Sculptures réclamées ou apportées au Louvre : David, statue du Luxembourg (gr.), groupe de Pigalle. L'Amour et l'Amitié] — 322-324

Chapitre IV.

Monuments récemment acquis.

[Histoire sommaire des accroissements du Musée de la sculpture. dons, legs, achats, et quelques études sur certains de ces monuments] — 325-376
  1. Les collections Durand et Révoil. De 1843 à 1853 Le rôle du marquis Léon de Laborde. — 325-326
  2 Conjectures sur le buste de Béatrix d'Este (gr.) — 326-343
  3. De 1853 à 1869 Don Sauvageot. Le Musée Campana. La statue funéraire de Blanche de France — 344-345
  4. Après 1874. Achats de la Vierge d'Olivet, de la Porte de Cremone, du buste de Ph. Strozzi par B. de Majano. — 345-346
  5. Le buste de saint Jean par Mino da Fiesole de la Collection His de la Salle (gr.) — 346-351
  6. Madone de terre-cuite peinte et dorée (École italienne du xv° siècle) (gr.) — 352-359
  7. Tombe de Jean de Cromois † 1525 — 359-361
  8. Buste du château de Montal. L'enfant à la cage de Pigalle. Legs Davillier, Timbal, Gatteaux — 361-362
  9. Le buste de Sainte-Catherine de Sienne de la Collection Timbal (gr.) — 362-374
  10 Les terres cuites de Houdon (Legs Wulferdin). — 374-376

Le fonds de Saint-Denis au Musée du Louvre......... 377-464

[Etudes sur des morceaux de sculpture, provenant des chantiers de Saint-Denis, ayant passé par le Musée des Monuments français et répartis en 1881 entre le Musée de Cluny et le Louvre]

De l'utilité d etudier les fonds successifs des Musées..... 377-379

Fragments d'architecture de diverses époques.

1. Chapiteau de marbre provenant de l'abbaye de Sainte-Geneviève de Paris, taillé au xiie siècle dans un chapiteau de la basilique de Clovis (gr)............ 379-387
2. Fragment de la basilique chretienne de Saint-Vincent (vi[e] siècle) (gr.)................................. 387-391
3. Colonnettes et autres fragments provenant de Saint-Denis (gr.)... 391-393
4. Chapiteau, pierre, du xiie siècle (gr.)............. 393-394
5. Bénitier du xvie siècle, de Saint-Victor (gr.)...... 394-396
6. Fragment de la chapelle des Montmorency aux Celestins de Paris (gr.).................................... 396-400

Monuments des XIIe et XIIIe siècles.

7. Têtes de statuettes, vieillards de l'Apocalypse provenant de l'église abbatiale de Saint-Denis (gr.)........ 400-403
8. Statue d'évêque debout (gr)....................... 403-404
9. Mascaron du xiiie siècle (gr.).................... 405-406
10. Mascaron, fausse tête de Suger (gr.).............. 406-409
11, 12. Fragments, têtes, etc. (gr.)................. 409-410
13. Le Christ apparaissant à la Madeleine (gr.)....... 410-412

Monuments du XIVe siècle.

14. Têtes des statues funéraires de Philippe comte d'Evreux et de Jeanne de France (gr.).................... 412-416
15. Tête d'homme, fin du xive siècle et groupement d'œuvres similaires (gr)................................ 416-423
16. Fragment d'un retable........................... 423-424

Monuments du XVe siècle.

17. Têtes des statues funéraires de Charles VII et Marie d'Anjou (gr.)..................................... 424-427

Monuments du XVIe siècle.

18. La mort de la Vierge. Bas-relief marbre (1re partie du xvie siècle) (gr.).................................. 427-433
19. Écusson provenant du tombeau de Renée d'Orleans-Longueville... 434-436

20. Masque d'Henri II et maquette de la statue gisante pour le tombeau du roi, attribués à Germain Pilon (gr.) . . 436-446
21. Petite figure de roi attribuée à Germain Pilon (gr). 446-447
22. Fragments de la chaire des Grands-Augustins Bas-reliefs de l'atelier de Germain Pilon (gr.) [Cf. t. II, p. 151] 447-451
23. Christ mort. Statue de l'atelier de Germain Pilon (gr.) 452-454

Monuments du XVIIe siècle.

24. Fragments du tombeau de Claude de l'Aubépine..... 454-455
25. Les quatre bas-reliefs du tombeau du cœur de Louis XIII par Jacques Sarrazin (gr).. 455-458
26, 27. Tombeau de Charles de Valois comte d Angoulême et diverses épitaphes............. 458-459

Monuments du XVIIIe siècle.

28. Marie Leczinska, statue par Pajou en 1769........ 459-460
29. Morceau de réception de Berruer . Louis XV récompensant la Peinture et la Sculpture.. 460
30. Tombeau du Duc d'Estrées (gr.) 461-462

Conclusion.................................... 463-464

MACON, PROTAT FRÈRES, IMPRIMEURS.